5·18 국가폭력과 한국 민주주의

5·18 국가폭력과 한국 민주주의

김용철·조영호 지음

한울
아카데미

차례

머리말 • 7

제1장 서론: 5·18과 한국 민주주의에 대한 사회과학적 이론화   13
1. 연구 목적   13
2. 연구의 배경   17
3. 선행연구 검토   32
4. 연구의 주장   47
5. 이론적 논의   50
6. 연구의 접근   54

제2장 광주항쟁과 국가폭력   59
1. 광주항쟁 발발의 정치적 맥락   60
2. 광주항쟁과 시민학살   78
3. 쿠데타의 완성   105
4. 역사적 유산   108

제3장 5·18 기억투쟁과 민주주의의 안착   115
1. 기억투쟁과 민주화운동   116
2. 민주화 이후 기억투쟁의 전개   136

	3. 위선적인 역사심판론과 전·노의 처벌	158
	4. 국가공인 이후 기억정치	167
	5. 결론: 기억투쟁의 결과	184

제4장	**5·18 기억투쟁과 한국인의 정치적 태도**	**197**
	1. 서론	197
	2. 선행연구 검토와 분석 시각	200
	3. 경험적 분석	212
	4. 5·18 기억유형의 사회적·경제적·정치적 배경	226
	5. 결론	230

제5장	**5·18 국가폭력과 지역주의 정당 지지**	**235**
	1. 서론	235
	2. 선행연구 검토: 지역주의 정당구도의 지속과 호남 지역주의	239
	3. 이론적 가설: 5·18 국가폭력의 장기적 영향	243
	4. 경험적 분석: 5·18과 정당 지지	251
	5. 결론	267

제6장	민주화 이후 이념과 민주주의 태도의 세대전이	**273**
	1. 서론	273
	2. 선행연구 검토: 정치사회화와 민주주의	276
	3. 이론적 논의와 가설의 설정	285
	4. 연구디자인: 자료, 측정 및 통계적 방법	290
	5. 분석 결과	295
	6. 결론	304
제7장	결론: 요약 및 함의	**307**
	1. 광주항쟁과 민주화	307
	2. 한국 민주주의의 과제	321

참고문헌 • 336

머리말

이 연구는 광주항쟁이 한국 민주주의의 기원이 되었음을 이론화하는 데 그 목적이 있다. 이를 위해 역사적 분석을 통해 5·18이 한국 민주주의에 미친 영향을 분석하고, 양적 분석을 통해 이를 증명한다. 이러한 시도는 과거의 사건을 현재의 한국 민주주의와 연결하는 작업이기도 하지만, 현재 한국 민주주의가 딛고 서 있는 정치적·사회적 기본 조건을 파악하고 이해함으로써 더 나은 민주주의를 모색하기 위한 작업이기도 하다.

필자들이 광주항쟁의 장기적 효과를 연구 주제로 삼은 것은 대체로 두 가지 이유에서이다. 그 하나는 광주항쟁과 한국 민주주의에 대한 학문적 관심 때문이다. 광주항쟁 연구는 상당히 축적된 상태이다. 선행연구들은 5·18이 '폭동'이 아니라 반독재·민주화운동이었음을 학문적으로 규명하고 이를 널리 알리는 데 크게 기여했다. 하지만 이들 선행연구는 과거사에 대한 왜곡을 바로잡고 진상을 규명하는 데 천착함으로써 오늘날 한국 정치와 민주주의에 대해 규범적 시사점을 제시하는 수준에 머물러 있을 뿐, 광주항쟁이 현재 한국 민주주의 발전에 어떻게 기여했는지에 대해 이론화하지는 못했다. 즉, 기존 연구들은 광주항쟁이 오늘날 한국 민주주의의 원천이 됐다고 주장하지만, 왜 그리고 어떻게 5·18이 한국 민주주의의 성장과 안착에 기여했는지에 대한 구체적인 메커니즘 분석과 광주항쟁의 장기적 효과에 대한 실증적 분석에는 소홀했다. 그 결과, 선행연구들의 주장은 규범적 차원에 국한된 것으로 치부되는 경향이 강했다. 이 연구는 이러한 학문적 공백을 메꾸는 작업이다.

다른 하나는 광주항쟁이 국가에 의해 '민주화운동'으로 공인되었음에도 불구하고, 5·18에 대한 왜곡과 폄훼가 계속되고 있는 현실에 대한 답답함과 안타까움 때문이다. 1997년 4월 17일, 대법원은 5·18 유혈참사를 "내란 및 내란 목적의 살인행위"로, 광주시민들의 저항을 "헌정질서를 수호하기 위한 정당한 행위"로 판단했다. 이에 따라 5·18은 국가에 의해 '민주화운동'으로 공인됐고, 이어 광주항쟁 발생일인 5월 18일은 국가기념일로 지정됐다. 그럼에도 일부 보수집단과 극우 인사들의 5·18에 대한 왜곡과 폄훼는 계속됐다. 특히 이 연구를 구상할 무렵인 2019년 초, 일부 자유한국당 의원(이종명, 김진태, 김순례 의원)과 극우 인사 지만원이 참여한 이른바 '5·18 진상규명 대국민공청회'는 여러 면에서 필자들에게 충격으로 다가왔다. 공청회에서 이들은 "5·18은 북한군이 주도한 게릴라전"이고 "정치적이고 이념적으로 이용하는 세력들에 의해 폭동이 민주화운동으로 변질"된 것이며, 이제 5·18에 대한 국가의 공인을 "다시 뒤집을 수 있는 때가" 됐다고 주장했다. 보수집단의 5·18에 대한 왜곡과 폄훼는 익히 알고 있었지만, 국민의 대표라는 의원들이 공적 장소인 국회에서 허위사실에 바탕한 왜곡된 주장을 아무런 거리낌 없이 공개적으로 그리고 노골적으로 감행할 수 있다는 사실에 대해 필자들은 답답함을 넘어 가증스러움을 느끼기까지 했다.

시간이 지나면서 이러한 답답함과 가증스러움은 차츰 학자로서의 책무감으로 이어졌다. 어찌 보면, 국가에 의해 5·18이 '민주화운동'으로 공인된 이후에도 5·18에 대한 왜곡이 그치지 않고 계속되는 것은 필자들을 포함한 학자들이 그간 5·18에 대한 사회과학적 이론화 작업에 소홀했거나 미흡했던 탓일 수도 있겠다는 생각이 들었다. 이에 필자들은 사회과학자로서의 책임감을 절실하게 느끼면서 2019년 가을 본격적으로 이 연구에 착수했다.

돌이켜 보면, 광주항쟁에 대한 왜곡된 인식과 편견을 벗겨내는 데는 문화·예술·영상인들의 작품활동이 크게 기여했다. 2017년 개봉해 1,200만 관객을 동원한 〈택시운전사〉를 비롯해 5·18을 주제로 한 영화들이 꽤 제작됐고, 많은 예술가들이 광주 5·18의 기억을 되살리고 형상화하는 작품을 발표했다. 최근에는 광주의 기억을 되살린 소설 『소년이 온다』를 쓴 한강 작가가 2024년 노벨문학상을 수상했다. 사회과학이 역사적 사건을 조명하는 방식은 진실을 드러냄으로써 감정과 공감을 불러일으키는 문학 및 예술과는 다소 다르다. 사회과학은 논리와 증거를 통해서 과거의 사건이 어떻게 일어났고 현재에 어떤 영향을 주었는가를 이론적으로 설명함으로써 현상을 이해하고 진실을 오래 기억하게 만드는 데 도움을 준다. 특히 사회과학은 서로 다른 이론적 (혹은 거짓된) 가설과 설명을 증거에 기반하여 논쟁하고, 이를 검증함으로써 보다 나은 이해를 제시한다는 점에서 진실을 보전하고 왜곡에 대응한다.

필자들은 이 책에서 1980년 광주 5·18이 한국 민주주의의 실질적인 기원이 되었다는 점을 이론화하고, 경험적 증거를 통해서 이를 뒷받침한다. 필자들은 1980년 광주에서 발생한 시민항쟁을 진압하기 위해 동원된 대규모 국가폭력과 만행 그리고 국가 차원의 왜곡이 역설적으로 전두환 신군부의 독재에 반대하는 정치·사회세력의 연대와 성장을 도왔고, 이들이 한국의 민주화를 이끌었으며, 민주화 이후 이에 동조한 도시 중산층과 노동자들이 한국 민주주의를 발전 및 존속시켰다는 이론적 주장을 제시한다.

전두환 신군부의 부당한 국가폭력과 만행은 단기적으로 독재정권의 안정에 기여했지만, 폭력의 피해자들과 그 동조 집단들이 반독재·민주화의 선봉에 나서게 됨으로써 장기적으로 정치적 부메랑이 됐다. 이 과정의 초기에 국가의 폭력과 불의에 맞서 싸운 이들의 각오와 투쟁 그리고 희생은 이후의 한국 민주화와 민주주의에 지대한 영향을 주었다. 만약 광주가 전두환 신군부의 폭력에 굴복하고 광주항쟁이 그저 조용히 끝났다면 한국의 독재는 더욱 오랫동안 이어졌을 것이다. 전두환의 바람대로 최소한 1995년까지는 장기집권에 문제가 없을 수도 있었을 것이다. 한국의 민주화운동은 한강의 소설 『소년이 온다』의 주인공인 중학생 동호와 시민군들이 5월 26일 밤 고뇌 속에서 죽음을 결심하고 뜬눈으로 밤을 지샌 다음 날 새벽 거룩하게 죽어간 바로 그 순간 새롭게 시작됐다. 즉, 죽은 자들이 산 자를 이끌고 산 자는 죽은 자들을 돕게 된 것이다. 이것이 바로 한국 민주화운동의 본질이다.

현재 한국의 민주주의는 정체와 퇴행의 어려움을 겪고 있다. 그럼에도, 과거 권위주의 시절 정권에 대한 비판적 언사만으로도 잡혀가고 고문당하고 두려움에 떨던 때와는 비교할 수 없는 수준에 와 있다는 점은 자명하다. 엄청난 국가폭력에 맞서 반독재와 민주화를 외쳤던 광주시민들의 저항과 헌신이 없었다면 현재 우리가 누리는 자유와 민주주의는 아마도 불가능했을 것이다. 이 점에서 한국의 민주주의는 5·18 국가폭력의 피해자들과 희생자들의 죽음 위에 서 있다. 미국 독립선언문의 실질적인 작성자이자 제3대 대통령을 지낸 토머스 제퍼슨은 "자유의 나무는 애국자와 압제자의 피를 먹고 자란다"라는 유명한 말을 남겼는데, 이 말은 한국에도 그대로 적용된다.

    2020년 본격적인 설문조사를 실시한 후 이 책이 출판되기까지 5년의 시간이 걸렸다. 학문적 작업에 완성은 없기에 이 책에 내재된 문제점과 오류는 온전히 필자들의 책임이다. 현재 우리가 누리는 자유와 민주주의를 위해 노력하신 모든 분께 누가 되지 않기를 바란다. 그리고 5·18에 대한 왜곡이 더 이상 발생하지 않길 기대한다.

김용철·조영호

1 서론
5·18과 한국 민주주의에 대한 사회과학적 이론화

> 우리 자신이 우리 역사를 쓰고 해석할 능력과 관심이 없다면
> 우리는 5·18의 투사들이 남긴 민주주의를 향유할 자격이 없는 것이다.
> _최정운(1999: 293)

1. 연구 목적

이 연구는 오늘날 우리가 누리고 있는 한국 민주주의가 광주 5·18에 기원하고 있다는 점을 사회과학적 상상력과 경험적 증거를 바탕으로 재조명하고, 이를 최근의 비교민주화 연구들을 통해 이론화하는 데 그 목적이 있다. 그렇다고 한국의 민주화 및 민주주의에 영향을 준 원인과 요인들이 다양하고 다층적이라는 점을 부정하지는 않는다. 본 연구는 이러한 원인과 요인들을 하나의 힘으로 결집하고 전두환과 신군부에 대항하는 민주화 도전세력의 성장에 결정적으로 기여한 사건이 바로 광주 5·18이라고 주장한다. 이러한 주장에 대한 검증은 사회과학적 증거 수집과 분석, 그리고 기존 연구결과들과의 논리적 정합성을 평가하는 작업을 요구한다. 본 연구는 이러한 점을 염두에 두고 앞으로의 논의를 전개한다.

현재 우리는 광주 5·18을 민주화운동으로 기억하고 호명하지만, 애초부터 그랬던 것은 아니다. 5·18에 대해 당시는 물론이고 이후에도 전두환 신군부는 광주에서 일어난 '사태'에 북한의 간첩이 개입되어 있고, 지역의 불순분자와 불평불만자들이 선동해 일어난 '폭도들의 반란'이라고 규정했다. 현재도 일부 사람들은 그렇게 믿고 있다. 전두환과 신군부는 5·18과 관련해 김대중과 민주화 인사 20여 명에게 북한과 내통해 남한 내 내란을 모의하고 광주 일대에서 폭동을 사주하고 배후조종했다는 혐의를 뒤집어씌우지 않았던가? 이것은 광주 전체에 대한 정치적 사형선고였고, 광주시민들과 학생들은 이것이 무엇을 의미하는지 알고 있었다.

1980년 5월 27일 새벽 전남도청에서 시민군들이 죽음을 각오한 이유는 바로 여기에 있었다. 광주는 북한과 연계되어 있지 않고 폭도들의 도시가 아니라는 것을 증명하기 위해서였다. 폭력은 계엄군과 공수부대에 의해 자행됐다는 것, 반란은 광주시민들이 일으킨 것이 아니라는 것, 전두환과 신군부가 바로 내란·반란세력이라는 것을 그들은 죽음으로 증언했다(최정운, 1999).

5·18 국가폭력과 왜곡이 만들어낸 광주와 호남의 억울함과 집합적 서러움은 장차 호남의 정치적 정체성을 형성했고, 계엄군의 폭력 앞에 무참하게 쓰러져간 주검들은 전국의 대학생들과 의식 있는 이들에게 엄청난 부채의식을 만들어냈다. 5·18과 광주시민·학생들의 헌신적인 희생 그리고 진실의 확산은 반공과 명령, 지배와 성장에 익숙했던 우리 사회로 하여금 정치와 정의가 무엇인가에 대해 본질적 성찰을 하게 만들었다(최정운, 1999).[1] 1980~1990년대 대학가는 물론 성당과 교회의 지하에서 '광주비디오'를 시청한 이들은 계엄군의 만행에 전율했고, 진실과 정의가 무엇

인가에 대해서 분명한 각성을 했다. 결과적으로 대학생들과 호남 지역민들은 한국 민주화의 핵심 주체가 됐고, 결정적인 국면에서 도시 중산층과 노동자들이 가세함으로써 전두환과 신군부는 고립됐으며, 한국은 민주주의로 이행했다.

광주항쟁이 한국 민주화와 민주주의의 실질적인 기원이 되었고 호남과 대학생들을 민주화 투쟁의 선두에 나서게 했으며 반독재 세력을 하나로 모이게 만들었다는 주장은 당연한 이야기가 아닌가라고 반문할 수 있다. 하지만 놀랍게도 한국의 민주화와 민주주의를 광주 5·18과 연결해 이론화한 연구는 거의 찾아볼 수 없다.[2] 경제발전이 권위주의에 대한 도전 압력을 발생시켰다는 구조주의적 근대화론(최장집, 2002; 김성수, 2003; Cho, 2024; Huntington, 1991), 학생 및 시민운동이 한국 민주화에 기여했다는 시민사회운동론(윤성이, 1999; 정철희, 1995; Kim, 2000; Shin and Chang, 2011), 군부와 민주화세력 간 분열·갈등·타협에 주목하는 엘리트 전략선택이론(임혁백, 1990), 민주화세력의 도전에 직면한 권위주의 독재 세력이 강한 힘을 바탕으로 민주주의로의 체제변동을 오히려 주도하고 안정화시켰다는 '권위주의 주도의 민주화 이론'(Riedl et al., 2020) 등 한국

---

1 가령 미국 평화봉사단의 일원으로 전라남도 영암의 한 보건소에서 근무했던 청년 데이비드 돌린저(David Dolinger)는 광주에서 자행된 군인들의 폭력과 시민들의 항쟁을 목격하고 자청해서 시민군을 도와 마지막까지 외신기자회견의 통역 임무를 수행했는데, 그는 5월 광주를 통해 비로소 "인간이 됐다, 인간으로 다시 태어났다"고 고백했다(Dolinger and VanVolkenburg, 2022). 최정운(1999)은 이러한 각성이 일부 개인을 넘어선 사회적·정치적 성찰로 발전했음을 보여준다.

2 최장집은 2007년 5월 18일 개최된 5·18민중항쟁 27주년 기념 국제학술대회에서 "광주항쟁은 한국 민주화의 원천"이라고 지적했다(최장집, 2007). 최장집은 광주항쟁의 정신을 논의하고 있으나, 그 사건이 한국 민주주의에 미친 영향을 이론적으로 분석·검토하지는 못했다.

민주주의 이론들 모두에서 광주 5·18은 짧게만 언급된다. 요컨대, 한국 민주화 및 민주주의 이론에서 광주항쟁에 대한 인식(appreciation)과 인정(recognition), 그리고 이론화(theorization)는 매우 부족했다.

한편 5·18 자체에 대한 학문적 연구는 광주항쟁의 전개과정, 당시의 진실과 피해, 이후의 진실 왜곡과 피해자들의 고통 등을 중심으로 상당히 축적되어 왔다(강인철, 2020; 김명희, 2020; 김영택, 2010; 김정인 외, 2019; 김형중·이광호, 2020; 나간채, 2012; Mosler, 2020). 그러나 5·18에 대한 선행 연구들은 과거사에 대한 진상규명과 왜곡에 집중함으로써 5·18이 오늘날 한국 정치와 민주주의에 대해 갖는 규범적 시사점을 제시하는 수준에 머물러 있을 뿐, 5·18이 현재 한국 민주주의 발전에 어떻게 기여했는지에 대해서는 이론화하지 못하고 있다.

이 연구의 목적은 5·18의 현재적 의미를 사회과학적으로 재조명하고 경험적 증거에 기반해 5·18이 한국 민주주의의 기원이 되었음을 이론화하는 것이다. 이는 과거의 사건을 현재와 연결하는 작업을 넘어, 오늘날 한국 민주주의와 한국 정치를 새로운 시각에서 평가하고, 과거의 사건이 현재와 미래에 대해 갖는 의미를 찾아내기 위함이다. 어떻게 보면, 국가에 의해 5·18이 '민주화운동'으로 공인된 이후에도 민주주의와 자유의 이름으로 5·18에 대한 정치적 왜곡 및 공격이 독버섯처럼 피어나는 것은 기존의 한국 민주주의 이론들은 물론이고 5·18 연구들에서도 5·18에 대한 사회과학적 이론화가 미흡했던 탓일 것이다.

2. 연구의 배경

본 연구의 주제는 한국의 민주화 및 민주주의이다. 그리고 연구의 대상은 한국의 민주화 이행과 민주주의의 장기적 지속을 가능하게 한 원인으로서의 5·18 국가폭력, 그리고 이로 인해 파생된 반독재 민주화세력의 출현과 성장이다. 한국 정치사에서 반독재 세력의 출현과 정치세력화를 분석하기 위해서는 비교민주화 이론을 검토하고 한국의 권위주의를 평가해야 한다. 왜냐하면 이러한 과정 없이 5·18이 한국의 민주화에 기여한 점을 체계적으로 이론화하기란 곤란하기 때문이다.

먼저, 민주주의 및 민주화에 대한 비교정치학 연구는 1974년 포르투갈에서 시작된 이른바 '민주화의 제3물결'(1974~1991)을 기점으로 거대한 전환을 맞이했다.[3] 하지만 당시 학자들은 1974년 포르투갈의 민주화 사례는 하나의 에피소드에 불과할 뿐이라고 여겼고, 이것이 민주화의 세계적인 물결이 될 것이라고는 미처 예상하지 못했다(Huntington, 1991; Linz and Stepan, 1996).

당시 학자들이 비관적으로 전망한 근거는 세 가지였다. 첫째, 정치경제적으로 민주화의 제1물결(19세기부터 20세기 초반까지)과 제2물결(1945년 제2차 세계대전 직후부터 1950년대까지)을 통해서 민주주의로 이행한 서구와 북미, 그리고 그 밖의 나라들은 모두 민주주의를 안정적으로 실행할

---

[3] 민주화 물결이라는 용어는 1974년 이후 시작된 민주화운동의 세계적인 확산을 정의하기 위해 헌팅턴(Huntington, 1991)이 처음 사용했다. 헌팅턴은 19세기 초반부터 20세기 초반까지 서유럽과 북미에서 이루어진 선거권 확대를 민주화의 제1물결로, 1945년 이후 연합국 점령에 의해 오스트리아, 서독, 이탈리아, 일본 등에서 시작된 민주주의를 민주화의 제2물결로, 그리고 1974년 이후 비서구권에서 확산된 민주주의를 제3물결로 구분했다.

토대인 경제적 근대화와 자본주의 시장경제를 갖추고 있었다(Lipset, 1960). 둘째, 서구와 북미의 민주주의 나라들의 경우, 중세시대부터 의회를 통해 사회의 다양한 지역과 도시를 대표하고 왕권을 견제하며 국가의 강권기관들을 법적인 통제 아래에 두었다. 즉, 이 나라들은 선거권 확대와 같은 민주적 개혁을 실행하기 이전에 대표(representation), 동의(consent), 제한 정부(limited government), 견제와 균형(check and balance) 등 자유주의적이고 공화주의적인 원칙을 먼저 확립했다(Knutsen, Møller and Skaaning, 2016; Møller, 2015; Stasavage, 2016). 마지막으로, 서구의 민주주의 국가들은 종교개혁을 통해 시민사회가 분화하고 30년 전쟁이라는 비극을 겪으면서 개인의 권리와 관용이 점차 존중되는 정치사회적 전통을 물려받았다(Fukuyama, 2011). 종교개혁으로 성립된 원칙 — 개인이 가진 양심의 세계는 신이 축복한 자유의 영역이므로 개인은 자신이 믿는 신을 경배할 수 있다 — 은 서구의 개인주의와 자유주의의 종교적 기원이 되었고, 신앙의 자유는 정치적 자유의 핵심이자 전제였다.

이러한 맥락에서 1960~1970년대 서구의 민주주의 학자들은 비서구권에서는 민주주의가 확산되기 매우 어려울 것이라고 전망했다. 즉, 비서구권 나라들은 경제적으로 빈곤하고(국가에 대항하는 사회와 경제의 힘이 약하고), 역사적으로 법치와 대표에 기반한 제한정부를 실행한 경험이 부재하며(독재자들의 권력이 제한 없이 자의적으로 행사되며), 사회문화적으로 개인의 권리와 관용을 충분히 존중하지 못한다(묵종적·위계적·수동적 문화가 강하다)는 것이었다.

학자들은 이 같은 학문적 전통을 구조주의적 접근(structural approach)이라고 부르는데, 이 접근은 민주화 혹은 민주주의로의 이행과는 별개로 민주주의가 지속할 혹은 실패할 조건들의 존재 여부에 따라 민주주의의 가능성을 전망한다. 즉, 구조주의적 접근은 민주주의의 안정과 실패의 구조적 조건을 규명한다는 점에서 정태적이고 결정론적 설명에 의존한다. 따라서 구조주의적 접근은 구조적 제약 아래에서도 정치행위자들이 취하는 자율적이면서도 도발적이고 전략적인 행동을 설명할 이론적 기제를 갖추지 못했고(Treisman, 2020), 결국 민주화운동의 등장과 권위주의 정권의 붕괴 및 민주주의로의 이행이라는 민주화 제3물결의 역동적인 과정을 예측하고 설명하는 데 한계를 보였다. 특히 비서구권 국가들이 민주주의를 실행할 구조적 조건들을 갖추지 못했음에도 불구하고 왜 민주화되는지에 대한 설명을 제시하는 데 이론적 어려움을 보였다(임혁백, 1990; Haggard and Kaufman, 1995).

민주화가 발생하고 민주주의가 작동할 수 있는 조건을 강조한 구조주의자들과 달리, 행위자 중심적 접근(actor-centric approach)은 민주주의에 우호적인 조건을 갖추지 못했더라도 핵심 엘리트들이 합의할 경우 민주화 및 민주주의로의 이행이 가능하다고 주장한다. 행위자 중심적 접근을 처음으로 제시한 학자는 러스토우(Rustow, 1970)이다. 그에 따르면, 민주주의로의 이행은 민족주의와 국경 등 국가성(stateness)을 갖춘 사회 내에서 갈등하는 세력을 대표하는 정치 엘리트들이 평화적인 방식으로 갈등 해결에 합의할 때 시작되고, 이것이 반복될 경우 민주주의는 법과 제도를 넘어 문화적 관행으로 자리 잡고 뿌리내린다. 즉, 민주주의가 잘되는 특정한 조건이 있는 것이 아니며, 사회적 갈등은 늘 어디에나 존재하는데 민주주의는 이것을 해결하는 하나의 방식으로서 일종의 발생주의적이며 진화적인 현상이라는 것이다. 여기에서 핵심은 사회를 대표하는 정치

엘리트들의 자율적인 결정과 합의이다. 다시 말해, 정치 엘리트들은 독자적으로 행동하는 생물(creature)이지 사회구조에 순응하는 대리인이 아니라는 것이다. 이 점에서 러스토우의 이론은 체제변동에 있어서 정치의 자율성과 정치적 변수들을 재발견하는 계기가 됐고 행위자 중심적 접근의 토대가 됐다.

민주화의 제3물결에서 학자들은 행위자 중심의 접근을 차용해 권위주의의 종식과 민주주의로의 이행 과정에서 엘리트들의 정치적 계산과 전략적 선택이 어떤 역할을 했는지를 이론화했다(임혁백, 1994; Linz and Stepan, 1996; O'Donnell, Schmitter and Whitehead, 1986; Treisman, 2020). 구체적으로, 학자들은 권위주의 정부세력을 강경파와 온건파로 분류하고, 민주화운동세력 또한 같은 방식으로 분류한다. 내부적·외부적 요인 때문에 혹은 다른 어떤 이유에서 권위주의 정부의 정당성이 유실되고 지속이 어려운 상황이 도래하면 민주화 요구는 분출하게 되고, 권위주의 세력은 이에 대한 대응전략을 둘러싸고 강경파와 온건파로 갈라진다. 비록 정치적 힘이 약화된 것처럼 보일지라도 권위주의 세력은 여전히 국가의 자원과 폭력기구 그리고 나름의 사회적 기반을 보유하고 있다. 그렇기 때문에 민주화세력은 좀 더 혁명적인 전략을 채택할 것인가 아니면 협상에 나설 것인가라는 선택에 직면한다. 이 같은 중대국면에서 양 세력의 온건파가 주도권을 잡고 타협을 통해 민주화로 이행할 경우, 이후 출현하는 민주주의는 러스토우(Rustow, 1970)의 용어로 관행화(habituation), 즉 공고화의 단계로 진입한다.

행위자 중심적 접근법에도 이론적 난제가 없는 것은 아니다. 가령 구조적 조건이 충족되지 않은 환경에서 정치 엘리트의 선택과 합의가, 일시적으로 불가능하지는 않을지라도, 얼마나 독립적으로 지속될 수 있는가 하는 점이다. 왜냐하면 그 선택과 합의에 있어서도 구조적 조건과 제약이 반영되지 않을 수는 없기 때문이다. 따라서 구조주의적 접근법의 학자들은 민주주의의 조건과 환경이 갖추어지지 않은 나라에서 일어나는 민주화운동은 실패하기 쉽고, 민주화 이행에 대한 엘리트들의 합의는 일시적일 수밖에 없다고 본다. 그 결과, 민주화 이행의 국면을 맞이한다 할지라도 그것은 일시적 현상에 그치기 쉽고, 많은 경우 기존의 권위주의가 다른 권위주의에 의해 대체되는 반복적 패턴을 보인다고 지적한다(Haggard and Kaufman, 2016; Teorell, 2012).

1980~1990년대 구조주의적 접근과 행위자 중심적 접근 간의 이론적 논쟁에도 불구하고(Diamond, 1992; Linz and Stepan, 1996), 흥미로운 점은 두 접근에 기반한 이론들이 상호보완적이라는 점이다. 구조주의적 접근이 지적하는 조건들―사회경제적 기반, 역사적 유산, 국제정치의 역학 등―은 민주화세력과 권위주의 세력이 누구인지, 이들 간 대결 전선은 어떤 양상을 보이는지, 이들이 사용할 수 있는 힘과 자원이 무엇인지를 결정함으로써 이들의 전략적 선택에 영향을 미친다. 가령 근대화 이론에 따르면, 사회경제적 발전은 교육받은 도시 중산층과 노동자들이 정치활동에 나설 여유와 자원을 강화함으로써 장차 이들이 권위주의 지배집단의 대항세력으로 성장하고 민주주의를 요구할 수 있게 만든다(Boix, 2003; Huntington, 1991; Lipset, 1960).

역사적 유산 또한 주요 행위자들의 전략에 영향을 미친다. 가령 서구 사회에서 대표와 동의에 기초한 제한정부는 통치자의 권력을 제한하고 대표성을 보장하며 자유를 수호하는 핵심적인 전통이다(Knutsen, Møller and Skaaning, 2016; Møller, 2015). 따라서 서구의 정치 엘리트와 지도자들은 법치의 기틀 위에서 정당과 정치인들 간 설득과 동의를 구하는 것을 (민주)정치의 본질로 수용하고 이를 당연한 것으로 받아들인다. 물론 그 설득의 성공 여부는 정치갈등의 양상과 환경으로부터 영향을 받고 최후에는 다수주의와 제도적 권한에 의존하지만, 최소한 비정치적 수단인 폭력이나 강권조직들을 정치에 끌어들이거나 동원하지는 않는다. 마찬가지로, 한국에서 독재정권 시기에도 중단하기 어려웠던 보통선거는 관권과 금권의 개입에도 불구하고 국민이 선거를 통해 정부를 비판하고 견제할 기회를 제공했고, 민주화 이후 선거가 민주주의를 실천하는 핵심 기제로 빠르게 자리 잡는 데 기여했다(김영명, 2006; 김용호, 2020; Miller, 2021). 반면 과거 권위주의 시기에 대통령들이 정당보다는 행정대권과 강권기관에 의존했던 통치행태는 민주화 이후에도 여전히 관행으로 남아 한국 정치의 발전을 해치고 있다.

마지막으로, 국제정치의 구도 역시 한 나라의 민주화 및 민주주의에 영향을 미친다. 미국의 우방 국가들은 민주주의 도입과 지속에 대한 압력을 받았으며, 권위주의 맹주인 중국과 러시아는 이웃 혹은 우방 국가들이 민주주의로 이행하지 못하도록 독재자들에게 압력을 가했고 때론 직접 개입하기도 했다(Levitsky and Way, 2010; Narizny, 2012). 과거 미국은 독일과 오스트리아의 파시스트 세력을 해체하고 민주주의를 강제로 이식했고, 1950~1960년대에 소련은 체코와 헝가리에 군대를 보내 민주화운동을 탄압했다. 특히 1980년대에 미국은 시장경제와 민주주의에 대한 지원을 확대했고, 친미독재 정권에 대한 노골적인 지원을 중단했으며, 우방국의 민주화를 방해하는 행위를 삼가는 정책 혹은 민주화를 유도하는 정책을 취했는데, 이는 이후 민주주의를 세계적으로 확산시킨 국제정치 차원의 구조적 요인이 되었다(Huntington, 1991).

그렇다면 한국은 어떤 권위주의 독재로부터 어떤 민주화 과정을 겪었으며, 현재 한국의 민주주의는 어떤 상태에 있는가? 게디스(Geddes, 1999, 2010)에 따르면, 민주화의 동학 및 민주화 이후에 출현하는 민주주의의 성격은 이전의 권위주의 독재의 유형과 강도로부터 영향을 받는다. 따라서 한국의 민주화와 민주주의를 이해하기 위해서는 "이전의 권위주의 독재가 어떤 유형이었고, 얼마나 강고했는가"라는 질문에서 출발해야 한다.

일반적으로, 현대 권위주의는 개념적으로 '권력을 누가 가졌는가'를 기준으로 일당독재, 일인독재, 군부독재의 순수 유형으로 분류된다. 또한 '선거와 같은 최소한의 유사 민주주의 제도를 얼마나 허용하는가'를 기준으로 경쟁적 권위주의와 폐쇄적 권위주의로 분류하는데, 전자를 선거권위주의라고 부른다(Brownlee, 2007; Schedler, 2006; Svolik, 2012). 현실의 권위주의 국가들은 위의 세 가지 권위주의 유형과 더불어 유사 민주주의 제도들을 혼합한 특성을 보인다.

세 가지 권위주의 유형은 통치와 거버넌스에 있어서 서로 다른 특성을 보이기 때문에 민주화 동학에서도 차이를 보인다. 일당독재는 사회의 여러 지배세력을 정당 안으로 인입하고 조합주의적 포섭과 배제를 결합해 정권안정을 도모하는 한편, 일당제를 위협하는 폭군의 출현을 견제하는 제도들을 갖추고 있다. 일인독재는 주로 최고지도자의 카리스마를 기반으로 행정권과 강권·폭력기구를 통해 지배를 관철하는 특성을 보인다. 이에 비해, 군부독재는 군사위원회를 구성해 군대가 비상대권과 계엄령을 수립하고 정부 권력을 차지해 사회와 정치에 대한 군대의 특권과 우위, 그리고 지배를 장기간 확립한다.

　이와 같이 다양한 권위주의 유형에서 민주화는 어떤 동학을 보이는가? 먼저 일당독재 혹은 패권정당 중심의 권위주의는 회복탄력성과 정치적 유연성이 높아서 위기와 민주화 압력을 잘 견디는 반면, 민주화의 요구가 충분히 강력하고 우호적인 조건이 충족될 경우 점진적 이행의 국면에서 권위주의 정당 세력이 주도권을 갖는 경향을 보인다(Geddes, 1999, 2010). 반면 일인독재와 군부독재는 아래로부터의 민주화 압력은 물론 지배세력 내부로부터의 쿠데타 혹은 암살에도 취약해 일당독재에 비해 지속기간이 짧고, 민주화운동의 국면이 열릴 경우 쉽게 붕괴하는 특성을 보인다. 일당독재와 군부독재는 지배세력 내 갈등을 조정하고 견제하며 권력을 승계하는 기제는 물론이고 국민들로부터 동의와 정당성을 확보하는 제도들이 빈약하다. 이 때문에 민중항쟁이나 독재자에 대한 암살로 인해 민주화 국면이 열리더라도 민주화운동은 좌절되고 다른 유형의 독재 혹은 권위주의로 대체되는 경향을 보인다. 한국에서 이승만-박정희-전두환으로 이어지는 독재의 연속과 교체는 정치변동의 특이 사례가 아니라 일반적인 경향에 부합하는 것이다. 마지막으로, 폐쇄적 권위주의에 비해 선거권위주의는 정치사회적 불만을 표시할 기제를 갖추었고 정부여당에 대항하는 야당들이 존재한다는 점에서 민주화 과정에서 유혈사태가 덜하고, 민주주의로의 이행 또한 상대적으로 용이하다(Hadenius and Teorell, 2007).

　과거 한국의 권위주의는 일인독재, 군부통치, 그리고 선거권위주의가 혼합된 유형으로, 다음 세 가지 특성을 보였다. 첫째, 이승만은 일인독재와 선거권위주의를 결합시킨 권위주의 체제를 통해 정권을 유지·강화했고, 박정희와 전두환은 쿠데타를 통해 기존 권력구도를 재편하고 주도권을 쥐었으나 궁극적으로 군복을 벗고 민간 대통령이 되어야 했다.[4] 이는 한국의 사례가 일부 남미 국가와 미얀마의 경우처럼 군사위원회가 직접 통치하는 군부독재의 전형적인 사례가 아님을 뜻한다.

둘째, 한국의 권위주의는 다른 나라들과 달리 대중선거를 중단하기 어려웠다. 이승만은 한국에서 일인독재의 전형을 최초로 구축했으나, 보통선거를 통해서 당선됐고 대통령과 국회의원 선거를 중단하지 못했다. 오히려 선거를 지방자치단체 구성으로까지 확대했다. 박정희 또한 1972년 유신을 선포하기 전 세 차례의 대선을 통해 대통령에 선출됐고, 국회의원 선거는 정부의 의도적인 개입과 공정성 훼손에도 불구하고 중단시키기 어려웠다. 전두환은 선거인단 간접투표, 즉 '체육관 선거'를 통해 대통령직에 올랐으나, 국회의원 선거를 허용하지 않을 수 없었다. 따라서 한국 유권자들은 선거를 통해 정치적 불만을 표시할 기회를 가졌고, 한국의 독재자들은 아래로부터의 압력에 취약했다. 즉, 한국은 일인독재에도 불구하고 선거권위주의적 특성을 보였다.

박정희와 전두환이 선거를 중단하기 어려웠던 데에는 크게 두 가지 이유가 있었다. 그 하나는 한국이 태생적으로 미국의 우방이었다는 점이다. 미국은 한국이 공산주의 일당독재에 대항하는 자유민주주의의 진열

---

4   이는 박정희와 전두환 군부의 정치적 정통성이 미약하고 국민적 지지가 태생적으로 높지 않았다는 것을 시사한다. 군부가 직접 통치에 나서는 남미나 아프리카의 군부독재와 달리, 박정희와 전두환이 민간으로 신분을 전환할 수밖에 없었다는 점이 이를 반증한다 (Greitens, 2016; 김영명, 2006).

품(showcase)이 되어야 한다는 기조 아래 1948년 제헌의회 정초선거(founding election)에서부터 지속적으로 압력을 가했고, 쿠데타가 일어나고 정변으로 인해 선거가 중단됐을 때마다 선거 재개를 요구했다(김영명, 2006; Fowler, 1999). 미국은 '선거 실시'를 군사 및 경제 지원과 연계함으로써 한국의 독재정부에 압력을 가했다. 물론 여기에는 선거를 통해 취약한 대내외적 정통성과 미국의 지원을 확보하려는 이승만, 박정희, 전두환의 계산도 깔려 있었다. 다른 하나는 경쟁적 정치공간이 일찍이 존재했다는 점이다. 1950~1960년대에 출현한 경쟁적 정치공간은 정치파벌과 명사들 간 이합집산을 추동하고 선거를 중심으로 다양한 이해관계자들과 유권자들을 개입시키는 자기 진화적 성격을 초기에 형성했다. 그렇기 때문에 박정희와 전두환은 이를 완전히 제압하지 못했다(김용호, 2020).

셋째, 한국 권위주의의 또 다른 특성은 경쟁적 대중선거에서 발산되는 정치적 압력과 도전을 제압하기 어려웠기에 독재자들(이승만, 박정희, 전두환)은 정당보다는 행정대권과 강압기구에 의존해 그들의 지배와 통치를 관철시켰다는 점이다(최장집, 2002). 아시아의 다른 나라들이 정당을 통해 사회의 지배층을 포섭하고 정치적 불만에 대응하는 유연한 통치를 보였다면, 한국의 일인독재는 행정대권과 강권·폭력 기관들에 의존했고, 대통령은 정당을 수직적으로 지배했다. 그 결과, 정당은 대통령의 사당으로 전락해 통치의 중심이 아닌 주변부로 밀려나 정권이 바뀔 때마다 사라지고 다시 만들어졌다. 자유당은 이승만의 몰락과 함께 붕괴했고, 민주공화당도 박정희의 사망과 함께 사라졌다. 정당이 주변화됐으므로 통치는 강압성과 경직성을 보였고, 사회적 불만은 해소되기보다 계속해서 축적됐다.

요컨대, 한국에서는 국가는 강력했으나 권위주의 통치를 지속할 절차적·제도적 기반은 허약했다. 그러나 권위주의 통치가 취약하다는 것이 반드시 민주화와 민주주의가 용이하다는 것을 의미하지는 않는다. 왜냐하면 1980년 이전의 한국과 많은 권위주의 국가에서 발생했던 정치변동의 다수는 하나의 독재정권에서 다른 독재정권으로 변화한 것이었기 때문이다.

한국의 권위주의 체제가 군부독재, 일인독재, 선거권위주의의 특성이 혼종된 양태를 보였다면, 왜 1960년 4·19와 1980년 서울의 봄 국면에서는 민주화가 실패했을까? 반면 1987년의 민주화가 성공한 이유는 무엇이고 1987년의 민주화는 무엇을 성취했을까? 이 질문은 현재 한국 민주주의의 상태를 진단하는 데 있어서 중요하다. 상술했지만, 한국의 독재체제는 일인 지배적 특성을 보였고 정당이 사회와 국가를 연결하는 기능을 제대로 수행하지 못했던 까닭에, 권력의 수단인 행정기관과 강권·폭력 기관이 정치화되어 권력 경쟁에 나서는 정치 불안정의 문제를 드러냈다. 특히 정치화된 군부에 의해 문민우위의 민군관계가 위협받는 집정관 정치(praetorian politics)의 문제가 통제되지 못했다. 이 때문에 1960년과 1979~1980년의 정치변동 과정은 독재세력과 민주화세력 간에 생사를 건 권력 게임의 성격을 띨 수밖에 없었다. 하지만 당시 민주화세력은 충분히 성장하지도 조직화되지도 못했고, 비우호적인 조건이 우호적인 조건보다 많았기에 민주화는 실패했다.

구체적으로, 이승만 독재에 대항할 반대세력은 해방 3년 시기의 좌우익 대결과 한국전쟁을 통해 대대적으로 그리고 폭력적으로 제거됐고, 일제강점기 때부터 이어져 온 강력한 국가기관과 한국전쟁을 통해 성장한군은 이승만의 하야 국면에서 권력을 장악한 가장 정치화된 집단이 되었다. 특히 박정희를 위시한 군부는 한국사회의 어느 세력보다 정치화됐고 강력한 힘을 보유하고 있었으므로 쿠데타와 대선을 통해 집권에 성공할 수 있었다(한승주, 1983). 반면 정치적 반대세력은 1958년 조봉암의 사법살인으로 뿌리 뽑혔고, 야당인 민주당은 군부세력을 견제할 정치적 힘과 자원이 부족했다.

집정관 정치에서 흔히 관찰되듯 박정희의 피살과 함께 찾아온 자유화와 민주화 국면에서도 가장 먼저 권력 경쟁에 뛰어든 집단은 정치화된 전두환 신군부였다. 사실 박정희의 시해 사건 자체가 집정관 정치의 일부였다. 정치화된 중앙정보부장 김재규가 2인자를 자처한 대통령 경호실장 차지철과 박정희 대통령을 동시에 살해했기 때문이다. 김재규와 차지철 모두 군 출신으로, 김재규는 박정희와 동향(경북 구미)이자 육사 동기생(2기)이었고, 차지철은 1961년 박정희를 도와 5·16 쿠데타에 적극적으로 가담했던 인물이었다. 권력의 1~3인자가 한꺼번에 사라지는 권력 공백 상태에서 전두환 신군부는 박정희의 방식을 모방해 정권찬탈을 실행했다. 육사 11기생인 전두환은 박정희의 5·16 쿠데타 바로 이틀 뒤인 5월 18일 육사생도 800여 명을 동원해 쿠데타를 지지하는 시가행진을 조직할 정도로 일찍이 정치화된 군인이었고, 박정희와 같은 영남-대구 출신이었다(천금성, 1981).[5] 전두환은 박정희의 후원 아래 군대 내 사조직인 '하나회'를 조직·성장시켰고, 박정희가 어떻게 정치권력을 잡고 유지하는가를 근

---

5   박정희는 대구사범학교-만주국 육군군관학교-일본제국 육군사관학교-육사 2기 출신이고, 전두환은 대구공고-육사 11기 출신이다.

거리에서 학습한 정치군인이었다. 박정희가 시해될 무렵, 하나회는 군부 내 최대의 파벌이 되어 있었다.

민주화의 성패를 좌우하는 변수는 집정관 및 권위주의 통치집단을 저지할 세력들이 얼마나 강력하게 조직화되어 있는가 하는 것이다(Dahl, 1971). 그러나 박정희 사후 자명해졌듯이, 당시 신군부를 제외한 군 내부는 분열되어 있었고, 재야세력과 야당 세력은 힘이 약했으며, 정부기구들은 수동적이었다. 또한 경제발전과 산업화에도 불구하고 국가의 통제와 탄압이 매우 강했기에 노동을 비롯한 다양한 사회세력의 조직화와 성장이 지체됐고, 미국도 반공자유 진영의 친미 독재정권을 지지했기에 민주화는 결국 실패했다(김영명, 2006).

그렇다면 왜 1987년은 달랐는가? 1987년 민주화가 성공한 데에는 전두환과 신군부에 반대하는 저항세력의 성장이 두드러졌고, 이들이 민주화운동이라는 기회의 창을 열었을 때 관망하던 도시 중산층과 노동자들이 민주화세력에 합류했기 때문이다. 또한 1987년 민주화 개방국면이 또다시 권위주의로 회귀하지 않고 민주주의 이행에 성공했던 이유는 민주화운동의 주체 세력과 그 동조세력들이 재권위주의화의 가능성을 충분히 억지했기 때문이다.

구체적으로, 반독재·민주화의 주체 세력이 성장한 배경에는 전두환 신군부의 광주학살과 이에 대한 사회적 반발이 자리하고 있었다. 광주항쟁 이후 호남은 반독재·반전두환의 정치적 정체성을 확립했고, 대학생들은 광주참사에 대한 엄청난 부채의식과 자기성찰을 통해 반독재·민주화의 선도세력으로 거듭났다. 이들의 뒤에는 5·18 국가폭력의 희생자 유족들과 피해자들, 그리고 광주시민들이 있었다. 나아가 신군부의 5·17 계엄 확대로 영장 없이 구금된 2,699명의 정치인, 재야인사, 지식인, 문화예술인 등과 수배령이 내려진 수많은 인사는 광주참사를 통해 한국사회를 새롭게 인식하게 됐고, 반독재의 담론과 각오를 다졌다(이남희, 2007).

반사실적으로, 만약 신군부의 광주학살과 자기희생을 통해 광주의 진실을 전하고자 했던 희생자들이 아니었다면, 호남과 대학생들이 반독재 투쟁에 그렇게 헌신적으로 나서지는 않았을 것이다. 또한 재야인사, 지식인, 문화예술인, 종교인 등이 전두환 독재의 성격과 한국사회의 문제를 '신제국주의'의 관점에서 재해석하지 못했을 것이고, 대항담론은 온건한 사회개혁 수준에 머물렀을 것이다. 또한 산업화로 인해 성장한 도시 중산층과 노동자들이 조직적으로 반독재 투쟁에 합세하기는 어려웠을 것이다. 왜냐하면 반독재·민주화운동은 생명의 위험을 동반하는데, 그 위험을 감수할 정치적 신념과 동기는 사회경제적 조건을 넘어선 정치적 차원의 국가폭력과 탄압으로 시작되고 그 분노와 원한으로 성장하기 때문이다.[6] 나아가 신군부의 광주학살, 그리고 이에 항거하다가 거룩하게 죽음을 맞이한 희생자들이 군의 존재 이유와 정체성에 대해 군 스스로 성찰하게 만들지 않았다면, 1987년 6월항쟁의 중대국면에서 군 병력 동원을 준비하

---

[6] 20세기 후반의 민주화 이론들은 정치폭력과 탄압이 촉발한 장기적인 사회적 분노와 반발, 그리고 원한과 투쟁의 역할에 크게 주목하지 않았다(Wood, 2000). 그러나 보다 넓은 역사적 관점에서 보자면, 민주화와 민주주의를 촉발하는 근본적인 동인은 권력을 가진 세력이 정치폭력과 탄압을 가하고, 이를 경험한 세력이 도전하는 과정에 있었다. 근대적 자유민주주의의 기원인 3대 자유주의 혁명(영국의 명예혁명, 미국의 독립혁명, 프랑스혁명)은 모두 지배세력과 도전세력 간의 내전의 양상을 보였고, 고대의 아테네 민주주의 또한 민주파 시민연합이 내전에 승리함으로써 시작되어 발전했다. 따라서 최근의 학자들은 민주화 이행의 국면이 열리기 위해서는 체제 대항적인 운동이 필수적이라고 지적한다(Acemoglu and Robinson, 2006; Boix, 2003; Collier, 1999).

던 전두환에게 영관급 장교들과 젊은 장성들이 반대하지 못했을 것이고, 그 결과 독재자의 군 동원 계획을 좌절시키지 못했을 것이다.

이렇게 볼 때, 17~18세기 서구의 귀족과 절대왕정의 독점과 탄압에 맞서 자유주의 혁명을 선도한 부르주아 계급의 투쟁, 그리고 19세기 말 자본과 국가의 폭력에 맞서 노동자 혁명을 주창한 노동계급의 투쟁을 한국의 민주화운동에 직접 적용하기는 어렵다. 왜냐하면 한국의 민주화가 투쟁과 항쟁을 통해 추동되었다는 점은 유럽의 경험과 유사하지만(Haggard and Kaufman, 2016; Ziblatt, 2017), 그 기원과 원인이 다르기 때문에 한국 민주화의 동학은 서구와 다를 수밖에 없다. 다시 말해, 한국사회가 1987년 이전에 고도 경제성장을 경험하고 있었다고 해서 경제발전이 민주화를 추동했다는 근대화 이론의 인과적 적실성은 한국에서 제한적이다. 요컨대, 경제발전과 민주화운동이 시기적으로 중첩되었다는 것이 한국 민주화의 이론적 근거가 되어서는 안 된다.

쉐보르스키와 리몬기(Przeworski and Limongi, 1997)가 밝혔듯이, 비서구권에서 근대화와 경제발전이 민주화를 직접적으로 촉발하지는 않는다. 즉, 비서구권에서는 부르주아 중산층과 노동자들이 경제발전으로 인해 자연적으로 민주화 투쟁에 나서지는 않는다. 다만 민주화 선도세력의 투쟁으로 결정적인 국면이 열렸을 때, 독재와 반대세력 간 대결과 싸움을 관망하던 도시 중산층과 노동자들의 태도와 행동은 민주화의 성패에 중요한 영향을 미치고, 민주화가 성공할 경우 다변화된 경제·시민사회는 신생민주주의의 생존을 떠받친다. 한국에서도 마찬가지였다. 1987년 6월 항쟁 직후의 노동자 대투쟁과 노동조합운동, 그리고 국가로부터 자율적인 다양한 시민사회단체의 출현과 성장은 재권위주의화의 비용을 높였고, 새롭게 도입된 민주적 제도들의 안착을 도왔다.

그렇다면 중요한 연구질문은 민주화의 국면을 누가 열었고, 왜 위험을 감수하면서까지 민주화에 헌신했는가 하는 점이다. 본 연구는 한국 민주화와 민주주의의 발전에 기여한 핵심 요인, 즉 독재에 대항한 민주화 및 민주주의 세력의 형성과 성장을 이론화한다. 이들은 어디에서 왔고, 어떻게 정치적으로 각성됐으며, 왜 민주주의를 절실히 요구하면서 반독재·민주화에 헌신했을까? 본 연구는 이 질문들에 순차적으로 답하려고 한다.

3. 선행연구 검토

그간 한국의 민주화와 민주주의에 관한 적지 않은 연구들이 발표됐다. 이들 선행연구는 다양한 이론적 접근을 취하고 있는데, 크게 ① 민주주의로의 이행을 가능하게 한 권위주의 세력과 민주화세력 간 힘의 대결을 모두 포괄하는 종합적 접근, 그리고 ② 민주화 국면을 구성하는 하위 부문들 — 집권세력의 변화, 도전세력의 성장, 정치문화의 변화, 외부 환경의 변화 등 — 에 집중하는 세부적 접근으로 분류할 수 있다. 전자가 포괄적이고 기술적(descriptive)이라면, 후자는 좀 더 이론적이고 분석적이다. 전자가 거시적 그림을 제시한다면, 후자는 그 그림을 구성하는 부분들의 현실적 타당성과 이론적 정합성을 검증한다. 이 점에서 두 접근은 상호보완적으로 한국 민주화를 설명하고, 한국 민주주의에 대한 이해를 높인다.

하지만 선행연구들은 "한국 민주화의 핵심 주체가 누구인가"라는 질문에 대해 대체로 재야세력과 대학생들의 기여를 인정하는 한편, 다른 여타 사회세력과 권위주의 세력의 역할에 관해서는 다소 다른 강조점을 보인다. 또한 "민주화운동에 동참한 사회세력들이 어떻게 단일한 대오로 연대하게 됐고, 이들의 선호와 동기가 무엇이었는가"에 관해서는 깊이 있게 다루지 않는다. 나아가 광주항쟁과 호남이 한국 민주주의에 기여한 점에 관해 충분한 관심을 기울이지 못했다.

먼저 한국 민주화와 민주주의에 관해 가장 권위적인 설명과 해석을 제시한 학자는 최장집(1989, 1993, 1996, 2002)이다. 최장집은 마르크스와 베버의 구조주의 관점에서 근대화와 사회계급의 형성, 그리고 권위주의 세력과의 대결을 중심으로 한국의 민주화를 설명한다. 구체적으로 최장집은 1987년 민주화 국면에서 야당, 재야인사, 학생, 중산층, 노동자 등이 민주대연합을 구성했고 민주대연합의 힘이 전두환과 신군부를 충분히 압박했기에 민주화가 가능했다고 주장한다. 즉, 1970~1980년대 고도 경제성장을 통해 형성된 재벌과 군부정권의 정실주의적 지배연합에 불만을 가진 도시 중산층과 노동자들이 재야인사와 학생들이 주도하는 민주화운동에 동참함으로써 전두환 정권을 '선택 없는 선택'의 상황으로 내몰았다는 것이다. 그러나 1987년 6·29 선언 이후 7~9월 노동자 대투쟁으로 중산층이 민주대연합에서 이탈하고 노동세력과 재야세력을 포함한 시민사회가 그해 7~10월의 헌법 개정을 위한 협상 과정에서 배제되면서, 한국의 민주화는 절차적 차원을 넘어선 자유주의적 및 사회경제적 개혁의 요구를 실현하지 못했다고 최장집은 주장한다. 또한 최장집은 민주대연합의 투쟁이 권위주의의 종식을 이끌어냈으나, 그 중심 세력이 민주화 이행의 과정에서 배제되면서 한국의 민주화는 동력을 상실하고 보수적인 수준에 머물게 됐다고 지적한다. 특히 1987년 12월 대선과정에서 삼김(김영삼·김대중·김종필)이 분열함으로써 민주화 이후 정치의 주도권을 신군부의 2인자이자 전두환의 계승자였던 노태우와 권위주의 세력에 빼앗겼다는 점은 한국의 민주화를 반(半)이행 혹은 불균등한 이행에 머물게 했고, 한국 민주주의의 미래를 어둡게 했다고 지적한다. 나아가 노동의 정치세력화가 지연되고 정당이 사회의 다양한 부문을 대변하지 못했기에 한국의 민주주의는 평화적 정권교체에도 불구하고 더 높은 수준으로 나아가지 못하는 '절름발이 상태'에서 정체되고 있다고 주장한다. 요컨대, 민주대연합의 힘으로 권위주의 세력을 압도했기에 한국의 민주화가 가능했다는 최장집의 주장은 권위주의 독재세력이 상대적으로 약화됐을 때 민주화가 가능하다는 게디스(Geddes, 1999)의 논리와 연결된다.

최장집과 달리, 임혁백(1990, 1994, 2014)은 한국의 민주화가 아래로부터의 압력만이 아닌 아래와 위, 즉 권위주의 세력과 민주화세력 간의 전략적 상호선택에 의해 가능했다고 주장한다. 그에 따르면, 한국의 민주화는 권위주의 내부에서 개혁파인 노태우와, 민주화세력 중 온건파인 삼김과 야당 간 타협의 결과이다. 특히 한국에서 민주화가 가능했던 이유는 권위주의의 지속과 민중혁명이라는 양극단 사이에서 온건세력들이 절차적 민주주의 도입에 합의했고, 집권세력과 민주화세력 내 강경파들이 민주화 이행을 용인하지 않을 수 없었기 때문이라는 것이다. 즉, 권위주의 집권세력과 민주화세력 모두 자신들에게 최상인 해결책을 상대방에 강요할 수 없다는 것을 인식하고 차선의 해결책에 합의하고 이를 받아들였다는 것이다.

초기의 선구적 연구자로서 최장집과 임혁백은 그 학문적 기여에도 불구하고 많은 연구 질문과 한계점을 남겼다. 두 학자는 한국이 어떻게 민주주의로 이행했는가에 대한 분석적 서술과 해석을 관찰적 경험에 기초해 제시하고 있지만, 각 세력의 입장과 선택, 그리고 동학에 관해서 구체적인 이론적 설명을 제시하지 않는다. 가령 두 학자는 "왜 1987년 민주화 국면에서 민주대연합이 강력한 대안세력으로 등장"했는지, "왜 서구와 달리 한국에서는 민주화의 선도적인 투쟁 세력이 노동자들과 도시 중산층이 아닌 대학생들이었는지"에 대해 이론적으로 설명하지 않는다. 또한 한국의 민주화가 실패하지 않고 절차 민주주의로 나아간 점에 관해서는 아래로부터의 힘이 강했기에 가능했다는 시사점을 얻을 수 있다 하더라도, "그 힘이 왜 그렇게 강력했고 어떻게 장기간 유지됐는지", 그리고 "왜 독재세력이 민주화에 어느 정도 동의했는지" 등에 대해 설명하지 않는다. 물론 두 학자가 종합적인 접근을 시도했기 때문에 이 같은 질문은 그 접근에 내재된 질문이기도 하다.

한편 최장집과 임혁백은 민주화 이행의 국면에서 독재세력의 정치적 위상이 약화된 데 대해 서로 다른 진단을 내린다. 최장집은 민주대연합의 도전으로 권위주의 독재세력의 권위와 힘이 상대적으로 약화됐다고 평가하는 반면, 임혁백은 집권세력의 내부분열로 그 정치적 위상에 문제가 발생했다고 전제한다. 물론 두 관찰이 분리된 것은 아니지만, 과연 권위주의 집권세력의 힘이 상대적으로 약화됐는지 혹은 내부적으로 분열됐는지, 그리고 권위주의 세력이 힘이 약화됐거나 내부적으로 분열됐다면 그것이 민주대연합의 내부적 변화와 상호작용 때문인지에 대한 이론적 및 경험적 연구는 부족하다. 이와 관련해, 이갑윤·문용직(1995)은 경험적 분석에 기초해 민주화 항쟁에서 노동자들의 참여가 다른 집단에 비해 낮았고 중산층이 이탈했다는 증거를 발견할 수 없었으며, 전두환과 권위주의 집권세력이 강경파와 개혁파로 분리됐는지도 알 수 없다고 지적한다. 구해근(Koo, 1991) 또한 중산층은 1987~1988년 시기에 민주화 진영에 남아 있었으며, 이들의 실제 이탈은 학생운동이 급진적인 양상(예컨대, 임수경의 북한 방문 등)을 보이고 노태우 정부의 노동 탄압과 공안정국이 시작되던 1989년경에 본격화됐다고 지적한다.

최장집(2002)과 임혁백(2014)은 민주화 이후의 민주주의에 관해서도 서로 다른 관점을 보인다. 구조주의적 접근에서 출발한 최장집은 한국 정치에서 노동의 정치세력화가 부재하고 정당이 사회부문을 대표하지 못하는 이념적 협애성을 보임으로써 민주화 이후 민주주의가 절름발이 상태에 있다는 비관적인 해석을 제시한다. 반면, 발생론적 관점을 채택한 임혁백은 한국이 민주주의를 실행할 경제발전과 국가성 등의 기반을 갖추었고 선거를 반복적으로 실시하며 2000년대 이후 정보통신기술 기반의 디지털 사회로 진입함에 따라, 여러 문제점에도 불구하고 민주주의가 발전할 수 있다는 낙관적인 전망을 제시한다. 흥미로운 점은 두 학자 모두 서구의 고전적 및 선구적 학자들의 주장을 인용하면서 한국 민주주의에 대한 진단과 전망을 제시하지만, 양자 모두 자신의 진단과 전망을 일관된 이론으로 뒷받침하고 있지는 않다는 것이다.

한편 최근의 비교연구(Miller, 2021; Slater and Wong, 2018)는 정치적으로 불확실한 민주화 이행국면에 직면해 권위주의 집권세력이 궁지로 몰리고 약화될 경우 권위주의 엘리트들은 국면을 폭력으로 반전시키려 하기 때문에 오히려 민주화가 비극적인 좌절을 맞게 된다고 지적한다. 반면, 독재세력의 힘이 강력해 위기국면을 돌파하고 권위주의 엘리트들이 민주화 이후에도 민주적 제도를 통해 "잃을 것이 별로 없다"는 전망, 확신,

혹은 오판을 할 때 타협에 의한 민주화가 가능하다고 제시한다(Boix, 2003; Miller, 2021). 이들에 따르면, 한국에서 민주화가 가능했던 원인은 권위주의 집권세력이 약해졌거나 분열됐기 때문이 아니라 오히려 역설적으로 이들이 강력했기 때문이다. 집권세력이 강력했기 때문에 민주화세력의 도전과 위기에 직면해 민주주의로의 이행에 합의해 주었고, 이것이 오히려 민주주의의 초기 정착에 도움을 주었다는 것이다.

'권위주의 주도의 민주화(authoritarian-led democratization)'로 알려진 이 이론은 기본적으로 합리적 선택접근에 기초한다. 이 이론에 따르면, 권위주의 세력은 민주화로 인해 정치경제적 기득권과 이익에서 거대한 손실이 발생할 것으로 예상되는 경우 민주화에 절대로 동의하지 않고 폭력적 대결을 통해 민주화세력을 탄압하지만, 민주화 이후의 국면에서도 그들이 계속해서 집권할 수 있고 기득권을 유지해 나갈 수 있다는 확신이 있을 경우 민주화에 동의한다. 관련 연구자들은 한국은 후자에 해당하며, 그래서 민주주의로의 이행이 가능했다고 설명한다(Slater and Wong, 2018). 즉, 노태우를 중심으로 하는 민주정의당(민정당)이 정치경쟁의 장에서 가장 강력한 세력을 대표했고 민정당이 이후의 대선에서 연속 집권했기에 한국은 강력한 권위주의 주도의 민주화 모델의 전형에 해당한다고 주장한다(Riedl et al., 2020; Slater and Wong, 2018).

특히 한국이 권위주의 시기에도 선거를 실시해 왔다는 역사적 유산과 박정희 시기부터 축적된 정치경제적 자원과 강권기구의 힘이 전두환 독재세력이 위기국면을 자신 있게 돌파할 수 있는 제도적 기회가 됐다는 것이다(Miller, 2021: 164). 이 이론에 따르면, 독재세력의 관점에서 볼 때 민주화세력의 요구가 민중혁명이 아니라 대통령 직선제와 같은 온건한 수준의 절차적 민주주의의 복원이었기에 이것은 양보할 만한 것이었고, 이는 이들에게 민주화 이후에도 기득권을 유지할 수 있다는 확신을 주었을 것이다(Adesnik and Kim, 2013). 일반적으로 경제적으로 빈곤한 국가나 자원 수출로 불평등이 높은 나라에서 민주화운동이 일어날 경우, 독재세력은 이로 인해 모든 것을 잃을 수 있다는 위기의식 속에서 폭력과 탄압에 나선다. 즉, 도전세력과의 타협 가능성이 없는 것이다. 이런 사례와 비교해 한국에서 민주화세력이 절차적 민주주의의 복원을 요구한 것은 전두환과 독재자들에게 생사를 걱정할 위기의식을 불러일으키지는 않았다고 이 이론은 진단한다. 최근 '아랍의 봄' 국면에서 대규모 유혈사태를 맞은 시리아, 리비아, 이집트와 달리, 한국의 1987년의 민주화 위기는 슬레이터와 왕(Slater and Wong, 2018)의 용어를 빌리자면 "쓰지만 달콤한 국면(bitter-sweet spot)"이었기에 정통성이 부족한 독재세력이 민주화를 통해 위기를 돌파하고 오히려 새롭게 거듭날 기회가 됐다는 것이다.

권위주의 주도의 민주화 이론이 한국의 민주화를 설명하는 데 보다 부합한다는 외국 학자들의 주장은 그간 한국의 민주화가 아래로부터의 도전, 즉 민주화세력의 투쟁 혹은 사회운동에 의해서 가능했다는 주류적 입장과는 전혀 다른 해석을 내놓고 있다. 그럼에도 권위주의 주도의 민주화 이론은 한국 민주화와 민주주의에 대해 새로운 통찰을 제공한다. 특히 민주화세력의 도전이 강력했다는 점을 인정하면서도 권위주의 집권세력의 관점에서 민주화 현상을 설명한다는 점은 한국 민주주의에 대한 기존의 이해를 제고한다. 또한 이 이론은 한국의 민주화가 권위주의 진영의 분열이나 상대적 힘의 약화를 전제하지 않으면서도 당시 경제상황은 좋았고 권위주의 독재세력이 가용할 힘과 자원은 풍부했으며 민주화 이후에도 연속 집권한 사실을 잘 설명한다(Jhee, 2008).

나아가 권위주의 주도의 민주화 이론은 한국의 민주화가 왜 보수적이고 제한적일 수밖에 없었는가에 대해 최장집과는 다른 설명을 제시한다. 최장집은 한국의 보수적 민주화의 원인에 대해 민주대연합의 분열과 노동세력의 배제라는 민주화세력 내의 문제를 지적하는 데 비해, 권위주의 주도의 민주화 이론은 한국의 민주화와 민주주의가 보수적으로 제한된 원인이 권위주의 세력의 강도와 존속에 있음을 시사한다(Albertus and Menaldo, 2018; Loxton and Mainwaring, 2018). 즉, 전두환과 노태우가 속한 민정당은 경제발전을 성공시켰다는 상징적 자본, 강권기구의 조력, 그리고 국가의 수혜를 받는 후견주의적 관변·사회단체를 보유한 강한 정당이었다는 것이다(Cheng and Huang, 2018). 이 이론에 따르면, 그렇기에 전두환과 집권세력은 절차적 민주주의의 회복을 원하는 민주화세력의 요구에 대해 능동적으로 양보해 줄 수 있었고, 그 과정에서 이들은 기득권을 지키고 민주화 이후 다가올 정치사회적 개혁을 일부 수용하면서도 도전세력의 집권을 차단하고 저지할 준비를 할 수 있었다. 한편 '권위주의 주도의 민주화' 이론은 평화로운 민주화 이행, 즉 '타협에 의한 민주화'가 장점과 단점을 동시에 지니고 있음을 인정한다. 민주화 이행이 강력한 권위주의 독재세력의 확신과 동의에 기반하기에 절차적 민주주의가 안정적으로 정착될 수는 있으나, 민주화 이행으로 인한 정치사회적 변화가 제한적일 수밖에 없고 과거사에 대한 이행기적 정의(transitional justice)를 실현하기가 쉽지 않다고 진단한다.

권위주의 주도의 민주화 이론은 한국의 민주화와 민주주의에서 전두환 독재세력이 상수가 아니라 가장 강력한 변수라는 점을 강조했다는 점에서 큰 의의를 지닌다. 그러나 이 이론은 개념적·이론적·실증적 문제를 안고 있다. 첫째, 개념적 문제를 살펴보면, 관련 학자들은 한국의 권위주의 세력이 강했다고 주장하지만, 개념적으로 그 강력함의 주체가 한국의 국가인지, 독재세력인지, 집권여당인지, 아니면 이들의 조합인지 불분명하다. 19세기 말과 20세기 초반 독일의 민주주의 실패와 영국의 민주주의 성공을 비교 연구한 지블라트(Ziblatt, 2017)에 따르면, 민주주의의 장기적인 성패를 가른 요인은 강력한 보수정당의 존재와 이들의 전략적 변화 및 혁신이다. 이에 영향을 받은 일단의 서구 학자는 지블라트의 이론을 동아시아 사례에 적용·분석했다(Slater and Wong, 2018; Riedl et al., 2020). 이들의 주장에 따르면, 한국의 성공적인 민주화 이행은 노태우와 민정당의 힘과 역할에 힘입은 바 크다. 그러나 이 설명은 한국의 국가와 보수적 사회세력의 힘은 강력하지만 한국의 보수정당은 제도적으로 그리고 조직적으로 매우 허약하다는 한국 정치과정 연구자들의 경험적 연구결과와 거리가 있다(Croissant and Völkel, 2012; Hellmann, 2014, 2018; Hicken and Kuhonta, 2015; Lee, 2022). 따라서 "과연 1987년 민주화 당시 민정당을 중심으로 집권세력이 민주화 이후의 국면을 낙관적으로 확신해 민주화 과정을 주도했는가" 하는 점은 여전히 의문이다. 다시 말해, 당시 전두환과 노태우를 위시한 신군부 중심의 독재세력이 1987년의 위기를 "쓰지만 달콤한 국면"으로 받아들였는지는 불확실하다.

둘째, 이론적 관점에서 볼 때 권위주의 주도의 민주화 이론은 민주화라는 결과와 권위주의 세력의 강력함이라는 원인을 연결할 논리적 기제가 부족하다. 슬레이터와 왕(Slater and Wong, 2018: 284)이 스스로 밝히듯이, 권위주의 주도의 민주화 이론은 한국 민주화의 원인을 이론적으로 분석하기보다 민주화 과정이 어떻게 일어났고 어떻게 성공적으로 안착됐는가에 대한 기술적 설명을 제시한다. 구체적으로 권위주의 세력의 강력함은 독재체제를 안정시키고 민주화운동 자체를 차단하는 원인이 된다는 점에서 권위주의 주도의 민주화 이론은 논리적 모순에 빠진다. 따라서 해당 이론은 민주화세력이 강력하고 민주화 국면이 열린 상태라는 것을 전제로 하는데, 이는 민주화를 종합적으로 설명하기에는 이 이론의 완성도가 제한적임을 시사한다(Slater, 2012). 나아가 민주화의 국면이 열렸더라도 권위주의 세력이 충분히 강력하다면 민주주의로의 이행이 서서히 유산될 수 있다는 점에서 성공적인 민주화에 대한 원인은 권위주의 주도의 민주화 이론의 바깥에서 찾아야 한다.

셋째, 실증적 문제를 살펴보면, 권위주의 주도의 민주화 이론은 민주화 과정에서 한국 권위주의 계승정당이 수행한 역할에 대해 역사적 경험과는 다른 왜곡된 시사점을 낳을 수 있다. 관련 연구자들이 원형적 사례로 간주하는 영국의 보수당은 중·하층민들의 민주화 요구에 대해 "기득권과 전통을 지키기 위해서 변화한다"라는 전향적인 입장을 취했고, 대만에서는 국민당이 과거사 문제에서 입장의 변화를 주도했다. 즉, 이들이 적극적 행위자로서 민주화 과정을 주도했던 것이다. 그러나 한국의 권위주의 집권세력과 계승정당은 민주화 과정에서 수세에 몰렸고, 민주적 변화를 수용하는 데 소극적이었으며, 과거사에 대해 진실규명과 화해라는 이행기적 정의 실현을 거부하는 태도를 취했다. 결과적으로 한국 민주화 과정에서 권위주의 계승정당은 민주화에 대해 대체로 부정적 및 유보적인 입장을 취했고 변화를 저지하는 데 노력을 집중했다는 점, 민주화 이후 체제 균열을 지속시켜 민주주의의 심화와 발전을 장기적으로 방해하는 역할을 해왔다는 점에서 영국이나 대만의 보수정당과는 거리가 있다.

종합적인 접근을 통해 한국의 민주화를 설명하는 선행연구들은 한국 민주주의와 민주화의 주체 세력에 관해 심오한 통찰과 깊이 있는 이해를 제공했다. 하지만 상술했듯이 종합적인 연구들은 민주화 현상에 대한 기술과 해석에 그치고 있다는 점에서 추가적인 검증과 분석을 통한 이론화를 필요로 한다. 관련 연구들은 민주화세력과 독재세력 간의 힘의 대결과 역학에 영향을 미친 원인들을 고찰했는데, 이들은 대체로 근대화와 경제발전이 파생한 여러 정치적 변화에 주목했다.

경제발전에 관심을 둔 연구들은 기본적으로 립셋(Lipset, 1960)의 근대화 이론이 제기하는 일반적인 입장을 고려하면서도 한국적 특수성을 포용한다. 근대화 이론은 경제발전이 시민사회의 분화와 조직화를 촉발하고 다양한 정치세력 간 갈등과 민주화 투쟁을 유발해 궁극적으로 민주주의로의 이행을 추동한다고 주장하는데, 이는 상술한 종합적 접근을 취하는 연구들의 이론적 기반이 된다. 그러나 립셋이 설명한 경제발전과 민주주의의 관계는 비교정치학계에서도 논쟁점이 되어왔다. 상술했듯이, 쉐보르스키와 리몬기(Przeworski and Limongi, 1997)는 1950년대 이후 경제발전이 민주화를 촉발하지는 않지만 민주화된 나라에서는 경제발전이 민주주의의 존속에 도움이 된다는 경험적 결과를 제시했다. 나아가 민주화의 제3물결을 겪은 나라들을 비교한 해거드와 카우프만(Haggard and Kaufman, 2016)은 근대화 이론이 전제하는 사회 및 계급 분화와 갈등으로 촉발된 민주화운동이 서구의 경험에는 부합하지만 20세기 후반의 비서구권의 민주화 현상에는 맞지 않다고 지적한다. 그럼에도 불구하고, 국제적인 연구에서 한국은 근대화와 경제발전이 민주화를 촉발하고 민주주의를 안정시킨 대표적인 사례로 간주된다(Fukuyama, 2011).

한국의 근대화와 민주화의 분야에서 최근 가장 주목할 만한 연구자는 조앤 조(Joan Cho, 2024)이다. 그의 연구에 따르면, 한국의 권위주의 집권세력은 자신들의 취약한 정당성을 만회하기 위해 경제발전과 근대화에 집중했고, 이것이 단기적으로 집권세력의 안정성과 정당성을 높였다. 그러나 경제발전을 위해 취한 정책들, 가령 대규모 공단의 개발과 육성, 교육기관과 대학의 확대, 도시화 등은 반정부 시위와 사회운동의 거점이 되어 권위주의 집권세력에 부메랑이 됐다고 그는 진단한다. 조의 연구는 한국의 민주화를 강력한 시민사회와 사회운동이 주도했다는 기존 연구들을 통합하면서도 새로운 통찰을 제시한다. 그는 근대화와 경제발전은 단순히 민주화에만 도움이 되는 것이 아니라고 주장한다. 한국에서 경제발전과 민주화의 관계는 복합적이고, 조건적이며, 점진적이고, 역설적이다. 경제발전은 권위주의 독재의 정당성을 개선하기도 하고 반정부 시위를 촉발하기도 하는데, 특히 1985년 국회의원 선거를 시작으로 반독재 세력이 민주화운동을 동원할 수 있는 기회구조가 열렸고, 이에 따라 노동자들과 도시 중산층이 결합할 수 있었다는 것이다. 그에 따르면, 1985년 이후 확산된 반독재 운동은 이전에 저항의 뿌리가 있었느냐에 따라 그 양상이 달라지는데, 노동자들과 대학생들이 집중된 대도시와 공단지역에서 민주화운동은 증폭됐다. 그의 연구는 한국 민주화에 있어서 학생운동은 물론 노동자 투쟁이 기여한 것에 주목했다는 점에서 기존 연구들과는 조금 다르다. 한국 민주화에 대한 기존 연구는 1987년 6월항쟁 직후에 노동자 대투쟁이 분출된 것은 사실이지만 노동자들은 다른 집단에 비해 민주화에 그다지 직접적으로 기여하지 않았다고 지적하기 때문이다(이갑윤·문용직,

1995). 나아가 그의 연구결과는 권위주의 시기의 산업단지의 개발과 농촌 근대화가 독재정권이 선거에서 승리하는 데 단기적으로 도움이 되었을 뿐만 아니라 장기적으로도 권위주의 계승정당의 지지 기반이 됐다는 연구결과(Hong and Park, 2016; Hong, Park and Yang, 2023)와도 다소 거리가 있다.

그럼에도 불구하고 조의 연구는 한국의 민주화가 사회운동에 의해서 가능했다는 김선혁의 연구(Kim, 2000), 한국의 자본주의가 발전함에 따라 전두환 독재와 사회경제적 토대 간의 정합성이 한계에 직면했다는 마인섭의 연구(1993), 한국에서 권위주의적 경제성장은 오히려 그 성과로 인해 민주적 개방을 불러왔고 역설적으로 전두환 독재세력이 이를 용인하지 않을 수 없었다는 김용철·문정인의 연구(1996)와 연결된다.

선행연구들이 한국의 민주화 및 민주주의에 관한 이해를 제고시킨 것은 분명하다. 그러나 본 연구가 선행연구를 검토함으로써 비판적으로 제기하고자 하는 연구문제는 민주화의 핵심 주체가 누구이며 이들의 동기는 무엇인지, 그리고 이들의 민주화에 대한 열망과 헌신은 어느 정도였는지에 관한 것이다. 선행연구들은 한국에서 민주화를 주도한 세력이 재야인사와 학생들이고 이들의 연대는 조직적으로 높은 수준이었다고 지적하지만, 왜 대학생들이 다른 집단에 비해 보다 열정적으로 민주화에 헌신했는지를 설명하지 않는다. 나아가 호남이 반독재 투쟁에서 기여한 점에 관해서는 거의 관심을 두지 않는다. 틸리(Tilly, 2007)가 강조했듯이, 독재에 대항해 체제변동과 민주화를 추동하기 위해서는 미래의 희생과 생명의 위험을 감수할 정치적 동기와 각오를 가진 세력의 투쟁이 필수적이고, 그러한 동기와 각오는 사회경제적인 환경만으로 형성되지 않는다(Wood,

2000).

　1987년 6월항쟁과 그 이후의 국면에서 노동자들과 도시 중산층이 민주화에 동참한 것은 사실이지만, 그들의 반독재와 민주화에 대한 열정과 동기가 민주화 주체 세력과 동일하다고 보기는 어렵다. 왜냐하면 당시 민주화의 선도세력들은 과거와 달리 가열한 투쟁을 전개했고, 전두환 독재에 대한 반대와 민주주의 회복을 위해 때론 목숨까지 던졌기 때문이다. 경제발전에서 출발하는 근대화론과 전략적 행위자 이론은 민주화운동에 대한 선호가 사회경제적 처지에 의해서 형성된다고 가정한다. 즉, 한국의 경우, 독재와 재벌의 지배연합은 권위주의를 선호했던 반면, 노동자, 중산층, 학생들은 민주주의를 요구했다는 것이다. 하지만 과연 그것이 전부일까? 민주화에 대한 사람들의 정치적 신념과 선호는 본인의 경제적 및 실존적 처지에 의해서 결정될까?

　본 연구의 관점에서 볼 때, 근대화와 경제성장이 가져온 사회계급적 분화와 대결이 한국 민주화의 국면을 열었고 민주화 이행의 동학에 영향을 주었다는 주장은 두 가지 측면에서 반쪽짜리 설명에 불과하다. 첫째, 이 주장은 이론적으로 사회경제적 지위에 따른 지배연합과 대항세력 간 선호의 차이 및 대결이라는 관점에서 볼 때, 왜 노동자와 중산층이 아닌 학생들이 선도투쟁에 나섰는가를 설명하지 못한다. 곧 사회로 진출할 대학생들이 집단적으로 자신들의 미래를 버리고 반독재와 민주화 투쟁이라는 위험한 선택을 한다는 것은 그들의 동기에서 뭔가 다른 것이 존재했음을 시사한다. 대학생 집단이 민주화운동 혹은 변혁운동의 주체가 됐다는 점은 근대화 이론으론 설명이 되지 않는다. 서구의 자유주의 혁명의 주체가 부르주아였고 19세기 말과 20세기 초의 혁명적 민주화운동의 주체가 노동자들이었다는 점을 고려할 때, 한국의 민주화운동에서 대학생들이 중심이 되었고 호남이 끈질기게 반독재의 입장을 고수했다는 사실은 결코 자연스러운 현상이 아니다. 한국인들에게는 이 사실이 오래전부터 너무 익숙해 자연스러운 현상으로 받아들여지지만, 민주화의 이론적 관점에서 이는 매우 특이한 현상으로, 기존의 이론으로는 설명되지 않는다. 즉, 근대화와 경제발전이 만들어낸 사회경제적 지위와 실존적 처지가 반독재와 민주화를 위한 정치적 신념과 각오를 자동적으로 만들어내진 않는다. 정치적인 계기와 사건이 필요한 것이다.

둘째, 경험적으로 경제발전이 계급적 분화와 체제 선호의 분할을 통해 극단적인 계급갈등을 유발하고 이를 봉합하는 과정에서 민주주의가 점진적으로 도입된다는 서구 근대화 이론의 가설이 비서구권에서는 잘 맞지 않다(Haggard and Kaufman, 2016). 동아시아에서 경제가 고도로 발전한 나라 가운데 민주주의로 이행한 나라는 대만과 한국뿐이다. 공동체주의와 전통주의가 강한 사회의 경제발전 과정에서 도시 중산층과 노동자들이 반체제·반정부 운동을 벌인 사례는 중국, 싱가포르, 말레이시아 등의 권위주의 국가들뿐만 아니라 과거 한국과 대만에서도 잘 발견되지 않는다. 한국에서 관찰되는 노동운동은, 19세기 말과 20세기 초반 서구의 노동운동과 비교할 때, 상대적으로 온건한 편에 속한다. 대만에서도 민주화운동이 추동된 근본적인 원인은 중국본토 출신의 외성인으로서 대만을 점령한 국민당 독재정권이 내성인을 탄압했고 이에 대항해 내성인들이 대만인의 정체성을 강조하며 국민당 독재에 도전·투쟁했기 때문이다. 결론적으로 서구의 민주화 경험에 비춰볼 때 정치적 갈등과 투쟁이 민주화의 중요한 원인이라는 점은 확실하나, 한국의 경험은 갈등과 투쟁의 행위자가 서구의 행위자와 확연하게 다르다. 이는 결국 한국의 경우 민주화를 추동하는 체제 갈등과 투쟁이 어떻게 일어나는가에 대한 새로운 이론과 연구가 필요하다는 것을 시사한다.

요컨대, 한국 민주화에 관한 선행연구들은 "왜 광주와 호남이 반독재 투쟁에 나서게 됐고, 왜 민주화 이후에도 호남 지역민들이 권위주의 계승 정당에 반대하는가" 하는 점을 간과하고 있다. 전도양양한 대학생들이 구속과 고문 그리고 투옥의 위험을 무릅쓰고 자신을 헌신하는 투쟁에 나서고 호남인들 전체가 반전두환·반독재의 거대한 바위로 변화한 것은 자연스러운 현상이 아니다. 그럼에도 한국 민주화의 핵심 주체는 호남과 대학생들이었다. 하지만 기존의 학계는 한국의 민주화와 민주주의가 1980년 광주의 희생 위에 서 있다는 최정운의 지적을 적극적으로 고려하지도 이론화하지도 못하고 있다. 최정운은 자신의 저서를 마무리하면서 "우리 자신이 우리 역사를 쓰고 해석할 능력과 관심이 없다면 우리는 5·18의 투사들이 남긴 민주주의를 향유할 자격이 없는 것이다"라고 일갈했다. 필자들은 그의 지적에 공감하며 이에 응답하고자 한다.

4. 연구의 주장

이 연구는 1980년 5월 18일부터 27일까지 국가가 자행한 폭력과, 뒤이어 이를 은폐하기 위해 전두환과 신군부가 실행한 왜곡과 탄압이 권위주의를 안정시키기보다는 역설적으로 1987년 민주화를 가능하게 한 힘이 됐고 장기적으로 한국 민주주의를 안정적으로 정착하게 만들었다고 주장한다. 5·18 국가폭력은 두 가지 방향에서 한국의 민주화세력을 형성·성장시켰다.

첫째, 5·18 국가폭력은 호남 지역민들과 출향민 전체를 반독재 세력으로 만들었다. 일반적으로 국가폭력의 목격자들, 피해자들, 그리고 유가족들은 외상후 스트레스 장애(Post-traumatic stress disorder: PTSD)를 겪으면서 정치적 신념이 변화하며, 그들과 가까운 주변 사람들 또한 이전과 다른 새로운 정치적 정체성을 가지게 된다(Balcells, 2012; Rozenas, Schutte and Zhukov, 2017; Walden and Zhukov, 2020; Wayne and Zhukov, 2022). 피해자와 유가족들에게 전두환과 신군부는 단순한 정적이 아니라 불구대천의 원수가 됐고, 이들의 외침은 혈연, 지연, 학연의 사회관계망을 매개로 호남 지역민과 출향민 전체로 확산됐다.

나아가 광주학살의 집단적 고통과 서러움에서 시작된 5·18에 대한 대중적 추념과 행사는 반전두환·반독재의 정서를 사회 저변으로 확산했고, 5·18을 주제로 하는 문화·예술운동은 호남의 정치적 정체성을 강화했다. 전두환과 신군부의 폭력과 만행, 그리고 진실 부정과 왜곡은 호남 전체를 권위주의 체제에 반대하는 대항세력으로 만들었다. 따라서 호남의 지역주의는 선거적 현상으로 해석하기 이전에, 민주화와 민주주의의 관점에서 재해석되어야 한다. 즉, 호남의 지역주의를 지역 이기주의와 선거 동원적 결집으로 해석하려는 시도는 오히려 이 현상의 본질을 간과하고, 나아가 이를 왜곡한다. 호남 지역주의의 본질은 바로 국가의 부당한 폭력과 만행에 저항하고 명예를 회복하기 위한 노력에 있다. 그것의 선결적인 과제가 바로 한국의 민주화였던 것이다.

둘째, 5·18 국가폭력은 재야인사와 대학생들의 반독재·민주화운동을 한층 격렬하게 만들었다. 이 연구는 5·18 국가폭력이 대중적 차원에서 정치적 각성을 불러일으키기 위해서는 관련 정보를 생산·수집·공유할 인프라는 물론 수용자의 인지적 능력도 요구되는데, 이에 부합하는 주체가 바로 대학생들이었다고 주장한다. 특히 재야 지식인, 종교인, 문화예술인들은 5·18 국가폭력을 계기로 광주참사의 진실규명과 한국사회의 진정한 발전을 위해서는 전두환 독재가 타도되어야 한다는 담론과 민중운동을 주창하기 시작했는데, 이러한 논의의 즉각적인 수용자이자 전파자가 대학생들이었다. 이미 잘 알려진 사실이지만, 1980년 5월을 기점으로 재야 지식인들과 학생운동은 완전히 달라졌다(박명림, 2008; Shin and Chang, 2011). 1970년대까지의 학생운동은 온건하고 자유주의적 성격을 띠었으나, 5·18의 국가폭력과 학살을 알게 되고 동년배들의 죽음에 분노한 대학생들은 전두환 독재의 타도와 혁명적 변화가 아니고서는 한국에서 민주주의가 불가능하다는 확신을 가지게 됐다. 광주 5·18과 전두환 신군부의 성격을 정의하기 위한 논쟁은 1980년대 대학가에서 가장 중요한 화두였고, 점차 대학은 반전두환·반독재·민주화를 요구하는 해방구 혹은 투쟁의 진앙지가 됐다(방인혁, 2009). 5·18로부터 시작된 반독재·민주화의 담론은 대학과 세대 전체로 확산되어, 한국 정치에서 이전의 한국전쟁 및 산업화 세대와는 전혀 다른 정체성을 가진 새로운 정치세대의 출현을 예고했다(허석재, 2015). 이와 같이 변화된 대학사회의 정치적 정서는 1980년대 내내 고조됐고, 1987년 6월항쟁에서 절정에 달했으며, 뒤이어 노태우와 김영삼 등 권위주의 계승세력이 연속 집권했던 시기까지 계속됐다.

따라서 본 연구는 1987년 민주화와 이후 민주주의의 성공적인 안착의 핵심 주체가 바로 호남과 당시 청년세대라고 주장한다. 전두환 독재와 권위주의 계승세력에 대해 이들이 가진 반감의 근저에는 1980년 광주에서 전두환 신군부가 자행한 국가폭력과 이에 저항한 분들의 희생에 대한 정치사회적 성찰이 있었다. 호남과 당시 청년세대의 관점에서 볼 때, 전두환과 신군부, 그리고 이들의 계승세력은 민주주의와 정의, 그리고 정통성이 결여된 정치집단이었다. 본 연구는 바로 이것이 한국사회의 근본적인 체제균열이고 지역주의나 세대갈등은 그것의 표면적 혹은 결과론적 현상에 해당한다고 본다.

5. 이론적 논의

민주화와 민주주의의 존속에서 강력한 반대세력의 존재는 왜 필수적인가? 왜 한국에서는 서구와 달리 도시 중산층과 노동자들이 아닌 대학생들과 호남이 독재에 반대하고 민주화를 요구하는 집단이 됐는가? 그리고 이것은 한국의 민주화와 민주주의에 어떤 의미를 가지는가?

로버트 달(Robert Dahl, 1966, 1971)에 따르면, 자유민주주의의 제도와 실행은 정치사회적 반대 혹은 대항세력의 존재 없이는 유지될 수 없다. 즉, 민주적 제도들이 출현하고 장기간 지속·발전하기 위한 최소한의 기본 조건은 정치사회적 반대 및 대항세력의 존재 여부에 달려 있다. 따라서 많은 학자들은 그 대항세력이 어떻게 발전하는지, 어떤 생각을 가지고 있는지에 대해 연구한다(Acemoglu and Robinson, 2006; Ansell and Samuels, 2014; Moore, 1966; Rueschemeyer, Stephens and Stephens, 1992; Tilly, 2007). 다시 말해, 체제 반대세력이 위험을 무릅쓰고 지배연합에 도전하는 데에는 그만한 조건과 이유가 분명히 있으므로 학자들은 그것이 무엇인지를 규명하고자 한다. 왜냐하면 그것이 민주화의 기원이고 민주화 이후 민주주의의 안정에 영향을 주기 때문이다.

달(Dahl, 1971)을 포함한 많은 정치학자는 정치적 민주화의 동학이 일차적으로 대항세력의 출현과 발전으로 시작되지만, 민주화의 최종적인 성공과 안정화(settlement)는 권위주의 독재세력과 이를 계승하는 세력이 어떻게 행동하는가에 달려 있다고 지적한다(Acemoglu and Robinson, 2006; Boix, 2003; Miller, 2021; Ziblatt, 2017). 다시 말해, 민주주의의 출현과 존속은 두 단계의 과정을 거친다.

첫 번째는 기존 체제에 도전하는 대항세력이 출현하고 성장하는 단계이고, 두 번째는 권위주의 독재세력과 대항세력 간의 힘의 대결이 종료되는 단계이다. 두 번째 단계에서 "권위주의 세력과 민주화세력은 과연 누구이고, 이들 간 쟁투가 어떻게 종료되는가" 하는 것은 민주주의의 생존과 발전에 지대한 영향을 미친다. 가령 일시적인 양보와 민주화의 허용에도 불구하고, 권위주의 세력의 힘과 자원이 강하고 권력의지가 집요해서 권위주의 계승세력이 민주화세력을 서서히 분열시키고 압도해 나갈 경우, 재권위주의화는 불가피하다. 반면 드물지만 민주화세력이 포괄적인 사회연합을 형성하고 이를 바탕으로 정치사회로 진출해 민주적 정당경쟁을 통해 권위주의 독재세력을 완전히 포위하고 고립시킬 경우, 체제전환 이후의 민주주의는 포용적인 경향을 띠게 되고 정치개혁은 물론 사회경제적 개혁에도 매진할 수 있다. 나아가 포괄적인 사회연합에 기초한 민주화세력이 정치 경쟁의 장에서 압도적 힘의 우위를 확보할 때, 과거사 청산과 정의회복을 통해 독재의 역사적·사회적 뿌리를 제거할 기회의 창이 열린다. 비교정치사적 관점에서 전자에 해당하는 사례는 민주화에 실패해 하나의 권위주의가 다른 권위주의로 대체되는 수많은 나라들일 것이고, 후자에 가장 가까운 사례는 20세기 초반 노동계급과 자유주의적 중산계급이 연합해 체제전환을 주도하고 선거와 정당경쟁을 통해 구세력을 포위한 다음 사회경제적 개혁을 수행한 스웨덴일 것이다(Berman, 2006).

그렇다면 사회경제적 기반을 갖춘 안정적 체제로서 권위주의 독재는 어떻게 민주주의로 이행하는가? 이 질문에 대해 달(Dahl, 1966, 1971, 1989)은 매우 단순한 게임이론을 제시한다. 그에 따르면, 민주주의는 권위주의 독재세력이 반대세력을 물리적으로 억압하지 못하고 용인할 수밖에 없는 상태에서 출현하고 존속한다. 다시 말해, 상술한 민주화 및 민주주의의 2단계론을 차용할 경우, 권위주의 독재세력은 도전세력의 저항을 물리적으로 탄압해 제거할 것인가 아니면 허용할 것인가의 선택에 직면하게 된다. 여기서 독재세력은 탄압의 비용과 예상되는 비극적 결과를 합리적으로 계산해 반대세력을 관용하는 비용이 억압비용에 비해 낮다고 예측될 때 민주화를 허용한다. 즉, 정치적 반대와 저항을 억압하기가 너무나 어려울 경우 민주화 국면이 열린다는 것이다. 여기에서 독재자들의 합리적 계산이 반드시 정확할 필요는 없다. 왜냐하면 민주화라는 불확실한 국면에서 현재와 미래에 대한 정보는 불완전하고 제한적이기 때문이다(Treisman, 2020). 그럼에도 불구하고 독재자들의 합리적인 계산과 판단은 민주화가 비극으로 끝날 것인가 아니면 민주주의로 이행할 것인가에 중요한 영향을 미친다.

민주화와 관련된 수많은 구조적 조건, 외부적 제약, 그리고 상황적 요인은 대항세력의 성장과 도전, 그리고 독재세력의 계산과 판단에 영향을 줌으로써 민주화의 성패와 존속을 결정한다(임혁백, 1994; Haggard and Kaufman, 2016). 즉, 성공적인 민주화는 권위주의적 독재를 떠받치던 각종 제도와 관행 — 고문과 강권기구의 억압, 일상의 위계적 폭력, 표현과 결사의 제약, 침묵의 강요와 포섭, 그리고 정경유착의 부패와 노동탄압 등 — 의 작동을 멈추게 하고, 새로운 민주적 규칙들 — 공정한 선거와 정당들의 자유경쟁, 인권의 신장과 법치의 확대, 언론의 자유와 결사 및 비판의 자유 등 — 을 사회 저변으로 확산시킨다. 반면 권위주의 계승세력이 민주화 이후 여전히 힘과 자원을 가지고 국민적 지지를 확보할 경우, 민주주의의 형식은 유지될지라도 그 내용은 무력화될 것이다.

그렇다면 로버트 달의 이론적 관점에서 한국의 민주화와 민주주의는 어떤 동학과 경로를 보였는가? 일반적으로 한국의 민주화는 민주화세력과 군부 집권세력 간의 타협의 결과로 성사됐다고 알려져 있다(Diamond and Kim, 2000; 김영명, 2006; 임혁백, 1990; 최장집, 2002). 민주화 동학은 크게 세 가지 양태를 보이는데(Huntington, 1991), ① 아래로부터의 민주화(민주화세력이 권위주의 세력을 압도해 체제경쟁과 전환을 주도하는 경우), ② 위로부터의 민주화(권위주의 정부가 선제적으로 민주화의 과정을 견인하는 경우), ③ 타협을 통한 민주화(양 세력이 합의해 민주화로 이행하는 경우)가 그것이다. 한국은 세 번째 유형인 '타협을 통한 민주화'에 해당한다. 타협에 의한 민주화의 특징 가운데 하나는 권위주의 독재세력과 민주화 대항세력 중 어느 한 쪽도 힘을 통해 상대를 압도할 수 없는 상태에서 타협을 유도하는 구조적 제약과 환경에서 만들어지고, 이렇게 시작된 민주주의는 타협의 효과 및 힘의 균형이 유지되는 한 지속하는 경향을 보인다는 것이다.

여기에서 다음과 같은 세 가지 중요한 사회과학적 질문이 제기된다. ① 한국에서 민주화의 주체는 누구이고, 어떻게 권위주의 독재세력과 본격적인 힘의 대결을 할 수 있었는가? ② 왜 한국의 민주주의는 재권위주의화되지 않고 공고화될 수 있었는가? ③ 향후 한국의 민주주의는 지속과 발전을 도모할 수 있는가? 이러한 질문들에 대해, 본 연구는 5·18의 장기적 유산을 경험적으로 추적함으로써 5·18이 한국 민주주의에 기여한 점을 사회과학적 관점에서 분석한다. 비록 이 같은 지적 탐색이 위 세 가지 질문에 대해서 완전한 답을 제시한다고 보긴 어렵지만, 각 질문에 대해 새롭고 신선한 시각을 제공할 것이다.

6. 연구의 접근

이 연구는 5·18 국가폭력 그리고 호남과 대학사회의 정치적 각성이 1987년 민주화는 물론 1990년대 한국 민주주의의 안착에 기여한 원동력이 됐다고 주장한다. 그렇다면 이를 뒷받침할 증거를 어떻게 확보할 것인가? 과거의 거대한 사건과 그 사건에서 파생된 현상은 현재에도 유산의 형태로 남아 있기 마련이다. 본 연구는 역사적 과정의 질적인 추적과 양적인 분석을 통해 이를 뒷받침하고자 한다.

먼저 질적 차원에서 제2장과 제3장은 역사적 분석을 시도한다. 즉, 광주항쟁의 발발과 5·18 국가폭력을 다양한 문헌을 통해 분석하고, 이후 전개된 기억투쟁과 민주화운동의 양상과 변화를 추적·분석한다. 그리고 제4장, 제5장, 제6장에서는 양적·통계적 분석을 시도한다. 구체적으로

1980년 5·18 이후 40년이 지난 시점인 2020년 12월부터 2021년 2월까지 필자들이 광주와 호남을 비롯한 전국의 시민들을 대상으로 실시한 설문조사 자료를 분석한다. 설문은 5·18 국가폭력을 목격했는지 혹은 주변의 지인 및 친척 중 피해자가 있는지 등을 물었고, 이를 시작으로 5·18에 대한 생각, 현재의 정당 지지, 정치적 태도 등을 광범위하게 물었다. 이 설문자료를 토대로 5·18 국가폭력이 한국의 정치사회와 유권자들에게 남긴 장기적 유산을 경험적으로 분석하고, 이를 논리적으로 추론한다. 나아가 연구는 서강대 현대정치연구소가 2024년 2월 서울의 고등학생들을 대상으로 실시한 설문자료를 분석해, 서울에 거주하고 있는 호남 출신 부모의 자녀들이 호남의 반독재적 및 민주적 태도를 어떻게 물려받고 있는지도 함께 검토한다.

본 연구가 채택하고 있는 혼합적 방법론은 최근 사회과학 분야의 장기적 유산 연구에서 활발히 이용되고 있다. 장기적 유산에 대한 연구란 현재 사람들에게 남아 있는 생각과 태도 등을 기반으로 과거에 일어난 거대 정치폭력의 장기적인 영향을 역추적하고, 기존 선행연구와의 이론적 및 논리적 정합성을 토대로 현재까지 반복적으로 발생하거나 지속되고 있는 정치적·경제적·사회적 현상들의 역사적 기원과 경로를 재해석하는 연구를 말한다.

장기적 유산 분야의 선구적 연구자인 눈과 완체콘(Nunn and Wantchekon, 2011)은 사하라이남 아프리카에서는 과거 1400~1900년 사이에 노예무역과 노예사냥이 활발했던 지역에 거주하는 사람들의 정치와 사회에 대한 신뢰가 현재에도 낮다는 점을 보고하면서 비교역사 및 경험적 연구의 새로운 장을 열었다. 로제나스와 주코프(Rozenas and Zhukov,

2019)의 연구에 따르면, 1932~1934년 사이에 자행된 스탈린의 우크라이나 지역에 대한 강제적 집단농장화와 수탈, 그리고 뒤이은 대기근으로 인해 해당 지역주민들은 지금도 반러시아 태도가 강하며 친러시아 정당에 반대투표를 한다. 또한 하드직, 칼슨, 태비츠(Hadzic, Carlson and Tavits, 2020)의 보스니아 내전 연구는 내전으로 집단학살의 피해를 경험한 지역에서 인종적 결집이 높아지고 인종에 기반한 정당투표 경향이 두드러진다는 점을 근거로 정치폭력이 정치균열을 형성하는 결정적 요인이라고 주장한다. 우드(Wood, 2000) 또한 남아프리카공화국의 민주화를 추동한 원인이 정치사회적 지배집단인 백인이 흑인에게 자행한 잔인하고 가공할 탄압과, 이에 반발한 흑인들의 장기적인 연대와 투쟁이라고 지적한다.

　이와 같이 과거의 정치폭력 혹은 국가폭력과 탄압이 정치적·사회적 반발을 낳고, 오늘날까지 사람들의 정치적 태도는 물론이고 정치지형에도 영향을 준다는 실증적 연구들이 폭발적으로 늘어나고 있다(Walden and Zhukov, 2020). 이러한 학문적 연구가 등장하게 된 이유는 대체로 두 가지로 요약된다. 첫째, 19세기 말부터 20세기 내내 살상 무기와 군사기술이 혁신적으로 발전했고, 양차 대전과 뒤이은 비서구권의 국민국가 건설과정에서 폭력과 학살 등 인명피해가 유례없이 크고 많았기 때문이다(Davenport, 2007). 둘째, 해당 연구가 확산된 결정적인 이유는 바로 20세기 후반에 민주화의 제3물결이 발생했고, 이를 통해 과거사에 대한 학문적 접근이 가능해졌기 때문이다. 일반적으로 폭력을 자행한 권위주의 독재세력이 국가권력을 장악하고 있는 상태에서는 과거사에 대한 진실을 탐구하는 학문적 및 사회적 노력이 좌절되기 마련이다. 그러나 20세기 후반에 도래한 민주화의 물결은 새로운 정치세력들을 탄생시켰고, 이는 권위주의 구세력들이 숨기고 싶었던 과오를 드러내지 않을 수 없게 만들었다. 이와 같은 연구들은 역사적 사건의 현재적 의미를 경험적으로 추적한다는 점에서 사회과학 및 역사학 분야에서 새로운 흐름이며, 이는 사회과학에 새로운 이론화의 기회를 만들어내고 있다.

본 연구의 접근은 과거 국가폭력의 직접적인 유산과 정치적 영향을 분석한다는 점에서 선행연구와 유사하나, 다음의 몇 가지 점에서 선행연구와 차별적이다. 과거 국가폭력 사건의 유산과 영향을 실증적으로 추적하는 선행연구들은 대체로 1,000년 이상의 오래전의 과거(Ahmed and Stasavage, 2020), 수백 년 전의 과거(Acharya, Blackwell and Sen, 2018; Guardado, 2018), 혹은 100년 이내의 가까운 과거(Wayne and Zhukov, 2022)의 중대사건을 분석대상으로 삼고 있다. 이에 비해, 본 연구는 40여 년 전에 일어난 국가폭력과 그 유산이 생생하게 실재하는 현상을 다룬다. 선행연구들이 현재로부터 먼 과거의 기원을 추적하기 때문에 방법론적인 복잡성을 보이는 반면, 본 연구에서 다루는 5·18 국가폭력은 열흘이라는 단기간에 광주와 그 인근 지역이라는 제한된 공간에서 발생한 사건이고, 피해자, 유가족, 목격자들이 아직 생존하고 있다는 점에서 다른 변수들이 간섭할 가능성이 상대적으로 낮은 편이다. 나아가 한국의 민주주의와 5·18에 대한 선행연구가 상당히 축적되어 있다는 점은 본 연구가 5·18 국가폭력으로 인한 장기적·직접적인 영향을 분석한 결과와 기존 연구결과 간 정합성을 검토하는 데 유리하다. 궁극적으로 필자들은 연구를 통해 한국의 민주화와 민주주의에 대한 새로운 논리적 해석을 제시할 것이다.

2   광주항쟁과 국가폭력

　열흘간의 광주항쟁은 시기적으로 독재자 박정희의 피살(1979년 10월)과 또 다른 독재자 전두환의 정권찬탈(1980년 8월)이라는 일련의 정치 변동 와중에 발생했다. 박정희의 죽음은 이른바 '서울의 봄'으로 알려진 정치적 해빙기로 이어져, 향후 한국사회에 대한 다양한 생각과 구상이 분출되고 있었다. 그러나 '서울의 봄'은 정권탈취를 노리는 전두환 신군부에 의해 속절없이 마감됐다. 광주항쟁은 신군부의 정권찬탈 움직임에 정면으로 항거한 대중봉기였다. 신군부는 엄청난 병력을 동원해 광주항쟁을 유혈진압했다. 광주항쟁 열흘 동안 민간인 사망자가 166명, 행방불명자가 73명, 부상자가 2,504명 발생했고, 당시 입은 부상이 원인이 되어 이후 사망한 '상이 후 사망자'가 113명에 이르렀다. 여기에 체포·구금된 사람들을 포함하면, 공식적인 5·18 국가폭력의 피해자는 5,800여 명에 달했다(5·18민주화운동진상규명조사위원회, 2024a: 385, 454). 도대체 1980년 5월 광주에서 무슨 일이 벌어졌던가? 광주항쟁과 계엄군의 유혈진압이 발생하게 된 정치적 배경은 무엇인가? 그리고 5·18 국가폭력이 남긴 정치적 파장과 유산은 무엇인가?

1. 광주항쟁 발발의 정치적 맥락

박정희의 사망은 권위주의 체제를 복원하려는 전두환 신군부와 이를 저지하려는 학생들 간의 대결구도로 이어졌다. 이러한 상황의 전개는 기본적으로 박정희 일인 통치가 조성한 정치적·사회적 지형 ― 정치화된 군인집단, 능력은 있으나 수동적인 행정관료, 주변화된 정당과 정치인들, 대중적 기반을 갖지 못한 재야세력 등 ― 에서 비롯됐다. 정치화된 전두환 신군부 집단은 12·12 군사반란을 통해 군권을 장악했고, 5·17 비상계엄령 확대를 통해 본격적인 정권찬탈에 나섰다. 광주항쟁은 신군부의 5·17 비상계엄령 확대조치가 내려진 다음날 시작됐다.

1) 박정희의 피살

1961년 5월 16일 군사쿠데타를 통해 정권을 장악한 박정희는 1979년 10월 26일 그의 부하에 의해 살해될 때까지 약 18년 동안 한국을 통치한 최고 권력자였다. '부국강병'을 목표로 행정적 효율성과 국민총화를 강조했던 그의 통치 스타일은 시간이 갈수록 더욱 강력한 유형의 권위주의인 일인 통치로 변화했고, 이는 반정부세력의 출현과 성장, 그리고 저항을 촉발했다. 그 최종적인 결과는 상황인식과 대응방법을 둘러싼 정권 내부의 갈등, 그리고 그로 인한 박정희의 죽음이었다.

1961년 5월 16일 새벽, 박정희 소장이 이끄는 군사혁명위원회는 서울중앙방송국을 통해 6개 항의 혁명공약 — ① 반공을 국시로 삼고, ② 미국 및 자유 우방과의 유대를 강화하며, ③ 부패와 구악을 일소하고, ④ 국가 경제의 발전을 도모하며, ⑤ 공산주의와 대결할 수 있는 실력을 배양하고, ⑥ 이 같은 혁명과업이 성취되면 참신하고 양심적인 정치인들에게 정권을 이양한다 — 을 발표했다. 그리고 전국에 비상계엄령을 선포하고 국회를 비롯한 지방의회 및 정당들을 모두 해산시켰다. 이후 군사혁명위원회를 '국가재건최고회의'(최고회의)로 개칭(1961년 5월 19일)해 모든 권력을 여기로 집중시켰고, 중앙정보부를 창설(1961년 6월 10일)해 이른바 박정희의 '혁명과업'에 장애가 되는 요소들을 제거해 나갔다.

하지만 군사정부는 이내 미국으로부터 민정이양의 압력에 직면했다. 1961년 당시 미국은 대한민국 국가 예산의 50% 이상을 그리고 국방예산의 72.5%를 제공하고 있었다(김정원, 1985: 280). 따라서 박정희 의장은 결코 미국의 압력을 거스를 수 없는 처지였다. 박정희는 1961년 8월 21일 특별성명을 통해 1963년 이전에 새 헌법을 공포하고 같은 해 5월 총선거를 치러 1963년 여름까지 정권을 민간인에게 이양할 것임을 공표했다.

민정이양의 일정이 정해지자, 중앙정보부장 김종필은 서둘러 군부의 계속 집권을 위한 방안을 모색했다. 비록 박정희의 구체적인 지시는 없었지만, 박정희와 김종필은 적어도 부패하고 사익 추구에 연연하는 기존 민간 정치인들에게 권력을 맡겨서는 안 된다는 인식을 공유하고 있었다. 이에 김종필은 계속 집권을 위한 방책으로 정당 창당을 통해 선거에서 승리하는 방법을 모색했다(김용호, 2020: 64~65). 그 방법이란 쿠데타 실세들이 군복을 벗고 민간인 신분으로 국가와 정치사회에 진출함으로써 군사정부의 외피를 '민간화'한다는 것이었다. 이에 따라 중앙정보부는 비밀리에 민주공화당 창설과 정치자금 확보에 착수했다. 그리고 전문가들을 동원해 쿠데타세력이 선거에서 승리하는 데 유리한 새 헌법과 선거제도를 고안·도입했다. 1962년 12월 국민투표를 거쳐 확정된 제3공화국 헌법은 4년 중임의 대통령 중심제를 채택했다. 당시 헌법은 비록 대의민주주의의 외형적 틀을 갖추었으나, 입법부나 사법부보다 대통령에게 상대적으로 많은 권한을 부여한 것이었다.

　박정희 대장은 1963년 8월 30일 전역식을 치렀다. 이로써 박정희는 민간인 신분으로 대통령선거에 출마할 준비를 마쳤다. 이와 더불어 선거법이 새로이 작성됐다. 제2공화국 시절 291명(민의원 233명, 참의원 58명)이었던 국회의원을 175명으로 줄이고, 소선거구 단순다수대표제 방식으로 131명, 전국구 비례대표제로 44명을 선출하도록 변경했다. 특히 비례대표의 의석 배분 방식은 제1당에 유리하게 만들어졌는데, 제1당의 득표율이 50%가 되지 않더라도 무조건 비례대표의석의 절반을 제1당에 배분토록 했다.

　1963년 10월 15일에 치러진 대통령선거 결과, 박정희 후보와 윤보선 후보는 각각 총 유효표의 46.5%와 45.1%를 얻어 박정희가 매우 근소한 차이로 승리했다. 두 후보 간의 표차는 15만 표에 불과했다. 이어 11월 26일 치러진 총선에서도 민주공화당은 지역구 88석과 전국구 22석 등 총 110석을 얻어 과반 의석 확보에 성공했다. 민주공화당은 유효표의 33.5% 밖에 얻지 못했음에도 전체 의석의 63%를 차지했는데, 이는 제1당에 일방적으로 유리한 전국구 비례대표 선거제도 덕분이었다.

박정희 정권은 군사쿠데타로 민간정부를 무너뜨린 '태생적 결함'을 만회하고자 경제성장에 비상한 노력을 기울였다. 당시 한국사회는 절대적 빈곤에 허덕이고 있었기에 그의 경제개발계획은 국민적 요구에 부응하는 정책이었다. '조국근대화'를 내세운 그의 경제개발 프로젝트는 상당한 성과를 냈다. 수출액은 1961년 4,090만 달러에서 1969년 6억 5,830만 달러로 증가했고, 1인당 국민소득은 1961년 82달러에서 1969년 210달러로 상승했으며, 이 기간(1961~1969년) 평균 경제성장률은 8.5%에 달했다(한국은행, 1995). 이러한 경제적 성과로 인해 1967년의 대선과 총선에서 박정희와 집권당(민주공화당)은 쉽게 승리할 수 있었다.

이와 같은 정치적·경제적 성과는 국정운영에 대한 박정희의 자신감을 한껏 증폭시켰고, 그의 자신감은 본인만이 조국근대화 프로젝트와 '민족중흥'을 달성할 수 있다는 일종의 메시아적 소명의식으로 발전하고 있었다. 그리고 그의 소명의식은 계속 집권이라는 권력의지로 표출됐다. 하지만 박정희 정권에 대한 대중적 지지는 오래가지 않았다. 국가 주도적, 노동 배제적, 수출 지향의 권위주의적 발전국가의 면모가 강화됨에 따라 사회경제적 소외계층이 등장하고 정권의 억압적 성격이 뚜렷이 부각되기 시작했다. 특히 1969년 그의 집권 연장을 위한 변칙적 개헌(대통령 임기를 '4년 1회 중임 가능'에서 '4년 2회 중임 가능'으로 변경)은 대중적 지지의 하락을 촉발했다. 1971년 4월에 실시된 대통령선거에서 현직 대통령인 박정희는 훨씬 더 많은 조직적·재정적 자원을 보유했음에도 불구하고, 야당(신민당) 후보인 김대중을 95만 표 차이(지지율 7.6% 차이)로 간신히 누르고 집권에 성공했다. 이는 1967년 치러진 대선에서 박정희가 120만 표 차이(지지율 10.5% 차이)로 야당 후보(윤보선)를 물리친 것에 비하면, 박정희의 대중적 지지도가 하락하고 있음을 보여준 것이었다(중앙선거관리위원회, 1973: 758, 763).

같은 해 5월에 치러진 총선 결과는 박정희 정권에 대한 대중적 지지의 하락을 재차 확인시켜 주었다. 제1야당인 신민당은 44.4%를 득표해 총 240석 중 80석을 획득했고, 민주공화당은 48.8%의 지지율로 113석을 차지했다. 비록 집권당의 승리였으나, 4년 전 총선(1967년)에서 나타난 지지율(민주공화당 50.6%, 신민당 32.7%)과 비교하면 야당의 지지율 상승은 꽤 위협적이었다. 특히 빠르게 성장하는 도시지역에서 야당은 선전했고, 여당은 완패했다. 구체적으로 서울과 부산에서 신민당은 26석을 석권한 반면, 민주공화당은 겨우 3석을 얻었다(중앙선거관리위원회, 1973). 이는 근대화와 도시화에 박차를 가한 박정희의 미래를 어둡게 했다. 대선과 총선 결과에 충격을 받은 박정희는 1972년 가을 국가안보와 '중단 없는 조국근대화'를 명분 삼아 전국에 계엄령을 선포하고 그의 종신집권을 제도적으로 뒷받침하는 유신헌법을 제정·공포했다.

유신헌법의 공포로 대통령 직선제는 통일주체국민회의라는 선거인단이 대통령을 선출하는 간선제로 바뀌었고, '4년 2회 중임'만을 허용하던 대통령 임기가 '6년 무제한'으로 변경됐다. 사실상 본인의 의사에 따라 임기가 연장되는 '종신직 총통'이 된 것이다. 대통령이 실질적으로 국회의원의 1/3을 임명할 수 있게 했고, 1구 1인 선출의 소선거구제를 1구 2인 선출의 중선거구제로 변경해 야당이 도전할 수 없도록 인위적으로 패권정당체제를 만들었다. 그리고 입법부와 사법부의 권한을 축소하고 대통령에게 긴급조치권을 부여해 국민의 기본권을 제한할 수 있게 했다. 유신헌법은 결국 박정희 일인 통치를 위한 제도적 장치였다.

유신체제의 출범과 더불어, 박정희는 정권안보를 강화하기 위해 핵심 통치기관을 중앙정보부, 대통령경호실, 보안사령부, 수도경비사령부 등 강권·폭력 기관들로 다각화하고 이 기관들을 정치의 전면에 포진시켰다(김세중, 1995: 452~456). 더불어 박정희는 자신에 대한 사적 충성도와 파벌 관계를 고려해 이들 기관을 철저하게 상호 견제시키는 방식으로 관리했다. 이는 정권 외부로부터의 저항 및 정권 내부로부터의 도전을 안정적으로 관리하기 위한 그의 통치전략의 일환이었다. 그러나 이러한 통치전략은 강권·폭력 기관들의 과도한 충성 경쟁을 유발시켜 시간이 갈수록 강권에 의한 통치는 더욱 강화됐다. 이는 다시 대학생과 재야 명망가들의 저항을 유발했으며, 최종적으로 통치 엘리트집단의 내부 분열을 촉발해 역설적으로 측근에 의한 박정희의 시해와 정권의 붕괴를 자초했다.

1973년 8월에 발생한 '김대중 납치사건'은 대학생과 재야인사들의 반유신운동을 촉발하는 계기가 됐다. 해외에서 유신체제 반대운동을 펼치던 김대중은 박정희에게 눈엣가시 같은 존재였다. 중앙정보부는 당시 일본에 체류하고 있던 김대중을 납치해 한국으로 강제 송환했다. 이 사건으로 그간 잠잠하던 시민사회가 목소리를 내기 시작했고, 심지어 미국 정부와 일본 정부가 한국 정부에 항의를 하기도 했다. 대학생들은 사건의 전모를 밝힐 것을 요구하는 시위를 벌였고, 재야인사들은 유신헌법 개정운동을 벌이기 시작했다.

이에 대한 유신정권의 대응은 빠르고 단호했다. 저항운동이 고개를 들자 1974년 1월 8일 긴급조치 1호와 2호가 발동됐다. 긴급조치 1호는 유신헌법을 반대·부정·비방하거나 개헌을 주장하는 일체의 행위를 금지하고, 위반자는 영장 없이 체포하고 군법회의에서 15년 이하의 징역에 처한다는 내용이었고, 긴급조치 2호는 긴급조치 1호에 따라 비상군법회의를 설치한다는 내용이었다. 이 긴급조치에 따라 《사상계》 발행인 장준하와 재야인사 백기완이 반유신 활동을 했다는 죄목으로 15년 징역형에 처해졌다.

하지만 긴급조치 1호와 2호에도 불구하고 저항운동이 계속되자 박정희는 긴급조치 4호를 발동했다. 1974년 4월 3일 발동된 긴급조치 4호는 반유신 세력을 뿌리 뽑겠다는 계획하에 전국의 운동권 학생들을 일망타진하고자 단행된 조치였다. 중앙정보부는 이른바 '민청학련사건'으로 알려진 대학생들의 반유신운동을 인민혁명당 재건위와 일본 조총련의 영향 아래 국가전복과 공산정권 수립을 꾀한 사건으로 조작했다. 이 사건으로 대학생과 재야인사 180명과 민청학련 배후 세력으로 조작·지목된 인민혁명당 인사 73명이 구속·기소됐다. 재판은 불공정했고 일사천리로 진행됐다. 비상군법회의 1심과 2심에서 관련자 상당수가 중형을 선고받았다. 사형을 선고받은 사람만 무려 14명에 달했는데, 대법원은 이들 14명 가운데 8명의 사형선고를 최종 확정했다. 그리고 이 8명에 대한 사형이 대법원의 확정판결 다음날 새벽에 전격적으로 집행됐다(민주화운동기념사업회 연구소, 2009: 132~138; 한홍구, 2014: 104~113).

그럼에도 반유신운동은 계속됐다. 신민당은 재야인사들과 함께 '민주회복국민회의'를 결성(1975년 12월 25일)하고 개헌청원국민서명운동을 전개했다. 그간 침묵하던 신민당은 1974년 8월 이루어진 신민당 당수의 교체를 계기로 반유신운동으로 선회했다. 당수로 선출된 김영삼 의원은, 전임 당수(유진산)와 달리, 유신체제에 강경노선을 표방하고 개헌투쟁에 돌입했다. 그 결과, 개헌서명운동이 재야인사들과 신민당의 연합전선에 힘입어 전국으로 확산되기 시작했다. 이에 유신정권은 개헌투쟁을 제압하기 위해 1975년 2월 유신헌법 및 대통령에 대한 신임을 묻는 국민투표를 감행했다. 국민투표는 정당들의 토론이 금지된 상태에서 실시됐는데, 이는 국민투표 독재(plebiscite dictatorship)의 전형적인 모습이었다. 민주회복국민회의의 국민투표 거부성명 및 김영삼·김대중의 단식투쟁에도 불구하고 79.8%의 유권자가 국민투표에 참여했고 그중 73.1%가 찬성투표를 했다. 이로써 개헌서명운동은 봉쇄되고 말았다.

    1975년 4월 베트남의 공산화는 더욱 강력한 정치탄압의 구실로 활용됐다. 대통령은 '총화단결'과 '국론통일'을 역설했고, 민주공화당은 한반도 전쟁과 남한의 공산화를 방지한다는 명분으로 긴급조치의 재발동을 대통령에게 건의했다. 당시 긴급조치 1호와 4호는 1974년 8월에 폐기된 상태였다.[1] 이에 1975년 4월 8일, 정부는 고려대학교의 휴교를 명하는 긴급조치 7호를 발동했다. 긴급조치 7호에 따라 군인들은 고려대학교를 점령하고 유신 반대 데모를 하는 학생들을 체포했다. 이어 1975년 5월 13일에는 긴급조치 9호를 선포해 유신체제에 대한 어떠한 반대도 금지했다. 긴급조치 9호는 과거 세 차례에 걸쳐 발동된 긴급조치를 총망라한 가장 강력한 것이었다.

    이 무렵 박정희 대통령과 신민당 총재 김영삼 간의 비공개 영수회담

---

1   긴급조치 1호와 4호를 폐기한 것은 1974년 광복절 경축식에서 피살된 육영수 여사에 대한 국민적 추모 열기로 인해 반유신운동이 일시적으로 침체됐기 때문이기도 했고, 미국 포드 대통령의 방한(1974년 12월)을 앞두고 한국의 인권유린 상황에 대한 미국의 비판을 잠재우기 위한 조치이기도 했다.

(1975년 5월 21일)이 개최됐다. 회담은 민주공화당 원내총무(김용태)의 주선으로 이뤄졌는데(《동아일보》, 1975. 5. 21), 야당의 반유신운동을 약화시키려는 대통령의 의도가 반영된 것이었다. 이 비밀회담에서 박 대통령은 김 총재에게 군사안보정세의 급박함과 총력안보체제의 필요성을 설명했고, 유신 1기(1972~1978년) 이후 개헌을 통한 체제전환을 약속했다(이영석, 1981: 300~303). 이 회담을 계기로 신민당은 유신체제에 온건 노선을 취했고, 이에 따라 야당의 저항운동은 현저히 약화됐다. 특히 신민당의 온건 노선은 1976년 9월 16일 신민당 전당대회에서 이철승이 총재에 선출됨에 따라 더욱 강화됐다. 이철승은 '중도통합론'을 표방했는데, 이는 유신정권과 정면 대결을 피하면서 '참여하의 개혁'을 추구한다는 일종의 타협 노선이었다. 따라서 긴급조치 9호가 발동된 이후로는 민주회복운동이 재야인사들을 중심으로 전개됐다.

박정희의 철권통치가 심각한 위기의 조짐을 보인 것은 1970년대 후반이었다. 1978년에 치러진 총선에서 집권당인 민주공화당은 득표율에서 야당(신민당)에 1.1% 차이로 패했다.[2] 1978년 12월에 대통령의 6년 임기가 끝났지만, 김영삼과의 약속에도 불구하고 박정희는 또다시 선거인단인 통일주체국민회의에서 대통령에 당선됐다. 유신 1기가 마감되고 유신 2기가 시작될 무렵, 재야인사들의 연합체가 조직되고 야당 지도부에도 변화가 발생했다. 1979년 3월 '민주회복운동'의 확산을 목표로 재야인사들의 연합체인 '국민연합'이 결성되었고, 같은 해 5월 신민당 전당대회에

---

2 1978년 12월에 치러진 총선에서 민주공화당은 31.7%의 득표율을 기록한 반면, 신민당은 32.8%를 획득했다(중앙선거관리위원회, 1980: 370~371).

서 김영삼이 이철승을 누르고 총재에 선출됐다. 김영삼은 '선명야당론'을 내세우며 박정희와 유신체제에 대한 전면 투쟁을 선포했다. 이는 재야세력과 신민당의 반유신 민주연합이 재개되었음을 의미했다.

그해 8월에 발생한 이른바 'YH사건'은 노동-재야-야당(신민당) 간의 느슨한 '민주화연합'이 형성되고 있음을 보여주었다. 소규모 수출업체인 YH무역의 여성 노동자 200여 명이 신민당과 재야의 도움을 받아 신민당사에서 기업주의 일방적인 직장폐쇄에 대한 항의농성을 벌였고, 정부는 경찰력을 투입해 이들을 강제 해산시켰다. 이 과정에서 노동자 한 명이 사망했고 다수의 신민당 의원들과 취재기자들이 다쳤으며, 수백 명의 노동자가 체포됐다. 유신정권과 신민당 간의 첨예한 대립은 김영삼 총재의 의원직 제명(10월 4일)으로 비화했고, 이는 다시 '부마항쟁'(10월 16~18일)으로 이어졌다. 김영삼의 연고 지역인 부산과 마산에서 일어난 학생시위는 이내 지역 주민들이 참여하는 대중봉기로 발전했다. 부마항쟁이 격화되자 유신정권은 부산에 계엄령을, 마산과 창원에 위수령을 선포하고 군 병력을 동원해 시위를 진압했다.

이러한 일련의 사건에 대해 미국은 한국 정부를 공개적으로 비판하고 나섰다. 미국은 'YH사건'과 관련해 경찰의 행동을 "지나치고 난폭한 것"으로 규정하고 책임자 처벌을 촉구했다. 김영삼의 의원직 박탈에 대해서는 "민주정부의 원칙"에 어긋나는 행동임을 지적하면서, 불쾌감의 표시로 윌리엄 글라이스틴(William H. Gleysteen) 주한 미국대사를 잠시 본국으로 소환했다. 또한 부마항쟁이 발생하자 미국은 글라이스틴 대사를 통해 한국의 사태를 우려하는 친서를 한국 정부에 전달했고, 한·미 연례고위군사회의 참석차 방한한 해럴드 브라운(Harold Brown) 미 국방장관은 박정희 대통령에게 정치적 통제를 완화하지 않는다면 한·미 안보동맹이 부정적인 영향을 받을 수 있다고 경고했다(오퍼도퍼, 2002: 180).

이러한 국내외의 항의와 압력은 급기야 상황인식 및 대처방식을 둘러싼 통치 엘리트집단 내 분열을 불러왔다. 그리고 이는 최종적으로 중앙정보부장에 의한 박정희의 피살로 이어졌다. 1979년 10월 26일 밤, 대통령이 참석한 주연에서 중앙정보부장 김재규는 박정희와 경호실장 차지철을 살해했다. 김재규가 대통령을 시해한 주된 이유는 상황인식을 둘러싼 의견 차이였다. 특히 부마항쟁의 수습책을 둘러싸고 차지철은 군대 동원을 통해 이를 진압해야 한다는 강경책을 고수한 반면, 김재규는 차지철의 강경책이 심각한 인명피해와 정국혼란을 초래할 수 있기에 시민들의 정치적 불만을 해소하기 위한 유화책이 필요하다는 입장이었다. 하지만 대통령은 차지철의 강경책을 채택했고, 군대 동원을 통해 부마항쟁을 진압했다. 부마항쟁 진압 8일 후인 10월 26일 밤의 주연에서도 박정희는 부마항쟁의 책임을 중앙정보부에 돌렸고, 차지철도 중앙정보부장의 무능함을 지적했다. 김재규는 군 후배인 차지철의 월권과 자신에 대한 무시, 그리고 그에 대한 대통령의 편애를 견딜 수 없었다. 그는 대통령과 경호실장을 차례로 살해했다. 사건 직후 김재규는 대통령 살해범으로 체포됐다. 순식간에 유신정권의 최고 권력자인 박정희와 그의 핵심 측근들이 죽거나 체포되었고, 유신정권은 그렇게 종말을 맞았다.

2) 12·12 군사반란

박정희 사망 직후 최규하 국무총리가 대통령 권한대행을 맡았다. 그리고 1979년 10월 27일 새벽, 제주도를 제외한 전국에 비상계엄령이 선포됐다. 정승화 육군참모총장이 계엄사령관에 임명됐고, 전두환 보안사령관이 대통령 시해 사건의 합동수사본부장에 임명됐다. 이날 오후, 정승화 계엄사령관은 "군의 정치적 중립"을 표방했고, 군 수뇌부 역시 "군의 정치 불관여"를 약속하는 결의문을 발표했다(정승화, 1987: 66~67; 대한민국재향군인회, 1997: 25). 이에 따라 군부 내엔 유신헌법의 폐기가 불가피하다는 공감대가 자연스럽게 형성되고 있었다. 대부분의 집권 민간엘리트들 또한 유신체제가 박정희의 일인 통치를 뒷받침하기 위해 설계된 만큼 박정희의 죽음으로 더 이상 존속할 수 없다는 점에 공감했고, 국민들도 민주화를 통해 권위주의 체제가 조속히 마감되길 바라고 있었다.[3]

이러한 분위기 속에서 최규하 대통령 권한대행은 1979년 11월 10일 특별담화문을 통해 유신헌법에 따라 차기 대통령을 선출하고 "가능한 빠른 기간 내에" 현행 헌법을 개정할 것임을 발표했다(≪경향신문≫, 1979.11.10). 11월 29일 국회는 헌법개정특별위원회를 구성해 헌법 개정 작업에 착수했고, 12월 6일엔 유신헌법에 따라 통일주체국민회의에서 최규하를 대통령으로 선출했다. 최규하는 취임사에서 조속히 헌법을 개정해 "정치적 발전을 이룩해 나가는 데 최선"을 다할 것임을 재차 강조했다(≪동아일보≫, 1979.12.6). 다음날, 최 대통령은 긴급조치 9호를 해제했고, 김대중의 자택연금도 해제했다. 이로써 민주화 이행 과정은 순조롭게 이뤄질 것처럼 보였다.

---

3 1979년 11월 12~21일에 실시된 여론조사에 따르면, 응답자의 72.8%가 "경제성장과 소득증대에 앞서 민주화가 바람직하다"고 대답했다(≪동아일보≫, 1980.1.1).

그러나 모든 군 지휘관이 정치개혁을 지지한 것은 아니었다. 이른바 '신군부'로 알려진 군부 내 사조직인 '하나회' 소속 지휘관들은 유신체제의 조기폐기와 정치개혁이 그들의 정치적 영향력과 기득권의 상실로 이어지는 것을 심히 우려했다. 하나회는 1963년경에 전두환, 노태우, 정호용 등 몇몇 영남 출신 육사 11기생이 중심이 되어 비밀리에 결성한 군부 내 사조직으로, 같은 지역 출신인 박정희 대통령의 비호 아래 승진과 보직에서 각종 특혜를 누려온 집단이었다. 그 결과, 박 대통령이 피살될 무렵 하나회는 군부 내에서 가장 강력한 파벌이 되어 있었다.[4] 정승화 계엄사령관은 신군부의 수장인 전두환 보안사령관 겸 합동수사본부장의 월권행위와 정치개입을 심히 우려했고, 실제로 그를 군 인사를 통해 좌천시킬 계획을 세웠다. 그러나 이를 사전에 탐지한 전두환 소장과 신군부는 선제적으로 군사반란을 시도했다.

1979년 12월 12일 밤, 전두환 소장이 이끄는 신군부세력은 대통령의 재가 없이 정승화 육군참모총장을 체포·연행하고 육군본부, 국방부, 언론사 등 주요 시설과 기관을 장악했다. 신군부 집단은 정승화 참모총장이 대통령 시해 사건에 연루되어 있다는 허위사실을 그의 체포·연행의 명분으로 내세웠다. 이른바 '12·12 군사반란'을 감행한 것이다. 치밀한 사전준비 아래 움직인 신군부와 달리, 반란군 진압부대 지휘관들은 그렇지 못했

---

4 예컨대, 1979년 당시 하나회의 수장인 전두환(육사 11기)은 보안사령관 겸 '대통령 시해 사건 합동수사본부장'이었고, 그 핵심 멤버인 노태우 소장(육사 11기), 정호용 소장(육사 11기), 박준병 소장(육사 12기)은 각각 9사단장, 50사단장, 20사단장을 맡고 있었으며, 박희도 준장(육사 12기), 최세창 준장(육사 13기), 장기오 준장은 각각 1공수, 3공수, 5공수 여단장을, 그리고 장세동 대령(육사 16기)과 김진영 대령(육사 17기)은 각각 수경사 30경비단장과 33경비단장에 포진하고 있었다(대한민국재향군인회, 1997: 28~29).

다. 서울지역 대전복(對顚覆) 부대의 핵심 지휘관인 장태완 수경사령관과 정병주 특전사령관은 그날 밤 참모총장 체포·납치 소식을 접하고서 즉시 반란군 진압에 돌입했다. 하지만 이들의 반란군 진압 명령은 예하 부대 내에 있는 하나회 소속 부하 장교들의 배신으로 제대로 이행되지 못했다. 12월 13일 새벽, 전두환과 신군부 지휘관들은 최규하 대통령을 압박해 참모총장 체포에 대한 대통령의 재가를 받아냈다(대한민국재향군인회, 1997: 64~65, 81~83). 이로써 군사반란은 합법화됐다.

군사반란에 성공한 전두환은 즉시 군부 핵심보직에 대한 인사를 단행했다. 신군부의 반란에 반대한 육군 최고위급 지휘관들은 모두 교체됐다. 정승화 참모총장에게는 박정희 대통령 시해 현장 부근에 있었으면서도 적절한 조치를 취하지 않았고 김재규와 묵시적으로 내란을 공모했다는 혐의가 씌워졌다. 신군부의 군사반란에 반대했던 장성들도 같은 혐의로 체포됐다. 반면, 신군부에 우호적인 군 선배 또는 군사반란에 적극적으로 가담한 하나회 장교들은 영전 혹은 진급됐다. 이로써 전두환 신군부는 군권 장악에 성공했다.

군사반란에 대한 시민사회와 정치사회의 반응은 미약하거나 소극적이었다. 시민사회의 움직임은 거의 없었다. 이는 계엄 정국으로 인해 시민들의 정치참여가 극도로 제약된 탓도 있었지만, 보다 중요한 것은 사태의 본질에 관한 정확한 정보가 철저히 통제되어 외부로 알려지지 않았기 때문이다. 정치사회도 사태에 대한 정보가 취약한 것은 마찬가지였다. 정치사회는 '12·12'를 단순히 군 내부의 노장파와 소장파 간의 충돌로 인식하고 이를 심각하게 받아들이지 않았다(심지연, 2009: 283~291). 민주공화당과 신민당은 신군부의 군권 장악이 가져올 변화에 대해 제대로 인식하지 못한 채 당권 경쟁과 헌법 개정 작업에 모든 관심을 집중했다.

다른 한편, 박정희 사망 이후 미국 정부의 태도는 확연히 달라지고 있었다. 대통령의 암살이라는 돌발 상황에서 미국의 최우선 관심사는 한국의 군사안보였다(Fowler, 1999: 279). 비록 12·12 군사반란에 대해 미국은 즉각적으로 "민주화를 위한 커다란 진전에 … 심각한 장애가 되지 않기를 충심으로 바란다"라며 우려를 표명했으나(≪동아일보≫, 1979.12.13), 원상회복과 같은 더 이상의 조치를 요구하지 않고 결국 군사반란을 용인하는 태도를 취했다. 이로써 신군부가 권력의 막후 실세로 등장하게 됐고, 권력 상황은 최규하 정부의 '형식적 권력'과 신군부의 '실질적 권력'이 공존하는 '이중적 권력구조'의 형태로 변화됐다.

3) 서울의 봄 그리고 5·17 쿠데타

군사반란이 곧바로 정권탈취로 이어지진 않았다. 왜냐하면 전두환 신군부는 정권찬탈을 정당화할 적절한 명분을 가지고 있지 못했고, 특히 한국군의 작전통제권을 쥐고 있는 미국의 용인 또는 지지를 얻을 수 있을지 확신할 수 없었기 때문이다. 따라서 신군부는 정치갈등과 사회혼란이 격화되어 쿠데타의 분위기가 무르익기를 기다리면서 은밀하게 정권장악을 위한 준비를 진행했다. 구체적으로 1980년 2월부터 학생들의 민주화운동에 대비해 각 부대에 시위진압을 위한 '충정훈련'을 실시했고, 보안사에 정보처를 부활시켜 민간정보를 수집했다. 3월에는 언론장악을 통해 신군부에 우호적인 사회적 분위기(예컨대, "사회안정을 위해 군이 나설 수밖에 없다")를 조성하기 위한 'K-공작계획' 프로젝트를 가동시켰고, 4월 14

일엔 전두환 보안사령관이 중앙정보부장을 겸직함으로써 모든 정보기관을 장악했다(정해구, 2011: 39~43).

전두환 신군부가 호시탐탐 정권찬탈의 기회를 엿보고 있는 가운데 1980년 '서울의 봄'이 찾아왔다. '서울의 봄'은 기나긴 독재정치의 암울한 '겨울' 끝에 맞이한 정치적 해빙기였다. 비록 전두환 신군부가 12·12 군사반란을 통해 군권을 장악했지만, 시민들은 오랜만에 찾아온 정치적 해빙기를 맞아 잠시나마 정치적 권리와 자유를 누리고 있었다.

'서울의 봄'은 개헌 논의로 시작됐다. 최규하 정부는 법제처에 헌법연구반을 설치해 이원집정부제의 개헌을 구상했고, 정당들은 국회에 헌법개정심의특별위원회를 설치해 4년 중임 대통령제를 근간으로 하는 개헌안을 작성했다. 개헌 논의가 구체화되자, 대통령선거를 염두에 둔 정치권의 경쟁과 갈등이 고조됐다. 유신체제의 집권당이었던 민주공화당은 친김종필계와 반김종필계 간의 파벌경쟁에, 그리고 야당인 신민당은 김영삼계와 김대중계 간의 파벌경쟁에 휩싸였다. '서울의 봄'은 노동자들의 투쟁도 수반했다. 박정희 정권 아래에서 정치적으로 배제되고 경제적으로 소외됐던 노동자들은 사업장별로 노조 결성, 임금 인상, 노동조건 개선, 어용노조 간부의 퇴진 등을 요구하며 파업을 벌였다. 하지만 리더십의 부재로 노동자들의 파업은 개별 사업장 차원에서 전개되었고 정치투쟁으로 이어지지는 못했다(김용철, 2017: 145).

'서울의 봄'은 학생들의 시위로 절정을 이뤘다. 악명 높았던 긴급조치 9호가 해제되고 국회에서 개헌 논의가 시작되자 대학가는 민주화 열풍에 휩싸였다. 그간 반유신운동으로 제적됐던 학생들이 학교로 복귀했고, 이들은 유신정권이 만든 '학도호국단'의 해체를 주장하면서 총학생회 부활을 선도했다. 이를 시작으로 대학가엔 학내 언론자유 보장, 어용교수 퇴진, 학내비리 척결, 교내 사복경찰 철수 등 그간 누적된 학내 문제들이 한꺼번에 분출됐다. 4월에 들어서자 학생운동은 학내 문제를 넘어 (재학 중 10일 동안 군에 입소해 군사훈련을 받는) '병영집체훈련' 거부투쟁으로 번졌다. 그리고 5월에 접어들면서 학생운동은 정치투쟁으로 발전했고, 이에 따라 학생들의 교내시위는 거리시위로 전환됐다. 5월 13~15일, 전국 도시에서 '비상계엄 해제', '유신잔당 타도', '언론자유 보장', '노동3권 보장' 등을 외치는 대학생들의 대규모 시위가 벌어졌다.

하지만 학생들의 시위는 시민들의 호응을 얻지 못했다. 도시 중산층은 1960~1970년대 산업화 과정에서 경제성장의 과실을 향유한 집단으로, 정치적으로 신군부의 정권장악도, 학생들의 민주화운동에 따른 정국의 불안정도 원치 않았다(김영명, 1992: 350). 5월 15일 밤, 서울·경인 지역의 총학생회장단은 거리시위를 중단하고 학교로의 복귀('서울역 회군')를 결정했다. 시민들의 호응이 없는 상황에서 군과 대결하는 것은 승산이 없다고 판단한 것이다.

신군부는 이 기회를 놓치지 않았다. 대규모 학생시위를 구실로 신군부는 5월 17일 24시를 기해 지역 계엄령을 전국으로 확대하고 계엄포고 제10호를 발령해 모든 정치활동과 정치 목적의 옥내외 집회 및 시위 금지, 모든 대학의 휴교 조치 등을 단행했다. 이는 그간 신군부가 준비해 온 정권장악 시나리오가 본격적으로 가동되기 시작했음을 의미했다. 그들의 정권찬탈 시나리오 가운데 가장 핵심적인 대목은 군대 이동에 대해 미국의 동의를 얻어내는 것이다. 이와 관련해 5월 7일 신군부는 글라이스틴 대사를 통해 시위진압을 위한 군대 이동에 대해 미국의 동의를 요청했고,[5]

5월 9일 "한국 정부의 법질서 유지를 위한 비상계획에 대해 반대하지 않겠다"는 미 국무부의 답변을 글라이스틴을 통해 전달받았다.[6] 특전사(공수부대)와 해병대, 그리고 제20사단의 재배치에 대해 미국의 동의를 받은 신군부는 5월 14일 육군본부에 소요진압본부를 설치하고 전국 주요 지역에 군 투입을 위한 준비를 지시했다(정상용 외, 1990: 139~140).

이와 더불어 신군부는 최규하 정부를 완전 무력화하기 위한 작업에 돌입했다. 5월 17일 오전 11시, 국방부장관을 비롯한 노태우 수경사령관과 정호용 특전사령관 등 44명의 군 장성이 모인 가운데 전군주요지휘관회의가 개최됐다. 이 회의에서 신군부는 이른바 '시국수습방안'으로 ① 계엄령의 전국 확대, ② 초헌법적 비상기구인 '국가보위비상대책위원회' 설치, ③ 국회해산 등 정치활동 금지를 결의했다. 그리고 그날 밤 9시 30분, 무장 군인들이 국무회의실 복도에 도열한 가운데 비상국무회의가 열렸다. 비상국무회의에서는 주요지휘관회의에서 결의된 시국수습방안이 국무회의 의안으로 상정됐고, 의안은 찬반 토론 없이 8분 만에 의결됐다(정상용 외, 1990: 143~144). 그리고 의결된 사항들은 즉시 실행에 옮겨졌다. 5월 17일 자정을 기해 비상계엄령이 전국으로 확대됐고, 김대중을 비롯한 정치인들이 체포·연행됐다. 그리고 5월 18일 새벽 2시 30분경까지 전국 92개 주요 대학과 국회, 신민당사, 공화당사, 언론기관, 공공기관 등

---

5 Telegram from American Embassy in Seoul to Secretary of State, "ROKG Shifts Special Forces Units," 070908z May 1980(광주광역시 5·18사료편찬위원회, 1997c: 57~58).

6 Telegram from American Embassy in Seoul to Secretary of State, "Korea Focus: Building Tensions and Concern Over Student Issue," 081017z May 1980(광주광역시 5·18사료편찬위원회, 1997c: 66~68; 박원곤, 2011: 133~134).

136개 주요 시설에 병력이 투입됐다(대한민국재향군인회, 1997: 234~235). 이로써 '서울의 봄'은 속절없이 마감됐다.

5월 18일 오후 7시, 한반도 주변 정세 및 한국 상황에 대해 워싱턴 당국과 협의하기 위해 미국에 머물고 있던 한미연합사령관 존 위컴(John A. Wickham)이 급거 귀임했다. 주한유엔군 사령부는 위컴 사령관의 조기 귀임이 "한국사태와 관련이 있다"고 밝혔다(≪조선일보≫, 1980. 5. 20). 5월 19일, 위컴 사령관은 브라운 국방부장관으로부터 계엄령의 전국 확대, 정치인들의 체포 등 전두환의 움직임에 대한 개인적인 평가를 요청하는 전화를 받았다. 위컴 사령관의 회신은 다음과 같았다. "우리는 전두환과 그 측근들이 (한국 정부를) 통제하고 있다는 현실을 인식해야 한다. … 우리는 이 현실을 받아들여야 한다. … 지역의 평화와 안정을 유지하는 것은 미국의 이익에 부합하기에 우리는 질적으로 성장하고 있는 북한의 위협에 맞서 우리의 연합군사 능력을 지속적으로 향상시켜야 한다. 전쟁은 억제되어야 한다"(Wickham, 1999: 130~132). 글라이스틴 미국대사의 의견도 이와 유사했다. "상황이 좋지는 않지만, 우리의 입장을 재정리해야 할 시점에 다다랐다. … 이들(전두환 신군부)을 현실적으로 수용하는 방향으로 나가야 할 것이다"(글라이스틴, 2014: 181). 이제 신군부에게 남은 것은 최규하 과도정부 체제를 끝내고 집권하는 일뿐이었다.

2. 광주항쟁과 시민학살

신군부에겐 또 다른 도전이 기다리고 있었다. 1980년 5월 18~27일,

열흘간 전개된 광주항쟁이 그것이다. 이는 광주시민들과 인근 지역 주민들이 군부 권위주의를 복원하려는 전두환 신군부에 정면으로 저항한 대중봉기였다. 열흘간의 항쟁은 상이한 세 국면 — 진압군의 무자비한 살상, 해방 광주와 진압군의 광주 봉쇄, 진압군의 재진입 — 의 연속이었다. 이 과정에서 미국은 신군부의 유혈진압을 사실상 묵인 혹은 동의했고, 전두환 신군부는 광주시민들에게 엄청난 폭력을 자행했다. 그것은 국민의 생명과 안전을 지키기 위해 존재하는 군이 민간인을 살상한 사건으로, 폭력의 피해자들은 물론이고 일반 시민들도 상식적으로 도저히 수용하기 힘든 초현실적인 사건이었다.

1) 5월 18~21일: 계엄군의 시민 살상

5월 18일부터 21일까지는 계엄군의 무자비한 유혈진압과 시민들의 목숨을 건 저항의 시간이었다. 계엄사가 소요진압부대 투입 명령을 내리고 이에 따라 계엄군이 전국 주요 도시에 배치되는 가운데,[7] 광주 주둔 31사단과 전교사(육군본부 전투병과 교육사령부), 그리고 당시 익산시와 동국대에 각각 주둔하고 있던 제7공수여단(18일 새벽)과 제11공수여단(18일 오후 6시 30분과 19일 새벽)이 광주에 투입됐다. 계엄군의 투입으로 시위진

---

7   당시 전국 주요 대학에 파견된 부대는 다음과 같다. 1공수여단 4개 대대가 연세대·서강대·홍익대에, 5공수여단 4개 대대가 고려대에, 11공수여단 3개 대대가 동국대에, 13공수여단 2개 대대가 성균관대에, 20사단 3개 연대가 국민대·산업대·경희대·한양대·외대에, 9공수여단 3개 대대가 서울대·중앙대·숭전대에, 7공수여단 4개 대대가 전남대·조선대·전북대·충남대에, 해병 1사단 2개 연대가 경북대·부산대·경남대에 배치됐다(대한민국재향군인회, 1997: 234~235).

압의 양상이 일상적인 수준을 넘어 무차별적 폭력으로 격화되자, 이를 지켜보던 시민들이 학생들의 시위에 동참하기 시작했다. 이에 신군부는 제3공수여단(19일 오후), 그리고 20사단 61·62연대(20일 오후와 21일 새벽)와 60연대(22일 새벽)를 추가로 광주에 투입해 마치 사냥하듯 광주시민들을 구타하고 학살했다. 계엄군의 유혈진압은 일상적인 수준의 시위를 순식간에 목숨을 건 시민항쟁으로 변질시켰다.

5월 18일 아침, 학생들이 전남대 교문 앞으로 모여들기 시작했다. 이들 가운데에는 학교도서관을 찾은 학생도 있었지만, 5월 14~16일에 전남도청광장에서 개최된 학생집회(민족민주화대성회) 당시 박관현 전남대 총학생회장이 외쳤던 "어떤 비상조치가 내려지면 다음 날 오전 10시에 학교 정문 앞에서, 그리고 12시에 도청 앞에서 만나자"는 공개된 약속에 따라 나온 학생이 대부분이었다(최정기, 2020a: 131). 그러나 전남대 정문과 후문은 5월 18일 새벽에 도착한 7공수의 33대대 병력에 의해 봉쇄되어 있었다. 오전 10시를 지나면서 학생들은 계속 모여들어 약 200명으로 늘어났다. 그러자 학생들을 해산시키려는 계엄군과 '계엄철폐'를 외치는 학생들 간에 충돌이 벌어졌다. 하지만 학생들은 무장한 공수부대원의 상대가 되지 못했다. 공수부대원들은 달아나는 학생들을 뒤쫓아가 진압봉으로 구타했다. 순식간에 10여 명의 학생이 비명을 지르며 쓰러졌다. 심지어 군인들은 이를 말리는 노인에게도 폭력을 가했다(5·18기념재단, 2020: 94; 김영택, 2010: 246~248).

전남대 교문에서 쫓겨난 학생들은 광주역 광장에서 다시 모였다. 이들은 11시경 광주의 중심가인 금남로3가 가톨릭센터 앞까지 진출했다. 하지만 경찰의 완강한 저지로 시위대열은 두 갈래로 갈라졌고, 시내 곳곳을 돌며 "비상계엄령 해제하라", "전두환 물러가라", "김대중 석방하라" 등의 구호를 외쳤다. 산발적인 시위는 오후 3시 무렵까지 계속 벌어졌다. 이때까지의 시위는 종전의 시위와 같이 민주화를 요구하는 평상적인 수준을 넘지 않고 있었다.

오후 4시경, 상황이 급변했다. 그때까지 경찰기동대가 시위진압 임무를 맡았으나, 이때부터 전남대와 조선대에 머물고 있던 7공수 33대대와 35대대가 시위진압에 투입되었던 것이다. 공수부대원들은 시위 학생들은 물론이고 길가에서 시위를 구경하던 행인들까지 눈에 띄는 대로 군홧발로 차고, 진압봉으로 구타하고, 심지어 대검으로 찔렀다. 뜬금없는 날벼락에 광주 시내는 순식간에 아수라장이 됐다. 이 과정에서 최초의 사망자가 발생했다. 18일 오후 공수부대원들에게 집단구타를 당한 한 청각장애인(김경철, 당시 24세)이 적십자병원으로 옮겨졌으나 다음날 새벽 3시에 사망했다. 계엄군의 행동은 시위진압이 아니라 무자비한 '살육 작전'에 가까웠다. 2군사령부의 '계엄상황일지'에는 5월 18일 연행된 사람은 총 405명이고, 이 가운데 68명이 두부 외상, 타박상, 자상을 입었고, 12명은 위독한 상태라고 기록되어 있다(광주광역시 5·18사료편찬위원회, 1997a: 106). 이날 오후 11시 계엄사는 통행금지 시간을 '밤 9시~새벽 4시'로 연장했다.

5월 19일 아침, 증파된 제11공수여단 병력이 시위진압에 투입됐다. 이들은 이른 아침부터 장갑차를 타고 다니며 '위력시위'를 했다(5·18기념재단, 2020: 100). 하지만 전날 발생한 끔찍한 참사를 목격하거나 소식을 들은 시민들이 삼삼오오 금남로에 모여들기 시작했다. 오전 10시경, 군중은 금세 3,000~4,000명으로 불어났다. 경찰과 공수부대가 해산에 나섰으나 시민들은 이에 굴하지 않고 돌을 던지면서 항의했다. 오전 11시경, 장갑차를 앞세운 군 트럭 30여 대가 도청 앞과 금남로 사거리에 진출해 11공수여단 병력을 쏟아냈다. 11공수의 진압작전은 전날의 7공수와 마찬가지로 잔인하고 혹독했다. 시위대는 물론이고, 항의하는 노인과 부녀자, 학원 건물 내에서 야유하는 학원생, 부상자를 싣고 병원으로 가는 택시운전사 등 모두가 진압 대상이었다. 공수부대원들은 3~4명이 조를 이뤄 시위현장의 주변 건물과 주택을 샅샅이 뒤졌으며, 도망가는 시위자들을 끝까지 뒤쫓아가 소총 개머리판과 진압봉, 그리고 대검 등으로 공격했다. 그리고 붙잡힌 시민들은 팬티만 남기고 발가벗겨진 채 군 트럭에 실려 연행됐다(5·18기념재단, 2020: 106).

    19일 오후에도 계엄군의 만행은 계속됐다. 시민들의 눈에 비친 공수부대는 더 이상 시민의 생명과 재산을 보호하는 '국민의 군대'가 아니었다. 분노한 시민들은 가게 문을 닫거나 출근을 포기한 채 금남로에 모여들었고, 고등학생들은 수업을 거부하고 시위대열에 합류했다. 시위는 더욱 격렬해졌다. 금남로, 시외버스 공용터미널, 광주공원 광장, 광주고등학교 앞, 남광주역전, 조선대 입구 등 시내 곳곳에서 충돌이 발생했다. 시민들은 물러서지 않았다. 공수부대의 공격에 시민들은 잠시 흩어졌다 다시 모여 저항했다. 12시경 금남로 인근 고시학원에서 수강하던 학생들이 폭력적 진압에 야유를 보내자 공수부대원들이 학원 건물에 난입해 수강생들을 구타·연행했다. 비슷한 시각에 계엄군들은 동구청 민원실에 난입해 젊은 시민들을 붙잡아 엎드리게 한 뒤 피투성이가 되도록 짓이겼으며, 조흥은행 앞에선 여학생의 옷을 벗겨 연행했다. 이날 오후 1시 10분까지 계엄군에 의해 연행된 시민은 401명에 이르렀다(5·18민주화운동진상규명조사위원회, 2024a: 104). 또한 오후 3시경에 발생한 이른바 '공용터미널 전투'에서 공수부대의 대검에 찔리거나 몽둥이에 맞아 다수의 시민들이 부상당했다(5·18민주화운동진상규명조사위원회, 2024a: 105). 이 무렵 공수부대원들이 젊은 여성을 야산이나 인적이 드문 곳으로 강제로 데려가 강간 혹은 윤간하는 사건들이 발생하기 시작했다.[8] 그리고 19일 오후 4시 50분경, 계엄군의 최초 발포가 있었다. 계림동 광주고등학교 앞 도로에서 고등학생(김영찬, 당시 19세)이 총에 맞아 병원으로 옮겨졌다(황석영·이재의·전용호, 2017: 115~116). 이날 오후부터 시민들 사이에서는 전두환 신군부가 광주사람들을 몰살시키려고 한다는 소문이 나돌기 시작했다(황석영·이재의·전용호, 2017: 89). 이는 공수부대의 만행이 남녀노소를 가리지 않고 무차별적이었음을 의미하는 것이기도 했다. 당시 현장을 취재했던 AP통신의 테리 앤더슨(Terry Anderson) 기자는 "광주는 사실상 군인들에 의한 폭동"이었다고 회고했다(앤더슨, 1997: 24).

19일 밤 11시, 정웅 31사단장은 공수부대 지휘관들(11공수여단장, 7공수 33대대장과 35대대장)과 전남도 경찰국장에게 '강경진압'을 멈추고 '무혈진압'으로 전환하라는 '31사단 작전명령 제3호'를 하달했다. 명령의 주요 내용은 대검사용 중지, 진압봉 머리 타격 금지, 시위대 분산에 주력, 연행 금지 등이었다. 31사단장의 무혈진압 명령은 19일 오전에 전라남북도 계엄분소장(윤흥정 전교사령관)이 긴급 소집한 '광주시내 주요기관장 회의'

---

[8] 2023년 12월 작성된 5·18민주화운동 진상규명위원회의 보고서에 따르면, 광주항쟁 기간 동안 계엄군에 의한 성폭력 피해 의혹 사건(52건) 가운데 현재까지 진상이 규명된 사건은 16건이다. 하지만 성폭력 사건은 성격상 피해자가 신고를 꺼려하기 때문에 실제 피해자는 이보다 많을 것으로 추정된다(5·18민주화운동진상규명조사위원회, 2024b).

에서 계엄군의 '과잉진압'에 대해 지역 기관장들이 항의한 것이 배경이 됐다. 이 회의에서 전남교육감(이대순)은 공수부대의 과잉진압 금지와 연행자 석방을 건의했고, 광주지검장(배명인)과 전남 재향군인회장(황하택)은 계엄군이 시위 '진압 행위'가 아닌 '살인 행위'를 하고 있다고 강력하게 항의했다(조선일보사, 1999: 410~411). 이에 윤흥정 사령관은 31사단장과 공수부대 지휘관들에게 유혈진압 금지를 지시했던 것이다(황석영·이재의·전용호, 2017: 121~122).

    그러나 신군부 실세들은 광주 현지 지휘관의 판단을 무시했다. 그들은 5월 19일 오전에 이미 3공수여단의 광주 증파를 결정했고, 이에 따라 3공수는 열차를 이용해 5월 20일 아침 7시에 광주에 도착했다(광주광역시 5·18기념문화센터 사료편찬위원회, 2011: 87). 이는 비공식 지휘체계가 공식 지휘체계(계엄사령관-2군사령관-전교사령관-31사단장-작전통제 부대장)를 압도하고 있었음을 뜻했다. 즉, '2군사령관-전교사령관-31사단장'이 지휘체계에서 배제되고, 대신 '보안사령관-계엄사령관-특전사령관-공수여단장'으로 진압작전 명령이 하달됐다. 구체적으로 5월 19일 광주지역 505 보안부대로부터 윤흥정 전교사령관이 시위진압에 소극적이라는 보고를 받은 전두환 보안사령관은 보안사 기획조정처장 최예섭 준장을 광주에 파견해 5월 19일 밤부터 5월 27일 계엄군이 도청을 재점령할 때까지 광주 상황을 직접 보안사에 보고토록 조치했다(황석영·이재의·전용호, 2017: 126). 이어 5월 20일 광주 상황을 점검하고 서울로 돌아온 정호용 특전사령관은 국방부장관(주영복), 계엄사령관(이희성), 보안사령관(전두환)에게 광주항쟁에 대한 강경 진압을 주문했다. 이때부터 정호용 특전사령관은 수시로 광주를 방문해 진압작전에 적극적으로 관여하기 시작했다.[9] 그리고 윤흥정 전교사령관은 5월 22일 소준열 소장으로 교체됐고, 정웅 31사단장은 20일 오후부터 작전지휘권을 박탈당했다.

5월 20일 오전, 시위는 다소 소강상태를 유지했다. 시내 곳곳에 지하유인물 「투사회보」가 뿌려졌다. 이는 윤상원 등 청년들을 중심으로 하는 '들불야학' 팀이 관제언론과 계엄군의 선무방송에 대항하기 위해 자발적으로 발행한 것이었다. 산발적인 시위가 있었으나 시위대와 공수부대의 충돌은 발생하지 않았다.

하지만 오후로 접어들면서 상황이 급변하기 시작했다. 3개 공수여단(3공수, 7공수, 11공수)의 10개 대대 병력이 모두 출동해 시내 곳곳에 배치됐다. 오후 3시가 지나면서 금남로에 수천 명의 시민이 모여 길바닥에 앉아 항의농성을 시작했다. 경찰의 최루탄이 터지자 시민들은 잠시 물러났다가 다시 모이길 반복했다. 그러는 사이 시위대는 수만 명으로 불어나 인산인해를 이뤘다. 오후 7시경 전조등을 켠 차량들이 경적을 울리면서 금남로를 따라 도청을 향해 전진했다. 대형트럭과 시외버스가 선두에 서고 200여 대의 택시가 그 뒤를 따랐다. 차량시위는, 즉흥적이고 비조직적인 거리시위와 달리, 계엄군의 만행에 분노한 택시기사들의 조직적인 항의시위였다. 금남로를 가득 메운 시민들은 차량시위에 환호했다. 이내 시위대와 계엄군의 충돌이 벌어졌다. 경찰은 엄청난 양의 최루탄 가스를 뿜어냈다. 이를 신호로 공수부대원들이 몰려들었다. 그들은 개머리판으로 차

---

9 '특전사 전투상보'에 따르면, 정호용 특전사령관은 5월 20일과 24일 진압작전 지도차 광주를 방문했고, 5월 21일 윤흥정 전교사령관 및 3개 공수여단장과 진압작전회의를 했으며, 5월 22일 오전 박충훈 국무총리가 광주 전교사 방문 시 참석했고, 5월 24~27일에는 광주에 상주했다(대한민국재향군인회, 1997: 273).

량의 전조등을 부쉈고, 닥치는 대로 운전기사를 끌어내 짓밟았다. 운전기사를 구하려는 시민들에게도 무자비한 폭력이 가해졌다. 이를 지켜보던 한 중년 여성은 "너희들이 우리나라 국군이냐"고 울부짖었다(황석영·이재의·전용호, 2017: 145~151).

이날의 시위는 자정이 넘도록 계속됐다. 밤 10시경 MBC 방송국이 불탔다. 공수부대의 만행을 사실대로 보도하지 않고 정부의 발표만 일방적으로 보도하는 방송국에 분노한 시민들이 불을 지른 것이다. 밤 11시경엔 광주역을 지키던 3공수 병력과 시위대 간의 격렬한 공방전이 벌어졌다. 시위대가 차량을 이용해 광주역을 지키고 있던 3공수의 저지선을 돌파하려 하자, 공수부대원들은 시위대를 향해 발포했다. 이 총격으로 시민 7명이 숨졌고(5·18민주화운동진상규명조사위원회, 2024c: 265), 6명이 부상했다(5·18민주화운동진상규명조사위원회, 2024d: 55~56). 자정을 넘어서도 시위는 그치지 않았다. 다음날 새벽 1시경 시위대는 광주세무서로 몰려가 불을 질렀다. "군대는 국민이 낸 세금으로 유지되는데, 군인들이 휴전선은 안 지키고 국민을 죽이러 왔다"는 것이 그 이유였다(5·18기념재단, 2020: 114). 새벽 4시경엔 KBS 방송국이 불탔다.

신군부의 진압작전은 더욱 격화됐다. 5월 21일 새벽, 20사단 61연대에 이어 20사단 사령부와 62연대가 차례로 광주에 증파됐고, 광주에서 외부로 통하는 교통과 통신이 완전히 차단됐다. 특히 20사단은 공수여단과 달리 한미연합사령관의 작전통제권 아래에 있는 군대로, 부대 이동을 위해선 미국의 승인을 받아야 했다. 20사단이 수도권 질서유지를 위해 한미연합사령관으로부터 작전통제권을 이양받은 것은 5월 16일이었다. 그리고 5월 20일, 신군부는 20사단에 대해 원래의 목적이 아닌 광주항쟁 진압을 위해 부대를 이동해도 되는지 미국에 문의했고, 위컴 한미연합사령관과 글라이스틴 대사는 워싱턴과 협의한 후 20사단의 광주 투입에 동의했다(글라이스틴, 2014: 189~190).

    5월 21일, 날이 밝자 시민들은 다시 시내 중심가인 금남로에 모여들었다. 시민들은 전날 밤 광주역에서 사망한 시체 2구를 실은 손수레를 앞세우고 가톨릭센터 앞에서 공수부대와 대치했다. 시간이 지날수록 사람들은 계속 불어나 금남로엔 약 10만 명의 시민이 운집했다. 이들의 최대 관심사는 항쟁의 소용돌이를 어떻게 매듭지을 것인가 하는 문제였다. 즉석에서 꾸려진 시민대표들(전옥주, 김범태, 김상호 등)은 대치하고 있는 공수부대 장교에게 전남도지사(장형태)와의 협상 주선을 요구했다. 도지사와의 협상은 순조롭게 진행됐다.[10] 공수부대 철수를 계엄사에 건의하겠다는 도지사의 약속을 믿고 시민들은 금남로에서 계엄군의 철수를 기다리면서 진압군과 대치했다. 그러나 정오가 넘도록 공수부대가 철수할 기미를 보이지 않자, 일부 시위대가 버스 2대를 몰고 공수부대의 저지선을 밀치면서 앞으로 나아갔다. 순간 계엄군이 뒤로 밀려났고, 이때 후진하던 계엄군의 장갑차에 깔려 공수부대원 1명이 즉사하고 다른 1명이 중상을 입었다. 얼마 지나지 않아 갑자기 계엄군의 일제 사격이 시작됐다. 이때가 오후 1시였다. 1~2분 정도의 집중사격 후 약 10~20분간 간헐적인 조준사격이 지속됐고, 광주 도심 상공에선 500MD 헬기가 사격을 가했

---

10 즉석에서 구성된 시위대 협상 대표는 도지사에게 ① 유혈사태에 대해 도지사가 사과할 것, ② 연행자들을 즉시 석방하되 여의치 않으면 소재 파악이라도 해줄 것, ③ 21일 정오까지 공수부대를 철수할 것, ④ 전남북계엄분소장과의 협상을 주선할 것 등을 요구했다. 이에 도지사는 ①항은 언제든지 수용하되, ②와 ③항은 자신이 결정할 소관이 아니므로 적극 건의하겠으며, ④항은 반드시 성사되도록 주선하겠다고 약속했다(김영택, 2010: 355).

다(5·18민주화운동진상규명조사위원회, 2024a: 109, 203~204). 금남로는 순식간에 아비규환의 현장으로 변했다. 거리엔 부상자들이 나뒹굴었고, 쓰러진 사람들의 핏물로 흥건했다. 계엄군의 집단 발포로 41명이 숨지고 수백 명이 다쳤다(5·18민주화운동진상규명조사위원회, 2024c: 269). 그리고 집단 발포 이후 500MD 헬기가 광주 도심 상공을 선회하며 광주천을 향해 사격을 가하는 모습이 목격되기도 했다(5·18민주화운동진상규명조사위원회, 2024a: 280~281, 331).

계엄군의 집단 발포와 헬기의 기총소사는 시민들의 무장을 촉발했고, 항쟁이 전라남도 곳곳으로 번져나가는 직접적인 계기가 됐다. 집단 발포 직후 시위대 중 일부가 나주, 화순, 영암, 함평, 무안, 강진, 해남, 완도, 목포 등 인근 시·군으로 진출했다. 그들은 지역 주민들에게 계엄군의 만행을 알리면서 시위 동참을 호소했고, 광주시민들을 보호하기 위해 무기가 필요하다고 역설했다. 시위대는 가는 곳마다 지역 주민들의 환호를 받았고, 어렵지 않게 경찰서와 예비군 무기고에서 상당량의 총(카빈 및 M1 소총)과 실탄 등을 획득할 수 있었다(황석영·이재의·전용호, 2017: 227~245). 각지에서 획득한 무기를 실은 차량들이 오후 3시를 전후해 광주 시내에 속속 도착했다. 그리고 가져온 무기들은 시민들에게 분배됐다. 이른바 '시민군'이 탄생한 것이다. 곧이어 전남도청, 전남대 의대, 노동청, 광주공원, 금남로 부근에서 시민군과 계엄군 간의 교전이 발생했다. 하지만 급조된 시민군의 전투력은 공수부대의 전투력과는 비교조차 되지 않았다. 이후 시민군들 사이에 자발적인 전투지휘부가 형성됐고, 무장 청년 10여 명이 하나의 조를 이뤄 시내 주요 지점에 배치됐다(광주광역시 5·18기념문화센터 사료편찬위원회, 2011: 96).

21일 오후 5시 20분경, 계엄군이 광주시 외곽으로 퇴각하기 시작했다. 그리고 광주로 통하는 모든 외곽 도로가 봉쇄됐다. 계엄군의 철수는 전술적 차원의 조치였다. 시위가 서울 등 다른 지역으로 확산될 가능성을 최대한 차단하고 적절한 기회를 틈타 '소탕작전'을 벌이기 위한 준비작업이었다(정상용 외, 1990: 250). 그 일환으로 신군부는 광주항쟁에 대한 정치적·이념적 공세를 본격화했다. 21일 오후 7시 30분, 이희성 계엄사령관은 TV와 라디오를 통해 광주시위를 "상당수의 타 지역 불순 인물 및 고첩들이 … 터무니없는 악성 유언비어의 유포와 … 계획적으로 지역감정을 자극·선동하고 난동행위를 선동한 데 기인된 것"으로 몰아붙이고, "계엄군은 폭력으로 국내치안을 어지럽히는 행위에 대하여는 부득이 자위를 위해 필요한 조치를 취할 수 있는 권한을 보유하고 있음을 경고"했다(≪동아일보≫, 1980.5.22). 그리고 그날 밤, 신군부는 20사단 60연대를 광주에 급파했다.

광주항쟁이 발발하던 5월 18일부터 5월 20일까지 미국은 계엄군의 무자비한 살상을 지켜만 보는 방조자에 가까웠다. 미 대사관이 광주 소식을 처음 접한 시간은 광주 미문화원장의 전화 보고를 받은 5월 18일 밤이었다. 그리고 사태의 심각성을 깨닫게 된 시점은 5월 20~21일이었다(글라이스틴, 2014: 184). 5월 21일 글라이스틴 대사는 처음으로 독립적인 제목으로 미 국무성에 2건의 광주 관련 문서를 타전했다. 이들 비밀문서에 따르면, 글라이스틴 대사는 신군부 통제하에 있는 최규하 정부와 마찬가지로, 광주 상황을 "폭동(riot)"으로 인식·규정했다. 구체적으로 「광주폭동과 향후 정치적 안정(Kwangju Riot and Future Political Stability)」이라는 제목을 단 비밀문서엔 "5월 21일 오후부터 광주의 무질서 상태가 극도로

심각한 상태로 진행 중"이라고 보고하고 있다.[11] 같은 날 국무성에 타전된
「광주 위기(The Kwangju Crisis)」라는 제목의 또 다른 비밀문서에서는 당
시 광주의 상황과 위컴 사령관의 대응에 대해 다음과 같이 적고 있다. "광
주의 대규모 반란(Massive Insurrection in Kwangju)이 여전히 통제 불능
이며, 최소한 지난 20년 사이에 국내에서 이와 유사한 사태에 직면해 본
적이 없는 한국 군부에 비상 상황이라는 인식을 심어주고 있음. ⋯ 최신
정보에 따르면, 폭도들이 무기고를 부수고 무기와 탄약, 폭탄을 탈취했
음. 한국군은 오늘 밤 군 병력을 시 외곽으로 철수시킬 계획임. 위컴 장군
은 (북한의) 침투에 대비해 내부 비상 수준을 강화하기로 동의했으며, 비
공식적으로 데프콘 3에 해당하는 비상 대책을 강구하고 있음."[12] 요컨대
광주 상황에 대한 글라이스틴 대사의 최우선 관심사는 "광주폭동"이 한반
도의 군사안보에 미칠 부정적인 여파였다.

2) 5월 21~26일: 해방 광주와 계엄군의 광주 봉쇄

계엄군의 퇴각으로 광주시민들은 '해방 광주'의 기쁨을 만끽했다. 그
러나 기쁨은 잠시였다. 5월 21일 오후에 개시되어 26일까지 계속된 계엄
군의 봉쇄작전 기간에도 광주 외곽지역에서는 계엄군의 시민 살상이 계
속해서 발생했다. 이 와중에 시민들은 향후 광주문제를 둘러싸고 연일 시

---

11 Telegram from American Embassy in Seoul to Secretary of State, "Kwangju Riot and Future Political Stability," May 21, 1980(광주광역시 5·18사료편찬위원회, 1997c: 206~207).

12 Telegram from American Embassy in Seoul to Secretary of State, "The Kwangju Crisis," May 21, 1980(광주광역시 5·18사료편찬위원회, 1997c: 210~211).

표 2-1 봉쇄 작전과 민간인 집단학살 사건

사례	발생일	장소	민간인 희생자
1	5월 21~23일	광주교도소 부근	14명 사망, 35명 부상
2	5월 22일	광주 국군통합병원 부근	8명 사망, 59명 부상
3	5월 23일 오전	주남마을 부근	최소 13명 사망, 1명 부상
4	5월 24일 오후	송암동 부근	최소 6명 사망, 10명 부상

민집회를 열고 열띤 토론을 벌였다.

 5월 21일 늦은 오후, 광주로 진입하는 주요 도로가 봉쇄됐다. 20사단 61연대 제2대대가 장성과 서울로 이어지는 호남고속도로 서광주톨게이트를, 3공수여단이 광주-담양 간 국도와 순천으로 이어지는 호남고속도로를, 그리고 7공수와 11공수는 광주에서 화순으로 이어지는 도로를 차단했다. 광주항쟁이 타 지역으로 확산되는 것을 막고자 함이었다. 계엄군은 광주 외곽의 봉쇄지역을 통행하는 차량이나 사람들에게 무차별적으로 총격을 가했다. 이로 인해 5월 21일부터 24일까지 민간인 71명이 사망하고 7명이 실종되고 208명이 부상했다(5·18민주화운동진상규명조사위원회, 2024e: 71). 〈표 2-1〉은 봉쇄작전 기간에 계엄군에 의해 민간인 집단학살이 자행됐던 대표적인 사건들을 나열한 것이다.

 먼저, 광주-담양 간 국도와 호남고속도로 사이에 위치한 광주교도소 근처에서 발생한 사례이다. 당시 광주교도소에는 봉쇄작전을 수행하기 위해 제3공수여단이 파견되어 있었다. 공수부대원들은 교도소 인근 도로를 지나는 차량과 통행자들을 향해 무차별 총격을 가했고, 이로 인해 5월 21~23일 사이에 14명이 사망하고 35명이 부상했다(5·18민주화운동진상규명조사위원회, 2024e: 165). 대다수의 희생자는 개인적인 용무로 잠시 광주를 방문했다가 고향으로 돌아가던 인근 지역의 주민이거나, 광주의 피해 상황을 알리기 위해 혹은 무기 획득 및 지원자 모집을 위해 타 지역으로 향하던 무장한 시위대였다(황석영·이재의·전용호, 2017: 259).

두 번째 사례는 5월 22일 오후 광주-송정 간 도로에서 발생했다. 그날 20사단 62연대 제2대대는 오후 5시까지 광주 국군통합병원을 확보하라는 명령을 받고서 장갑차를 앞세우고 국군통합병원으로 향했다. 이동하는 군대 행렬을 구경하려고 창문을 열고 밖을 내다보는 동네 사람들을 향해 군인들이 총을 쏘기 시작했다. 계엄군의 발포가 계속되자 시민군(화정동 지역방위대)이 대응 사격을 했다. 이 사건으로 인해 민간인 8명이 사망했고, 59명이 부상했다(5·18민주화운동진상규명조사위원회, 2024e: 702~705).

세 번째 사례는 광주-화순 간 도로에 인접한 주남마을 부근에서 5월 23일 발생했다. 당시 7공수와 11공수가 광주-화순 간 도로를 봉쇄하고 있었다. 오전 9시경 희생자들을 수습할 관을 구하기 위해 미니버스 1대가 도청에서 화순을 향해 출발했다. 미니버스가 주남마을에 이르렀을 때, 도로 양쪽에 매복해 있던 공수부대의 총격을 받았다. 총격은 약 10분 동안 계속됐다. 이 버스엔 시위대 10여 명과 화순과 주월동으로 가려던 여성 3명 등 최소 14명이 탑승하고 있었다. 계엄군의 집중사격으로 최소 11명이 현장에서 사망하고 3명이 부상했다. 그리고 3명의 부상자 중 여성 1명(홍금숙, 당시 17세의 여고생)을 제외한 남성 2명은 근처 야산으로 끌려가 사살된 후 암매장됐다(5·18민주화운동진상규명조사위원회, 2024e: 47~48, 277~341).

네 번째 사례는 5월 24일 오후 광주-나주 간 도로에 인접한 송암동에서 발생했다. 그날 오후 1시 50분경, 송암동 효천삼거리 주남마을에서 출발해 송정리 비행장으로 이동하던 11공수와 송암동 야산에 매복 중이던 전교사 보병학교 교도대대 간에 오인 사격이 발생했다. 약 30분 동안 지속된 오인 전투로 11공수 부대원 9명이 사망했으며, 오인 교전 중 계엄군에 의해 난사된 총에 민간인 1명이 사망하고 4명이 부상했다(5·18민주화운동진상규명조사위원회, 2024e: 559, 571). 계엄군 간 오인 교전이 멈춘 후에도 민간인 피해는 계속 발생했다. 부대원들의 사망에 격분한 11공수는 부근 민가에 무차별 사격을 가한 후 수색을 시작했다. 이 과정에서 총격에 놀라 민가에 피신해 있던 시민군 1명(김종철)이 계엄군의 칼과 총에 살해당했고, 주민 3명이 연행되어 현장에서 총살당했으며, 또 다른 주민 1명은 자녀들과 길을 걸어가던 중 총격을 받아 사망했고, 주민 6명이 총상을 입었다(5·18민주화운동진상규명조사위원회, 2024e: 604).

계엄군이 퇴각하고 광주 봉쇄가 진행되는 동안 광주시민들의 최대 관심사는 "앞으로 광주는 어떻게 될 것인가" 그리고 "잡혀간 가족과 이웃은 언제 풀려날 것인가" 하는 것이었다(김영택, 2010: 399). 계엄군 퇴각 후 첫날인 5월 22일, 사태수습을 위한 2개의 조직이 만들어졌다. 낮 12시 30분경, 정시채 전남도 부지사 주도로 목사, 변호사, 교수, 관료, 정치인 등 20여 명으로 구성된 일종의 민관 조직인 '5·18수습대책위원회'(시민수습위)가 출범했고, 오후 6시경엔 대학생들 중심의 '학생수습대책위원회'(학생수습위)가 결성됐다. 시민수습위가 주로 계엄사와의 협상 활동과 시민 설득에 중점을 두고 사태의 원만한 수습을 모색했다면, 학생수습위는 사망자 수습, 홍보업무, 차량통제, 무기 수거 등 대민업무를 수행하면서 '명분 있는 수습안' 혹은 '명예로운 투쟁노선'을 모색하고 있었다(김영택, 2010: 421).

이날 시민수습위는 협상 대표 8명을 뽑아 상무대에 설치된 전남북계엄분소로 보내기로 합의했다. 이들의 협상안은 ① 사태수습 전에는 군 투입을 하지 말 것, ② 연행자를 전원 석방할 것, ③ 군의 과잉진압을 인정할 것, ④ 사후 보복을 금지할 것, ⑤ 상호 책임을 면제할 것, ⑥ 사망자에 대해 보상할 것, ⑦ 이상의 요구가 관철되면 무장을 해제하겠음 등 총 7개 항이었다. 오후 1시 30분쯤 상무대에 도착한 시민수습위 대표들은 오후 3시까지 군지휘관들과 협상을 진행했고, 구속자 가운데 일부를 석방하는 데 성공했다. 하지만 나머지 사항들에 대한 계엄 당국의 태도는 강경했다. 특히 계엄 당국은 군의 과잉진압은 시민들의 과격한 시위에서 비롯된 것이라고 주장하면서 '조건 없는 무기반납'을 요구했다(5·18기념재단, 2020: 140).

도청으로 돌아온 협상 대표들은 오후 5시경 도청광장에서 '협상 보고대회'를 열었다. 이 보고대회엔 약 10만 명의 시민이 모였다. 협상 대표들은 차례로 연단에 올라 협상 결과와 그에 대한 자신의 소신을 밝혔다. 연행자의 석방 소식에 시민들은 환호했으나, 일부 수습위원의 무조건적 무기반납 발언에 대해 시민들은 "굴욕적인 협상 반대!"를 외쳤다. 이에 비해 "시민들이 납득할 만한 사태수습방안을 계엄 당국이 먼저 제시한 후에 무기를 반납해야 한다"는 일부 수습위원의 주장은 큰 호응을 받았다(5·18기념재단, 2020: 140~141; 김영택, 2010: 417~418). 시민들의 반응은 시민수습위와 학생수습위에 큰 반향을 일으켰다. 군의 일방적인 요구에 따르려던 관 출신 시민수습위 위원은 시민들로부터 강력한 질타를 받았다. 그 결과, 관이 주도하는 시민수습위는 민간이 주도하는 시민수습위로 교체됐다. 학생수습위는 무기반환을 둘러싸고 밤새도록 격론을 벌였으나 합의에 이르지 못했다(5·18기념재단, 2020: 142). 그리고 다음 날인 23일 오전 10시경 시민수습위가 개편됐다. 이때부터 수습위원회는 시민수습위와 학생수습위가 함께 대책을 논의하는 일종의 '확대수습위원회'로 변화했다.

이 무렵 미국 워싱턴에선 광주와 관련된 중요한 회의가 개최되고 있었다. 5월 23일 오전 6시경(미국 시간으로 5월 22일 오후 4시), 미국 정부는 백악관에서 한국 문제로 국가안보회의 고위정책조정위원회(the Policy Review Committee of the National Security Council)를 소집했다. 에드먼드 머스키(Edmund S. Muskie) 국무장관이 주재하고 해럴드 브라운(Harold Brown) 국방장관, 즈비그뉴 브레진스키(Zbigniew Brzezinski) 백악관 안보담당 보좌관, 데이비드 존스(David C. Jonhs) 합참의장, 스탠필드 터너(Stansfield Turner) CIA 국장, 리처드 홀브룩(Richard Holbrooke) 국무부 아태담당차관보 등이 참석한 이 회의는 다음과 같은 결론을 내렸다. "최우선 순위는 (한국의) 계엄 당국이 … 최소한의 무력을 행사해 광주의 질서를 회복하는 일이다." 또한 참석자들은 한국의 군사안보를 위해 "필리핀 북부에서 동쪽으로 이동 중인 항공모함 코럴시(Coral Sea)의 항로를 동해상으로 재조정"하기로 결정했다(글라이스틴, 2014: 193). 회의 직후 미 국무부는 성명을 통해 "우리는 광주사태에 대해 깊은 우려를 표명"해 왔고, "계속되는 불안과 소요의 확대는 외부 군사력에 의한 위험한 오판을 초래할 위험성"이 있으며, "미국 정부는 한국의 상황을 이용하려는 어떤 외부의 기도에 대해서도 한미상호방위조약 의무에 따라 강력히 대처할 것"임을 천명했다(≪동아일보≫, 1980.5.23). 광주 상황에 대한 워싱턴의 입장이 정리되자, 5월 23일 주한 미국대사는 박충훈 국무총리를 만나 "확고한 폭동진압 대책이 필요하다"는 점에 동의했다.[13] 요컨대, 비록 "최소한"이라는 단서를 달았지만, 미국 정부는 전두환 신군부의 "무력"을 통한 광주항쟁 진압에 동의했던 것이다.

미 대사가 국무총리를 만나 미국 정부의 입장을 통보하던 5월 23일, 광주에선 약 15만 명의 시민이 참석한 가운데 '제1차 민주수호 범시민궐기대회'가 열리고 있었다. 시민궐기대회는 학생수습위나 시민수습위의 '평화적 타협론'에 회의적이었던 일부 운동권 청년·학생들의 주도로 준비됐다. 23일 아침, 김영철, 윤상원, 박효선, 김태종 등 몇몇 운동권 청년·학생들이 시내에 있는 녹두서점에 모였다. 녹두서점은 1970년대 말 이후 광주지역의 민주 청년·학생들이 모여 시국 토론을 벌이던 사랑방 같은 장소였다. 전날(22일)의 '협상 보고대회'를 지켜본 이들은 계엄 당국과의 대화에서 협상력을 높이기 위해선 시민들의 의지를 결집하고 이에 기반해 튼튼한 지도부를 만드는 것이 시급하다고 판단했다. 이들은 23일 이른 아침 녹두서점에서 만나 시민집회를 조직하기로 의견을 모았다. 그리고 학생수습위원장(김창길)을 만나 이 문제를 협의한 후, 시민궐기대회를 그날 오후 3시에 개최한다는 소식을 광주시민들에게 알렸다. 그러자 아침부터 시민들이 도청광장에 모여들기 시작했고 오전 10시에는 이미 10만여 명이 도청광장에 운집했다. 궐기대회는 원래 예정된 시간보다 이른 오전 11시 30분에 개최됐다. 이 궐기대회에서 무조건적으로 무기를 반납할 경우 계엄군과 협상조차 해보지 못하고 진압당할 것이라는 시민들의 목소리가 쏟아졌고, 협상력을 높이기 위해 무기 회수에 앞서 계엄군에 대한 방어태

---

13 Telegram from American Embassy in Seoul to Secretary of State, "Initial Call On Acting Prime Minister," May 23, 1980(광주광역시 5·18사료편찬위원회, 1997c: 234~235).

세를 먼저 갖춰야 한다는 의견이 큰 호응을 얻었다(5·18기념재단, 2020: 142).

24일 오전에도 무기반납을 둘러싼 수습위원들 간의 갈등은 계속됐다. 무기반납을 통해 사태를 수습하자는 학생수습위원장(김창길) 및 일부 시민수습위원의 입장과, 계엄군의 과잉진압에 대한 사과와 보복 금지를 사전에 보장받아야 한다는 일부 학생수습위원 및 시민군의 입장이 팽팽하게 대립했다. 오후 1시에 개최된 학생수습위 회의에선 이른바 '항쟁파'의 주장이 채택됐다.[14] 이에 따라 학생수습위는 항쟁파가 주도권을 장악하기 시작했다. 하지만 시민수습위는 사태를 원활하게 수습하기 위해선 총기를 반납하고 시민들을 흥분시키는 궐기대회의 개최를 삼가야 한다는 입장을 취했다(나의갑, 2001: 250).

24일 오후 2시 30분, 약 10만 명이 모인 도청광장에서 '제2차 민주수호 범시민궐기대회'가 개최됐다. 이 자리에서도 일부 수습위원의 투항주의적 태도에 대한 불만이 쏟아졌다. 시민들은 '책임자 처벌'과 '피의 보상'을 외쳤다. 오후 6시경 윤상원, 김영철 등 운동권 청년·학생 그룹 40여 명이 YWCA에 모여 시민궐기대회 평가회를 열었다. 이들은 현재의 수습위로는 상황을 극복하기 어렵다고 판단하고, 더 이상의 희생을 피하고 계엄 당국과의 대화에서 협상력을 높이기 위해서라도 보다 체계적이고 강력한 지도부가 필요하다는 데 의견을 모았다. 그날 밤 9시, 도청 상황실에서 학

---

14 이것은 계엄 당국에 대한 요구사항으로, ① 정부는 광주시민들을 불순분자들과 폭도로 규정하는데, 이를 사과하라, ② 사망자의 장례식을 시민장으로 하라, ③ 구속자를 전원 석방하라, ④ 전 시민이 납득할 수 있는 범위 내에서 피해 보상을 하라 등의 내용이었다(황석영·이재의·전용호, 2017: 336).

생수습위 회의가 또다시 개최됐다. 무기반납을 둘러싼 격렬한 논쟁이 오갔다. 25일 새벽 1시경, 무기반납을 주장하던 '온건파'가 사임한 가운데 학생수습위가 새롭게 개편됐다(황석영·이재의·전용호, 2017: 318~319). 시민수습위에도 학생수습위와 비슷한 변화가 일어났다. 일부 위원의 무조건 총기반납 입장 때문에 시민수습위 전체가 시민들로부터 불신을 받는 모습을 보고, 남동성당에 모여 있던 재야 민주인사들은 도청으로 들어가 새로운 시민수습위를 구성했다(황석영·이재의·전용호, 2017: 319).

  5월 25일 오후 3시, 약 5만 명의 시민이 참석한 가운데 도청광장에서 '제3차 민주수호 범시민궐기대회'가 열렸다. 이 궐기대회에서도 일부 수습위원의 투항주의적 태도에 대한 비판이 쏟아졌다. 한 시민군이 연단에 올라 「우리는 왜 총을 들 수밖에 없는가」라는 제목의 성명서를 낭독했다. 그 내용은 "시민군은 끝까지 시민들의 안전을 지킬 것"이며, "협상이 올바른 방향으로 진행되면 즉각 총을 내려놓겠다"는 것이었다(광주광역시 5·18사료편찬위원회, 1997b: 63). 또한 「광주시민 여러분께」라는 제목의 성명서가 발표됐는데, 그것은 피해보상, 계엄령 해제, 전두환 처단, 구속자 석방, 광주항쟁 왜곡 금지, 진정한 민주정부의 수립 등의 요구가 관철될 때까지 광주시민들은 "최후의 일각까지, 최후의 일인까지" 투쟁할 것을 다짐하는 결의문이었다(광주광역시 5·18사료편찬위원회, 1997b: 62).

  25일 밤 10시, '온건파'와의 갈등 끝에 '항쟁파' 중심의 지도부가 꾸려졌다. 그날 오후 7시에 개최된 학생수습위 회의에서는 온건파와 항쟁파 간에 격렬한 논쟁이 벌어졌다. 결국 오후 9시경 온건파가 회의장을 속속 빠져나가고, 오후 10시경 최후까지 투쟁하기로 결의한 새로운 '민주투쟁위원회'가 탄생했다. 민주투쟁위원회의 지도부는 기존 학생수습위의 항쟁파(김종배), 윤상원·김영철·이양현 등 청년운동권 인사, 그리고 무장투쟁 국면에서 전면으로 부상한 시민군 출신 인사(박남선) 등으로 구성됐다(황석영·이재의·전용호, 2017: 370). 이들 항쟁지도부는 "아무런 조건 없이 총기를 내려놓자"는 온건파와 달리, "시민들의 투쟁역량을 재정비해 계엄군과의 협상을 유리하게 이끌겠다"는 생각으로 "투쟁과 협상"을 병행한다는 방침을 세웠다(5·18기념재단, 2020: 145). 이를 위해 항쟁지도부는 5월 26일 오전 시민군을 재정비하고 시민들의 일상생활을 정상화하는 작업에 착수했다.

3) 5월 26~27일: 계엄군의 광주 재진입

5월 25일 낮, 신군부는 무력진압을 위한 '상무충정작전'을 확정 짓고 있었다. 이날 육군회관에서 열린 오찬회의(12시 15분~2시 30분)에서 전두환 보안사령관, 노태우 수경사령관, 주영복 국방부장관, 이희성 계엄사령관, 황영시 육군참모차장 등 신군부 수뇌부는 육군본부에서 마련한 '상무충정작전' 지침을 검토한 후 작전 개시를 "5월 27일 0시 1분 이후" 전남북계엄분소장(전교사령관)의 책임하에 실시하도록 최종 결정했다(대한민국재향군인회, 1997: 300). 그리고 25일 오후, 정보누설을 방지하기 위해 육군참모차장(황영시)은 육군작전참모부장(김재명)과 함께 광주 현지로 내려가서 작전명령서를 직접 전교사령관(소준열)에게 전달했다. 이와 더불어 국방부장관(주영복)과 계엄사령관(이희성)은 청와대를 방문해 최규하 대통령에게 '광주소탕작전' 계획을 보고하면서, 대통령의 광주방문을 건의했다. 이는 광주소탕작전을 합리화하기 위한 신군부의 계책이었다. 오후 6시경 광주에 도착한 대통령은 시위대 대표를 만나길 원했으나, 그것은 신군부의 의도와는 배치되는 것이었다. 대통령은 결국 시위대 대표와의 면담을 포기한 채 특별담화를 육성으로 녹음했다. 대통령의 특별담화는 그날 밤 광주지역에서만 KBS 라디오와 텔레비전을 통해 방송됐다(황석영·이재의·전용호, 2017: 373).

 5월 26일 아침, 두 가지 소식이 광주시민들에게 들려왔다. 하나는 계엄군이 광주 시내 진입을 시도하고 있다는 소식이었고, 다른 하나는 미 항공모함이 부산항에 입항했다는 소식이었다. 두 소식에 대한 시민들의 반응은 매우 상이했다.

 26일 새벽 4시경, 광주 외곽을 지키던 시민군으로부터 계엄군이 탱크를 앞세우고 시내로 진입하고 있다는 소식이 무전기를 통해 도청 상황실에 전해졌다. 항쟁지도부는 급히 시민군에 비상령을 내렸고, 도청에서 밤새워 회의하던 시민수습위 위원들은 계엄군의 진입을 온몸으로 막겠다는 비장한 각오로 '죽음의 행진'에 나섰다. 외신기자들이 행진대열을 뒤따랐고, 이를 지켜보던 시민들도 하나둘씩 뒤따랐다. 도청에서 출발해 금남로-돌고개-농촌진흥원 앞까지 약 4km를 걸어 계엄군의 탱크 앞에 도달했을 때, 행진대열은 수백 명으로 불어나 있었다. 수습위원들은 길바닥에 앉아 계엄군에게 시내로 진입하려거든 자신들을 모두 죽이고 가라고 외쳤다. 이를 지켜보던 전교사 부사령관(김기석)은 계엄군을 원래의 위치로 후퇴시키고 대화를 요구하는 수습위원들을 전남북계엄분소로 안내했다. 그곳에서 전교사 부사령관과 시민수습위원들 간의 '협상 아닌 협상'이 시작됐다. 다음날(27일) 새벽에 도청소탕작전이 예정되어 있었기에 이 협상은 계엄군이 끝까지 시민들과 협상을 시도했다는 '명분 쌓기용' 요식 행위에 불과했다. 오전 7시에 시작된 협상은 4시간 30분 동안 계속됐다. 하지만 계엄군 측은 26일 자정까지 모든 무기를 버리고 도청을 비울 것을 요구했다(노영기, 2020: 368~370). 그것은 최후의 통첩이었다.

협상이 진행되는 동안 도청광장에선 '제4차 민주수호 범시민궐기대회'가 열리고 있었다. 오전 10시 30분에 시작된 이 집회에서 항쟁지도부는 새벽에 계엄군의 시내 진입 시도가 있었음을 알렸다. 그리고 하루 전(5월 25일) 제3차 시민궐기대회에서 결의한 6개항의 요구 — 피해보상, 계엄령 해제, 전두환 처단, 구속자 석방, 광주항쟁 왜곡 금지, 민주정부 수립 — 가 관철될 때까지 광주시민들과 함께 끝까지 투쟁할 것임을 재차 다짐하는 「80만 민주시민의 결의」를 낭독했다(광주광역시 5·18사료편찬위원회, 1997b: 73). 이 무렵, "전두환 일파의 무모한 만행을 견제"하기 위해 미 항공모함이 부산에 입항했다는 대자보가 시내에 나붙기 시작했고(광주광역시 5·18사료편찬위원회, 1997b: 81), 이를 본 시민들은 드디어 미국이 광주를 도우러 왔다고 환호했다. 당시 광주시민들은 미 항공모함이 한국 영해에 진입한 것이 한국의 순탄한 민주발전을 위한 조치가 아니라 혹 있을지 모를 북한의 기습공격에 대비하는 군사안보 차원의 조치였다는 점을 전혀 알지 못했다.

오전에 상무대에 갔던 수습위원들이 돌아오고 협상 결과가 알려지면서 상황은 더욱 긴박하게 돌아갔다. 오후 2시경, 항쟁지도부는 시민군을 '기동타격대'로 재편해 순찰을 강화했다. 기동타격대는 1개 조가 6~9명으로 구성된 총 7개의 조로 편성됐다. 각 조당 군용 지프차 한 대, 무전기 한 대, 성능이 비교적 양호한 무기가 지급됐다. 오후 3시엔 '제5차 민주수호 범시민궐기대회'가 개최됐다. 항쟁지도부는 계엄군의 광주 진입이 임박했음을 알렸다. 분개한 시민들이 연단에 올라 그간 자신이 경험하고 목격했던 계엄군의 만행을 성토했다. 궐기대회가 끝난 후 5,000여 명의 시민이 결사 항전을 외치며 시내를 행진했다(황석영·이재의·전용호, 2017: 386~389). 행진이 끝날 무렵 "광주를 지키겠다"며 약 150명의 청년·학생이 자진해서 YMCA 강당에 모였다. 이들 가운데 80명 정도가 총기를 다룰 수 있는 예비역이었고, 나머지는 군 복무경험이 없는 청년과 고등학생, 그리고 10여 명의 여학생이었다(5·18기념재단, 2020: 150). 또한 YWCA에도 70여 명의 남녀 학생이 끝까지 싸우겠다고 남아 있었다(김영택, 2010: 532).

오후 5시경, 항쟁지도부 대변인 윤상원은 도청 본관에서 외신기자회견을 열었다. 이 회견에는 ≪뉴욕타임스≫, AP통신, ≪요미우리신문≫, 독일 NDR방송, ≪볼티모어 선≫, ≪쥐트도이체 차이퉁≫ 등의 기자 10여 명이 참석했다. 윤상원은 새로 구성된 '민주투쟁위원회'의 입장, 전남북계엄분소와의 협상 결과, 피해 상황 등을 간략히 브리핑한 후, 외신기자들에게 글라이스틴 주한 미 대사와 연결해 줄 것과 국제적십자사에 구호를 요청해 줄 것을 부탁했다. 그리고 "우리가 오늘 설령 진다고 해도 영원히 패배하지는 않을 것"이라는 말로 기자회견을 마쳤다(김상집, 2021: 334). 그리고 저녁 7시를 기해 광주에 거주하는 외국인 207명이 광주에서 철수했다.

이날 밤, 승산 없는 싸움임을 알면서도 200여 명의 젊은이가 최후의 항쟁을 위해 도청에 남았다. 항쟁지도부는 고등학생이나 여성에게는 귀가할 것을 권유했다. 어린 학생들에게는 살아남아서 "우리가 왜 마지막까지 싸울 수밖에 없었는지를 다른 사람들에게 증언해 달라"고 부탁했다. 이렇게 해서 끝까지 남은 사람은 157명이었다. 항쟁지도부 상황실장 박남선은 계엄군의 동향과 시민군이 해야 할 일을 설명했고(김영택, 2010: 532), 대변인 윤상원은 다음과 같이 최후항쟁을 결의했다. "우리가 비록 저들의 총탄에 죽는다고 할지라도 그것이 우리가 영원히 사는 길입니다. 이 나라의 민주주의를 위해 끝까지 뭉쳐 싸워야 합니다. 그리하여 우리 모두가 불의에 대항해 끝까지 싸웠다는 자랑스러운 기록을 남깁시다"(박호재·임낙평, 2007: 406~407). 결사 항전을 앞둔 도청 내 분위기는 비장했고 결연했다.

계엄 당국은 27일 0시를 기해 시내 전화를 차단했다. 새벽 2시쯤 외곽지역을 순찰하던 기동타격대로부터 계엄군의 진입 움직임이 포착됐다는 무전 보고를 받고 항쟁지도부는 도청을 중심으로 YMCA, YWCA, 전일빌딩, 계림초등학교 등 주요 지점에 시민군을 배치했다. 그리고 계엄군 진입 사실을 알리기 위한 최후의 방송을 시작했다. 방송은 도청 옥상의 고성능 스피커를 통해 광주 전역에 울려 퍼졌다. "시민 여러분, 지금 계엄군이 쳐들어오고 있습니다. 사랑하는 우리 형제, 우리 자매들이 계엄군의 총칼에 숨져가고 있습니다. 우리 모두 계엄군과 끝까지 싸웁시다. 우리는 광주를 사수할 것입니다. 여러분, 우리를 잊지 말아주십시오"(5·18기념재단, 2020: 153). 방송을 들은 시민들은 공포감에 휩싸여 한 걸음도 밖으로 나올 수 없었다. 시민들은 계엄군의 공격으로 죽을지도 모를 청년·학생들을 두고 아무것도 할 수 없다는 무력감과 죄책감에 시달려야 했다.

27일 새벽 3시경 계엄군의 '소탕작전'이 시작됐다. 3공수가 도청을, 11공수가 전일빌딩과 YWCA를, 7공수가 광주공원을 향해 진군했고, 20사단은 외곽지역으로부터 포위망을 좁히며 도청을 향해 갔다. 새벽 4시가 지나면서 총성이 울리기 시작했다. 곳곳에서 공수부대의 총격으로 시민군이 쓰러져 갔다. 동이 터오는 오전 5시 10분경, YMCA, YWCA, 계림초등학교, 전일빌딩 등이 점령당했고, 도청을 마지막으로 최후의 항전은 완전히 압살당했다(광주광역시 5·18기념문화센터 사료편찬위원회, 2011: 106~106). 이 과정에서 사망한 시민은 25명이었는데, 이들 중 도청과 그 주위에서 사망한 사람은 19명이었다(5·18민주화운동진상규명조사위원회, 2024c: 300).

'소탕작전'은 도청진압으로 끝나지 않았다. 27일 아침 군인들은 예비검속 및 건물·주택 수색을 통해 신원이 불확실하거나 의심스러운 사람은 모두 상무대로 연행했다. 이 과정에서 조금이라도 불만스러운 기색을 보이면 여지없이 폭력이 가해졌다. 27일에만 590명이 연행됐는데, 기존에 연행된 300여 명까지 합하면 연행자는 약 900명에 달했다. 이후 5월 말까지 100여 명이 더 체포됐다. 이들은 6개의 감방으로 이뤄진 상무대 영창에 수용됐다. 계엄군은 한 방에 30명도 들어가기 힘들 만큼 비좁은 공간에 150명 이상씩 빽빽하게 집어넣었다(황석영·이재의·전용호, 2017: 464). 협소한 공간 자체도 감내하기 힘든 고통이었지만, 제공되는 식사도 너무 부실해 연행자들은 허기에 시달려야 했다. 수사는 대체로 두 가지 방향으로 진행됐다. 항쟁 참여자를 북한과 연계된 불순분자로 몰아가거나, 항쟁의 배후를 김대중과 연계시켜 내란죄로 조작하는 것이었다. 허위사실을 강요하는 수사는 협박과 고문, 그리고 성폭력 등 야만적인 방식으로 진행됐다(나간채, 2012: 58~60).

3. 쿠데타의 완성

광주항쟁을 유혈진압한 전두환 신군부의 다음 목표는 정권장악이었다. 이를 위해 신군부는 '국가보위비상대책위원회'와 '국가보위입법회의'를 설치하고, 정치·사회 전반에 걸쳐 대대적인 숙정 및 정화 조치들을 단행했다.

먼저 국가보위비상대책위원회(국보위)의 결성은 전군주요지휘관회의(1980년 5월 17일)에서 이미 결의된 사안으로, 광주항쟁 진압 나흘 후인 5월 31일 국무회의 의결을 거쳐 출범했다. 국보위는 공식적으로는 비상계엄하에서 대통령의 계엄업무를 보좌하는 한시적인 대통령 자문기관이었으나, 실제로는 군사혁명위원회였다. 이는 국보위의 구성 및 활동에서 명확히 드러난다. 구성면에서, 국보위는 대통령을 의장으로 총 26명의 위원들로 구성됐는데, 그 가운데 8명이 각료(국무총리, 부총리, 외무·내무·법무·국방·문교·상공장관)였고, 나머지 14명은 계엄사령관, 합참의장, 육해공군 참모총장, 보안사령관 등 군 장성이었다. 또한 국보위 산하에는 총 30명의 위원으로 구성된 상임위원회를 두었는데, 그들 중 18명이 현역 장성이었다(대한민국재향군인회, 1997: 326~330).

국보위가 실제 수행한 업무는 권력장악을 위한 정지 작업이었다. 국보위가 내세운 목표는 안보체제 강화, 경제난국 타개, 사회안정 확보 등이었으나, 이는 단지 형식적인 것에 불과했고 실제 목표는 신군부에 비판적인 세력을 숙정하는 것이었다. 구체적으로 국보위는 '정치풍토 쇄신', '공직사회의 부정부패 및 부조리 척결', 그리고 '사회정화'를 명목으로 신군부에 비우호적인 정치인들과 공무원들을 대대적으로 숙청했으며, '노조정화'을 구실로 노조간부 121명을 퇴출하고 노조지부 118곳을 해체했다.

1980년 8월 16일, 최규하 대통령은 특별성명을 통해 대통령직 사임 의사를 발표했다. 그는 사임의 이유로 "책임정치의 구현"과 "평화적인 정권이양의 선례"를 남기고 "새로운 사회를 건설하는 역사적 전기를 마련"하기 위함이라고 밝혔으나(≪경향신문≫, 1980. 8. 16), 실제 이유는 신군부의 압력 때문이었다. 대통령을 하야시킨 신군부는 8월 21일 전군주요지휘관회의에서 전두환을 국가원수로 추대하기로 결의했고, 전두환 대장은 다음날 전역식을 치렀다. 그리고 8월 27일 유신헌법에 따라 전두환은 통일주체국민회의에서 제11대 대통령으로 선출됐다.

신군부의 다음 작업은 새 헌법을 만들어 유신체제와의 차별성을 부각시키는 것이었다. 개정헌법은 1980년 10월 23일 국민투표에 회부되어 95.5%의 투표율과 91.6%의 찬성으로 통과됐다. 그리고 10월 27일 개정헌법이 공포됐다. 제5공화국 헌법은, 비록 대통령의 임기를 7년 단임으로 제한하긴 했지만, 유신헌법의 핵심 골간인 대통령 간선제, 국회해산권, 비상조치권을 그대로 유지했다. 또한 헌법 부칙을 통해 기존 국회와 정당을 해산토록 했고, 새 국회가 개원될 때까지 '국가보위입법회의'(입법회의)가 입법부의 기능을 맡도록 했다.

입법회의는 1980년 10월 28일 발족했다. 입법위원으로 총 81명이 임명됐는데, 이들은 제11대 국회가 개원(1981년 4월 11일)할 때까지 166일 동안 법률안 189건을 포함해 총 215건의 안건을 처리했다(대한민국재향군인회, 1997: 344). 입법회의는 법의 제정 및 개정을 통해 국민기본권을 제약하고 잠재적 도전세력을 억압하는 악법들을 단기간에 양산했다. 그 대표적인 사례가 기성 정치인들의 정치활동을 금지하는 '정치풍토쇄신특별법', 정치자금의 통제를 통해 야당을 관리하는 '정치자금법', 언론규제를 강화한 '언론기본법', 집회·시위에 대한 규제를 강화한 '집시법', 노동의 연대와 단결권을 제한하는 '노동관계법', 전과 경력이 있는 범죄자의 사회복귀를 제한하는 '사회보호법' 등이었다. 그뿐만 아니라 집권당에 패권정당의 지위를 부여하기 위해 '국회의원선거법'을 개정했다. 전체 의석의 2/3를 '1선거구 2인 정수'의 중선거구제를 통해 선출하고 나머지 1/3 의석은 비례대표제로 선출하되 비례의석의 2/3를 제1당이 차지토록 했다. 전자가 야당의 분열을 조장하고 여야의 동반당선을 보장하려는 것이라면, 후자는 여당에 과반 이상의 의석을 보장해 주는 제도적 장치였다(심지연, 2009: 314).

정권안보를 위한 각종 제도적 장치가 마련되자 신군부는 1981년 1월 15일 민주정의당(민정당) 창당대회를 개최하고 전두환을 민정당 총재 겸 대통령 후보로 추대했다. 그리고 제5공화국 헌법에 따라 대통령선거인단 선거(1981년 2월 25일)를 통해 전두환은 임기 7년의 제12대 대통령에 선출됐다. 이어 제11대 총선이 3월 24일에 치러졌다. '정치풍토쇄신특별법'에 의해 정치활동이 허용된 인사들만 정당 창당이 가능했고 총선 출마가 허용됐다. 비록 신군부가 주도하는 정당에 대한 도전과 경쟁은 허용되지 않았으나, 신군부는 정권의 권위주의적 이미지를 희석하기 위해 다당제를 지향했다. 달리 표현하면, 신군부는 선거법 개정을 통해 인위적으로 여당에 패권정당의 지위를 부여하고 전두환 신군부에 순응하는 인사와 야당들만 정치활동에 참여케 함으로써 야당을 여당의 '위성정당'으로 만드는 패권정당체제를 추구했다. 총선 결과, 민정당은 지역구에서 90석, 그리고 전국구에서 61석을 얻어 전체 의석(276석)의 절반인 138석보다

13석이 더 많은 151석을 획득했다(중앙선거관리위원회, 2009: 284). 이로써 전두환 신군부의 집권 프로젝트는 성공적으로 완료됐다.

4. 역사적 유산

광주항쟁 열흘 동안 전두환 신군부는 전교사와 31사단, 7공수, 11공수, 3공수, 그리고 20사단을 축차적으로 광주에 투입했다. 동원된 병력은 총 2만 317명에 달했다(<표 2-2> 참조). 그것은, 당시 광주 인구가 약 73만 명이었다는 점을 감안하면, 시민 37명당 계엄군 1명이 동원된 엄청난 병력이었다. 게다가 광주항쟁을 진압하기 위해 30대의 헬기, 항공기(O-1), 전차, 장갑차 등이 동원됐고, 소총·권총·기관총·수류탄 등 총 51만여 발의 실탄이 사용됐다(노영기, 2020: 418).

계엄군의 유혈진압은 한국전쟁 이래 가장 많은 민간인 희생자를 낳았다. 5·18 진상규명조사위원회에 따르면, 5·18 당시 계엄군의 유혈진압으로 5,800여 명이 피해를 입었다. 구체적으로 광주와 그 인근 지역에서 사망한 민간인이 166명, 사망이 확실하지만 신원이 확인되지 않은 행방불명자가 73명, 부상자가 2,504명, 5·18 당시에 입은 부상이 원인이 되어 사망에 이르게 된 상해 후 사망자가 113명, 연금·구금 후 부상을 당한 사람이 1,217명, 체포된 사람이 1,610명, 기타 62명에 달했다(5·18민주화운동진상규명조사위원회, 2024a: 453~454).

신군부의 엄청난 폭력 앞에 광주항쟁은 처참하게 짓밟혔다. 그 결과 유신독재에 이어 또 다른 군부독재가 출범했다. 5·18은 분명 좌절된 민주

표 2-2 광주항쟁 진압에 동원된 계엄군의 규모

부대	소속	대대 수	병력(장교/병사)
특전사	3공수	5	1,477(265/1,212)
	7공수	2	872(92/780)
	11공수	3	1,056(147/909)
20사단	60연대	3	1,650(87/1,563)
	61연대	3	1,620(85/1,535)
	62연대	3	1,535(86/1,449)
	사단 직할		141(21/120)
전교사	31사단	3	1,422(55/1,367)
	보병학교	7	2,787(1,923/864)
	포병학교	7	2,865(1,165/1,700)
	기갑학교	5	2,132(357/1,775)
	화학학교	2	328(75/253)
	직할대	4	2,432(369/2,063)
합계		47	20,317(4,727/15,590)

자료: 편집부(1988: 13).

항쟁이었다. 그러나 1980년 5월 27일의 최후항쟁을 끝으로 광주항쟁이 역사 속에서 사라진 것은 아니었다. 오히려 자기희생을 통해 독재정치의 부당성과 폭력성을 여지없이 드러내 보임으로써 광주항쟁은 수많은 한국인의 "영혼을 일깨운" 사건이 됐고, 한국사회에 새로운 "구조를 만든" 역사적 중대사건(critical juncture)이 됐다(최정운, 1999: 24).

무엇보다도 광주의 비극은 진실규명과 민주화를 요구하는 지난한 '기억투쟁'을 불러왔다. 전두환 신군부세력의 5·18 왜곡 및 은폐에도 불구하고 기억투쟁은 쉼 없이 전개됐고 시간이 갈수록 그 동조자는 늘어났다. 이에 따라 신군부세력이 쌓아놓은 왜곡과 은폐의 벽은 서서히 무너져내렸고, 5·18을 둘러싼 진실의 파편들이 조금씩 세상에 알려지기 시작했다. 그리고 기억투쟁이 민주화운동으로 확장됨에 따라 전두환 독재의 종식과 민주화 없이는 5·18에 대한 진실규명과 명예회복이 불가능하다는 생각이 점점 더 확고해졌고, 더불어 민주주의 가치와 절차가 소중하다는 인식이 널리 퍼져갔다.

둘째, 광주의 비극은 호남 지역주의가 출현하는 직접적인 계기가 됐다. 5·18 당시 계엄군의 유혈진압은 광주사람들에게 영남 출신 전두환 신군부가 호남인들의 씨를 말리려는 시도로 여겨졌다. 5·18 이후 전두환 정권이 광주사람과 호남인들을 '폭도'라고 낙인찍은 것 역시 호남사람들을 정치적으로 말살하려는 시도로 인식됐다. 이러한 절대적 박탈과 소외의 경험은 '반독재·민주화'라는 호남인의 정치적 각성으로 이어졌고, 이는 1987년 민주화 이행 이후 김대중과 평화민주당 계승정당에 대한 호남인들의 투표결집으로 나타났다. 이 같은 반독재 세력의 출현은 민주화 이행 이후 신군부 후신세력에 의한 재권위주의화를 견제하고 민주화세력의 단결과 확장을 촉구하는 강력한 힘이 됐다.

이와 관련해 일부 학자는 호남 지역주의가 광주참사 이전부터 존재했다고 주장한다. 이들은 1971년 4월에 실시된 대통령선거를 호남 지역주의가 정치적으로 발현된 최초의 선거로 꼽는다. 하지만 박정희 정권의 영남 편애와 호남 차별에도 불구하고, 당시는 호남인들 사이에 뚜렷한 정치적 정체성이 형성된 상태가 아니었다. 비록 호남사람들 사이에 영남 편향의 박정희 정권에 대한 불만이 존재했지만, 그것이 집합적 형태인 지역주의 투표행태로 발현된 것은 아니었다. 오히려 1971년 대선에서 호남인들의 투표행태는 영남사람들에 비해 덜 지역주의적이었다(최영진, 2001: 335). 구체적으로 당시 호남 유권자의 62.3%가 전라도 출신 김대중 후보를 지지했지만, 박정희 후보 지지(34.8%)도 상당했다. 반면 영남 유권자의 71.1%가 박정희 후보를, 그리고 27.9%가 김대중 후보를 지지했다. 그뿐만 아니라 같은 해 5월 실시된 국회의원 선거에서는 대선과 달리 지역주의 투표의 기미가 전혀 보이지 않았다. 영남에서는 당시 집권당인 민주공화당이 49.7%를, 그리고 야당인 신민당이 43.4%를 얻었다. 이에 비해 호남에선 민주공화당이 51.7%를 획득해 46.0%를 얻은 신민당보다 더 많은 지지를 받았다. 요컨대 유신 선포 이전인 1971년에 치러진 대선과 총선에서 유권자들의 투표내용은 한국인의 전통적인 선거구도인 '여촌야도'에서 크게 벗어나지 않았다(Kim, 1972: 213~224).

셋째, 광주의 비극은 냉전·반공주의를 둘러싼 이념균열의 직접적인 계기가 됐다. 한국은 한국전쟁(1950~1953년) 이래 냉전·반공주의가 지배하는 이념적으로 단일화된 사회였다. 아무도 반공이 북한 공산주의의 위협으로부터 국민을 보호하기 위한 것임을 의심치 않았다. 그러나 신군부의 광주학살은 냉전·반공주의에 대한 의심과 회의를 촉발했다. 국민의 생명과 재산을 지켜야 할 군대가 반공을 핑계로 광주시민들을 무자비하게 공격했고 사건을 왜곡·은폐했기 때문이다. 이 점에서 광주의 비극은 반공주의가 권위주의 체제를 유지하고 정당화하기 위한 수단에 불과하다는 강한 의심을 낳는 정치적 계기가 됐다.

냉전·반공주의에 대한 회의는 미국이 전두환 신군부의 광주 유혈진압을 묵인 혹은 지지했다는 사실이 알려지면서 더욱 증폭됐다. 광주참사 이전에는 한국인의 절대다수가 미국을 일제로부터의 해방자, 한국전쟁으로부터의 구원자, 북한 위협으로부터의 보호자, 한국 경제성장의 지원자로 믿고 있었다. 그러나 광주학살은 이러한 환상을 깨트려버렸다. 1985년 한 대학생이 작성한 「이제 미국을 양키라 부르자」라는 제목의 전단지는 이러한 인식의 변화를 단적으로 보여준다.

> 우리는 믿어왔다. 미국이 우리의 우방임을, 영원한 친구임을 믿어 의심치 않았다. 그러나 속았다. … 5·18은 증명한다. 말하고 있다. 광주시민들을 죽이라고, 마구 쏘아 죽여버리라고 명령한 것은 양키다. 항공모함을 배치해 놓고 광주시민을 모조리 밟아버리라고 공수부대에 명령한 것은 미국이다. 양키다. … 친구야! 이런 세상이 어찌 답답하지 않을쏘냐. 양키와 허수아비 정권이 판을 치는 이곳에 살아가기가 말이다. 그러나 너와 내가 발을 딛고 서 있는 이 땅 한반도는 우리의 조국이기에 함께 지키며 일구어나가야 되지 않겠느냐!(광주광역시 5·18사료편찬위원회, 1997b: 686~687)

대학사회와 진보지식인 등의 소수집단에서 은밀하게 회자되던 대항담론은 1987년 민주화 이행 이후 기억투쟁이 더욱 치열하게 전개됨에 따라 빠르게 시민사회로 확산됐다. 대항담론은 북한문제(적대의 대상 대 협력의 대상), 한반도에서의 미국의 존재 의미(호혜적 동맹국가 대 자국의 이익만을 추구하는 제국주의 국가), 한반도 통일문제 등을 둘러싼 대안적 견해에 기초한 것으로, 이는 결국 냉전·반공주의에 대한 반대 및 거부의 태도를 반영한 것이었다.

　마지막으로, 광주의 비극은 장기적으로 세대균열을 주조해 냈다. 2000년대 이후 한국 정치의 주요 균열은 영호남 간 지역균열에서 이념과 세대균열을 포함하는 다각적 양태를 보였고, 그 결과 한국 정치는 보다 경쟁적으로 변모해 오늘에 이르고 있다. 5·18 국가폭력은 반공에 기초한 보수와 이에 비판적인 진보의 경쟁에 필수적인 담론과 각성을 촉발했고, 민주화를 중심으로 기성세대에 비판적인 새로운 정치세대의 출현을 추동했다. 결국 5·18은 한국 정치가 다원적이고 경쟁적인 정당체제를 갖추는 기원이 되었다.

　요약하면, 5·18 국가폭력은 민주주의 회복 및 광주참사의 진실규명을 요구하는 기억투쟁을 불러왔다. 더불어 한국인들을 서로 다른 태도와 선호를 지닌 사회집단으로 분화시키는 정치균열을 낳았다. 그로 인해 새로운 정치적 동기와 세계관을 지닌 민주화세력이 등장하고, 민주주의 쟁취를 위한 험난한 여정이 시작되며, 궁극적으로 민주적·경쟁적 정치과정이 출현하는 결과를 가져왔다.

3   5·18 기억투쟁과 민주주의의 안착

광주항쟁이 좌절되고 나서 나흘 후인 1980년 5월 31일, 계엄사는 광주항쟁을 "북괴의 고첩과 이에 협력하는 불순·위해 분자들의 책동"과 "불순한 정치적 목적을 달성하기 위해 학생소요 사태를 배후 조종해 온 김대중"의 선동에 의해 추동된 사태로, "국가안보를 위태롭게 하고 국정의 정상적인 수행을 저해"한 "폭동"이라고 발표했다(≪동아일보≫, 1980.5.31). 신군부의 왜곡과 조작은 즉각적으로 "5·18을 어떻게 기억할 것인가"를 둘러싼 기억정치(politics of memory)를 촉발했다. 5·18 국가폭력과 학살에 대한 침묵을 강요하는 '망각정치'에도 불구하고, 광주의 피해자들과 시민들이 주도한 기억투쟁(memory struggle)은 점차 서울과 전국은 물론 해외로 확산되어 민주화운동과 연계됐다.

1. 기억투쟁과 민주화운동

1) 망각을 위한 전두환 신군부의 공작

전두환 정권에 있어 광주학살은 결코 지울 수 없는 '원죄'였다. 국민의 생명과 안전을 수호해야 할 군이 민간인을 학살했다는 것은 어떤 이유로도 정당화될 수 없는 행위였기에, 광주의 진실이 드러날 경우 정권의 정통성이 위기에 직면할 것은 불 보듯 뻔했다. 따라서 '광주문제를 어떻게 관리·통제할 것인가'의 문제는 전두환 정권에 무엇보다 중요한 정치적 과제였다. 전두환과 신군부의 선택은 광주의 진실을 은폐·왜곡하고 광주시민들에게 침묵과 망각을 강요하는 것이었다. 이를 위해 전두환 신군부는 기만적인 전략과 강압적인 수단들을 집요하게 동원했다.

첫째, 신군부는 지역을 대표하는 정치인이자 민주화 인사인 김대중을 "광주사태"를 배후조종한 내란음모자로 조작했다. 광주학살이 자행된 지 채 두 달이 되지 않은 1980년 7월 4일, 계엄사는 소위 '김대중 내란음모 사건'의 최종 수사결과를 발표했다. 이에 따르면, 김대중은 1979년 박정희의 죽음이 "권력을 장악할 절호의 기회"라고 확신하고, 자신의 사조직을 동원해 "현 정부를 전복·타도"할 목적으로 "학생소요"와 "광주사태"를 모의·선동했다는 것이다. 특히 계엄사는 김대중이 "북괴의 노선에 동조하는 반국가세력을 만들고 불순분자와 접촉"한 "극히 위험하고 음흉한 반민족적·반국가적" 인물이라는 점을 강조했다(≪동아일보≫, 1980.7.4).

1980년 8월 14일 시작된 '김대중 내란음모 사건' 재판은 빠르게 진행됐다. 재판은 매일 열렸으나 변호의 기회는 차단됐고, 피고인의 증인과 증거도 채택되지 않았으며, 고문으로 조작된 수사기록과 정체불명의 "전향간첩"의 증언들만 증거로 채택됐다(정상용 외, 1990: 320~321). 그리고 같은 해 11월 3일, 군사고등법원은 김대중에게 사형을 선고했다.[1] 이로써 전두환과 신군부는 광주항쟁을 "반국가" 세력에 의한 "무장폭동"으로 조작했고, 광주시민들을 "폭도"로 낙인찍었다.

둘째, 신군부는 철저한 언론통제에 나섰다. 민주화를 촉구하거나 광주의 진실을 보도하는 언론인들을 해직시켰고, 신군부에 비판적인 간행물들을 폐간했으며, 신문사·통신사·방송사의 강제통합과 '언론기본법' 제정을 통해 대중매체를 정권의 선전도구로 전락시켰다.[2] 구체적으로 1980년 7월 30일 신군부는 한국신문협회와 한국방송협회에 「언론자율정화와 언론인 자질향상에 관한 결의안」을 발표토록 강제한 후, 보안사 언론대책팀이 작성한 해고 대상 언론인 336명의 명단을 각 언론사에 통보하고 이들을 해고토록 강요했다. 이 숙청으로 1980년 10월 중순까지 933명이 소속 언론사에서 쫓겨났다. 이는 당시 전체 기자의 30%에 해당하는 엄청난 수치였다(고승우, 2021). 아울러 신군부는 '사회불안 조장', '계급의식 조장', '음란·저속함' 등의 이유를 내세워 ≪창작과 비평≫, ≪뿌리 깊은 나무≫, ≪씨올의 소리≫, ≪문학과 지성≫ 등 당시 사회적으로 영향력 있는 간행물들을 강제 폐간했다(≪동아일보≫, 1980.7.31). 또한 신군부는

---

1 김대중의 처형을 중단하라는 국제사회의 압력이 거세지면서 김대중의 형량은 1981년 1월 23일 종신형으로 감형됐고, 그 후 얼마 되지 않아 다시 20년으로 감형됐다.
2 그 대표적인 사례가 이른바 '땡전 뉴스'였다. 당시 방송국들의 저녁 9시 뉴스는 "땡~" 하는 소리와 함께 "전두환 대통령께서는"이라는 멘트로 시작됐는데, 이는 전두환 정부의 성과들을 홍보하기 위한 것이었다. 당시 정부 권력에 의한 방송연출 및 언론통제는 여론조작이 목적이었고, 5·18과 광주항쟁에 대한 진실은 방송과 언론에서 찾아볼 수 없었다.

1980년 11월 신문사, 방송사, 통신사들을 강제로 통·폐합했다. 이 조치로 전국 일간지는 7개에서 6개로, 경제신문은 4개에서 2개로, 지역신문은 14개에서 10개로 줄어들었다. 방송사의 경우, 전국 57개 언론사(신문 28개, 방송 29개) 가운데 14개 신문사와 27개 방송사가 합병됐고, 7개의 통신사가 하나로 통합됐다. 이 과정에서 약 300명의 언론인이 또다시 해고됐다(고승우, 2021). 그뿐만 아니라 신군부는 1980년 12월 31일 '언론기본법'을 제정해 정기간행물 등록 및 폐지 권한을 정부에 부여했고, 방송위원회, 방송심의위원회, 언론중재위원회를 통해 언론을 관리·통제했다.

셋째, 신군부는 5·18 기억투쟁을 비롯한 반정부운동을 선제적으로 봉쇄하기 위해 각종 법률을 신설 혹은 개정했다. 1980년 11월 3일, '정치풍토쇄신을 위한 특별조치법'을 제정해 "정치적·사회적 부패와 혼란에 현저한 책임이 있다고 판정되는 인사" 835명의 정치활동을 금지했다(≪동아일보≫, 1980.11.15). 더불어 1980년 11월 29일 '집회 및 시위에 관한 법률'을 개정해 "사회불안을 초래할 우려가 있는" 집회와 시위를 금지했다. 또한 1980년 12월 26일 '노동조합법', '노동쟁의조정법', '노사협의회법' 등 노동관계법을 개정해 노동조합 활동과 노동운동을 엄격하게 제한했다. 그리고 1980년 12월 30일 '국가보안법'을 전면 개정해 저항운동에 대한 규제와 처벌을 강화했다.

이러한 전두환 신군부의 조치들은 박정희 시해 이후 형성된 정치변화의 기대감을 제압하고 쿠데타세력 중심의 독재체제를 구축하기 위한 조직적인 움직임이었다. 이는 국가폭력과 만행을 겪었던 광주시민들과 당시 민주화 인사들에게 보다 직접적인 위해가 됐고, 점차 이들이 5·18 기억투쟁과 민주화운동을 함께 해나가는 계기가 됐다.

2) 기억투쟁의 발아

극단적인 억압 속에서도 5·18 기억투쟁은 발아했다. 초기 기억투쟁의 주요 행위자는 국가폭력의 직접적인 피해자들(희생자 유족, 구속자 가족, 부상자)과 학생들이었다. 누구보다도 직접 피해자들이 받은 심리적 충격과 신체적 고통은 이루 말할 수 없이 컸다. 국가에 의해 '폭도' 혹은 '폭도의 가족'으로 낙인찍힌 상태에서 그들의 슬픔과 분노를 하소연할 수 있는 곳은 어디에도 없었다. 서로의 고통을 나누고 위로하는 방법 외엔 달리 방도가 없었다. 이러한 배경에서 생겨난 피해자 네트워크가 '유족회', '구속자 가족회', '부상자회'였다. 그리고 이들의 활동은 이내 기억투쟁으로 발전했고, 정부는 이를 억압했다. 따라서 기억투쟁은 반정부적 성격을 띨 수밖에 없었다.

먼저, 유족회는 1980년 5월 31일 결성됐다. 유족회 출범 3일 전인 5월 29일, 광주 시내 상무관에 안치되어 있던 희생자 시신들이 쓰레기차에 실려 망월동 시립공원묘지로 옮겨졌다. 그리고 각 동에서 차출된 인부들이 시신을 하관·매장했고, '폭도'의 아비와 어미로 몰린 유족들은 오열했다. 사흘 후(5월 31일) 삼우제에서 다시 만난 이들은 '유족회'를 결성하고, 매달 세 번째 일요일을 묘지 참배일로 정했다(나간채, 1997: 125).

전두환 정권은 망월동 묘역이 사람들에게 기억과 동원의 장소가 되는 것을 원치 않았다. 이 때문에 유족회는 처음부터 국가의 감시 대상이 됐다. 망월동 묘역에 대한 출입은 엄격히 통제됐고, 대다수 유족회 회원은 사복경찰과 정보원들에게 미행을 당했다. 하지만 극심한 감시와 탄압 속에서도 유족들의 모임은 계속 이어졌다. 이들은 "5·18을 보상하라", "내

자식을 살려내라" 등의 구호를 외치며 집회와 시위, 성명서 발표, 그리고 관련 기관 항의방문 등의 집단행동을 전개했다. 광주항쟁 1주년(1981년 5월)이 되던 날, 유족들은 학생들과 함께 추모투쟁을 벌였다. 정부의 방해에도 불구하고, 유족들과 학생들은 경찰의 저지망을 우회해 망월동 묘역에 모여들었다. 추모행사를 마친 후, 이들은 망월동 묘지에서 도청까지 거리행진을 시도했다. 경찰의 봉쇄로 행진대열은 무너졌으나, 개별적으로 시내에 진입해 거리행진을 계속했다. 이 과정에서 일부 유족회 회원과 학생들은 '국가보안법'과 '집시법' 위반혐의로 체포·구속됐다(나간채, 2012: 83). 1982년 5월과 1983년 5월에도 추모제가 불허된 가운데 유족을 비롯한 시민·학생들이 망월동 묘역에 모여 추모투쟁을 전개했다.

전두환 정권의 '광주 지우기', 즉 망각을 위한 공작은 집요했다. 망월동 묘역이 신군부의 만행과 비극적인 사건에 항의하는 '투쟁의 기지'로 되는 것을 우려해 정부는 1982년 9월에 망월동 묘역 해체계획을 수립했다. 이 계획은 보안사 주도하에 광주의 505보안부대, 경찰, 광주시와 전남도 등이 역할을 분담해 실행되었다. 보안사는 묘지 이장이 민간주도로 실행되고 있는 것처럼 위장하기 위해 1982년 12월 '전남지역개발협의회'라는 관제단체를 만들어, 5·18의 충격과 상흔을 위로하고 지역화합을 도모한다는 명분으로 기업체들을 대상으로 모금운동을 벌였다. 이 기금으로 당국은 망월동 묘지를 이장할 경우 위로금 1,000만 원과 이장비 50만 원을 주겠다고 유족들을 유혹하는 한편, 행정기관을 동원하거나 친정부적인 유족의 친척들을 사주해 유족들에게 묘지 이장을 회유·협박했다(나간채, 2012: 108~109). 이에 유족회는 '망월동 묘지 수호투쟁'으로 대응했고, 회원들은 "묘 이장 중지"와 "광주의거 진상규명"을 요구하는 거리시위에 나섰다. 일부 유족이 당국의 회유와 협박에 못 이겨 이장을 시작하자, 이를 막기 위해 유족회는 묘역에 회원을 배치해 현장을 감시했다. 이 과정에서 결국 26기가 이장됐으나, 묘역해체 공작은 오히려 망월동 묘역에 대해 '민주주의의 성지'라는 이미지를 강화하는 역설적인 결과를 가져왔다.

또 다른 피해자단체인 '구속자 가족회'는 5·18 관련 수감자들에 대한 첫 군사재판이 열리던 날(1980년 9월 20일) 결성됐다. 이 단체의 결성 동기는 구속·수감된 가족의 뒷바라지, 재판 관련 정보교환과 변호사 선임 공조, 그리고 탄원 활동 등이었다(나간채, 1997: 127). 재판이 진행되면서 가족회는 '구속자 석방운동'을 전개했고, 1심 재판(1980년 10월 25일)에서 5명이 사형선고를 받자 '사형수 구명운동'을 전개했다. 절박한 상태에서 이들은 국내외 원로 성직자, 전·현직 대통령, 정당 대표, 주요 국가의 대사들에게 탄원서를 보내는 한편, '기독교 인권위원회'의 도움을 받아 미국, 일본, 캐나다 등지의 기독교단체에 구명운동을 요청했고, 국제사면위원회(Amnesty International)에 광주항쟁의 진실과 구속자들의 실태를 알렸다. 1981년 3월 대법원이 고등군사법원의 판결을 확정하자 회원들은 서울 명동성당에서 구명을 위한 농성을 벌였고, 광주 미문화원(USIS) 사무실을 점거하고 전두환 대통령을 만날 수 있도록 주한 미국대사에게 중재를 요구하기도 했다. 구속자 가족들의 치열한 투쟁은 마침내 1982년 12월 광주항쟁 관련 구속자 전원 석방으로 이어졌다. 이후 구속자 가족회는 다른 반정부·민주화운동으로 구속·수감된 사람들의 가족과 연대했고, 이들의 연대투쟁은 1985년 12월 전국적인 운동단체인 '민주화실천가족운동협의회'의 결성으로 이어졌다(나간채, 2012: 69~75).

'부상자회'는 1982년 8월 1일에 결성됐다. 부상자들은 입원 중 폭도로 분류되어 합동수사본부의 조사를 받아야 했다. 합동수사본부는 부상자들이 입원하고 있는 전남대병원, 광주기독병원, 적십자병원, 조선대병원 등에 수사반을 설치하고 부상자들을 조사한 후 피의자 등급을 여섯 등급으로 분류해 1~2등급은 국군통합병원으로 이송해 수사를 강행했다(5·18민주화운동진상규명조사위원회, 2024f: 47). 수사와 감시에도 불구하고 부상자들은 병원에서 몰래 모임을 가졌고, 이들 중 일부가 퇴원 후에 '부상자회'를 결성했다. 부상자회는 회원들의 복지향상과 친목도모를 위해 장학사업과 진료사업을 벌였고, 5·18 진상규명과 정신계승을 위해 집회, 시위, 항의방문, 점거농성 등을 벌였다(나간채, 1997: 128~129).

한편 학생들의 기억투쟁은, 5·18 피해자 집단과 달리, 처음부터 이념적으로 급진적이고 행동주의적이었다. 이들의 주요 동기는 광주학살에 대한 분노와 자책감이었다. 대학가에서는 1980년 5월 15일의 '서울역 회군'이 결과적으로 광주의 고립과 희생을 초래했고, 이를 지켜보기만 했다는 엄청난 부채감이 확산됐다. 특히 그들은 신군부의 광주학살뿐만 아니라 신군부에 대한 미국의 승인과 지원에도 크게 분개했다. 이들은 전두환 군부정권을 파시스트 정권으로, 미국을 제국주의 국가로 평가했다. 따라서 이들의 기억투쟁은 광주의 진실을 널리 알려 전두환 정권의 본질과 한반도에서의 미국의 제국주의적 의도를 밝히고 대중에게 민주화 투쟁을 촉구하는 데 집중됐다. 이 같은 학생들의 인식은 1980년 9월에 전남대 교내 시위에서 살포된 유인물에 극명하게 드러난다. 유인물에 따르면, 5·18은 단순히 반독재·민주화 투쟁이 아니라 "적과 아의 계급적 모순이 폭발적으로 격화"되어 발생한 "민중봉기"이고, 5·18의 좌절은 "국내 매판 군부"와 "제국주의적 외세"인 미국의 "혁명 예방 조치"에 기인하며, 학생운동은 5·18을 교훈 삼아 "반제·반파쇼 민족해방투쟁"에 나서야 한다는 것이다(광주광역시 5·18사료편찬위원회, 1997b: 235~241).

학생들의 5·18에 대한 이러한 성찰과 기억은 적극적 행동주의로 표출됐다. 1980년 5월 30일, 광주학살에 분개한 서강대 학생 김의기는 서울 기독교회관 옥상에서 국가폭력을 비판하는 전단을 뿌린 뒤 투신해 숨졌다(광주광역시 5·18사료편찬위원회, 1997b: 112). 같은 해 12월 9일, 일부 학생들이 천주교농민회 회원들과 함께 광주학살을 묵인한 미국에 항의해 광주 미문화원을 방화했다. 1981년 5월 27일, 서울대에서 열린 광주항쟁 희생자에 대한 위령제에 참석한 학생들이 경찰과 사복경찰에 의해 끌려가자, 이에 분노한 서울대 학생 김태훈은 "전두환은 물러가라"를 외치며 도서관 6층에서 투신·사망했다(민주화운동기념사업회 한국민주주의연구소, 2010: 196). 1982년 3월 18일, 일단의 학생은 부산 미문화원에 불을 질렀고, 미문화원 인근에서 「미국은 더 이상 한국을 속국으로 만들지 말고 이 땅에서 물러가라」라는 제목의 전단을 살포했다(민주화운동기념사업회 한국민주주의연구소, 2010: 200). 그리고 1982년 10월 12일, 1980년 봄 광주지역 학생시위를 이끌었던 전남대 총학생회장 박관현이 광주교도소에서 5·18 진상규명과 제소자 처우개선을 요구하는 단식투쟁 끝에 사망했다(유경남, 2020: 199). 박관현의 죽음은 광주지역 대학가는 물론이고 전국의 대학가에 큰 충격을 주었고, 전두환 군사정권을 규탄하는 학생들의 격렬한 반정부시위를 불러왔다.

3) 민주화운동과의 연계

광주에서 시작된 기억투쟁은 서서히 전국적 차원의 민주화운동과 연계되기 시작했다. 특히 1983~1984년의 부분적인 자유화 조치는 기억투쟁과 민주화운동의 연계를 본격화하는 계기가 됐다. 1983년 12월, 정부는 대학에 상주하던 경찰병력을 철수하고 제적된 학생들을 복교시키는 등 이른바 '대학캠퍼스 자율조치'(학원자율화조치)를 취했다. 더불어 1983년 2월에 250명, 1984년 2월에 202명, 1984년 11월에 84명의 정치인을 복권 또는 사면했다(중앙선거관리위원회, 2009: 306).

자유화 조치는 전두환 정권의 국정운영 능력에 대한 과신 및 국외적 요인들에서 비롯됐다(Kim, 2000: 81~82). 전두환과 신군부는 자신들의 통치력 덕분에 박정희 사후의 사회적 혼란이 종식되고 정치적 안정이 이루어졌다고 믿었다. 게다가 1980~1983년의 성공적인 경제 회복은 국정운영에 대한 그들의 자신감을 더욱 높였다. 1980년 당시 전두환은 전임 정권의 경제위기 상황을 고스란히 물려받아야 했다. 당시 경제는 성장률이 마이너스 3.9%, 경상수지 적자가 53억 달러였고, 물가상승률은 28%에 달하고 있었다. 전두환은 구조조정과 경제안정화 정책으로 대응했고, 그 결과는 성공적이었다. 경제성장률은 1981년 5.5%, 1982년 7.5%, 1983년 12.2%로 빠르게 회복됐고, 경상수지 적자는 1981년 46억 달러, 1982년 26억 달러, 1983년 16억 달러로 감소했으며, 인플레이션 역시 1981년 21.4%, 1982년 7.1%, 1983년 3.4%로 하락했다(한국은행, 1995). 경제부문에서의 성공은 전두환 대통령에게 자신감을 주었고, 정권은 부분적 자유화가 자신들의 안정을 해치지 않을 것으로 판단했다. 오히려 자유화 조치가 정권의 부정적인 이미지를 희석하고 정당성을 높여 1985년에 치러질 제12대 총선에 도움이 될 것으로 기대했다.

전두환의 자유화 조치에는 국외적 요인도 영향을 미쳤다. 당시 한국은 1986년 아시안게임과 1988년 올림픽의 개최 예정국이었다. 정권은 국제스포츠 행사를 이용해 한국이 정치적으로 안정된 민주국가임을 국제사회에 과시하고자 했다. 이를 위해선 어느 정도의 자유와 정치참여 허용이 필수적이었다. 나아가 전두환은 부분적 자유화가 반정부세력 내부의 갈등과 분열을 일으킬 것으로 판단했다.

그러나 정권의 기대와 달리, 자유화 조치는 기억투쟁의 정치력을 신장시키는 계기로 작용했다. 그간 숨죽인 채 기회를 노리고 있던 반독재·민주화세력이 유화국면을 이용해 빠르게 조직화되었고, 이들 조직은 전두환 신군부의 광주학살 문제를 공개적으로 제기하기 시작했다. 그 결과, 기억투쟁과 민주화운동은 점차 긴밀히 연계되었다.

그 선두에 선 집단이 1983년 9월에 창립된 '민주화운동청년연합'(민청련)이었다. 민청련은 창립선언문에서 광주항쟁의 의미를 다음과 같이 표현했다. "오늘의 이 모임은 지난 20년간에 걸친 반독재 민주화투쟁을 통해 성장·발전해 온 운동역량의 값진 결실이며, 특히 80년 5월 피맺힌 민중항쟁에서 솟아오르는 운동역량의 결단이다"(광주광역시 5·18사료편찬위원회, 1997b: 328). 이러한 5·18과 민주주의에 대한 의미부여를 통해, 민청련은 학생운동 내 신·구세대를 하나로 묶어내고 학생운동과 시민사회 간의 연대 형성을 꾀하며 민주화운동을 선도해 갔다. 민청련은 서울에서 공개적으로 광주의 진실을 알리는 집회와 강의를 개최하는 한편, ≪민주화의 길≫이라는 정기간행물을 발간함으로써 민주화운동의 필요성과 전략을 제시하는 데 앞장섰다(권형택·김성환·임경석, 2019: 152~153). 이러한 민청련의 활동은 1983년 12월 해직교수협의회, 1984년 3월 한국노동자복지협의회, 1984년 4월 민족문화운동협의회 등 부문별 운동단체들의 결성으로 이어졌다.

그리고 얼마 되지 않아 부문별 운동단체들을 통합·조정하는 2개의 연합체적 운동조직이 결성됐다. 그 하나가 청년, 노동자, 농민, 문화, 종교 등 부문운동 조직이 모여 만든 '민중민주운동협의회'(민민협)였다. 민민협은 1984년 6월 결성선언문에서 "민주주의 회복과 인권의 보장", 그리고 "사회정의 실현과 민중의 생존권 확보"를 활동 목표로 설정하고 소수 특권층을 위한 독점경제체제의 타파, 민족자립경제의 실현, 평화적 민족통일 등 급진적인 계급투쟁노선을 채택했다(광주광역시 5·18사료편찬위원회, 1997b: 434~436). 다른 하나는 1984년 10월에 결성된 민주·통일국민회의(국민회의)였다. 국민회의는, 민민협과 달리, 정치적으로 온건하고 자유민주주의를 지지하는 재야 명망가들의 연합조직이었다. 그러나 전자와 후자는 지향점에서 유사했다. 국민회의는 창립선언서에서 전두환 군부정권을 분단상황을 이용한 외세의 '신식민지화'의 산물로 평가하고 한반도 통일 없이 민주주의를 실현하는 것은 불가능하다고 역설했다. 그럼에도 국민회의의 전략은 민민협과 달랐는데, 국민회의는 민중의 정치의식을 일깨워 민주적 역량을 함양하는 것에 방점을 두었다(광주광역시 5·18사료편찬위원회, 1997b: 470~471).

1985년 3월 이들 두 연합체는 민주·통일민중운동연합(민통련)으로 통합됐다. 민통련은 출범선언문에서 광주항쟁을 계기로 촉발·축적된 국민의 저항 의지를 하나로 모아 "한 줌도 안 되는 지배세력이 부와 권력을 독점하는 나라가 아니라, 대다수의 민중이 정치적 자유와 평등을 누리는 나라"를 건설하기 위해 민주화와 민족통일운동에 총력을 기울일 것을 역설했다(광주광역시 5·18사료편찬위원회, 1997b: 589).

무엇보다 유화국면에서 가장 왕성한 활동을 벌인 집단은 학생들이었다. 이들은 '학원자율화'의 전면적 실시를 요구했으며, 유신정권 때 학생시위를 막기 위해 도입한 '학도호국단' 폐지투쟁에 돌입했다. 1984년 봄학기부터는 '학생회 부활운동'을 통해 많은 대학에서 자율적인 학생회가 결성되기 시작했다. 그리고 새로 창설된 학생회를 기반으로 학생운동가들은 전국적인 네트워크를 조직했다. 42개 대학의 학생회 대표들은 1984년 11월 3일에 '전국민주화투쟁학생연합'을, 그리고 1984년 11월 30일에 '전국학생총연맹'을 결성했다. 두 그룹은 유기적인 분업체계를 발전시켰는데, 전자는 실질적인 투쟁을, 그리고 후자는 대학 간 네트워킹을 담당했다(강신철, 1988: 75).

학생운동의 주요 초점은 광주문제와 민주화였다. 광주학살 이후 학생운동가들은 1980년 '서울의 봄'이 실패한 이유를 연구·분석하고 대안적인 운동전략을 고민했다. 그들의 결론은 "민중해방·민족통일 없이 민주주의를 실현하는 것은 불가능하다"는 것이었다. 즉, 한국에서 민주주의를 성취하기 위해서는 군부 권위주의 세력과 미국 간의 유착관계를 형성·유지시켜 온 한반도 분단체제를 극복하고 노동자·농민·도시빈민이 핵심이 되는 민중연합을 구축하는 것이 필수적이라는 것이었다. 이에 따라 학생운동은 이념적으로 더욱 급진적인 양상을 띠며 전개됐다. 예컨대, 1984년 11월 14일 '전국민주화투쟁학생연합' 소속 대학생 264명이 당시 집권당인 민정당 당사를 점거하고 농성을 벌였다. 이날 발표된「무엇이 우리로 하여금 민정당사에 들어가게 만들었는가」라는 제목의 성명서에서 학생들은 민정당을 "외세, 독점재벌, 군부"를 대표하는 "반민주·반민중 독재정당"으로 규정하고 "모든 민주세력의 단결"을 촉구했다(광주광역시 5·18 사료편찬위원회, 1997b: 493).

대학 간 연대에 기반한 학생운동이 양적으로 성장하자 학생활동가들은 반정부·민주화와 민중운동을 주도하기 위한 네트워크를 재정비했다. 그들은 1985년 4월 17일 전국학생총연합(전학련)을 결성했고, 전학련의 전위단체로 1985년 5월 6일 '민족통일·민주쟁취·민중해방 투쟁위원회'(삼민투)를 발족시켰다. 삼민투는 광주항쟁 진실규명과 책임자 처벌 등을 요구하는 집회와 시위를 벌였다. 그 대표적인 사례가 서울 미문화원 점거사건이다. 1985년 5월 23일부터 26일까지 삼민투 회원 73명은 서울 미문화원을 점거해 미국의 광주학살에 대한 공개사과와 전두환 군부정권에 대한 미국의 지원 철회를 요구하는 농성을 벌였다(최연구, 1990: 252).

이 무렵 5·18 피해자단체의 기억투쟁과 대응에도 가시적인 변화가 일어났다. 개별적으로 활동하던 오월단체들이 본격적으로 협력하기 시작한 것이다. 이들의 최초 연합조직은 1984년 8월 설립된 '5·18구속자협의회'로, 이 조직은 구속자들과 희생자 유가족 및 부상자들을 포괄했다(나간채, 1997: 133). 이후 이 단체는 진상규명과 기념사업을 보다 효과적으로 수행하기 위해 2개의 조직으로 분화됐다. 먼저 '5·18구속자협의회'의 젊은 세대를 중심으로 '전남민주청년운동협의회'(전청협)가 1984년 11월에 결성됐다. 전청협은 광주문제에만 국한하지 않고 가톨릭농민협회, 기독교청년협의회(EYC), 가톨릭노동청년회(JOC) 등과의 연대를 통해 민주화운동과 민족통일운동에도 적극적으로 참여했다. 다음으로 '5·18구속자협의회'의 기성세대를 중심으로 1985년 5월에 '광주 5·18 민중혁명 희생자 위령탑 건립 및 기념사업 범국민운동추진위원회'(오추위)가 발족했다. 오추위는 5·18 희생자 추모사업을 위한 국민운동에 매진했다(나간채, 1997: 133~135).

한편 1983~1984년 전두환 정권의 자유화 조치는 제도권 정치사회 내에서 민주화를 추진하고 광주학살의 진실규명을 공개적으로 요구하는 야당의 등장을 불러왔다. 그 첫 번째 신호는 1983년 8월 15일에 발표된 '김대중·김영삼 8·15공동선언'이었다. 이 발표는 이른바 '동교동계'와 '상도동계' 양대 진영의 정치인들을 중심으로 하는 '민주화추진협의회'(민추협) 결성(1984년 5월), 그리고 신한민주당 창당(1985년 1월)으로 이어졌다. 물론 신한민주당이 출범하기 이전에도 야당들(민주한국당과 한국국민당)이 존재했다. 하지만 이들 정당은 군부정권의 후원하에 결성된 이른바 '관제 야당'에 불과했기에 신한민주당의 출범은 신군부가 만들어놓은 '패권정당체제'에 대한 실질적인 도전이었다. 자유화 조치로 복직·사면된 인사들의 다수가 신한민주당에 참여했고, 학생들은 1985년 2월 국회의원 선거에서 신한민주당 선거운동을 적극적으로 도왔다. 선거유세에서 신한민주당은 '광주문제'와 '전두환 정권의 정통성 문제'를 집중적으로 부각시켜 "직선제 개헌을 통한 민주정부의 수립"을 주장했다.

전두환 정권은 국회의원 선거일을 4월에서 2월로 앞당기는 등 야당의 선거운동을 방해했으나,[3] 선거결과는 일반의 예상을 뛰어넘었다. 집권

---

3   전두환 정권은 1985년 1월 18일 국무회의를 열어, 관행상 4월에 치러지던 총선을 2월 12일로 앞당겼다. 이는 신한민주당에 선거에 대비하는 시간적 여유를 주지 않기 위해서였다(심지연, 2009: 346).

당인 민정당이 35.3%를 득표해 전체 276석 중 148석을 차지했으나, 신생 신한민주당이 29.3%를 득표해 제1야당(67석)이 됐다(중앙선거관리위원회, 2009: 406). 게다가 1985년 4월에 민주한국당 소속 의원 30명이 신한민주당으로 당적을 옮기고 다른 소수 정당 의원들도 신한민주당에 입당하면서 신한민주당의 의석은 103석으로 늘어났다. 이로써 제12대 국회는 민정당과 신한민주당의 양당체제를 형성했다(중앙선거관리위원회, 2009: 418).

1985년 5월 국회 개원과 더불어 신한민주당은 '광주사태 진상규명을 위한 특별조사위원회'와 '헌법개정특별위원회'의 구성을 제의했다. 특히 광주문제와 관련해, 신한민주당은 진상규명, 사망자 위령탑 건립, 그리고 피해자에 대한 보상을 강력히 촉구했다(≪동아일보≫, 1985.5.23). 하지만 정부와 민정당의 반응은 냉담했다. 광주문제에 대해, 민정당 대표(노태우)는 "모두가 자성"해야 한다며 특별조사위원회 구성을 거부했고(김철, 1985.5.20), 국무총리(노신영)는 정부가 이미 발표한 광주사태에 대한 수치와 내용에 "거짓이 없으니" 더 이상의 조사는 불필요하다는 입장을 견지했다(≪동아일보≫, 1985.5.23). 또한 개헌문제에 대해, 민정당 대표는 개헌보다는 "평화적 정권교체"가 먼저라며 헌법개정특위 구성을 거부했다(김철, 1985.5.20).

이러한 전두환 정권의 강경한 태도는 재야 민주화세력과 신한민주당의 연대를 촉진시켰다. 민통련은 1985년 11월 '민주헌법쟁취위원회'를 결성했고, 1986년 2월 신한민주당은 민추협과 함께 '대통령직선제 개헌 천만명 서명운동'에 나섰다. 개헌서명운동이 급속히 확산되자 전두환 대통령은 1986년 4월 30일 "국회가 합의한다면 임기 내 개헌에 반대하지 않겠다"는 입장으로 선회했다. 이에 따라 신한민주당과 민정당은 1986년 6월 24일 국회에 '헌법개정특별위원회'를 구성하고 개헌 논의에 돌입했다.

그러나 개헌을 둘러싼 양당의 입장이 상이했던 까닭에 개헌특위는 표류했다. 신한민주당은 대통령직선제 개헌을, 그리고 민정당은 의원내각제 개헌을 고수했다. 이 과정에서 1986년 12월 24일 이민우 신한민주당 총재가 민주화 조치가 선행된다면 의원내각제를 긍정적으로 검토하겠다는 이른바 '이민우 구상'을 발표했다. 이는 신한민주당을 실질적으로 이끌고 있던 김대중, 김영삼과의 사전 협의 없이 발표된 것이었다. 이에 1987년 4월, 양김은 대통령직선제 개헌과 민주화에 대한 야당의 의지가 확고함을 보여주기 위해 새로운 정당(통일민주당)을 창당하기로 합의했다.[4] 하지만 전두환 대통령의 선택은 임기 내 '개헌 불가'였다. 그는 1987년 4월 13일 특별담화(4·13 호헌조치)를 통해 일체의 개헌 논의를 중단시켰다.

4) 민주화운동의 분출과 광주의 기억

전두환의 4·13 호헌조치는 엄청난 국민적 저항을 불러왔다. 호헌조치 다음 날, 민통련은 다음과 같은 반대성명을 발표했다. "이제 우리는 전두환 군부독재의 '호헌' 주장을 보면서 80년 광주항쟁 이후 계속되어 온 민주화투쟁이 새로운 원점에서 전기를 맞게 됐음을 밝히고자 한다. … 진정한 민주화를 쟁취하기 위해서는 모든 국민과 민주세력이 일치단결해

---

4   통일민주당은 1987년 5월 1일에 창당됐다.

단호히 싸워나가야 함을 강력히 주장한다"(6월민주항쟁 10주년사업 범국민 추진위원회, 1997: 172). 민통련의 성명을 시작으로 문화·종교·여성·학생 단체들, 그리고 야당(통일민주당)의 호헌반대 선언이 잇달았고, 지역별로 호헌반대 본부들이 속속 결성됐다. 광주에선 항쟁 7주기 추모제에서 지역의 사회·시민단체들이 '4·13 호헌조치반대 및 민주헌법쟁취 범도민운동본부'를 발족시켰다(≪경향신문≫, 1987. 5. 18). 그리고 1987년 5월 27일 마침내 시민사회의 민주화세력과 정치사회의 일부(통일민주당)가 연대해 '민주헌법쟁취국민운동본부'(국민운동본부)를 결성했다. 국민운동본부의 출범은 민주화세력과 권위주의 세력 간에 힘 대결이 본격적으로 시작됐음을 뜻했다.

2주 뒤인 1987년 6월 10일, 국민운동본부는 '4·13 호헌조치'를 규탄하는 '국민대회'를 개최했는데, 전국적으로 100만 명이 넘는 시민들이 참가했다. 이는 한국 현대사에서 전례가 없는 규모였다. 서울에서만 수십만 군중이 '국민대회'에 호응했고, 부산, 마산, 대구, 울산, 광주, 전주, 대전, 인천 등 전국 22개 도시에서 시민들은 "호헌철폐! 독재타도!"를 외쳤다. 특히 광주, 순천, 전주, 군산 등 호남지역 도시에선 "호헌철폐"와 더불어 "5월학살 원흉 전두환을 처단하라!", "독재정권 지원하는 미국은 물러가라!" 등의 구호가 터져 나왔다(편집부, 1997: 114~123).

경찰력을 동원한 시위진압이 한계에 이르자 전두환 대통령은 군대의 동원을 검토하기 시작했다. 6월 14일 오전, 대통령은 군·치안책임자 회의를 열어 군 지휘관들에게 시위진압을 위한 병력출동을 준비시켰고, 국방부 법무관실은 계엄포고령 문안을 준비했다. 6월 18일 밤, 국방부와 육해공군 본부에 군 출동명령에 대비하라는 지시가 하달됐다. 6월 19일 오전

10시, 대통령은 안기부장, 국방장관, 육해공군 참모총장, 수방사령관, 보안사령관 등 고위안보관계자들을 청와대로 불러 '비상조치' 발동을 전제로 군 병력 배치계획을 결정·시달했다(김성익, 1992a: 368~377). 그리고 이날 육군참모총장(박희도)은 소요진압작전을 위한 명령서 '제87-4호'를 군지휘관들에게 직접 전달했다.[5] 이는 6월 18일의 예비 동원명령이 정식 동원명령으로 전환됐음을 의미했고, 명령이 취소되지 않는 한 1980년 광주항쟁처럼 군인들은 서울과 주요 대도시에 진입할 태세였다.

그러나 6월 19일 오후 4시 30분경, 군을 동원한 시위진압계획이 돌연 보류됐다. 군대 동원이 갑자기 중단된 것은 미국의 반대와 한국군 내부의 반발 때문이었다. 여기서 주목해야 할 대목은 미국의 반대와 한국군 지휘관들의 반발 이면에는 1980년 광주의 기억이 깊숙이 자리하고 있었다는 점이다(김용철, 2001: 234~235; 서중석, 2011: 556~558; 강원택, 2024).

민주화의 열기가 한참 고조되던 6월 16일, 미국 국무성은 "한국사태의 대화를 통한 해결"을 희망한다고 발표했다. 그리고 6월 19일 오후 2시, 제임스 릴리(James Lilley) 주한 미국대사는 전두환 대통령에게 레이건 대통령의 친서를 전달하고 군의 개입은 "한미동맹 관계를 위협하게 될 것"이며 "1980년 광주참사의 재발을 초래하게 될 것"이라고 경고했다(Lilley, 2004: 278). 이러한 미국의 태도는 1980년 광주항쟁 때의 그것과 대조적이었다. 미국은 광주항쟁 이후 한국인들의 대미의식의 변화, 특히 반미주

---

[5] MBC ⟨PD수첩⟩이 2018년 8월 14일과 21일에 방영한 "군부쿠데타1"(https://playvod.imbc.com/Templete/VodView?bid=1000836100755100000)과 "군부쿠데타2"(https://playvod.imbc.com/Templete/VodView?bid=1000836100756100000)(검색일: 2024. 10. 29).

의의 출현에 주목했다(기미야 타다시, 1997: 14~17). 미국은 광주참사가 촉발하고 기억투쟁이 확산시킨 한국사회 내의 반미 흐름을 의식했다.[6] 이미 국민적 반대에 직면한 전두환 정권을 미국이 또다시 지지할 경우 한국사회는 군대와 시민 간의 충돌과 유혈사태로 혼돈에 빠질 것이고 한국 내 반미감정은 고조될 것이 뻔했기 때문이다. 미국은 이를 원치 않았다.

　　한국군 내부의 반발은 두 가지 방식으로 군 병력 동원 계획을 보류하는 데 영향을 주었다. 먼저 당시 상당수의 영관급 장교들과 젊은 장성들은 군대를 동원한 시위진압을 선호하지 않았다(김재홍, 1993: 556). 광주학살은 국민의 생명과 국가의 안보를 지키기 위해 군이 존재한다는 군 정체성에 혼란을 촉발했고, 광주의 기억은 당시 군 지휘관들에게 병력 동원이 가져올 정치적 후과를 심각하게 고려하도록 만들었다. 즉, 학생과 시민들이 전국 곳곳에서 시위에 나서는 상황에서, 군 장교들은 군 출동이 제2의 광주참사로 이어질 수 있으며, 이로 인해 자신들마저 돌이킬 수 없는 사태에 빠질 수 있음을 잘 알고 있었다. 다른 한편, 군 지휘관들이 군 병력 동원에 보인 부정적인 태도는 전두환 대통령으로 하여금 동원될 군이 그의 명령에 따르지 않고 하극상을 일으킬 가능성, 즉 군의 '역쿠데타' 가능성을 염려하게 만들었다.[7] 결국 전두환은 군 동원령을 유보했다.

6　이와 관련해 스티븐 솔라즈(Stephen J. Solarz) 하원의원이 미국 의회에서 1987년 4·13 호헌조치에 대해 한 발언은 매우 시사적이다. 그는 "지난 몇 년 동안 한국에서 발생한 가장 우려할 만한 사태 발전은 때때로 악의 가득 찬 반미감정의 등장이다. 많은 한국인들은 1980년에 일어난 사태를 두고 미국을 비난하고 있다. 만약 한국인들이 최근 전 대통령의 개헌논의 중단 결정에 대해 미국이 묵인했다고 결론을 내릴 경우, 그들은 자신들이 처한 현재의 정치적 곤경에 대해 또다시 책임을 물을지도 모른다. … 미국이 한국의 민주화와 인권을 지지한다는 입장을 명확히 천명하는 것은 매우 유익한 도움이 될 것"이라고 말했다(기미야 타다시, 1997: 16).

전국의 주요 도시에서 시위가 계속되는 가운데 6월 24일 오전, 전두환 대통령과 김영삼 통일민주당 총재가 개헌을 둘러싼 협상에 돌입했다. 그러나 회담은 아무런 합의도 도출하지 못한 채 결렬됐다. 그러자 6월 24일 오후, 개스턴 시거(Gaston Sigur) 아태지역 담당 미국 국무차관보는 청와대를 방문, 대통령에게 군 병력을 동원하지 말 것을 재차 촉구했다(Oberdorfer and Carlin, 2014: 134). 미국의 거듭된 압력과 이에 대한 보도는 거리시위에 대한 일반 시민들의 두려움을 크게 해소시켰다. 6월 26일, 국민운동본부가 개최한 '국민평화대행진'은 전국 34개 도시와 4개 군에서 동시다발적으로 진행되어 민주화운동은 절정에 달하고 있었다.

대내외의 강력한 민주화 압력에 직면한 전두환은 차선책을 고려하지 않을 수 없었다. 그 차선책은 노태우 민정당 대표에 의해 6월 29일 발표된 이른바 '6·29선언'이었다. 6·29선언의 내용은 대통령 직선제 개헌, 김대중 사면·복권 및 시국사범 석방, 국민기본권 신장, 언론자유 창달, 지방자치제 실시, 정당의 자유로운 활동 보장 등 절차적 민주주의를 수용한다는 것이었다. 6월 30일 국민운동본부는 「국민에게 드리는 글」을 통해 '6·29선언'에 대한 환영성명을 발표했고(6월민주항쟁 10주년사업 범국민추진위원회, 1997: 332), 야당과 시민들 또한 환호했다. 미국 하원 역시 '6·29선언'을 지지하는 한국결의안을 채택했다. 이로써 6월항쟁은 비교적 짧은 기간에 큰 유혈사태 없이 민주화 이행의 물꼬를 텄다.

---

7   1978년 6월 27일 직선제 개헌을 수용하는 시점에서 전두환 대통령은 "힘으로는 간단하다. 군대가 나오면 항상 쿠데타 위험이 있"다고 토로했다(김성익, 1992a: 386).

2. 민주화 이후 기억투쟁의 전개

1) 민주화 이후 망각정치와 기억투쟁

민주화 개방으로 시민사회는 빠르게 성장했다. 사회변혁을 추구하는 '민중운동' 세력은 민주화 이후의 자유로워진 정치공간에서 생존권 보장 및 실질적 민주화를 요구하기 시작했다. 노동자들은 1987년 7~9월의 3개월 동안 '노동자대투쟁'을 통해 노조결성의 자유와 생존권 보장, 그리고 노동현장의 민주화를 요구했다. 학생들은 1987년 8월 '전국대학생대표자협의회'(전대협)를 결성했고, 교사들은 1987년 9월 '전국교사협의회'(전교협)를 결성했다.

하지만 '6·29선언'을 계기로 정치의 무게중심은 거리에서 국회로 이동하고 있었다. 최우선적 의제는 헌법 개정이었다. 6월항쟁의 주역이었던 재야세력이 배제된 채 개헌안은 여야(민정당과 통일민주당) 대표 각 4인으로 구성된 '8인 정치회담'(1987년 7월 31일~9월 16일)을 통해 작성됐고, 개정헌법은 마침내 국민투표를 거쳐 1987년 10월 29일 공포됐다.

개정헌법은 5년 단임의 대통령 직선제를 채택하고 민주적 절차성을 강화한 것으로, 대통령의 권한을 축소하고 입법부와 사법부의 권한을 증대시켜 3부 간의 견제와 균형을 추구했다. 이를 위해 대통령의 비상조치권 및 국회해산권을 폐지했고, 국회의 국정감사권을 부활해 행정부 견제기능을 강화했으며, 법관의 임명절차를 개선하고 헌법재판소를 신설했다. 그러나 민주주의 체제로의 전환에도 불구하고 반공·반북에 기반한 정치질서는 여전히 공고했다. 협애한 이념적 공간으로 인해 '민족·민주·

'민중'의 반제국주의 혹은 계급 노선에 입각한 재야 운동세력의 제도정치권 진입 및 경쟁은 사실상 허용되지 않았다. 달리 표현하면, "경쟁행위자의 수적·질적 확대"를 통해 사회적 변화와 갈등을 체제 내로 수용하기 위한 경쟁공간은 확장되지 않은 채 민주화 이행이 진행됐다(최장집, 2002: 136~137).

헌법 개정 협상이 진행되는 동안 새 대통령을 선출하는 선거경쟁이 시작됐다. 일반 여론은 민주진영의 후보가 당선되어 '민주정부'가 수립될 것이라는 낙관적인 기대가 지배적이었다. 하지만 1987년 12월 16일에 치러진 선거결과는 일반의 예상과 달랐다. 득표율 36.6%를 기록한 민정당의 노태우 후보가 통일민주당의 김영삼 후보(28.0%)와 평화민주당의 김대중 후보(27.1%)를 누르고 대통령에 당선됐다. 이에 따라 '신군부 2기 정권'이 출범했다.

민주진영의 패배는 야당 세력의 두 축인 김영삼과 김대중의 분열에서 비롯됐다. 야권의 후보 단일화 실패는 지역주의를 전면적으로 불러내는 단초가 됐다. 재야세력은 두 정치인의 분열이 '민주정부' 수립의 호기를 무산시킬 수 있다는 위기감 속에서 후보 단일화를 촉구했으나, 결국 김영삼(통일민주당)과 김대중(평화민주당)은 각각 독자 출마를 결정했다.[8]

양김의 대선 출마는 지역주의적 선거구도를 촉발했다. 호남 유권자들은 김대중 후보를, 대구·경북 유권자들은 노태우 후보를, 부산·경남 유권자들은 김영삼 후보를 중심으로 결집하기 시작했다. 이러한 현상은 영·

---

8 이 과정에서 재야세력은 김대중 후보를 지지하는 '비판적 지지그룹', 이에 반발해 김영삼 후보를 지지하는 '후보단일화그룹', 그리고 민족민주운동 진영의 독자적 후보를 지지하는 '독자후보그룹'으로 분열했다.

호남에 그치지 않았다. 충청 유권자들도 김종필 후보를 중심으로 결집했다. 전두환 대통령과 노태우 후보는 양김의 분열을 조장하는 지역주의 선거구도의 출현을 내심 바랐고 또한 반겼다.9 심지어 대중매체를 동원해 양김의 영호남 유세 과정에서 발생한 충돌 장면을 거듭 보도함으로써 양김의 대결을 부추기기까지 했다(정해구, 2011: 174). 특히 전두환과 민정당은 호남의 결집을 단순히 지연(地緣)에 바탕한 선거동원의 결과물로 파악하는 것 같았다.

그러나 전두환과 민정당은 물론이고 학자들도 호남의 결집이 5·18 국가폭력이라는 비극적인 경험에서 시작된 집단적 성찰과 각성에 기반한 것임을 제대로 이해하지 못했다. 아래의 인용문들은 한국현대사사료연구소가 1990년 출간한 『광주오월민중항쟁사료전집』에서 1988~1989년에 광주·전남사람들을 대상으로 채록한 인터뷰 내용의 일부를 발췌한 것으로, 5·18 국가폭력이 호남사람들의 정치의식을 어떻게 변화시켰는지를 잘 보여준다.

> "5·18 광주민중항쟁을 … 계기로 더 이상 군사독재 … 세력이 뿌리내릴 수 없도록 … 힘을 모아 일치단결해야 한다. … 민주화가 되고 모두 잘 사는 나라가 될 때까지 … 열심히 투쟁해야 한다."(473; 5·18 당시 16세 남성, 고등학생)

---

9   6월항쟁이 진행되던 시기에 전두환은 대통령 직선제를 실시하더라도 "양 김씨의 (후보) 단일화가 어려울 것"이므로 노태우의 선거 승리가 가능하다고 판단하고 있었다(김성익, 1992b: 440, 451).

"5·18 당시에 나는 정치에 대해서는 전혀 몰랐다. … 5·18 이후 억울하고 분한 생각에 온갖 시위나 집회에 참여해 왔고 … 내가 바라는 것은 … 민주화된 세상, 민족통일이 이루어진 세상을 (자식들에게) 물려"주는 것이다. (446~447; 5·18 당시 24세 여성, 요리사)

"5·18을 겪은 후 많은 의식의 변화가 생겼다. 그 이전에는 너무나 정치에 무관심했고 또 그만큼 몰랐으나 이제는 … 우리나라가 살 길은 미국과 군부독재의 사슬에서 벗어나는 길이라고 생각한다."(493~494; 5·18 당시 23세 남성, 다방 주방장)

"지금 생각해 보면 5·18 광주민중항쟁은 이쪽 사람들의 민주적 열망이 남달리 강해 … 많은 희생을 치렀다. … 앞으로 … 세계적으로 모범이 되는 민주주의 국가를 이룩하는 것이 보답이라고 생각한다."(1127; 5·18 당시 32세 남성, 안경점 운영)

"… 우리 가족 모두 불행을 겪도록 한 전두환, 노태우는 도저히 용서할 수 없다. 지역감정도 저희들이 만들어놓은 술책이면서 감히 지역감정 운운하는 못된 놈들이다. … 5·18 한이 안 풀린다."(797; 5·18 당시 40대 여성, 채소장사)

"이제까지의 나의 생활은 숨어서 욕하면서도 세상 무서워 … 쉬쉬하며 살아왔다. 부끄러운 생활뿐이었다. … 나이 들고 힘없는 나지만 나도 민주화를 위해 조금이라도 보탬이 된다면 열심히 투쟁하겠다."(1231;

5·18 당시 55세 여성, 식당 경영)

"1980년 5월 … 공수부대를 광주로 보내 그토록 잔인한 살상을 하게 했던 살인마 전두환은 꼭 죽여야 한다. … 무고한 시민을 수백 명이나 죽인 살인마를 절대 용서할 수 없다. 그들은 천벌을 받게 해야 마땅하다."(775; 5·18 당시 62세 남성, 목수)

극단적인 국가폭력으로 엄청난 공포와 전율을 경험했던 광주와 호남 사람들에게 반독재·민주화는 무엇보다 소중하고 절실했다. 이들의 민주화에 대한 열망과 기대는 1970년대 반유신운동에 앞장섰던 호남 출신 정치인이자 5·18의 피해자였던 김대중에게 투사되고 있었다. 이러한 현상은 호남 지역민에게만 한정되지 않았고, 서울을 비롯한 수도권 지역으로 이주한 전라도 사람들에게도 마찬가지였다.

호남의 결집이 국가폭력이 만들어낸 반독재·민주화라는 정치적 각성에 기반한 것이라면, 영남이나 충청의 결집은 정치적 이해나 기득권의 지속이라는 타산적 판단에 기초하거나 출신 지역의 후보를 지지하는 향리적 정서에 기반하고 있었다는 점에서 동원적 성격이 강했다(김진하, 2010; 이갑윤, 2011). 그렇기에 비호남지역(대구·경북, 부산·경남, 충청)의 결집도는 호남의 결집도와 상당한 차이를 보였다(최영진, 1999: 185~187). 구체적으로 호남 유권자의 절대다수(88.4%)가 김대중에게 표를 몰아주었으나, 김종필은 자신의 연고지인 충청에서 34.6%의 지지율을 얻는 데 그쳤다. 그리고 노태우와 김영삼은 각각 자신의 연고지인 대구·경북과 부산·경남에서 68.1%와 53.7%의 지지율을 얻었다. 즉, 박정희와 전두환 통치하에 정치적·경제적으로 수혜를 누린 영남지역은 호남에 비해서는 상대적으로 낮고 충청에 비해서는 상대적으로 높은 결집도를 보였다(중앙선거관리위원회, 1988: 94~95).

신군부의 2인자였던 노태우의 집권(1988년 2월 25일)으로 기억투쟁은 여전히 탄압의 대상이 될 수밖에 없었다. 하지만 민주화로 인해 국가의 사회통제가 완화되고 시민사회가 활성화됨에 따라 노태우 정권은 예전처럼 기억투쟁을 공공연하게 억압할 수 없었다. 노태우의 선택은 새로운 버전의 '망각정치'였다. 그것은 "광주시민들이 민주화를 위해 봉기할 수 있듯이 계엄 당국도 질서유지를 위해 진압에 나설 수 있다"는 양시론과 "계엄군의 과잉진압도 문제이지만 무기를 들고 저항한 광주시민들도 문제"라는 양비론에 기반했다(김용철·최은정·박의경, 2022: 322). 즉, 가해자와 피해자 모두 나름의 정당성과 문제점을 지니고 있기 때문에 '국민화합'을 위해 광주문제를 더 이상 거론하지 말자는 것이었다.

이 같은 망각담론을 정당화하기 위해 노태우 당선자는 1988년 1월 민간차원의 자문기구인 '민주화합추진위원회'(민화위)를 구성했다. 그해 2월 민화위는 5·18을 "계엄군의 과잉진압과 조직적 악성 유언비어가 사태를 악화시켜" 계엄군과 광주시민 간의 "무장대치 상태"에 이른 사건이지만 "그 동기"로 볼 때 "광주 학생·시민의 민주화를 위한 노력의 일환"이라고 규정했다. 더불어 민화위는 "사망자의 유가족과 부상자"에 대한 충분한 보상이 이루어지는 것이 마땅하나, 진상규명 및 책임자 처벌 등 광주문제에 대해 더 이상 거론하는 것은 '국민화합'에 도움이 되지 않는다고 발표했다(≪경향신문≫, 1988.2.23). 민화위는 이 같은 내용을 2월 23일 대통령 당선자에게 건의했고, 대통령 취임(1988년 2월 25일) 후 노태우는 민화위의 건의를 「광주사태 치유를 위한 정부발표문」이라는 담화문 형태로 발표했다(남찬순, 1988. 4. 1).

광주시민들의 반응은 매우 부정적이었다. 천주교 광주대교구 정의평화위원회가 1988년 3월 26일부터 4월 5일까지 광주시민을 대상으로 실시한 설문조사에 따르면, "현 정권 아래에서 5·18의 해결이 가능하다고 생각하느냐"라는 질문에 64.6%가 불가능하다고 응답했다. 또한 "5·18의 가장 근본적인 해결방법은 무엇이라고 생각하느냐"라는 질문에 응답자의 43.4%가 '현 정권의 퇴진과 민주정부의 수립'을, 16.9%가 '정부의 사과와 관련자 문책'을, 16.9%가 '정확한 진상규명 및 묘지의 성역화'를, 10.7%가 '5·18 관련자의 전원 석방과 사면·복권'을 꼽은 반면, 오직 4.8%만이 정부가 제시한 '희생자에 대한 보상'이라고 응답했다(이태호, 1988. 5. 20).

노태우 정권의 망각담론은 이내 정치사회의 쟁점이 됐다. 대선에서 패배한 야당들(평화민주당, 통일민주당, 신민주공화당)은 1988년 4월의 총선을 앞두고 정치적 영향력을 회복하기 위해 새 정부가 전두환 정권에 그 뿌리를 두고 있음을 강조하기 시작했다. 그리고 노태우 정부에 전두환 정권과의 관계 청산과 5·18 진상규명을 촉구했다. 이른바 '5공문제'와 '광주문제'가 쟁점으로 부각되는 가운데 4월 26일 제13대 총선이 치러졌다.

선거결과는 집권당(민정당)의 참패였다. 민정당은 34.0%의 득표율로 전체 299석 중 125석을 획득했고, 야당들은 과반이 넘는 164석(평화민주당 70석, 통일민주당 59석, 신민주공화당 35석)을 확보했다. 이른바 '여소야대' 국회가 출현한 것이다. 이 같은 선거결과에 가장 큰 영향을 미친 것은 지역균열이었다. 지역적 연고를 갖지 못한 정당들(신한민주당, 한국국민당, 사회민주당, 민중의당 등)은 참패한 반면, 지역에 기반한 정당들은 자신의 연고지에서 가장 많은 당선자를 배출했다. 구체적으로 민정당은 대구·경북에서 29석 중 25석을, 평화민주당은 호남에서 37석 중 36석을, 통일민주당은 부산·경남에서 37석 중 23석을, 그리고 신민주공화당은 충청에서 27석 중 15석을 얻었다(중앙선거관리위원회, 1988: 119).

1987년 대선에 이어, 1988년 제13대 총선에서도 호남 유권자들의 결집은 타 지역에 비해 현저히 높았다. 호남사람들의 결집은 단순히 '내집단 편애-외집단 폄하'라는 심리적 동기를 넘어선 것으로, 1980년 5월의 권위주의적 국가폭력과 뒤이은 왜곡과 낙인의 경험에서 비롯한 반독재·민주화라는 정치적 각성의 산물이었다. 이 점에서 호남의 지역주의는, 타 지역의 지역주의와 달리, 권위주의 지배질서에 반대하는 '저항적' 성격을 강하게 띠고 있었다.

2) 광주청문회와 진실의 확산

여소야대 정국은 국가와 정치사회 간 정치적 긴장을 증폭시켰다. 야당들의 정책공조는 노태우 정권의 취약점으로 여겨지는 '5공문제'와 '광주문제'에 대한 국회 차원의 특별조사로 이어졌다. 1988년 6월 27일, 야당들의 주도로 국회에 '제5공화국에서의 권력형 비리조사 특별위원회'(5공비리특위)와 '5·18광주민주화운동 진상조사특별위원회'(광주특위)가 설치됐다.

국회청문회를 앞두고 노태우 정권은 보안사령부, 국방부, 합동참모부, 육군본부, 한국국방연구원(KIDA)이 참여하는 이른바 '5·11연구위원회'로 불리는 '국회대책 특별위원회'를 비밀리에 조직(1988년 5월 11일)해,

계엄군의 광주학살을 시민들의 '무장난동'으로 인한 '불가피한 자위권 행사'라는 관점에서 군 내부자료들을 재정비했다. 구체적으로 '5·11연구위원회'는 5·18 관련 군 자료를 광범위하게 취합해 계엄군의 정당한 자위권 행사라는 관점에서 자료들을 삭제·조작했고, 왜곡된 논리와 조작된 자료에 기초해 작성한 보고서를 국방부장관에게 보고했다. 그리고 광주청문회(5·18광주민주화운동 진상규명을 위한 국회청문회)에 참석할 가해자 측 증인들은 이 보고서를 바탕으로 청문회에 대비해 예행연습을 했다(오승용, 2012: 35~36; 한은영, 2020: 102~103).

노태우 정권의 '망각담론'에 대항해 야당들은 오월단체들과 함께 "철저한 진상조사와 책임자 처벌이 선행되지 않는 한" 광주문제의 치유는 "기만적"인 것임을 분명히 했다(장윤환, 1988. 5. 17). 광주항쟁 8주년 기념식(1988년 5월 18일)에서 유족회 회장은 광주문제의 치유는 "광주학살 진상규명, 광주시민 명예회복, 완전한 피해보상"에 있다고 역설했다. 같은 날 서울에서는 대학별로 '광주학살 진상규명 및 학살원흉 처단 궐기대회'가 개최됐고, 약 5,000명의 시민·학생이 명동에 모여 "진상규명 국정조사권 발동" 및 "원흉처단"을 요구하는 거리시위를 벌였다(≪한겨레≫, 1988. 5. 19). 이날 대전, 부산, 대구, 춘천, 청주, 제주 등지에서도 추모제와 시위가 잇달았다.

국회 광주청문회는 1988년 11월 18일에 시작되어 이듬해 2월 24일까지 다섯 차례에 걸쳐 13일 동안 진행됐고, 총 69명의 증인이 출석해 그날을 증언했다.[10] 대학생들의 '광주학살·5공비리 원흉처단투쟁'이 전개되

---

10 광주청문회는 총 다섯 차례 개최됐는데, 1차 청문회는 1988년 11월 18~19일, 2차 청문

는 가운데, 1차 청문회(11월 18~19일)와 2차 청문회(11월 30일, 12월 6~7일)가 TV로 실시간 중계됐다. 시청률은 40%를 상회했다. 청문회에선 가해자와 피해자 간의 날 선 공방이 전개됐다. 피해자 측 증인들은 자신이 체험했던 그날의 만행을 폭로했고, 가해자 측 증인들은 미리 정해진 대본에 따라 진실을 왜곡·은폐하거나 변명·함구로 일관했다. 여야 간의 공방도 이어졌다. 여당은 당시 사회 혼란상을 집중적으로 부각시켜 5·17 계엄 확대의 불가피성과 군 자위권 발동의 정당성을 합리화했고, 야당은 광주학살을 12·12 군사반란 이래 정교하게 짜인 신군부의 집권 시나리오에 따라 자행된 국가폭력이라고 주장했다.

더불어 광주특위는 12·12 군사반란에서 광주항쟁에 이르는 과정에서의 미국의 개입 여부를 밝히기 위해 위컴 전 한미연합사령관과 글라이스틴 전 주한 미국대사에게 서면질의서를 보냈다. 1989년 6월 20일 미국 정부는 답변서를 보내, 미국은 12·12나 전두환의 중앙정보부장 취임, 그리고 공수부대의 광주파견 등 핵심적인 사항에 대해 사전에 전혀 몰랐으며, 알게 된 이후에는 이들 사건에 대해 우려하고 한국 정부에 항의했다고 답했다(《한겨레》, 1989.6.21). 요컨대 답변서에서 미국은 광주문제에 대해 어떠한 책임도 없음을 적극적으로 개진했다.

TV를 통해 청문회를 시청한 일반 시민들의 반응은 충격 그 자체였다. 풍문으로만 나돌던 계엄군의 만행이 증언과 사진을 통해 적나라하게 공개되자 그간 광주의 실상을 알지 못했던 타 지역 시민들은 5·18이 불순

회는 1988년 11월 30일과 12월 6~7일, 3차 청문회는 1988년 12월 19~21일, 4차 청문회는 1989년 1월 26~27일, 5차 청문회는 1989년 2월 22~24일에 진행됐다.

분자들의 선동에 추동된 '무장폭동'이 아니라 신군부의 쿠데타에 저항한 민주항쟁이었음을 깨닫기 시작했다.[11] 위증한 가해자 측 증인들을 처벌해야 한다는 목소리가 들끓었고, 분노한 시민·학생들은 "전두환 구속! 노태우 퇴진!"을 외치며 시위를 벌였다(≪한겨레≫, 1988. 11. 20; ≪한겨레≫, 1988. 11. 24a).

이 무렵 광주학살의 실질적 책임자인 두 전·현직 대통령의 성명이 발표됐다. 1988년 11월 23일, 전두환은 성명을 통해 광주참사에 대해 "사태의 진상과 성격은 국회청문회를 통해서 밝혀질 것"이라고 발표한 후 강원도 백담사로 은둔했다(≪한겨레≫, 1988. 11. 24b). 그리고 사흘 후인 11월 26일, 노태우 대통령은 '시국과 관련한 특별담화'를 통해 "전임 대통령의 정치행위에 대해 사법적 조치를 통해 처벌하자는 것은 정치보복"이며 "정치보복은 국가 장래와 민주발전에도 결코 도움이 되지 않을 것"이라고 강조하면서(≪동아일보≫, 1988. 11. 26), 국회특위 활동의 연내 종결을 촉구했다. 하지만 시민들의 비난 여론이 끊이지 않자 노태우 대통령은 야당 대표들과 회동(1989년 12월 15일)을 갖고 전두환의 증언을 듣는 것으로 광주특위 활동을 사실상 마무리하는 데 합의했다.

하지만 1989년 12월 31일 오후 4시경에 개최된 광주청문회에서 전두환은 진실 왜곡과 책임 회피로 일관했다. 이에 대한 야당 의원들의 항의와 여당(민정당) 의원들의 두둔이 엇갈리면서 청문회는 수차례 정회됐다.

---

11 1990년 4월에 전국 8대 도시(서울, 부산, 대구, 인천, 광주, 대전, 전주, 춘천) 주민들을 대상으로 실시한 여론조사에 따르면, 5·18의 실상을 알게 된 경로와 관련한 질문에 대해 응답자의 34. 1%가 "국회청문회", 30. 2%가 "청문회를 제외한 신문·방송의 보도", 22. 5%가 "아는 사람의 입을 통해", 7. 9%가 "외국서 제작한 비디오테이프", 3. 6%가 "직접참여", 그리고 1. 7%가 "기타"라고 답했다(≪무등일보≫, 1990. 5. 1).

밤 7시 50분에 속개된 청문회에서도 전두환의 부실한 답변으로 5분 만에 청문회가 정회되어 더 이상 재개되지 못했고, 자정이 되어 자동 종결됐다(≪조선일보≫, 1990.1.1). 이후 광주청문회는 가해자 측 증인들의 불참 및 여당의 방해로 5차 청문회(1990년 2월 22~24일)를 끝으로 표류하다가, 13대 국회 임기 만료로 자동 폐기됐다.

3) 기억투쟁과 추모의 확산

비록 진상규명에는 실패했지만 광주청문회는 '5월 광주'의 진실을 확산시켰다. 시민사회의 기억투쟁은 더욱 치열해졌고, 투쟁의 규모 및 동조자 역시 광범위해졌다. 기억투쟁의 핵심 지지집단은 초기 광주의 희생자 유족과 피해자, 학생활동가들에서 재야의 '민중운동' 단체들과 진보성향의 인사들, 전국의 학생집단으로 확대됐다. 이들은 각종 시위와 집회, 망월동묘역 순례운동, 그리고 문화·예술 활동을 통해 5·18의 역사적 의미를 공유하고 전파했다.

먼저, 재야의 민중운동세력은 1989년 1월 21일 "전두환의 상속자요 공범자인 노태우 군사정권"에 대항하는 민주화운동 진영의 전국적 연합체인 '전국민족민주운동연합'(전민련)을 결성했다. 전민련의 출범은 1987년 대선과 1988년 총선을 거치면서 심각한 분열상을 보였던 재야 민주화운동을 재정비해 사회변혁운동을 본격화한다는 것을 의미했다. 전민련은 결성선언문에서 광주항쟁을 "우리 모두에게 외세의 지배를 벗어나려는 민족해방운동 없이 참다운 민주화와 통일은 결코 이루어질 수 없다"는 점을 일깨워 준 역사적 사건으로 평가했다(동아일보사, 1990: 52~53). 이어 전민련은 2월 18~27일을 '광주학살, 5공비리, 민중생존권 탄압책임자 노태우·부시 규탄 국민투쟁기간'으로 정하고 서울을 비롯한 전국 18개 도시에서 항의집회를 개최했다(≪한겨레≫, 1989. 2. 19; ≪한겨레≫, 1989. 2. 25). 또한 전민련은 기자회견(3월 25일)을 열고 야당들에게 광주항쟁과 5공비리에 대해 보다 적극적인 자세로 임할 것을 촉구했다(≪한겨레≫, 1989. 3. 25).

이 시기 대학생들은 대대적인 '망월동묘역 순례운동'을 전개했다. 1988년 5월 14일, 광주항쟁 8주년 추념집회를 앞두고 약 400명으로 구성된 한국외대 학생들의 '광주성지 순례단'이 망월동 묘지를 방문한 것을 시작으로, 5월 22일까지 순례단은 약 8만 명(학생 5만 5,000명과 일반 시민 2만 5,000명)에 달했다. 순례단이 타고 온 버스의 유리창엔 "가자 광주로", "광주학살 진상규명" 등 각종 구호가 적힌 종이들이 붙어 있었다. 이들은 망월동 묘지를 참배하고 「임을 위한 행진곡」을 제창했다(오태규, 1988. 5. 17; 이태호, 1988. 5. 24). 5월 18일엔 2만여 명의 시민·학생이 참석한 가운데 추모제가 개최됐고, 전국 103개 대학에서 진상규명과 책임자 처벌을 요구하며 격렬한 시위가 벌어졌다(≪한겨레≫, 1988. 5. 19).

순례운동은 의례화되는 모습을 보였다. 1989년 9주년 추모식 당일엔 3만 5,000여 명의 추모객이 망월동 묘지를 참배했다(≪한겨레≫, 1989. 5. 19). 추모객의 집결을 막는 정부의 방해에도 순례운동은 계속됐다. 1990년 추모식 이틀 전인 5월 16일, 대학생들의 광주집결을 차단하기 위해 정부는 경찰력을 동원해 전국 각지의 기차역과 버스터미널에서 대대적인 검문검색을 실시했다. 그럼에도 5월 18일 오전 10시에 시작된 망월동 추모식엔 2만여 명의 참배객이 참석했고, 오후 5시 금남로에서 개최된 '5월항쟁 계승대회'엔 학생·시민 순례단 등 약 10만 명의 인파가 몰렸다(≪한겨레≫, 1990.5.17; 박화강 외, 1990.5.19). 1991년 망월동 묘역 추모식에도 약 2만 명의 추모행렬이 이어졌고, 그날 오후 5시에 금남로에서 열린 '5·18 정신계승 및 노태우 정권퇴진 국민대회'에는 7만여 명의 시민·학생이 참석했다(≪한겨레≫, 1991.5.19). 1992년 12주기를 앞둔 5월 16일에도 전국 24개 대학의 '광주순례단' 3,000여 명이 망월동 묘역을 참배했고, 5월 18일 금남로에서 개최된 추모식엔 5만여 명의 학생·시민이 참석했다(≪한겨레≫, 1992.5.17; ≪한겨레≫, 1992.5.19).

한편 진보성향 문화예술인들은 작품활동을 통해 기억투쟁을 전개했고 진실을 확산시켰다. 음악가, 화가, 시인, 소설가들은 5·18의 역사적 배경, 학살자의 야만성, 그리고 피해자들의 슬픔과 희망을 형상화하는 작품들을 잇달아 발표했고, 영상·영화인들은 피해자들의 증언을 바탕으로 1980년 당시의 공포와 감동을 재현하는 다큐멘터리와 독립영화를 제작·상영했다.

노래와 음악을 통한 기억투쟁의 경우, 5·18 직후 만들어진 「전진가」와 1982년 발표된 「임을 위한 행진곡」이 집회와 시위현장에서 널리 애창되기 시작했다. 이들 노래는 애초 대학가에서 운동곡으로 활용됐으나, 광주청문회 이후 대규모 노동집회와 각종 축제 및 기념식 행사에서도 제창되고 연주됐다. 이와 더불어 광주의 비극을 형상화하고 민주화의 열망을 담은 실내악곡, 기악곡, 성악곡 등 다양한 장르의 노래가 발표됐다(노동은, 2004; 정유하, 2004).

미술 활동을 통한 기억투쟁의 경우, 벽화, 걸개그림, 판화, 조각 등 다양한 작품의 생산과 전시를 통해 5·18의 기억을 끊임없이 상기시켰다. 특히 광주청문회 이후 시각매체연구(시매연)와 광주·전남 미술인공동체(광미공) 등 미술운동단체들은 매년 광주항쟁기념 미술행사를 통해 열흘간의 항쟁뿐만 아니라 5·18의 역사적 위상을 형상화하는 전시회를 개최했고, 민족미술협의회(민미협)는 광주항쟁 10주년을 맞아 서울과 광주에서 5·18을 주제로 한 판화, 민화, 포스터 등의 정치 선전화를 전시했다(이주헌, 1990.5.7). 또한 이 시기에 전남대 교정에 광주항쟁을 형상화하는 대형벽화「광주민중항쟁도」가 제작되기도 했다. 이들 작품은 국가폭력, 광주참사, 반미자주화, 공동체의식, 민족통일, 시민적 연대 등을 주제로 삼았기에 대학신문·교지·팸플릿 등의 삽도로, 학교 달력으로 활용됐고, 사회단체나 대학의 깃발 및 플래카드 등에도 줄곧 활용됐다(이태호·김호중, 2004).

시와 소설부문에서도 5·18에 대한 문학적 형상화가 시도됐다. 6월항쟁 이전의 문학운동은 대체로 암시적이고 우의(寓意)적인 방법을 통해 '5월 광주'의 비극적인 정서를 묘사함으로써 독재 권력의 부당함과 희생자의 정당성을 알리고자 했다. 이에 비해 민주화 이후의 문학운동은 보다 사실적이고 체험적인 서사의 형태로 변화했다. 시의 경우, 연작시 혹은 장시의 형태로 5·18의 역사적 내력, 학살자의 야만성, 광주시민의 도덕성, 그리고 항쟁 이후의 슬픔과 희망을 형상화했다(정명중, 2003). 소설의 경우, 증언과 체험에 바탕해 '5월 광주'의 전모를 드러냄으로써 독자들에게 5·18의 진실을 널리 알리고 그 역사적 의미를 성찰케 했다(강진호, 2016; 전흥남, 2015).

영상·영화운동계 역시 기억투쟁에 나섰다. 초창기 영상부문의 기억투쟁은 외국에서 제작된 이른바 '광주비디오'를 은밀하게 유통하고 시청하는 것이었다. 1980년대 초반 해외에서 제작된 '광주비디오'는 무한 복사를 통해 대학가와 시중에 유통됐고, 1980년대 중반 이후엔 정부의 감시를 피해 대학 동아리와 종교집회에서 상영되기도 했다.

'광주비디오'가 공개적으로 방영되기 시작한 것은 6월항쟁 이후, 특히 광주청문회 이후였다. 광주청문회는 '5월 광주'에 대한 갈증을 증폭시켜 급기야 TV 방영을 통해 국민 모두에게 '광주비디오'를 공개해야 한다는 목소리가 빗발쳤다(≪한겨레≫, 1988. 12. 1; ≪한겨레≫, 1988. 12. 2). 이에 따라 해외에서 제작된 '광주비디오'와 더불어 국내에서 제작된 5·18 관련 영상물들이 공개적으로 방영되기 시작했다. 그 대표적인 작품이 진보 지향의 영상인들에 의해 제작된 16mm 독립영화 〈칸트씨의 발표회〉(1987년), 〈오 꿈의 나라〉(1988년), 〈황무지〉(1989년) 등이다(김종헌, 2003). 또한 '5월 광주'는 다큐멘터리 형태로도 제작·방영됐는데, 1989년 MBC의 〈어머니의 노래〉, KBS의 〈광주는 말한다〉가 그러한 사례이다. 1989년 2월 3일 처음 방영된 〈어머니의 노래〉는 시청률 80%를 상회했고, 그해 2월 21일 재방영 역시 86%의 높은 시청률을 기록했다(≪한겨레≫, 1989. 2. 23). 그리고 1989년 3월 8일 방영된 〈광주는 말한다〉는 70%의 시청률을 보였다(≪한겨레≫, 1989. 3. 10). 이러한 영상물들의 제작과 방영은 광주항쟁의 진실과 기억, 그리고 공감을 전국으로 확대하는 데 기여했다.[12]

---

12 이후에도 광주 관련 영화가 제작·상영되어 많은 관객을 끌어모았는데, 그 대표적인 작품이 〈박하사탕〉(1999년), 〈화려한 휴가〉(2007년), 〈택시운전사〉(2017년), 그리고 〈김군〉(2019년)이다.

4) 보수대연합과 개혁·진보세력의 결집

'5공청산'과 '광주문제'로 수세에 몰린 노태우 대통령과 여당이자 권위주의 계승정당인 민정당은 ① 민중운동에 대한 탄압과 ② 3당 합당을 통한 '보수대연합'을 통해 국면전환을 시도했다. 이는 전형적인 분할·통치 전략으로, 전자가 시민사회의 진보적 운동부문에 대한 억압적 대응이었다면, 후자는 정치사회의 포섭이라는 공세적 대응이었다.

먼저 시민사회는 민주화로 인한 자유로운 분위기 속에서 서로 다른 이념지향을 지닌 두 범주의 단체인 '민중운동'과 '시민운동'으로 발달하기 시작했다.[13] 전자가 사회변혁노선에 기반한 급진적인 운동을 지향했다면, 후자는 점진적인 개혁을 표방했다(Kim, 2000: 106~112). 이 가운데 억압의 표적이 된 것은 기억투쟁의 핵심 세력인 민중운동 단체들이었다. 급진적인 사회변혁운동이 활성화되고 노동운동이 분출함에 따라 도시 중산층의 안보와 경제에 대한 위기의식이 확산되자, 노태우 정부는 좌경세력의 발본색원이라는 명분을 내걸고 재야운동권에 대한 탄압을 본격화했다. 정부의 탄압은 물리적 억압과 헤게모니적 배제라는 이중적인 전략을 구사하는 것으로 나타났다. 즉, 안기부, 검찰, 경찰, 보안사 등 국가기관을

---

13 당시 결성된 대표적인 '민중운동' 단체로는 민주화를 위한 전국교수협의회(민교협)(1987년 7월), 한국민족예술인총연합(민예총)(1988년 12월), 전국민족민주운동연합(1989년 1월), 전국교직원노동조합(1989년 5월), 전국빈민연합(1989년 11월), 전국노동조합협의회(1990년 1월), 전국농민회총연맹(1990년 4월) 등이 있다. 그리고 대표적인 '시민운동' 단체로 인도주의실천의사협의회(1987년 11월), 민주사회를 위한 변호사 모임(1988년 5월), 공해추방운동연합(1988년 9월), 경제정의실천시민연합(1989년 7월) 등이 창립됐다.

동원해 사회변혁세력에 직접적인 탄압을 가하는 한편, 이데올로기적·담론적 수단을 통해 시민사회 및 일반 시민으로부터 사회변혁세력을 분리·고립시키는 간접적인 배제를 시도했다(김용철, 1996: 331~332). 이러한 정부의 공세는 민족민주운동에 큰 타격을 주었다.

나아가 노태우 정부는 정치사회의 인위적인 재편성에 나섰다. 1990년 1월 22일, 민정당 총재인 노태우 대통령, 김영삼 통일민주당 총재, 김종필 신민주공화당 총재는 청와대에서 기자회견을 열고 3당 합당을 선언했다. 그리고 그해 2월 9일, 3당이 통합해 만든 민주자유당(민자당)이 출범했다. 그 결과, '여소야대' 국회가 일시에 '여대야소' 국회로 바뀌었다. 민자당은 총 의석수 299석 가운데 221석을 보유한 거대 여당이 됐다. 반면 야당 의석은 평화민주당 70석, 그리고 3당 합당에 반대한 일부 통일민주당 의원(김정길, 노무현, 이기택, 김광일, 장석화)과 무소속 의원들이 1990년 6월에 창당한 (꼬마)민주당[14]의 8석 등 총 78석으로 줄어들었다.

3당 합당은 노태우 대통령 주도하에 은밀하게 추진됐다. 노태우 대통령이 가장 먼저 접촉한 인물은 김대중이었다. 하지만 김대중은 대통령의 합당 제의를 단호히 거절했다(김대중, 2010: 572; 노태우, 2011: 484~485). 신군부의 5·17 쿠데타를 반대했고 5·18 배후조종 혐의로 사형선고를 받았던, 그렇기에 호남인들의 절대적인 지지를 받고 있던 김대중의 입장에서 볼 때 신군부세력의 일원이었던 노태우 대통령과 손을 잡는 것은 상상조차 할 수 없는 일이었다. 무엇보다 5·18 국가폭력과 관련한 진실규명과

---

14 정식 명칭은 민주당이지만, 민자당이나 평화민주당에 비해 의원수가 적어 '꼬마 민주당'으로 불렸다.

피해자들의 명예회복 등 하나도 제대로 해결된 것이 없었다. 이후 노태우는 김영삼과 김종필을 차례로 접촉했고, 김영삼은 차기 대권 경쟁에서 우위를 차지할 목적으로, 그리고 김종필과 신민주공화당은 제4당이라는 정치적 열세를 극복하고 권력을 공유할 목적으로 3당 합당에 동의했다 (Kim, 1997).

3당 합당은 노태우, 김영삼, 김종필의 정치적 이해관계가 맞아떨어진 결과물 이상의 의미를 지니고 있었다. 3당 합당은 지역적으로 호남에 정치적 기반을 둔 김대중과 평화민주당을 고립시킨다는 점에서 '비호남 지역패권연합'의 성격을 띠었다. 또한 이념적으로 '개혁적 자유주의' 성향이 짙은 김대중과 평화민주당을 배제한 '보수적 권위주의' 세력(민정당과 신민주공화당)과 '보수적 자유주의' 세력(통일민주당)이 결합한 '보수대연합'의 성격을 띠었다(박찬표, 2015: 357~359). 3당 합당으로 평화민주당은 거대 여당(민자당)의 독주를 견제할 유일한 야당으로 고립됐다. 이는 평화민주당과 독자적인 정치세력화를 추구해 오던 재야세력 간의 정치적 연합전선을 촉구하는 정치지형을 조성했다.

민자당의 출범으로 보수세력이 정치사회를 압도하자 재야의 민중운동세력이 움직이기 시작했다. 이들은 1990년 2월 1일부터 21일까지 네 차례에 걸쳐 '민자당 장기집권음모 분쇄와 민중기본권 쟁취 대책회의'를 열었다. 그리고 같은 해 4월 21일 한시적 연대체인 '민자당 일당독재 분쇄와 민중기본권 쟁취를 위한 국민연합'(국민연합)을 출범시켰다(≪한겨레≫, 1990.4.22). 국민연합은 민자당 전당대회(5월 9일)에 맞춰 전국 주요 도시에서 대규모 반민자당 집회와 거리시위를 벌였고, 이 과정에서 민자당 지구당사 3곳, 파출소 7곳, 그리고 서울 미문화원이 시위자들의 화염

병 공격을 받았다(≪한겨레≫, 1990.5.10). 또한 광주항쟁 10주기를 맞아 국민연합은 전대협과 함께 광주를 비롯한 전국 주요 도시에서 5·18 추모집회와 민자당 반대투쟁을 벌였다(박화강 외, 1990.5.19).

이러한 상황에서 '광주보상법'을 비롯한 26개 쟁점법안에 대한 민자당의 일방적 제정(1990년 7월 14일)은 '범야권 통합정당' 결성운동을 촉발했다. 민자당이 '광주보상법'을 일방적으로 제정하자[15] 오월단체와 광주지역 시민단체들은 "광주의 아픔은 진상규명과 가해자 처벌이 선행되어야 완치될 수 있다"며, 진상규명 없는 금전적 보상은 희생자와 그 유족들을 "모독"하는 행위이자 광주문제를 종결시키기 위한 정부와 민자당의 "강압적인 수단"이라고 크게 반발했다(서명원, 1990.7.22). 또한 "선진상규명-후배상"을 요구해 왔던 평화민주당과 (꼬마)민주당은 국민연합과 공동으로 '민자당을 규탄하는 대중집회'를 개최했다. 그리고 평화민주당과 (꼬마)민주당은 재야의 야권통합추진회의(통추회의)와 함께 '범민주통합 수권정당' 결성작업에 착수해, 1991년 9월 민주당을 창당했다. 이로써 호남에 기반을 둔 지역정당의 성격이 강했던 평화민주당은 전국적인 위상을 지닌 야당(민주당)으로 발돋움하게 됐다.

---

15 '광주보상법'은 3당 합당 이전에 작성된 민정당 안에 기반한 것으로, 이는 1988년 민화위가 작성한 건의서의 기본 내용(5·18 사망자의 유가족과 부상자에 대한 보상이 이루어지는 것이 마땅하나, 진상규명 및 책임자 처벌 등 광주문제에 대한 더 이상의 거론은 '국민화합'에 도움이 되지 않는다)을 반영한 것이었다. 3당 합당 이전에 민정당은 5·18 피해자들에 대한 '보상'을 주요 골자로 하는 '광주민주화운동 관련자 보상 등에 관한 법률'을 국회에 제출한 상태였고, 반면 야3당은 '선진상규명-후배상'을 골자로 단일안('5·18 광주의거 희생자의 명예회복과 배상 등에 관한 법률')을 국회에 제출했었다. 그러나 3당 합당은 '광주보상법' 제정을 둘러싼 정치적 상황을 완전히 바꿔놓았다. 3당 합당으로 여대야소 국회로 전환되자, 민자당은 야당의 반대에도 애초 민정당 안에 기초한 '광주보상법'을 단독으로 통과시켰다(신일섭, 2006: 185~188).

한편 1992년 3월 총선과 12월 대선 국면이 다가옴에 따라 재야의 민중운동세력들 또한 민자당에 맞서 '범민주세력의 단일전선 형성'과 그에 기초한 '범민주 후보 단일화'를 모색하기 시작했다. 이들은 1991년 12월 1일 전민련, 전교조, 전농, 전대협, 민교협 등 13개 부문단체와 8개 지역연합이 참여한 '민주주의민족통일전국연합'(전국연합)을 결성했다. 전국연합은 선거참여를 통해 "민중 주도의 민주대연합 추진과 민주연합정부 수립"을 당면 목표로 삼고(박찬수, 1991. 12. 1), 김대중과의 선거연합을 추진했다(조현연, 2009: 129).

제14대 총선(1992년 3월)을 앞두고 전국연합 인사 18명이 민주당에 입당해 후보로 출마했다.[16] 총선 결과, 민자당은 전체 의석의 절반에서 1석이 모자라는 149석을 얻었으나, 그것은 3당 합당 직후의 221석에 비하면 무려 72석이 감소한 것이었다. 반면, 민주당은 97석을 차지해 제13대 총선 때보다 27석이 증가했다. 나머지 의석은 정주영이 창당한 통일국민당(31석), 그리고 무소속과 소수 정당(22석)이 가져갔다. '여소야대' 국회가 재현된 것이다. 이 선거에서도 민주당은 호남지역 선거구에서 모두 승리했고, 민자당은 영남지역 선거구에서 압승했다.

제14대 대통령선거(1992년 12월)에서도 민주당과 전국연합의 공조는 계속됐다. 1992년 10월 10일 개최된 대의원대회에서 전국연합은 독자 후보를 내지 않기로 하고, 그해 12월 2일 민주당과의 협상을 통해 김대중을 범민주진영 단일후보로 결정했다(이창언, 2011: 28). 그리고 민주당과 전국연합은 선거제도 개혁, 지방자치제 전면 실시, '국가보안법'과 '집시법'

---

16   이들 가운데 5명(이부영, 유인태, 제정구, 박계동, 원혜영)이 당선됐다(정기영, 2013: 229).

개혁, 입시 위주로 왜곡된 교육개혁 등 54개 공동개혁정책을 채택했다. 김대중이 재야세력과 손을 잡자 민자당과 민자당의 대선 후보인 김영삼은 김대중과 민주당에 대한 '사상 공세'를 폈다. 선거일 일주일 전인 12월 11일, 민자당은 "민주당과 연합한 전국연합 소속 일부 재야단체는 '김일성주의'를 노골적으로 신봉하는 주사파들"이라며(≪한겨레≫, 1992.12.12) 유권자들의 반공·안보의식을 부추겼다.

대선 결과, 41.4%의 득표율을 기록한 김영삼이 33.8%를 얻은 김대중을 194만 표 차이로 누르고 대통령에 당선됐다. 반공 이데올로기의 영향력이 여전한 상태에서 두 후보의 승패를 가른 결정적인 요인은 지역균열이었다. 김영삼 후보는 부산에서 73.3%, 경남에서 72.3%, 대구에서 59.6%, 경북에서 64.7%의 지지를 받은 반면, 김대중 후보는 광주에서 95.9%, 전남에서 92.1%, 그리고 전북에서 89.1%의 지지를 받았다(중앙선거관리위원회, 1993: 122~123). 호남에서의 몰표에도 불구하고 김대중 후보가 패배한 것은 영남 유권자의 규모가 호남 유권자에 비해 2.4배가량 컸기 때문이었다.

김영삼 정부의 출범으로 보수세력이 계속해서 집권하자 재야운동권 인사들이 연이어 민주당에 입당했다.[17] 이들은 시민사회와 재야에 머물러 있기보다 상대적으로 진보적인 성향을 지닌 김대중을 지지하는 길을 택했다. 구체적으로 제1회 지방선거(1995년 6월)를 앞두고 김근태가 이끄는 '통일시대민주주의국민회의' 소속의 재야인사 20여 명이 민주당에 입당

---

[17] 재야인사 가운데 김영삼이 이끄는 집권당에 입당한 사람도 있었으나, 이들의 수는 김대중이 이끄는 야당 쪽에 비하면 매우 적었다(시미즈 도시유키, 2013: 119).

했다. 또한 제15대 총선(1996년 4월)을 앞두고 일부 재야인사가 '개혁신당'을 창당(1995년 11월)한 후, 같은 해 12월 4일 민주당과 합당했다. 이 시기에 입당한 재야인사들 가운데 제15대 총선에 출마한 사람은 60여 명으로, 이들 중 지역구에 5명, 전국구에 4명이 당선됐다(정기영, 2013: 230~234). 이는 민주화운동을 함께했던 재야인사들과 민주당이 정치적으로 통합·성장하고 있음을 뜻했다.

3. 위선적인 역사심판론과 전·노의 처벌

1) 역사심판론과 망각정치의 지속

1992년 대선에서의 김대중의 패배는 광주와 호남 지역사회에 큰 실망을 주었다. 그렇다고 과거 독재 시절 김대중과 함께 민주화운동을 이끌었던 김영삼 당선자에 대한 기대가 전혀 없진 않았다. 1993년 2월 13~14일, 5·18 관련 단체 대표들과 광주시의원·국회의원 등 시민대표들은 김영삼 차기대통령과 협상할 단일안을 마련하기 위해 전남 장성 백양사에서 '광주문제 해결을 위한 대토론회'를 개최했다. 이 토론회에서 시민대표들은 진상규명을 위한 특별검사제 도입과 특별법 제정을 촉구하기로 하는 한편, 명예회복을 위해 구속됐던 사람들에 대한 원심 파기, '5·18민중항쟁 기념일' 지정, 망월동 묘역의 성역화 및 확장, 기념사업을 위한 공익법인 설립 등을 결의하고, 이를 김영삼 정부와 대화를 통해 해결하기로 의견을 모았다(이수범, 1993. 2. 16).

김영삼 대통령이 군부 내 '하나회' 세력을 전격적으로 숙정한 것은 호남인들의 기대에 부응하는 듯했다. 1993년 3월 8일, 대통령은 하나회 출신인 김진영 육군참모총장과 서완수 기무사령관을 해임하고, 그 자리를 비(非)하나회 출신 장군으로 임명했다. 이날의 군 인사는 아무도 눈치 채지 못하도록 속전속결로 이뤄졌다. 그리고 후속 작업으로 4월 2일엔 안병호 수방사령관과 김형선 특전사령관이, 5월 24일엔 이필섭 합참의장, 김진선 2군사령관, 박종규 56사단장이, 그리고 7월 15일엔 조남풍 1군사령관이 예편됐다. 그 결과, 김영삼 정부 출범 1년 동안 전역한 하나회 출신 중장급 이상 고위장성이 8명에 이르렀고, 이 외에 20여 명의 장성과 많은 영관급 장교가 예편하거나 한직으로 밀려났다(공보처, 1997: 20).

하나회 숙정의 이면에는 광주항쟁의 그림자가 작동하고 있었다. 태생적으로 '보수대연합'(3당 합당)을 통해 탄생한 김영삼 정권은 당시 민주화운동세력으로부터 군사쿠데타와 광주학살을 통해 권력을 탈취한 "군부정권의 토대 위에 선 민간정권"이라는 비난을 받고 있었다(정대화, 1995: 363). 이미 광주청문회를 통해 신군부의 광주학살은 씻을 수 없는 죄악이라는 국민적 인식이 널리 확산된 상황이었으므로 김영삼 대통령은 이미지 제고를 위해 전임 정권과의 차별성을 크게 부각시킬 필요가 있었다. 이 점에서 과거 군부 정치개입을 주도했던 '정치군인'들에 대한 숙정은 김영삼 정권의 부정적인 이미지를 단숨에 희석·제거할 수 있는 최고의 승부처였다. 하지만 당시 군부 내에는 12·12, 5·17, 그리고 광주학살을 지휘한 전두환, 노태우를 따르던 하나회 장교집단이 여전히 건재했고, 그들의 군부 내에서의 영향력은 상당했다. 나아가 김영삼 대통령은 군부 내 하나회 집단을 "현실적 쿠데타 위협 세력"으로 보았다(김영삼, 2001: 92). 그렇기에 하나회 출신 군 장성들에 대한 숙정은 전격적으로 진행됐다. 비록 간접적이고 현실적인 이유에서 비롯된 것이긴 했지만 하나회 숙정은 광주학살의 부당성을 인정하는 상징적인 사건이었다.

하지만 5·18 진상규명과 책임자 처벌에 대해서는 김영삼 정부의 태도가 매우 소극적이었다. 1993년 5월 13일, 김영삼 정부는 2개의 성명을 발표했다. 먼저 1979년 신군부의 '12·12 군사반란'에 대한 청와대 성명에서, 김영삼 정부는 12·12를 "하극상에 의한 군사 쿠데타적인 사건"으로 규정했지만, 사건의 진상규명과 책임자 처벌에 대해서는 언급을 회피했다(≪한겨레≫, 1993. 5. 14). 다음으로 대통령은 '5·18 특별담화문'에서 문민정부가 "광주민주화운동의 연장선상에 서 있는 민주정부"임을 강조하면서 "광주민주화운동의 정신을 기리고 그 명예를 높일 수 있는 사업"을 적극적으로 지원할 것임을 공표하는 한편,[18] "신한국 건설"에 정진하기 위해 "시대가 남겨준 앙금과 한을 훌훌 털고" 진상규명과 책임자 처벌에 대해 "훗날의 역사"에 맡기자는 이른바 '역사심판론'을 제의했다(≪경향신문≫, 1993. 5. 14).

요컨대, 두 성명의 요체는 "성공한 쿠데타는 처벌할 수 없다"는 것이었다. 특히 광주항쟁과 관련해 5·18 희생자와 피해자들의 명예는 회복돼야 하고 5·18은 기념사업으로 기억돼야 마땅하지만, 국민화합과 사회통합을 위해 진상규명 및 책임자 처벌은 훗날의 역사 평가에 맡기자는 주장

---

18 이때 김영삼 대통령이 약속한 광주민주화운동 기념사업의 일환으로, 1994년 11월 1일 새로운 5·18묘역 조성공사가 착공되어 1997년 5월 13일 완공됐다. 이에 따라 망월동 시립공원묘지에 안장된 5·18 희생자들은 새로 조성된 5·18묘역으로 이장됐다. 이후 5·18 묘역은 2002년 7월 국립묘지로 승격됐다.

이었다. 이는 다분히 기억담론과 망각담론이 혼재된 것이었다. '역사심판론'은 김영삼 정권이 군부 권위주의 세력으로부터 자유롭지 못하다는 태생적 한계를 보여주는 것이기도 했다(최장집, 1996: 251).

2) 5·18 특별법 제정운동

김영삼 대통령의 '역사심판론'은 즉시 시민사회의 분노와 저항을 낳았다. 12·12와 5·18 관련 피해자들과 학생·시민단체들은 사건에 대한 진상규명과 책임자 처벌을 요구하면서 가해자들에 대한 고소·고발투쟁을 전개했다. 12·12의 경우, 1993년 5월 12일부터 1994년 9월 24일까지 총 10건의 고소·고발이 이어졌다(대한민국재향군인회, 1997: 428). 그중에는 12·12의 피해자인 정승화(당시 육군참모총장 겸 계엄사령관), 장태완(당시 수도경비사령관), 하소곤(당시 육군본부 작전참모부장), 김진기(당시 육군본부 헌병감) 등 예비역 장성들이 낸 고소장도 포함되어 있었다. 이들은 12·12를 "군사반란행위"로 규정하고, 특히 "대권 장악을 위해 정치에 뛰어들어 급기야 광주사태와 같은 엄청난 참사"를 발생시켰음을 상기시키면서 전두환, 노태우 등 반란군 주도세력에 대한 사법적 처벌을 요구하는 서명운동을 벌였다(≪한겨레≫, 1993.6.16).

광주학살 책임자에 대한 고소·고발운동은 더욱 거셌다. 김영삼 대통령이 제시한 광주문제 해결방안에 진상규명과 책임자 처벌이 제외된 데 대해, 광주·전남지역 학생과 시민단체들은 광주항쟁 13주기 기념 기간(1993년 5월 15~22일) 내내 "광주학살 진상규명을 위한 특별검사제 도입"을 요구하는 대규모 항의집회를 개최했다(≪한겨레≫, 1993.5.18). 또한

5·18 피해자단체들의 연합체인 '5·18민중항쟁연합'(1992년 1월 결성)과 전국의 시민·사회단체들의 연대체인 '5·18국민위원회'(5·18진상규명과 광주항쟁정신계승 국민위원회, 1994년 3월 출범)는 광주학살 진상규명과 책임자 처벌을 촉구하는 고소·고발운동을 전개했다. 1994년 5월 13일, 5·18국민위원회는 소속 회원 294명과 광주시민 3만여 명의 이름으로 전두환, 노태우 등 당시 진압군 대대장급 지휘관 35명을 내란 및 내란 목적 살인혐의로 고발했고, 5·18민중항쟁연합은 5·18 피해자 322명이 서명한 고소장을 검찰에 제출했다(≪한겨레≫, 1994. 5. 14). 대통령의 '역사심판론'에 항의하는 집회가 전국 곳곳에서 개최됐고, 급기야 항의집회는 정권규탄 집회의 양상을 띠기 시작했다. 광주항쟁 14주기 하루 전인 1994년 5월 17일, 광주를 비롯한 전국 9개 도시에서 일제히 광주항쟁 정신계승과 진상규명을 요구하는 거리집회가 개최됐다. 이 집회에서 "학살 주범 비호하는 김영삼 정권 반대" 구호가 터져 나왔다(≪한겨레≫, 1994. 5. 18).

1994년 10월 30일, '12·12'에 대한 검찰의 수사결과가 발표됐다. '기소유예'였다. 검찰 발표에 따르면, 12·12는 "군사반란임에 명백"하나 "국헌문란이나 정권탈취의 목적이 있었다고 단정하기 어렵고", 재판과정에서 과거사에 대한 법적 논쟁은 "국론분열을 재연할 우려"가 있으며, "피의자들이 통치기간 동안 나름대로 국가발전에 기여"한 점을 인정해 기소를 유예한다는 것이었다(성한용, 1994. 10. 30).

광주의 반응은 '분노'였다. 광주지역 시민단체들은 "12·12는 5·18 광주학살의 시발점"이었음을 지적하면서, 12·12에 대한 불기소 처분은 "5·18 가해자들에게 면죄부"를 주는 것이자 5·18 진상규명을 포기하는 것이라며 분개했다(안관옥, 1994. 11. 6). 전국 수준의 시민·재야단체들 역시 마찬가지였다. 민주주의민족통일전국연합, 경제정의실천시민연합, 참여연대, 인권을 위한 시민연대 등 23개 시민단체는 1994년 11월 11일 공동기자회견을 개최하고 12·12 주동자에 대한 검찰의 기소유예는 "검찰권의 남용"이라며 특별검사제 도입을 주장했다(박병수, 1994.11.12). 또한 민주당 지도부는 재야인사들과 함께 '12·12 군사반란자 기소촉구를 위한 공동기자회견'(1994년 11월 20일)을 갖고 김영삼 대통령에게 기소유예 철회를 촉구했다(김이택, 1994.11.20). 그리고 11월 28일, 민주당과 시민·재야단체들은 '12·12 군사반란자 기소를 위한 범국민비상대책위원회'를 결성하고 전국 곳곳에서 항의집회를 벌였다.

5·18에 대해서도 검찰은 소극적인 태도를 보였다. 1995년 7월 18일, 5·18 고소·고발사건을 수사해 온 검찰은 전두환, 노태우 두 전직 대통령을 비롯한 피의자 전원에 대해 '공소권 없음'을 발표했다. 검찰의 결정은 김영삼 대통령의 '역사심판론'을 반영한 것이었다. 시민사회는 '5·18 특별법 쟁취를 위한 투쟁'에 돌입했다. 그 시작은 광주·전남지역이었다. 검찰 발표 직후, 오월단체들을 비롯한 광주·전남지역 시민단체들은 긴급대책회의를 열어, 김영삼 정부가 "학살 비호 정권"으로 전락했다고 규탄하면서 5·18 특별법 제정을 촉구하는 전국적인 청원서명운동에 나서기로 결의했다. 더불어 전남대, 순천대, 조선대, 목포대 학생들은 "학살자 기소"와 "김영삼 정권 퇴진"을 외치며 격렬한 거리시위를 전개했다(안관옥·이수범, 1995.7.19). 항의시위는 즉시 전국으로 확산됐다. 전국 곳곳에서 광주 학살 책임자들의 기소 및 5·18 특별법 제정을 촉구하는 대학생들의 시위와 동맹휴업, 교수·교사·의사·목사·신부들의 5·18성명 발표, 대한변호사협회를 비롯한 각종 시민·사회단체들의 5·18 특별법 제정 서명운동 등이

잇달아 일어났다. 진상규명과 책임자 처벌을 위한 특별법 제정을 요구하는 기억투쟁은 상당한 국민적 지지를 이끌어냈다. 1995년 10월에 실시된 여론조사에 따르면, "5·18 특별법 제정을 통한 진상규명이 반드시 이뤄져야 한다"는 의견(75.6%)이 이에 반대하는 의견(13.7%)을 압도했다(김용성, 1995.10.18).

야당들도 호응했다. 1994년 7월 25일, 민주당 국회의원과 지방의원 30여 명이 '5·18 학살자 재수사를 촉구하는 국토종단행진단'을 결성해 망월동 묘역에서 청와대까지 14일간의 전국순례에 나선 가운데, 민주당은 특별검사제 도입을 위한 특별법 제정을 추진키로 결의했다(≪한겨레≫, 1995.7.25). 1995년 9월 22일과 23일, 새정치국민회의와 민주당은 각각 '5·18 특별법안'을 국회에 제출했다. 특별법안의 요체는 전두환·노태우 집권 13년을 5·18 관련자들의 공소시효에서 배제시켜 이들에 대한 기소를 가능케 하는 것이었다. 자유민주연합(자민련)도 이에 공조했다. 하지만 국회 의석의 과반을 차지하고 있는 집권당(민자당)은 특별법 제정에 반대했다.

이 무렵 소문으로만 떠돌던 '노태우 비자금'의 실상이 1995년 10월 19일 민주당 의원(박계동)에 의해 폭로됐다. 비자금의 실체가 밝혀지고 노태우 전 대통령이 구속되자 이 사건은 이내 김영삼 대통령의 1992년 대선 자금으로 불똥이 튀었다. 시민단체와 학생들은 노태우 구속, 특별법 제정, 대선자금 공개를 요구하며 또다시 대규모 항의시위에 돌입했다. 수세에 처한 김영삼 대통령은 '역사심판론'을 철회할 수밖에 없었다. 1995년 11월 24일, 김영삼 대통령은 전두환·노태우 정권과의 전면 단절을 의미하는 '5·18 특별법 제정'을 민자당에 지시했다. 그리고 12월 19일, 국회는 헌법과 국가질서를 위협하는 심각한 범죄에 대해 공소시효를 없애거나 제한하는 '헌정질서 파괴범죄의 공소시효 등에 관한 특례법'과, 12·12와 5·18을 전후해 발생한 헌정질서 파괴범죄 행위에 대한 공소시효 정지 등을 규정한 '5·18민주화운동 등에 관한 특별법'(5·18 특별법)을 의결했다.[19]

3) 전·노의 처벌과 사면

5·18 특별법이 제정됨에 따라 12·12와 5·18 관련 신군부 인사들이 구속·기소되고 이들에 대한 검찰의 전면 재수사가 시작됐다. 그리고 총 34차례에 걸친 공판 끝에 1996년 8월 26일 1심 선고 공판에서 전두환에겐 사형이, 노태우에겐 22년 6개월이, 그리고 나머지 피고인 14명 가운데 1명을 제외한 모두에게 유죄가 선고됐다. 이후 1996년 12월 16일 항소심 선고 공판에서 전두환은 무기징역으로, 노태우는 징역 17년으로 감형됐고, 나머지 피의자들도 모두 감형됐다. 재판부의 선고에 대해 실망한 고소인들은 대법원에 상고했고, 전국연합, 민변, 민교협, 민가협, 5·18공대위, 참여연대, 민예총 등 15개 시민단체는 '5·18 완전해결과 정의실현·희망을 위한 과거청산국민위원회'(과거청산 국민위)를 결성(1996년 12월 16일)해 전·노 권위주의 정권이 남긴 온갖 반민주적인 유산을 청산할 것을

---

19 5·18 특별법은 12·12와 5·18을 헌정질서파괴 범죄로 규정했고(제1조), 12·12와 5·18을 전후해 발생한 헌정질서파괴 범죄행위에 대해 1993년 2월 24일까지 공소시효 진행이 정지된 것으로 규정(제2조)했다. 또한 5·18 정신계승을 위한 기념사업의 추진(제5조), 광주항쟁을 진압한 공로로 받는 상훈의 취소와 훈장의 치탈(제7조), '광주보상법'에 규정된 '보상'을 '배상'으로 본다는 조항(제6조)이 포함됐다.

촉구했다.

1997년 4월 17일, 마침내 피고인들에 대한 최종 선고가 내려졌다. 대법원은 12·12를 "군사반란"으로, 5·17 비상계엄 확대와 5·18 유혈참사를 "내란 및 내란 목적의 살인행위"로, 광주시민들의 저항을 "헌정질서를 수호하기 위한 정당한 행위"로 판단하고(≪경향신문≫, 1997. 4. 18), 2심의 선고결과를 수용·확정했다. 마침내 5·18은 국가에 의해 '민주화운동'으로 공인됐고, 이어 광주항쟁 발생일인 5월 18일은 국가기념일로 지정됐다. 국가가 광주학살을 불법적 행위로, 그리고 광주항쟁을 정당한 행위로 인정한 것이다. 이에 따라 유족회 중심의 민간 주도로 거행되던 5·18 기념행사는 1997년부터 중앙정부 주관으로 치러지기 시작했다.

하지만 1997년 12월 22일 전두환, 노태우 등 12·12와 5·18 관련 수감자들은 김영삼 대통령의 특별사면으로 모두 석방됐다. 사실 대법원의 판결이 있기 전부터 정치사회 일각에선 이들에 대한 사면론이 제기되고 있었다. 이에 대해 '과거청산 국민위' 및 '5·18 공대위'를 비롯한 시민단체들은 '사면 불가' 입장을 천명했다. 이들은 집권당인 신한국당의 당사 앞에서 사면반대 집회를 개최하고 "가해자들의 진지한 참회와 사과가 없는 상태에서 사면을 거론"하는 것은 5·18의 본질을 왜곡하는 "반역사적" 행위임을 역설했다(양동원, 1997. 4. 18). 그러나 사면을 둘러싼 찬반 의견은 지역별로 상당한 차이를 보였다. 광주 사회조사연구소와 대구 리서치포럼이 공동으로 대법원 판결 직후 서울, 광주, 대구의 주민들을 대상으로 실시한 여론조사에 따르면, 광주시민의 82.3%가 그리고 서울시민의 67.5%가 사면에 반대했으나, 대구시민의 경우 59.5%가 사면에 찬성했다(이기수, 1997. 4. 18).

사면론은 대통령선거 국면이 다가오면서 본격적으로 제기됐다. 신한국당 대표(이회창)가 조기 사면을 대통령에게 건의했고, 국민회의 김대중 총재 역시 '영호남 지역주의 해소' 및 '동서 대화합' 등 '화해'를 내세워 조건 없는 사면을 대통령에게 촉구했다. 이 같은 움직임에 대해 5·18 유족회, 부상자회, 구속자회 등 오월단체와 광주지역 시민단체들은 "광주를 두 번 죽이는 처사"라며 반발했다. 하지만 1997년 12월 18일 김대중 후보가 제15대 대통령에 당선되면서 사면에 동의하는 흐름이 대세가 됐다. 12월 20일, 5·18 피해자단체와 광주지역 시민단체들은 공동 기자회견을 열고 "대통령 당선자가 5·18문제의 올바른 해결을 매듭짓겠다는 의지만 갖고 있다면, 전·노 두 전직 대통령에 대한 사면을 단행하는 데 동의한다"라고 발표했다(이은석, 1997.12.20). 그날 오후, 김영삼 대통령과 김대중 당선자는 회합을 갖고 전·노에 대한 사면에 합의했다. 다음날 가해자들은 석방됐다.

4. 국가공인 이후 기억정치

1) 명예회복과 이행기 정의

1997년 12월에 치러진 제15대 대선에서는 40.3%의 득표율을 기록한 국민회의 김대중 후보가 38.7%의 지지를 받은 한나라당 이회창 후보를 39만 표차로 누르고 신승(辛勝)했다. 김대중의 대선 승리 요인은 크게 세 가지로, ① 호남인들의 절대적인 지지(광주 97.3%, 전남 94.6%, 전북

92.3%), ② 보수우파 정당이자 충청지역에 연고를 둔 자민련의 김종필과의 선거연합, 그리고 ③ 집권당의 분열(한나라당 이회창과 국민신당 이인제)로 인한 영남 표의 분산이었다. 힘겹게 거둔 선거 승리인 만큼 그 의미는 컸다. 그것은 ① 후보 개인적 차원에서는, 신군부 쿠데타의 최대 피해자였던 김대중이 대통령에 당선됐다는 점, ② 정권적 차원에서는, 민주화 이후 처음으로 진보·개혁 세력이 집권에 성공했다는 점, 그리고 ③ 체제 차원에서는, 권위주의 계승세력에서 민주화세력으로의 정권교체가 평화적으로 실현됐다는 점이다. 특히 세 번째 의미는 한국 민주주의의 정착과 공고화에서는 물론, 5·18 기억정치에 있어서도 매우 중요한 변곡점이었다.

김대중이 대선에서 승리하던 날, 5·18묘역엔 이른 아침부터 희생자의 넋을 기리는 참배객이 줄을 이었다. 이들은 아직 밝혀지지 않은 광주의 진실이 말끔히 규명되길 염원했다. 광주항쟁 18주기 기념식은 정부의 주관으로 유족, 시민, 오월단체 회원, 정·관계 인사 등 1만여 명이 참석한 가운데 치러졌다. 기념식은 KBS와 MBC를 통해 처음으로 전국에 생중계됐다. 기념사에서 김종필 총리서리는 "5·18 정신을 국민의 삶 속에 소중히 간직해 영원히 자유와 민주를 지키는 등불로 삼아 나갈 것"이라고 밝혔다(안관옥, 1998.5.19). 그리고 그날 밤 KBS는 특별기획프로그램 〈이제는 말한다: 5·18광주민중항쟁〉을 방영했다.

1998년 8월 26일 김대중 대통령은 국가수반으로서는 처음으로 5·18 묘역을 찾아 참배했다. 5·18묘역을 방문한 그는 방명록에 '1998년 8월 26일 대통령 김대중'이라고만 썼을 뿐, 아무 말도 하지 않았다(성한용, 1998. 8.27). 만감이 교차했을 것이다. 그는 5·18의 중심 현장이었던 금남로를 거쳐 전남도청에 도착해서야 비로소 말문을 열었다. "5·18은 세계에 유례가 없는 초이성적·초도덕적 투쟁이었다. 광주는 위대하다"(임채정, 1988. 8.27). 이어 그는 "5·18 희생자의 국가유공자 예우와 5·18묘지의 국립묘지 승격은 국민적 공감대가 형성되면 국민의 합의 속에서 마무리 짓겠다"라고 약속했다(≪전남일보≫, 1998.8.27).

하지만 5·18 관련 피해자들의 명예회복 작업은 일부 보훈단체의 반발로 표류했다. 1998년 4월 여야 의원 83명이 5·18 관련자를 국가유공자로 지정하기 위해 기존 '국가유공자 예우 등에 관한 법률'의 개정안을 발의하자 '상이군경회' 등 보훈단체들은 "예비군과 경찰서 무기고에서 꺼내든 총과, 조국수호를 명령받고 받아든 총은 성격이 판이하다"며 법 개정에 강하게 반발했다(안관옥, 1999.5.18). 결국 개정안은 상정조차 되지 못했다.

김대중 대통령과 오월단체들이 다시 나섰다. 대통령은 광주항쟁 20주년 기념식에 참석해 조속히 "특별법을 제정해 5·18 희생자들을 '민주화유공자'로 예우하고 5·18묘역을 국립묘지로 승격시키겠다"고 거듭 밝혔다(성한용, 2000.5.19). 같은 날, 유가족과 부상자 등 오월단체 회원 400여 명이 서울 국회의사당 앞에서 '5·18 유공자 예우법' 제정을 촉구하는 결의대회를 개최했다. 집권당인 민주당은 즉시 '5·18 유공자 예우법' 제정에 나섰지만, 한나라당의 반대로 법 제정은 계속 지연됐다. 그때마다 오월단체들은 항의방문과 거리집회를 통해 한나라당을 압박했다. 그리고 2002년 1월 26일, 마침내 국회는 '광주민주유공자 예우에 관한 법률'을 의결했다. 이에 따라 5·18묘지는 국립묘지로 승격됐고, 5·18 피해자들은 '민주유공자'로 예우받게 됐다. 이와 함께 정부 및 지방자치단체의 각종 기념·추모사업도 가능해졌다.

더불어 김대중 대통령은 기억투쟁 이래 학생·재야단체들이 지속적으로 주창·요구해 왔던 한반도 통일문제를 비롯해 과거사 청산과 이행기 정의의 문제 해결에도 힘을 쏟았다. 김대중 정부는, 1980년대 신제국주의론에 기반한 재야의 통일론과 달리, 자유주의적 평화론에 입각한 대북포용정책을 추진했다. 자유주의적 평화론의 기본 목표는 남북 간의 '교류와 협력'을 실현하고 남북의 경제적 상호의존을 심화함으로써 분단 현실을 평화적으로 관리하고 궁극적으로 남북통일을 이뤄 한반도에 평화를 정착하는 것이었다(김용철, 2021). 이는 무엇보다 남북관계를 평화적으로 관리하는 것이 대한민국의 자유와 민주주의를 심화하는 데 도움이 될 것이라는 김대중의 오랜 신념에서 비롯된 것이었다. 김대중 대통령은 2000년 6월에 평양에서 북한 김정일 국방위원장과 남북정상회담을 갖고 통일문제의 "자주적 해결"에 합의했으며, 남북 간 인적·물적 교류를 적극적으로 추진했다.

과거사 청산과 이행기 정의와 관련해 김대중 정부는 정치보복이 아닌 진실과 화해 그리고 용서의 관점에서 접근했다. 김대중 정부는 2000년 1월, 해방 후 제주에서 일어난 비극적인 과거사에 대해 '제주 4·3사건 진상규명과 희생자 명예회복에 관한 특별법'을, 그리고 과거 민주화운동과 관련해 독재정권의 위법한 권력 행사로 죽음을 당했다는 의혹이 제기되어 온 사건들의 진상규명을 위한 '의문사 진상규명에 관한 특별법'을 제정했다. 이에 따라 2000년 8월에 '제주 4·3사건 진상규명 및 희생자 명예회복위원회'가, 그리고 2000년 10월에 '의문사 진상규명위원회'가 설치되어 국가 차원의 진상조사가 개시됐다. 이러한 활동은 독재정권 시기에 좌경·용공으로 매도됐던 각종 사건에 대한 역사적 평가를 바로잡아야 한다는 이른바 '과거사 정리'의 필요성을 공론화시켰다.

이 같은 노력과 기조는 노무현 정부에서도 계속됐다. 취임 후 첫 번째 광주항쟁 기념식을 맞이해 노무현 대통령은 5·18이 "민주화운동"임을 재차 강조했고, 참여정부는 "5·18 광주의 숭고한 희생이 만들어낸 정부"임을 천명했다(대통령비서실, 2004: 174). 이후 노무현 대통령은 재임 기간 내내 빠짐없이 5·18 기념행사에 참석했고, 과거 국가폭력에 의한 인권침해 사건들에 대한 진실규명과 피해자 명예회복에도 박차를 가했다. 특히 대통령은 2004년 8·15 경축사에서 과거 불법적인 민간인 집단희생 사건 및 인권침해 사건들을 조사할 진상규명특별위원회를 국회에 설치할 것을 제의했다. 그리고 2005년 5월, 집권당(열린우리당)이 중심이 되어 국가 차원의 과거사 진실규명을 위한 '진실·화해를 위한 과거사정리 기본법'을 제정했고, 같은 해 12월 '진실·화해를 위한 과거사정리위원회'(과거사위원회)가 출범했다. 과거사위원회는 항일독립운동 및 해외동포사의 쟁점, 한국전쟁 전후 민간인 희생 사건, 권위주의 통치 시기의 국가 공권력에 의한 인권침해사건 등에 대해 희생자와 피해자 그리고 그 유족 혹은 사건과 관련해 특별한 사실을 알고 있는 사람의 신청을 받아 사건의 진실을 조사·심의·의결했다(진실·화해를 위한 과거사정리위원회, 2010).

다른 한편, 과거사 정리작업이 본격화되면서 국정원, 경찰청, 국방부는 각기 과거사진상규명위원회를 설치하고 진상규명 작업에 착수했다. 특히 신군부의 내란과 폭력에 관해 국방부는 민간인이 참여한 과거사진상규명위원회를 구성하고 2005년 5월부터 2007년 1월까지 12·12 군사반란, 5·17 비상계엄 확대, 5·18 광주학살 등 과거 불법 사건에 대한 진상규명을 진행했다. 비록 국방부 과거사진상규명위원회는 광주항쟁 당시 발포 명령체계를 밝혀내진 못했지만, 광주참사는 군이 시민들의 기본권을 침해한 사건이며 광주항쟁은 국가폭력에 대한 국민저항권이 발휘된 사건임을 분명히 했다. 더불어 국방부 과거사진상규명위원회는 "5·18 광주민주화운동 정신을 우리나라 헌법 전문에 수록"할 것과 5·18 가해자인 신군부세력에 남발된 훈장을 취소할 것을 제안·권고했다(국방부 과거사진상규명위원회, 2007: 444~451). 이후 노무현 정부는 전두환, 노태우 등 5·18 진압 관련자 67명의 훈장·포장을 치탈했다(조홍복, 2006. 3. 22).

5·18과 기억투쟁 그리고 그것에서 파생되는 일련의 쟁점에 대한 김대중·노무현 정부의 대응은 한국의 정치과정이 이념적 제약으로부터 상당히 자유로워지고 있음을 시사하는 것이었다(강원택, 2018: 25). 특히 국정원과 경찰청과 같은 국가 강권기관들이 12·12, 5·17, 5·18뿐만 아니라 과거 독재정권이 저지른 인권침해 사건들에 대해서도 국민저항권의 관점에서 그 진상을 조사한다는 것은 민주화 이행 초기엔 상상도 할 수 없는 일이었다.

이념적 공간이 확장되면서 지역균열은 '영남=보수=반김대중세력' 대 '호남=진보=친김대중세력'의 형태를 띠기 시작했다(김형준·김도종, 2000: 324~328). 이는 이념균열과 지역균열이 중첩되고 서로 강화되고 있음을 의미했다(최영진, 2001: 160~162). 유권자 차원에서 지역균열과 이념균열이 본격적으로 융합되기 시작한 계기는 제17대 총선이었다. 열린우리당은 2004년 4월의 제17대 총선에 대비해 개혁 성향이 강한 젊은 세대 인사를 대거 영입했다. 이들 상당수가 5·18에 대한 직간접적 경험을 통해 진보적 이념을 내면화하고 민주화투쟁을 벌인 이른바 '86세대'(1980년대 학번, 1960년대 출생)이거나 시민운동가 출신이었다. 선거결과는 과반 의석(152석)을 차지한 열린우리당의 승리였다.[20] 그리고 열린우리당은 '국가

보안법' 폐지 및 언론관계법의 제·개정 등 이른바 4대 개혁입법을 추진했다. 이에 한나라당은 보수성을 더욱 강화했다. 그 결과, 한국 정치는 빠르게 이념 경쟁의 특성을 보였고 5·18 기억정치에 대한 보수우익의 도전도 가시화됐다.

2) 보수우익의 도전과 기억의 왜곡

추념정치는 5·18 기억에 대한 사회적 합의로 이어지지 못했다. 5·18 추념 및 기억의 정치가 과거 국가폭력 사건들에 대한 진실규명과 '탈냉전적' 통일논의의 확산으로 이어지자, 시민사회 내 보수우익 세력이 반대 목소리를 내기 시작했다. 이들은 추념정치가 해방 이래 보수우익이 가꾸어 온 대한민국의 정체성, 즉 반공·반북에 기반한 자유민주주의 질서를 심히 훼손하고 있다고 여겼다.

5·18 기억을 둘러싼 보수우익의 도전이 가시화된 것은 2002년 무렵이었다. 이들은 5·18을 왜곡·폄훼하는 담론을 대량으로 생산·유포해 '민주화운동으로서의 5·18'의 정체성을 공개적으로 흠집 내고 부정했다. 그 대표적인 사례가 보수 논객 지만원과 온라인 모임 '전사모'(전두환을 사랑하는 모임)의 활동이다. 지만원은 2002년 8월 16일자 ≪동아일보≫ 2면에 "대국민 경계령! 좌익세력 최후의 발악이 시작됩니다"라는 제목의 광고를

---

20 제17대 총선은 야권(새천년민주당, 한나라당, 자민련)이 공조해 석연치 않은 이유(측근 비리, 경제파탄, 선거법 위반 등)로 국회에서 노무현 대통령 탄핵소추안을 통과(2004년 3월 12일)시킨 이른바 '탄핵정국'하에서 치러졌다. 야권의 탄핵소추는 유권자들의 거대한 역풍을 불러왔다.

통해 "광주사태는 소수의 좌익과 북한에서 파견한 특수부대원들이 순수한 군중들을 선동해 일으킨 폭동"이라고 왜곡했다(김지을, 2002. 8. 17). 또한 지만원은 자신의 홈페이지(www.systemclub.co.kr)에 5·18을 "폭동"으로, 광주를 "무법천지"의 "야만의 도시"로 묘사하는가 하면, "이북과 호남, 나는 이래서 싫다"는 내용의 글을 게재해 호남사람들에 대한 혐오를 노골적으로 부추겼다(채희종, 2003. 9. 1; 이건상, 2005. 3. 10).

한편 2003년 10월에 개설된 전두환 온라인 팬클럽인 '전사모'의 경우, 광주항쟁을 폄훼하고 전두환을 "대한민국 최고의 영웅"으로 찬양하는 글과 동영상을 인터넷 포털 '다음 게시판'(cafe.daum.net/leejongpirl)에 올렸다. 이들은 5·18을 "지역의 피해의식과 김대중을 숭배하는 맹목적인 생각이 만들어낸 민란"이자 "미친 도시 광주(狂州)에서 일어난 화려한 폭동"이라고 주장했다(이용환, 2007. 8. 4). 심지어 일부 극우 인사는 북한 특수부대 출신 탈북자 단체인 '자유북한군인연합'을 동원해, 1980년 5월 광주에 "북한군 특수군이 투입"됐다는 허위사실을 유포하기도 했다.[21] 이들의 왜곡 담론은 과거 전두환과 신군부가 시작하고 1988년 광주청문회를 앞두고 노태우 정부의 '5·11연구위원회'가 인위적으로 조작한 자료에 새로 창작된 거짓 사실들을 추가하고 덧붙인 악의적인 상상력에 기반한 것이었다.

보수우익 집단의 5·18 왜곡 담론은 지역주의 담론에 반공·반북 담론을 교묘하게 결합시킨 '광주=용공=친북=반민족' 대 '영남=반공=반북=국

---

21   '자유북한군인연합' 대표 임천용은 2006년 12월 20일 기자회견을 열고 "5·18 때 광주에 700명 정도의 특수군이 투입됐다"고 거짓 진술했다(지만원, 2006. 12. 20).

가정통성'이라는 이분법적 대립구도에 기초하고 있었다(오승용, 2012). 이들은 대립 담론을 통해 호남인에 대한 혐오를 부추기고 5·18 폭동론을 유포시켜 광주항쟁을 국가의 공식기억인 '민주화운동'에서 '폭동'으로 되돌리고자 했다. 대립 담론의 저변에는 5·18이 '폭동'에서 '민주화운동'으로 변경된 것은 순전히 종북·좌파세력의 영향력 때문이며 이러한 5·18에 대한 기억의 변경이 대한민국의 정체성을 크게 위협하고 있다는 인식이 강하게 자리하고 있었다. 따라서 "종북·좌파세력에 맞서 자유민주주의를 수호"하기 위해선 잘못된 5·18에 대한 기억과 평가를 반드시 바로잡아야 한다는 것이 이들의 생각이었다(최정기, 2020b: 30). 요컨대 이들은 5·18을 지역의 불순분자와 남파간첩들이 추동한 '폭동'으로 재형상화함으로써 '민주화운동으로서의 5·18'이라는 국가의 공식기억을 전복시키고자 했다.

  보수우익 집단들의 5·18 왜곡 활동은 2008년과 2012년에 연이어 집권한 보수정부 시기에 더욱 기승을 부렸다. 비록 이명박·박근혜 정부는 5·18을 '민주화운동'으로 호명하긴 했지만, 이들 보수정부는 김대중·노무현 정부에 의해 추진된 5·18 추념정치, 그리고 과거 국가폭력 사건들에 대한 '진실규명'과 '과거사 청산' 활동이 해방 이래 보수우익이 일궈온 반공주의에 기반한 '자유민주주의'와 산업화의 역사적 정당성을 위협·훼손하고 있는 데 대해 대단히 못마땅해 했다(하상복, 2012). 이러한 불만은 정부 차원의 구체적인 조치로 표출됐다. 이명박 정부는 '5·18 추모곡 공모'를 통해 「임을 위한 행진곡」을 퇴출시키려 했고, 박근혜 정부는 '역사교과서의 국정화'를 시도하는 한편, 5·18 기념식에서 「임을 위한 행진곡」의 제창을 금지했다.

이명박·박근혜 정부의 5·18에 대한 부정적인 태도는 보수우익 세력, 특히 극우·수구 집단의 5·18 왜곡·폄훼 활동을 고무했다. 즉, 보수 정파의 집권은 '민주화운동으로서의 5·18'이라는 국가의 공인에 불만을 품고 있던 극우·수구 집단들을 결집하고 '5·18 폭동담론'의 재등장을 촉발하는 기회구조로 작동했다. 실제로 이명박 정부의 출범과 더불어 5·18을 왜곡·부정하는 강연회, 책자, 온라인 콘텐츠가 빠르게 증가하기 시작했고, 박근혜 정부에 들어서면서 이들의 왜곡·폄훼 활동은 더욱 노골화됐다. 그 대표적인 사례가 TV조선과 채널A의 '북한의 5·18 개입설' 보도,[22] 보수 인터넷 커뮤니티인 '일간베스트 저장소'(www.ilbe.com)의 연이은 5·18 폄훼 발언,[23] 보수 논객 지만원의 이른바 '북한특수군 광주침투설'[24] 등이다.

---

22 2013년 5월 13일, TV조선 〈장성민의 시사탱크〉에는 북한 특수부대 장교 출신이라는 임천용이 출연해 "(5·18 당시) 600명 규모의 북한군 1개 대대가 침투했다. 전남도청을 점령한 것은 시민군이 아니고 북한에서 내려온 게릴라였다. 망월동 5·18묘역의 신원미상자 70여 명의 묘가 북한 특수부대원들의 묘이다" 등의 주장을 폈다. 이러한 출연자의 주장에 대해, 사회자(장성민)는 "탈북자들의 직간접적 증언 등 시민들이 빨갱이, 폭도, 간첩으로 매도된 데 대한 의구심을 해결할 결정적인 증거와 단서들이 속속 드러나고 있다. 북한의 특수게릴라들이 어디까지 광주민주화운동에 관련되어 있는지 그 실체적 진실은 반드시 밝혀져야 한다"라고 발언했다. 또한 채널A는 2013년 5월 15일 시사 프로그램 〈김광현의 탕탕평평〉에서 "5·18민주화운동 당시 직접 광주로 내려왔다는 북한 특수부대 출신 탈북자가 '북한군이 5·18에 개입했다'는 사실을 확인했다"라고 보도했다(김규남, 2013. 5. 16).

23 2013년 5월, 일간베스트(일베) 회원들은 광주항쟁 당시 촬영된 사진들에 대해 모욕적인 글을 게재했다. 예컨대, 태극기로 덮인 5·18 희생자들의 관이 늘어선 사진을 두고 "배달된 홍어들 포장 완료된 거 보소"라는 글을 달았고, 군인들이 광주시민들에게 폭력을 휘두르는 사진에도 "어부들이 홍어를 잡고 있다", "회를 뜨기 직전 모습", "회를 뜨고 남은 찌꺼기를 버리고 있다" 등의 글을 달아 광주항쟁의 역사적 사실과 가치를 왜곡·폄훼했다. 그뿐만 아니라 온라인 게시판에 "광주폭동이 어떻게 민주화운동이라는 거짓 칭호를 달았는가"라는 제목의 글을 올려 "김영삼 전 대통령이 교묘하게 광주폭동을 민주화운동이라는 거짓된 이름으로 조작해 폭동을 진압한 영웅 전두환과 노태우를 반역자로 몰아 감방에 처박았다"라고 주장했다(박현철·유신재, 2013. 5. 21).

그리고 이러한 내용은 보수성향의 인터넷 언론사 및 온라인 카페의 '펌질'을 통해 전국으로 유포됐다.

5·18에 대한 보수정부의 부정적인 태도와 일부 보수단체의 왜곡 활동은 기억투쟁을 재점화했다. 이명박·박근혜 정부가 「임을 위한 행진곡」 제창을 금지하고 극우단체들이 5·18 희생자를 조롱하면서 광주시민들을 "빨갱이" 혹은 "폭도"로 모는 상황이 벌어지자 오월단체와 광주·전남 지역민들은 기가 막혔다. 이들은 또다시 기억투쟁에 나서야 했다.

먼저, 5·18을 상징하는 대중적 추모곡인 「임을 위한 행진곡」의 제창 금지를 둘러싼 기억투쟁이다. 이 노래는 광주항쟁 당시 도청에서 전사한 시민군 대변인 윤상원과 들불야학 출신 노동자 박기순의 영혼결혼식을 위해 1982년 6월에 만들어졌다. 이후 이 노래는 1980년대 반정부시위와 기억투쟁 현장에서 애창됐고, 1997년 5·18이 국가기념일로 지정되자 자연스럽게 5·18 기념행사에서 모두가 제창하는 추모곡이 됐다.

문제는 2009년 12월에 발표된 이명박 정부의 방침(새 5·18 추모곡의 제정·보급)에서 비롯됐다(권혁철·이정애, 2009. 12. 2). 정부는 5·18민주화운동의 위상에 걸맞은 추모곡이 없다는 명분을 내세웠지만, 광주항쟁 희생자 유족과 피해자, 그리고 광주시민들을 설득하기엔 매우 궁색한 것이었다. 이들에게 「임을 위한 행진곡」은 광주항쟁의 피와 혼이 응축된 노래였기에 「임을 위한 행진곡」을 퇴출하는 것은 5·18 정신과 의미를 축소·훼손시키는 행위나 다름없었다. 광주지역 시민단체들의 격렬한 반대에 부딪

---

24 지만원은 2014년 유튜브에 18분짜리 동영상을 올려, 5·18 당시 촬영된 광주시민들과 시민군의 얼굴 사진이 북한군 핵심 간부들의 얼굴 사진과 비슷하다는 것을 근거로 약 600명의 "광수"(5·18 때 광주에 내려온 북한특수군)가 광주에 왔다고 주장했다.

현 정부는 새 추모곡 제정을 철회했지만, 대신 2010년 5·18행사의 식순에서 「임을 위한 행진곡」 제창'을 제외할 방침임을 천명했다. 분개한 5·18 유족들은 30주년 기념행사 참석을 거부했고, 광주광역시와 시의회, 그리고 광주지역 시민단체들은 연달아 항의성명을 통해 「임을 위한 행진곡」 제창금지 방침을 철회할 것을 정부에 요구했다. 이에 국가보훈처는 2011년과 2012년 기념식에서 「임을 위한 행진곡」을 '제창'하는 것이 아니라 합창단이 '합창'하는 것으로 대체했지만, 이는 광주시민들의 요구와는 거리가 먼 것이었다.

그럼에도 정부의 「임을 위한 행진곡」 제창금지 방침은 계속됐다. 박근혜 정부 출범 이후 처음 열리는 5·18 기념식(2013년)에서도 국가보훈처는 「임을 위한 행진곡」 제창을 금지했다. 오월단체들은 2010년에 이어 또다시 기념식 참석을 거부했다. 그리고 이들은 망월동 5·18 구묘역에서 별도의 추모제를 열고 「임을 위한 행진곡」을 제창했다(정대하, 2013. 5. 18). 또한 광주광역시는 광주지역 시민단체들과 함께 '임을 위한 행진곡 5·18 공식 기념곡 지정 추진대책위원회'를 결성하고 범국민서명운동에 돌입했다(장우석, 2013. 5. 22).

정치사회도 동조적이었다. 2013년 6월, 새정치민주연합이 발의한 '임을 위한 행진곡 5·18 기념곡 지정 촉구결의안'이 국회에서 채택됐고, 전국 시·도의회 의장협의회는 「임을 위한 행진곡」을 5·18광주민주화운동 기념곡으로 지정할 것을 촉구하는 건의문을 발표했다. 일반 시민들도 마찬가지였다. 2014년 4월에 실시된 여론조사에 따르면, "임을 위한 행진곡을 공식 기념곡으로 지정해야 한다"는 의견(60%)이 "지정하지 말아야 한다"는 의견(22%)을 압도했다(홍성장, 2014. 5. 8). 하지만 박근혜 정부의 태도는 요지부동이었다. 정부는 끝까지 「임을 위한 행진곡」의 제창 및 기념곡 지정을 거부했다. 분노한 오월단체들은 5·18 기념행사 참석을 거부했고, 2014년부터 매년 기념행사가 열릴 때마다 시민들과 함께 5·18 국립묘지 입구에서 침묵시위를 이어갔다.

3) 5·18 왜곡처벌법

보수우익단체의 5·18 왜곡에 대해서도 오월단체들과 광주시민들은 항의투쟁을 펼쳐나갔다. 맨 먼저 나선 이들은 오월단체들이었다. 이들의 초기 대응은 왜곡 담론 생산세력에 항의해 허위사실을 바로잡거나 주요 인사들을 '허위사실 유포에 의한 명예훼손'으로 검찰에 고소·고발하는 것이었다(안관옥, 2008.6.4). 하지만 이 같은 사법적 대응은 왜곡 담론을 생산한 개인들에 대한 처벌에 국한됐던 까닭에, 누리꾼들의 '펌질'을 통한 왜곡 담론의 확산을 막는 데에는 한계가 있었다. 이에 오월단체와 광주시민들은 5·18의 정당성과 역사적 의미를 알리기 위해 보다 적극적인 기억투쟁에 나섰다. 그 일환으로 2009년 12월 7일 오월단체들은 광주지역의 정·관·학·종교계 인사들과 함께 '5·18민주화운동 세계기록유산 등재추진위원회'(등재추진위)를 결성하고 5·18 기록물의 유네스코 세계기록유산 등재사업을 진행했다(이기수, 2009.12.8). 등재추진위는 5·18이 국가폭력에 저항한 민주화운동이었음을 보여주는 1980년 당시 유인물·사진·영상물·희생자 유품과 5·18 관련자들의 구술자료, 국회 광주청문회 회의록, 수사·재판기록, 각종 관련 문헌 등 방대한 자료를 수집·정리해 기록물 소장기관의 동의서와 함께 등재신청서를 유네스코에 제출했다. 그리고 기록물들은 유네스코 등재심사소위원회의 심의를 거쳐 2011년 5월 마침내 유네스코 세계기록유산에 등재됐다. 이로써 일부 보수우익단체가 주장하는 '5·18 폭동론'이 사실과 다르다는 것을 널리 알렸다.

그럼에도 소위 '광수설'은 온라인 공간을 통해 끊이지 않고 유통됐다. '광수설'은 극우 인사(지만원)에 의해 처음 제기됐는데, 그는 5·18 당시 촬영된 광주시민들과 시민군의 얼굴 사진이 북한군 핵심 간부들의 얼굴 사진과 비슷하다는 것을 근거로 약 600명의 '광수'(5·18 당시 광주에 내려온 북한특수군)가 광주에 왔었다고 주장했다. 이에 오월단체와 338개 지역시민단체는 2013년 '5·18역사왜곡대책위원회'(대책위)를 구성하고 '광수설'을 반박할 증거 수집에 나섰다. 대책위는 '5·18민주화운동 역사 왜곡·훼손 사례 신고센터'를 개설했으며 광주시청 로비에 지만원 등이 '광수'로 지목한 광주시민들의 사진을 내걸고 사진 속 실제 인물 찾기에 나섰다(정대하, 2015. 10. 23). 그 결과, '광수설'의 허위는 속속 밝혀지기 시작했다. 예컨대, 5·18 당시 시민군 상황실장이었던 박남선이 "광수 71번"(북한노동당 비서 황장엽)으로, 시민군의 일원이었던 곽희성이 "광수 184번"(개성시 인민위원회 부위원장)으로, 남편의 주검이 담긴 관 앞에서 통곡하던 모습이 찍힌 심복례가 "광수 139번"(김형직사범대학 학장을 지낸 홍일천)으로, 아들의 주검을 찾아 헤매던 사진 속의 인물 김진순이 "광수 62번"(북한노동당 중앙위원회 위원을 지낸 리을선)으로, 전남도청으로 들어가는 모습이 촬영된 시민 고광덕이 "광수 44번"(북한 인민군 4군단장 전진수)으로 둔갑됐음이 밝혀졌다(정대하, 2016. 5. 17).

더불어 2013년 5월 광주광역시 교육청은 그간 권장 사항이던 초·중·고등학교의 5·18 계기교육을 의무화했고, 이를 위해 다양한 교육 자료 및 프로그램의 개발에 나섰다(김민경, 2013.5.7). 한편 박근혜 정부는 '국가가 하나의 통합된 역사 교과서를 만들고, 이를 통해 모든 중·고등학생이 한국사 교육을 받아야 한다'는 취지하에 '역사교과서 국정화' 정책을 추진했다. 박근혜 정부가 역사교과서 국정화를 통해 과거 독재정권을 미화하고 5·18의 역사적 의미를 축소하려는 움직임을 보이자, 호남지역 교육감 및 지역 사회·시민단체들은 역사교과서 국정화 시도를 "과거로의 회귀"를 꾀하는 "역사쿠데타"로 규정하고 반대운동에 나섰다(강현석·박용근·임아영, 2015.10.13; 김지을, 2015.10.13). 시민사회와 야당 역시 적극 항의에 나섰다. 2015년 11월, 교육·학술단체, 시민사회단체, 학부모·청년·여성단체 등 479개 단체가 연합한 '국정화 저지 네트워크'와 전국 대학 역사학과 학생들의 모임인 '전국역사학과 네트워크'는 역사교과서 국정화 정책의 철회를 요구하는 집회와 시위를 끊임없이 이어갔다.

2017년 5월 문재인 정부의 출범은 5·18을 왜곡하려는 극우·수구 세력에겐 정치적 기회구조의 축소를, 5·18을 민주항쟁으로 기억·추념하려는 세력에겐 기회구조의 확장을 의미했다. 문재인 대통령은 2017년 5·18 기념사에서 진상규명은 "결코 진보와 보수의 문제"가 아닌 "상식과 정의의 문제"임을 강조하면서, 5·18을 "왜곡하고 폄훼하려는 시도"는 "역사를 왜곡하고 민주주의를 부정하는" 것이기에 결코 "용납할 수 없는 일"이며, "헬기 사격까지 포함해 발포의 진상과 책임을 반드시 밝혀"내어 "민주주의의 가치를 보존"할 것임을 천명했다(대통령비서실, 2018: 68~69). 이러한 대통령의 다짐에 대해 시민들은 대체로 동조하는 모습을 보였다. 2017년에 실시된 여론조사에 따르면, 5·18에 대한 왜곡과 훼손이 "심각하다"는 의견이 67.1%로 "심각하지 않다"는 의견 8.3%를 능가했으며, 그간 "5·18

진상규명이 잘 이루어지지 못했다"는 의견(58.9%)이 "잘 이루어졌다"는 의견(15.5%)을 압도했다(5·18기념재단, 2017).

대통령의 진상규명 의지는 빠르게 실천됐다. 2017년 8월 대통령은 국방부에 5·18 당시 전투기출격 대기 명령 여부와 광주 전일빌딩 헬기사격 의혹 등에 대한 특별조사를 지시했고, 같은 해 9월엔 모든 정부기관이 보유하고 있는 5·18 관련 기록물에 대한 폐기금지 조치를 내렸다. 그리고 집권당인 더불어민주당은 '5·18 진상규명특별법'을 제정하는 작업에 착수했다.

이러한 정부·여당의 움직임에 대해 5·18 관련 단체들은 특별법의 조속한 제정을 촉구하는 각종 성명서 발표와 서명운동으로 호응했다. 그리고 2018년 3월 '5·18민주화운동 진상규명을 위한 특별법'이 제정되어, 1980년 당시 민간인 학살과 발포 명령자, 암매장, 북한군 개입 등 아직 밝혀지지 못한 의혹들에 대한 진상규명 작업이 가능해졌다.

하지만 5·18 진상규명 활동은 민정당의 후신이자 권위주의 계승정당인 자유한국당의 비협조와[25] 극우세력의 반발로 지연됐고, 그 사이에 일부 자유한국당 의원들과 극우단체들은 끊임없이 5·18을 비방·왜곡·폄훼했다. 그 대표적인 사례가 2019년 2월 8일 일부 자유한국당 의원이 주최하

---

25 자유한국당은 자당의 몫으로 배정된 진상규명 조사위원(3인)으로 '5·18 북한군 개입설'을 주장해 온 극우 인사(지만원)를 조사위원으로 추천하는 방안을 검토했으나, 시민사회의 비판에 직면하자 조사위원 추천을 공모방식으로 전환했다. 이후 특별법 시행일(2018년 9월 14일)로부터 4개월이 지난 2019년 1월 14일 자유한국당은 조사위원 3명을 추천했으나, 이마저도 특별법이 규정한 자격요건을 충족하지 못한 인물이었다. 이에 따라 대통령은 조사위원의 재추천을 요청했고, 자유한국당은 2019년 11월 진상규명 조사위원을 다시 추천했다. 그 결과, '5·18 진상규명 특별법'이 발효된 지 1년 3개월 만에 진상조사위원회가 구성됐다.

고 극우 인사 지만원이 참여한 이른바 '5·18 진상규명 대국민공청회'였다. 이 공청회에서 이들은 "5·18은 북한군이 주도한 게릴라전"이고 "정치적이고 이념적으로 이용하는 세력들에 의해 폭동이 민주화운동으로 변질"된 것이며, "종북·좌파들이 판을 치면서 5·18 유공자라는 이상한 괴물집단을 만들어내 우리 세금을 축내고 있다"면서 이제 5·18에 대한 국가의 공인을 "다시 뒤집을 수 있는 때가" 됐다고 주장했다(허남설·강현석, 2019. 2. 9). 이미 국가에 의해 공인되고 우리 사회에 광범위하게 수용된 '민주화운동'으로서의 5·18에 대한 왜곡·폄훼 발언은 시민사회와 정치사회의 공분을 일으켰다. 특히 광주·전남 주민들의 분노는 컸다. 광주시장과 전남도지사가 항의성명을 발표했고, 광주시의회, 전남도의회, 전남대 민주화교수협의회, 오월단체, 광주시민단체협의회가 잇달아 규탄성명을 발표했다.[26] 오월단체 회원들은 2019년 2월 12일 국회의사당 앞에서 5·18을 폄훼한 자유한국당 의원(김진태, 이종명, 김순례)의 제명을 촉구하는 피케팅을 벌였고, 다음날 자유한국당 당사 앞에서 항의집회를 열었다. 또한 광주시민들은 2월 16일 금남로에서 '광주범시민궐기대회'를 갖고 "자유한국당 해체"와 "5·18 역사왜곡처벌법 제정"을 외쳤다(김정대, 2019. 2. 18).

항의 활동은 이내 전국으로 번져갔다. 2019년 2월 14일엔 서울·부산·경남·대전 지역 시민단체들의 항의집회가, 2월 18일엔 대구·경북 지역 시민단체들의 항의 기자회견이, 2월 19일엔 전국 553개 시민단체로 구성된 '5·18 비상시국회의'의 기자회견이 열렸다. 2월 23일엔 '5·18 비

---

26 북한군의 광주항쟁 개입설을 주장·유포한 지만원은 허위사실 유포와 명예훼손 혐의로 1심 재판(2020년 2월)에서 징역 2년의 판결을 받았고, 이후 2심(2022년 2월)과 최종심(2023년 1월)에서도 징역 2년의 실형을 확정받았다(유연재, 2013. 1. 12).

상시국회의'와 '5·18 역사왜곡처벌 광주운동본부'가 주최하는 범국민대회가 열려 '5·18민주화운동 망언 3인 국회의원 퇴출', '5·18 왜곡처벌특별법 제정', 그리고 '5·18 진상조사위원회의 조속한 출범'을 촉구했다(강현석·권기정·김정훈, 2019. 2. 13; 박태우, 2019. 2. 18; 선명수, 2019. 2. 19; 선명수, 2019. 2. 23).

자유한국당을 제외한 여야 4당(더불어민주당, 바른미래당, 민주평화당, 정의당)은 시민단체들의 요구에 적극적으로 호응했다. 2019년 3월 22일, 여야 4당 의원들은 5·18민주화운동에 대한 정의를 명확히 하고, 5·18에 대한 비방·왜곡·날조 및 허위사실 유포를 규제하는 '5·18 특별법개정안'을 국회에 제출했다. 그 결과, 5·18에 대한 부인·비방·왜곡·날조 행위를 금지하는 '5·18민주화운동 특별법개정안'(이른바 5·18 왜곡처벌법)이 2020년 12월에 제정됐다.

5. 결론: 기억투쟁의 결과

5·18은 전두환 신군부가 민주화를 요구하는 광주시민들을 총칼로 짓밟은 사건이다. 이 때문에 기억투쟁은 출발부터 권력의 핵심을 직접 겨냥하는 저항운동의 성격을 갖게 됐다. 따라서 기억투쟁의 성격은 광주참사의 진실을 밝히고 명예회복을 요구하는 '오월운동'과 권위주의 통치를 거부하고 민주주의를 요구하는 '민주화운동'이라는 양면성을 띠면서 전개됐다.

1) 오월운동과 기억공동체

5·18 기억투쟁은 두 가지 축으로 구성되어 있다. 그중 한 축은 오월운동으로, 광주학살의 왜곡에 맞서 그날의 진실을 밝힘으로써 올바른 역사를 복원하려는 것이다. 초기 오월운동은 극도의 분노와 서러움으로 인해 매우 감정적이고 극단적인 형태를 띠었다. 예컨대, "전두환 물러가라!", "내 자식 살려내라!" 등과 같은 실현가능성이 낮거나 불가능한 요구를 내세웠다. 하지만 시간이 지나면서 보다 현실적인 목표인 ① 진상규명, ② 책임자 처벌, ③ 명예회복, ④ 피해보상, ⑤ 5·18 기념사업의 추진 등으로 구체화됐다(나간채, 2012: 265). 그러나 오월운동의 상당한 성과에도 불구하고 기억공동체는 아직 미완의 상태에 머물러 있다. 이 다섯 가지 목표의 성과와 한계에 대해 구체적으로 살펴보면 다음과 같다.

첫째, 기억투쟁은 무엇보다도 국가 차원의 진상규명 — 국회의 국정조사와 청문회(1988~1989), 검찰수사와 그 수사결과에 의한 관련자 재판(1996~1997), 국방부 과거사정리위원회의 조사활동(2005~2007), 5·18민주화운동진상규명조사위원회의 조사활동(2019~2023) 등 — 을 가능케 했다. 특히 1988년 11월에 개최되어 1989년 2월까지 열린 국회청문회는 그간 5·18을 '폭동'으로만 알고 있었던 타 지역 사람들에게 충격을 주었고, 이에 따라 전두환 신군부의 만행은 국민적 비난과 지탄의 대상이 됐다. 이때부터 오월운동은 시민사회의 지지를 얻어 더욱 치열하게 전개됐다. 그 결과가 5·18 특별법 제정이었고, 검찰수사와 5·18 재판이었다. 1997년 4월 17일, 대법원은 5·17 비상계엄 확대와 5·18 유혈참사를 "내란 및 내란 목적의 살인행위"로, 광주시민들의 저항을 "헌정질서를 수호하기 위한 정당한 행위"로 판결했다(≪경향신문≫, 1997. 4. 18). 하지만 국가 차원의 진상규명 활동에도 불구하고, 유혈진압 과정에서 계엄군이 시민들을 향해 발포한 경위와 발포를 명령한 자가 누구인가에 대한 의문은 아직까지 밝혀지지 못하고 있다.[27]

둘째, 책임자 처벌과 관련해서, 전두환, 노태우, 황영시, 정호영, 이희성, 주영복 등 주요 책임자 16명에 대해 수사했고, 그 가운데 박준병(당시 20사단장)을 제외한 전원에게 각각 무기징역에서 징역 3년 6개월까지 유죄가 선고됐다. 하지만 5·18 재판이 내란죄에 초점을 맞춰 진행됨에 따라 내란을 모의하고 지휘한 소수의 신군부 수뇌만 수사 및 기소 대상이 됐다. 이에 따라 유혈진압을 현장에서 직접 지휘하고 작전을 실행한 대대장급 장교들은 면죄부를 받는 결과가 초래됐다(양영태, 2006: 538~539).

셋째, 명예회복의 과정은 5·18이 '폭동'에서 '민주화운동'으로 공인되고, 5·18 피해자들이 '폭도'라는 낙인에서 벗어나 '국가유공자'로 인정받

---

[27] 이와 관련해 검찰수사와 재판결과는 자위권 발동지시를 사실상의 발포 명령으로 보았다. 대법원 판결문에 따르면, 계엄군의 자위권 발동은 5월 21일 오후 4시 35분경에 국방부장관(주영복) 주재하에 계엄사령관, 각 군 참모총장, 연합사 부사령관, 2군사령관 등이 참석한 회의에서 결정됐고, 계엄사령관(이희성)이 오후 7시 30분에 방송을 통해 자위권 보유 사실을 천명하는 담화문을 발표했으며, 오후 8시 30분 이후 육군본부로부터 2군사령부를 거쳐 광주에 있는 계엄군에 자위권 발동지시를 하달했고, 다음날 5월 22일 12시에 '자위권 발동지시'라는 제목의 계엄훈령 제11호를 하달했다고 한다. 그리고 자위권 발동의 배후 책임자는, 비록 그것을 결정하는 회의에는 참석하지 않았지만, 전두환임을 명시했다. 그러나 이러한 판결은 계엄군의 집단발포(5월 21일 오후 1시)가 자위권 발동명령 이전에 행해졌다는 점에서, 자위권 발동이 집단발포의 원인이 아님이 자명해진다. 다시 말해, 검찰수사와 재판은 누가 최초의 발포 명령자인지, 그리고 그런 지시가 실제로 있었는지 여부에 대해 밝혀내지 못했다. 이는 오랜 시간이 지나면서 증거가 사라지고 폐기된 탓도 있지만, 당시 검찰의 수사가 사건의 전모를 밝히기보다는 혐의사실(내란 및 내란목적 살인죄)을 확정하는 데만 급급했기 때문이다.

고, 망월동 묘지가 '범죄자들의 집단 매장지'에서 민주화운동의 영령을 모신 '국립묘지'로 변경되는 반전의 역사였다. 이러한 반전에는 기억투쟁의 역할이 지대했다. 1987년 민주화와 더불어 기억투쟁은 더욱 고양됐고 국가의 억압능력은 현저히 위축됐다. 광주청문회로 수세에 몰린 노태우 정권은 5·18을 "그 동기"로 볼 때 "민주화운동의 일환"이라고 재규정했다. 그러나 그것은 양시론(광주시민들이 민주화를 위해 봉기할 수 있듯이 계엄군도 질서유지를 위해 진압에 나설 수 있다) 및 양비론(계엄군의 과잉진압도 문제이지만 무기를 들고 저항한 광주시민들도 문제이다)에 입각한 것이었기에, 명예회복과는 거리가 멀었다. 실질적인 명예회복은 5·18 특별법 제정으로 가능해졌다. 1997년 4월 17일, 대법원은 광주항쟁을 헌정질서를 수호하기 위한 정당한 저항운동으로 규정했다. 그 결과, 광주항쟁 발생일은 국가기념일로 지정됐고, 희생자의 묘역은 국립 5·18민주묘지로 거듭났으며, 항쟁의 희생자는 국가유공자로 예우받게 됐다.

넷째, 피해보상은 법률적 차원의 명예회복이 논의되기 이전부터 진행됐다. 광주참사 피해자들에 대한 보상이 처음 공식적으로 논의된 것은 1988년 2월이었다. 당시 민주화합추진위원회는 진상규명 및 책임자 처벌을 더 이상 거론하지 않는 조건으로 5·18 희생자의 유가족과 부상자에 대한 보상을 정부에 건의했고, 노태우 대통령은 이를 수용해 1990년 8월 진상규명 없는 '보상' 중심의 '광주보상법'을 일방적으로 제정했다. 이 법률과 이후 개정된 법률('5·18항쟁의 피해자' 범위의 재규정)에 의거해 5·18보상심의위원회는 지금까지 7차례(1990년, 1993년, 1998년, 2000년, 2004년, 2006년, 2015년)에 걸쳐 총 5,807명에 대해 피해보상을 결정했다(5·18민주화운동진상규명조사위원회, 2024a: 453).

다섯째, 기념·추모사업은 5·18 특별법 제정을 전후해 급진전했다. 먼저 정부의 지원으로 1997년 5월 13일 국립 5·18묘지가 새로 만들어졌다. 신묘역은 구묘역(망월동 시립공원묘지) 인근 5만여 평의 부지에 묘지(3,000평), 역사공간(5,500평), 민주광장(3,000평), 참배광장(3,800평), 전시공간(800평), 기타 녹지공간 등으로 조성됐다. 또한 1980년 당시 5·18 관련 구금자들이 군사재판을 받던 법정과 영창이 있던 자리에는 5·18자유공원(1999년)이, 그리고 광주항쟁 당시 진압군 지휘부가 자리했던 상무대 부지에는 5·18기념공원(2001년), 5·18기념문화관(2001년), 그리고 5·18교육관(2010년)이 조성됐다(5·18기념재단, 2024: 371). 그뿐만 아니라 지방정부 차원의 기념·추모사업도 진행됐다. 그 일환으로 광주광역시와 전라남도는 5·18의 장소성과 역사성을 간직한 공간을 보존·관리했다. 구체적으로 광주광역시는 1999년 1월 전남대 정문에 표지석을 세우는 것을 시작으로, 2005년 6월에 '5·18 사적지 보존·관리 및 복원에 관한 조례'를 제정했다. 그리고 이 조례에 의거해 현재 총 29곳을 사적지로 지정해 표지석, 조형물, 추모·기념비 등을 세워 관리하고 있다(전남대학교 5·18연구소, 2021: 97~100). 전라남도의 경우, 1998년 5월 13개 시·군의 사적지에 표지석과 안내판을 설치했으며, 이후 2017년 8월 '전라남도 5·18 사적지 관리에 관한 조례'를 제정해 8개 시·군(목포, 나주, 화순, 강진, 해남, 영암, 무안, 함평)의 29곳을 '5·18 사적지'로 지정하고 표지석을 설치해 관리하고 있다(정호기, 2020: 3~4).

마지막으로, 기억공동체는 오랜 기억투쟁과 국가 차원의 인정에도 불구하고 미완의 상태에 머물고 있다. 1997년 4월 17일, 대법원은 5·17 비상계엄 확대와 5·18 국가폭력을 '내란 및 내란 목적의 살인행위'로, 광주 시민들의 항쟁을 '헌정질서를 수호하기 위한 정당한 행위'로 판결했다. 이로써 5·18은 국가에 의해 '민주화운동'으로 공인됐다. 그러나 모든 한국인이 '민주화운동으로서의 5·18'에 동의하는 것은 아니었다. 정치균열에서 발산되는 구조적 영향력은 5·18을 둘러싼 기억정치를 끊임없는 논란과 논쟁으로 이끌었다.

무엇보다도 이념균열은 5·18 추념정치를 대하는 한국인들의 태도와 정서에 큰 영향을 미치고 있다. 5·18 기억을 '군부독재에 저항한 민주화운동'으로 재구성하는 것이 진보 집단에겐 당연하고 정당한 사실이었으나, 일부 보수 집단에겐 부담스럽고 불편한 진실이었다. 이들 보수우익 집단은 5·18 기억의 변경이 대한민국의 정체성을 크게 위협하고 있다고 여겼다. 이들은 남파간첩과 불순분자들이 추동한 '광주폭동'이 '민주화운동'으로 조작된 것은 순전히 종북·좌파세력의 영향력 때문이라고 믿었다. 따라서 이들은 종북·좌파세력에 맞서 '자유민주주의'를 수호하기 위해 잘못된 5·18에 대한 기억과 평가를 반드시 바로잡아야 한다는 태도를 견지한다. 그 일환으로 이들은 '북한군 개입설' 등과 같은 5·18에 대한 폄훼와 왜곡 활동을 전개했으며, 일부 보수정당 의원은 이에 동조·가담했다. 결과적으로 5·18은 이념에 따라 상이하게 인식되고 있다. 이는 '민주화운동으로서의 5·18'의 기억이 불안정한 상태에 있음을 보여주는 한편, 반공·보수 중심의 단원적 정치공간이 보수와 진보가 경쟁하는 다원적 정치공간으로 변화했음을 보여준다. 이는, 그간의 괄목할 만한 성과에도 불구하고, 5·18 기억투쟁이 아직 미완의 상태에 있음을 시사한다.

2) 민주화운동

기억투쟁의 또 다른 축은 민주화운동이다. 5·18은 12·12 군사반란을 통해 정권탈취를 노리던 신군부가 민주화를 요구하는 광주시민들을 유혈진압한 사건이다. 이 때문에 기억투쟁은 자연스럽게 반독재·민주화운동의 성격을 띨 수밖에 없었고, 실제로 학생, 재야인사 등의 민주화세력과 밀접한 연계 속에서 전개됐다. 달(Dahl, 1971)이 주장하듯이, 민주화와 민주주의가 장기적으로 지속하기 위해서는 정치적·사회적 대항세력이 반드시 존재해야 한다. 이 점에서 기억투쟁은 정치적 대안세력과 이를 지지하는 사회세력을 성장시킨 민주화운동이었다. 장기적 관점에서 볼 때, 광주참사는 호남사람들에겐 기존 지배질서에 저항하는 정치적 각성의 계기가 됐고, 학생과 젊은 지식인들에겐 권위주의 질서에 대한 비판적 서사와 더불어 대안적 세계관을 모색하는 계기가 됐다. 즉, 광주학살이 시차를 두고 순차적으로 등장한 지역균열, 이념균열, 그리고 세대균열을 배태한 역사적 '중대사건'이었다면, 기억투쟁은 정치균열들을 중심으로 기존 지배세력과는 다른 정치적 입장과 선호를 가진 사회세력의 출현과 성장에 기여했다. 이를 구체적으로 살펴보면 다음과 같다.

첫째, 기억투쟁은 민주주의 가치에 대한 믿음과 지지를 확산시켜 민주화 이행과 절차적 민주주의의 정착을 추동했다. 오월단체들은 학생·재야단체들과 함께 추념운동을 펼치고 '광주의 비극'을 끊임없이 소환함으로써 권위주의 통치의 부당성과 민주주의의 소중함을 아래로부터 일깨웠다. 기억투쟁과 민주화운동의 연계는 학생운동세력-재야단체-정치사회(야당) 간 민주대연합으로 그 모습을 드러내, 6월항쟁을 '무혈혁명'으로 이

끝었다. 기억투쟁은 민주화 이행 이후의 흐름에서도 중심을 형성했다. 구체적으로 1993년 하나회 숙정과 1997년 전두환, 노태우의 사법적 처벌을 이끌어냄으로써 "성공한 쿠데타도 처벌할 수 있다"는 전례를 만들었고, 당시 한국 민주주의의 최대 현안 가운데 하나였던 '집정관 문제(praetorian problem)'를 해소하고 문민우위의 원칙을 확립함으로써 절차적 민주주의를 확고히 했다.

둘째, 기억투쟁은 한국의 기존 지배질서에 대한 대안적 세계관을 형성시켰다. 그 결정적인 계기는 광주학살에 대한 미국의 용인이었다. 당시 대학생들과 젊은 지식인들은 광주학살과 신군부의 정권찬탈을 국내의 민주주의 문제를 넘어 미국 중심의 신제국주의적 지배질서에서 비롯된 사건으로 인식했다. 즉, 권위주의의 배후에는 한국의 자주적 발전을 방해하는 미 제국주의가 존재하며, 미국은 자신의 군사적·경제적 이익을 위해 대리통치세력인 군부를 내세워 반민족적이고 반민주적인 통치질서를 유지·강화해 왔다는 것이다. 이러한 인식은 자연스럽게 반미주의 및 반냉전·반반공주의적 역사 인식을 형성하는 지적 자양분이 됐다. 그 결과, 반미의 무풍지대였던 한국사회에 반미감정이 촉발·확산됐고, 한국전쟁 이래 사라졌던 '보수 대 진보'의 이념균열이 재등장해 한국인들의 반공 중심적 세계관에 실질적인 균열을 만들어냈다. 특히 5·18을 둘러싼 기억투쟁은 전두환과 신군부의 국가폭력을 지속적으로 소환함으로써 이념적으로 반공·보수 중심이던 단원적 정치공간을 보수와 진보가 경쟁하는 다원적 정치공간으로 변화시키는 데 있어 핵심적인 역할을 했다.

셋째, 광주참사와 기억투쟁은 민주화 이후 정치균열(지역, 이념, 세대)을 생성시켜 한국인의 투표선택과 정당배열에 근본적인 변화를 가져왔다. 초기 기억투쟁은 군부 권위주의에 저항하는 호남과 학생·재야세력 간 연대를 촉진함으로써 '민주 대 반민주'의 대결구도를 강화했고, '민주 대 반민주'의 정치구도는 제12대 총선(1985년 2월)을 거치면서 신군부가 만들어놓은 패권정당체제를 여당(민정당)과 야당(신한민주당)이 첨예하게 대결하는 양당제로 변화시켰다.[28]

'민주 대 반민주'의 대결구도에 기반한 양당체제가 지역균열에 기반한 다당제로 변경된 것은 1987년 민주화 직후였다. 13대 대통령선거(1987년 12월)를 앞두고 민주화 진영의 양 축인 김대중과 김영삼의 분열은 지역균열을 촉발했고, 대선 과정에서 전두환과 민정당이 의도적으로 지역대결을 부추기면서 지역균열은 더욱 증폭되었다. 광주참사라는 절대적 박탈과 소외를 경험한 호남사람들은 제13대 대선과 총선에서 김대중을 중심으로 결집했고, 이에 대응해 비호남지역의 후보들은 각각 자신의 연고지에서 지역정서에 호소하는 선거운동을 펼쳤다. 그 결과, 1987년 대선과 1988년 총선에서 정당배열은 4개의 지역정당 — 민정당(대구·경북), 신민주공화당(충청), 통일민주당(부산·경남), 평화민주당(호남) — 이 경쟁하는 일종의 다당제 형태를 보였다.

지역주의 정당체제는 1990년 민정당 주도의 '3당 합당'으로 인해 거대 양당체제로 변모했다. 1988년의 총선 패배로 정치적으로 수세에 몰린 권위주의 계승세력은 보수 중심의 '패권정당 만들기'를 시도했다. 1990년

---

28 1981년 신군부세력은 자신이 주도하는 정당뿐만 아니라 야당들의 창당 과정에도 적극적으로 관여해 집권당 우위의 정당체제를 구축했다. 당시 신군부가 만들고자 했던 정당체제는 외형적으로는 다당제, 내면적으로는 일당우위제였다. 전자는 신군부가 정당 다원주의를 지향하는 것처럼 보이기 위함이었고, 후자는 집권당에 대한 야당의 도전과 경쟁을 허용하지 않는 패권정당을 구축하기 위함이었다.

3당 합당을 통해 형성된 '보수대연합'이 그것이었다. 이는 개혁적 자유주의 분파(평화민주당)를 고립시키는 결과를 가져왔고, 이에 따라 보수세력을 견제할 대안세력으로서의 야권의 역량과 위상은 현저히 위축될 수밖에 없었다. 한편 정치적 고립을 극복하기 위해 평화민주당은 재야운동권 세력과 지속적으로 연대를 추구했고, 그 결과 평화민주당과 민주화 계승정당들의 외연이 확대되었다. 이에 따라 호남지역 기반의 지역정당인 평화민주당 계승정당(민주당 - 새정치국민회의 - 새천년민주당 - 열린우리당 - 대통합민주신당 - 새정치민주연합 - 민주통합당 - 더불어민주당)은 호남과 진보세력이라는 사회적 지지기반을 지닌 전국 정당으로 발돋움했고, 나아가 노무현, 문재인과 같은 이른바 'PK 인사'들도 자연스럽게 이에 합류해 이후 평화민주당 계승정당을 이끄는 지도자가 되었다. 그 결과, 민주화 계승정당은 권위주의 계승정당(민자당 - 신한국당 - 한나라당 - 새누리당 - 자유한국당 - 국민의힘)을 견제하는 실질적인 대안세력으로 부상할 수 있었다.

요컨대, 기억투쟁의 과정은 민주화세력이 확장하고 연대하는 과정이었고, 민주주의에 대한 신념과 지지가 확산하는 과정이었으며, 냉전·반공주의에 기반한 권위주의적 발전국가에 맞서는 탈냉전적 대항담론이 형성되고 확산하는 과정이었다. 기억투쟁은 1980년 당시 '광주의 비극'을 재구성하고 지속적으로 소환함으로써 구체제에 저항하는 호남 지역주의를 낳았고, 민주화운동의 저변을 확대시킴으로써 6월항쟁을 '무혈혁명'으로 이끄는 추동력이 됐다. 또한 기억투쟁은 전두환, 노태우의 사법적 처벌을 이끌어냄으로써 "성공한 쿠데타도 처벌할 수 있다"는 전례를 만들어 신생 한국 민주주의의 최대 현안인 군부의 정치개입 문제, 즉 '집정관 문제'를 해소하는 데 기여했다. 나아가 기억투쟁은 한국전쟁 이후 사라졌던 이념 균열을 재점화해 기존 반공·보수 중심의 단차원적 정치공간을 다양한 정치세력이 경쟁하는 다차원적 정치공간으로 전환시켰고, 자연스럽게 권위주의 후신세력을 견제할 정치적 대안세력을 형성하는 데 기여했다.

일반적으로 신생민주주의에서 권위주의 계승정당을 견제하는 야당이 사회적 지지기반을 갖지 못하고 분열을 거듭할 경우, 민주주의 공고화는 기대할 수 없게 된다. 즉, 민주주의의 정착과 장기적인 지속을 위해선 정치적·사회적 대항세력의 존재가 필수적이다(Dahl, 1971). 이 점에서 호남 지역주의는 평화민주당과 그 계승정당들에 탄탄한 사회적 지지기반을 제공했고, 궁극적으로 민주주의의 안정적인 정착에 기여했다. 이는 기존의 한국 민주화 연구는 물론이고 민주화 제3물결의 이론들도 간과했던 대목이다.

민주화 제3물결의 이론에 기반한 기존 연구들은 경제발전이 낳은 사회적 분화와 중산층의 역할을 강조하는 근대화론(Huntington, 1991), 민주화 및 권위주의 세력 간의 타협을 강조하는 이행론(Linz and Stepan, 1996), 냉전종식과 자유세계 승리와 같은 국제정세의 변화를 강조하는 외인론(Narizny, 2012) 등에 주목했다. 하지만 이들 기존 연구는 특정 국가에서 일어난 국가의 폭력과 국가폭력이 만들어낸 장기적인 정치변동과 동학은 간과했다. 다시 말해, 국가가 특정 사회나 지역에 자행한 폭력이 거대한 사회적 반발을 일으켜 궁극적으로 대항세력을 형성하고 민주화를 가능하게 한 사례에 대한 연구와 관심은 부족했다(Wood, 2000). 민주화 연구에서 전자가 체계적 변수라면, 후자는 사례에 특수한 변수이다. 본 연구는 한국의 민주화에 있어서 체계적 변수인 경제성장, 중산층 확대, 민주화세력의 성장, 미국의 입장 변화 등이 영향을 미쳤음을 부정하지 않는다.

하지만 이러한 체계적 변수는 광주에서 신군부가 자행한 국가폭력과 진실 왜곡이라는 한국적 변수를 고려하지 않고는 한국의 민주화를 온전히 설명하지 못한다. 오월운동, 민주화운동, 그리고 호남 지역주의는 5·18 국가폭력에 대한 사회적 반발이었다. 광주학살 직후 시작된 오월운동이 점차 민주화운동과 연계되면서 권위주의에 반대하는 민주화 진영의 조직 기반과 운동역량이 점차 강화되었고, 이는 마침내 엄청난 시민적 지지와 참여를 수반한 대규모의 민주화운동(6월항쟁)으로 발전해 권위주의 세력으로부터 민주화 이행을 이끌어냈다. 또한 민주화 이행 과정에서 가시화된 호남 지역주의는 권위주의 계승정당에 대항하는 강력한 대안 정당의 등장과 존속을 추동함으로써 한국 민주주의가 안정적으로 정착하는 데 기여했다. 이렇듯 한국 민주화의 근저에 5·18과 기억투쟁이 자리하고 있음은 부정할 수 없는 일이다.

4   5·18 기억투쟁과 한국인의 정치적 태도

1. 서론

중요한 역사적 사건을 둘러싼 '기억정치(politics of memory)'는 종종 사람들의 정치적 태도의 형성 및 변화에 영향을 미친다. 왜냐하면 '무엇을 어떻게 기억하는가' 하는 문제는 '내가 누구이며 무엇을 해야 하는가'에 관한 정체성과 직결되기 때문이다(Bernhard and Kubik, 2014). 5·18을 둘러싼 기억정치 역시 마찬가지였다. 광주의 진실을 밝히고 명예를 회복하기 위한 기억투쟁은 장기적으로 한국인들의 정치적 태도에 중요한 전환을 가져왔다.

기억은 개인이 직접 혹은 간접적으로 경험했던 과거 사건에 대한 이미지를 재구성하고 재현하는 능력이자 행위이다. 즉, 기억은 과거의 사건이나 경험에 관해 개인이 가지고 있는 정보이자 재현된 이미지이며, 오랜 시간이 지날 경우 반감과 호감 등의 감정의 형태로 축적된다. 그럼에도 개인의 기억은 본질적으로 집단적 성격을 띤다. 왜냐하면 과거를 회상하고 형상화하는 기억의 행위와 내용은 기본적으로 사회적 관계, 문화적 상징물, 기록 및 서사에 준거하기 때문이다(Halbwachs, 1980). 그래서 동일한 과거의 사건이라 할지라도, 사람들의 기억은 개인이 처한 사회문화적 준거에 따라 하나의 일관된 기억으로 존재하는 것이 아니라 서로 다른 복수의 '집단기억'으로 존재하게 된다. 즉, 어떤 기억행위자들(mnemonic actors)은 집단기억을 형성·확산시키기 위해 기록(record)과 기념(commemoration)을 실행하고, 다른 세력들은 망각(forgetting)과 왜곡(manipulation)을 추진한다(Olick, 2007). 이러한 상이한 집단들의 존재와 활동은 '누가 누구에게 무엇을 왜 기억하길 원하는가'를 둘러싼 치열한 기억정치로 이어진다(Confino, 1997: 1393; Maurantonio, 2014).

기억정치는 단지 기억들 간의 위상 경쟁에 머물지 않는다. 그 과정은 종종 사회구성원들에게 새로운 역사인식과 정체성의 형성을 촉발해 사람들의 정치적 지향과 태도를 변화시킨다(Liu, Sibley and Huang, 2014; Lupu and Peisakhin, 2017). 왜냐하면 특정 사건에 대한 집단기억은 집단정체성을 형성·유지하는 핵심 요인으로 작용하기 때문이다(Abdelal et al., 2006). 따라서 기억이 정치적 태도에 미치는 영향력은 기억정치의 강도에 비례하는 경향을 보인다.

기억정치의 관점에서 볼 때, 1980년 5·18은 여러 측면에서 한국 현대사에서 발생한 여타의 사건들과 구분된다. 첫째, 5·18은 전두환 신군부의 유혈진압으로 인해 10일간의 짧은 투쟁으로 마감됐지만, 이를 둘러싼 기억정치는 40년이 훨씬 지난 지금까지 계속되고 있다. 둘째, 5·18 기억정치는 '가해자와 피해자 간'의 그리고 '가해자 추종집단과 피해자 동조집단 간'의 격렬한 정치적 공방의 과정이었다. 그 과정은 학생들의 투신과 분신, 미문화원 방화 및 점거, 폭력을 동반한 거리투쟁, 국회 광주청문회, 전두환·노태우의 사법처벌, 5·18을 주제로 한 영화와 드라마의 제작과 상영, 일부 우익 인사 및 집단의 5·18에 대한 왜곡과 폄훼 등에 이르기까지 극적이면서도 갈등적인 에피소드를 수반해 일반 시민들의 이목을 집중시켜 왔다. 셋째, 40여 년에 걸친 기억투쟁은 5·18에 대한 국가의 공식기억을 '폭동'에서 '민주화운동'으로 변경시켰다. 애초 가해자인 전두환 신군부는 5·18을 '폭동'으로 규정했고, 5·18 희생자와 그 옹호자들을 '폭도'와 '불순집단'으로 매도했다. 하지만 숱한 왜곡과 폄훼에도 불구하고, 기억투쟁은 시간이 지날수록 조직화되어 호남지역을 벗어나 서울과 전국으로 확산됐고, 다수의 한국인은 5·18을 '폭동'이 아닌 '항쟁'으로 기억하고 있다. 마지막으로, 기억투쟁은 민주화운동과 결합해 혹은 민주화운동을 촉발해 우리 사회의 기존 지배질서에 대항하는 정치적 세계관을 형성해 왔다. 즉, 5·18 기억투쟁은 반공주의적·권위주의적 정치세계관에 도전하는 담론들을 생산·확산시켜 한국 정치의 다원화를 견인했다. 최정운(1999: 24)의 표현을 빌리면, 기억투쟁으로 인해 5·18은 단순한 정치적 사건이 아니라 수많은 한국인의 "영혼을 일깨운" 중대사건이 된 것이다.

그럼에도 기억정치가 한국인들의 역사 인식과 정치적 태도에 미친 영향에 관한 연구는 거의 부재한 형편이다. 기존 연구들이 5·18을 둘러싼 기억갈등과 투쟁에 대한 서사와 담론, 그리고 서술에 치중했다면, 이 연구는 5·18 기억투쟁이 한국 정치에 기여한 점과 그 결과에 주목한다. 즉, 기존 연구들이 5·18에 대한 진상규명과 국가공인이라는 관점에서 기억투쟁 및 사료축적에 힘써왔다면, 이 연구는 장기간의 5·18 기억투쟁이 한국인들의 정치적 태도와 한국 정치에 미친 영향, 그리고 국가공인 이후의 5·18 기억정치의 양상을 분석한다.

구체적으로 이 장에서는 다음 질문들에 답하려고 한다. 1980년 이후 수많은 사람의 희생과 노력을 수반한 기억투쟁은 일반 시민들의 5·18에 대한 인식을 변화시켰는가? 5·18에 대한 기억은 한국인들의 민주적 및 정치적 태도와 어떤 연관성을 가지는가? 국가공인 이후 5·18을 둘러싼 기억투쟁은 끝났는가? 국가공인 이후 오늘날 5·18 기억투쟁이 지니는 의미는 무엇이며, 그것이 한국 민주주의와 관련해 함의하는 바는 무엇인가?

2. 선행연구 검토와 분석 시각

1) 선행연구 검토

기억정치에 관한 해외 연구는 상당히 축적되어 있다.[1] 이에 비해 국내 학계의 경우 몇몇 연구를 제외하면[2] 기억연구의 대부분은 5·18에 집중

---

1   '기억연구(memory studies)'의 붐이 일기 시작한 1980년대 이래, 역사학, 사회학, 정치학, 경제학, 심리학 등 다양한 학문분야에서 과거의 사건이 사람들의 정체성 및 태도에 미친 영향에 관한 연구가 진행되어 왔다. 그 가운데 정치학 분야의 연구들은 대체로 전쟁, 테러, 내전, 식민통치의 경험이 생존자 및 희생자 유족들의 정체성 및 정치적 행태에 미친 영향을 분석해 왔다(예컨대, Balcells, 2012; Blattman, 2009; Bellows and Miguel, 2009; Hersh, 2013).

2   대표적으로, 제주 4·3의 기억정치를 다룬 연구(권귀숙, 2006), 4월혁명 기억의 제도화를 분석한 연구(홍성태, 2010), 5·18과 4·3의 기억투쟁을 비교한 연구(이성우, 2011), 그리

되어 있다. 이들 선행연구는 기억정치의 주요 행위자와 그들의 활동 내용에 따라 ① 기억의 보존·재현을 위한 기억투쟁, ② 기억의 조작 혹은 망각을 위한 왜곡과 폄훼 활동, 그리고 ③ 기억정치의 전반적인 역학 구도 변화에 관한 연구 등으로 범주화된다.

첫째, 선행연구들은 5·18 피해자 및 그 옹호집단들의 기억투쟁, 즉 '오월운동'에 주목해 왔다. 이들 연구는 오월운동을 5·18에 대한 "올바른 기억을 재생산하기 위한 문화투쟁"이자, 5·18의 역사적 의미와 가치의 계승을 외치는 "역사 성찰적" 기억운동으로 규정한다(정근식, 2007: 138). 따라서 이들 연구는 애초에 5·18 희생자를 추념하는 지역의 의례와 행사가 어떻게 기억투쟁으로 진화했는지, 기억투쟁이 어떻게 국가의 5·18 기억을 '폭동'에서 '민주화운동'으로 변화시켰는지에 초점을 맞춘다.

초기 기억투쟁과 관련해 학자들은 오월운동의 주요 세력인 피해당사자집단, 대학생집단, 그리고 재야의 민주화운동집단의 활동을 연구했다. 5·18 직후, 피해당사자 단체들 — '유족회'(1980년 5월 31일 결성), '구속자 가족회'(1980년 9월 20일 결성), '부상자회'(1982년 8월 1일 결성) — 의 주요 활동은 희생자를 추념하고 심신의 충격과 고통을 상호 공감·위로하는 것이었다. 하지만 이 같은 추모 및 공감 활동은 국가의 노골적인 간섭과 방해 속에 진행됐기에 그들의 활동은 자연스럽게 진상규명을 요구하는 기억투쟁으로 진화했다(김하야나, 2020; 나간채, 1997).

한편 대학생들의 오월운동은 처음부터 행동주의적이고 급진적인 양

고 한국전쟁이 전쟁 피해자들의 태도에 미친 영향을 분석한 연구(Hong and Kang, 2017) 등이 그것이다.

상을 띠었다. 학생들은 광주학살에 항의하는 유인물을 살포하는 것은 물론이고, 광주학살을 묵인한 미국에 대한 항의로 미문화원을 방화 및 점거하는 극단적인 행동도 불사했다. 이들의 기억투쟁은 1985년 4월 전국학생총연합(전학련)의 결성을 계기로 '민족·민주·민중'의 기치를 내건 전국수준의 연대투쟁으로 발전했다. 또한 재야의 오월운동은 1983년 9월 '민주화운동청년연합'(민청련)의 결성을 계기로 활성화됐다. 민청련은 망월동 묘역 참배, 사진·수기·일지를 담은 자료집 발간, 사진·판화전 개최 등을 통해 5·18의 진실을 알렸으며, '민주주의와 민족통일의 실현' 및 '냉전·반공질서의 해소와 평화정착'의 기치 아래 개별적으로 활동하고 있던 재야운동단체들과의 연대를 꾀했다. 그 결과, 1987년 6월항쟁 이전에 이미 오월운동 세력의 조직기반과 운동역량은 상당한 수준으로 신장되어 있었다(나간채, 2012: 302~308).

또한 선행연구들은 기억투쟁이 5·18의 기억을 '폭동'에서 '민주화운동'으로 변경시키는 결정적인 요인이었음을 강조한다. 6월항쟁 이후 한층 치열해진 오월운동에 직면해 국회는 1988년 11월 5·18 진상규명을 위한 '광주청문회'를 개최할 수밖에 없었다. TV로 생중계된 1차 청문회(11월 18~19일)와 2차 청문회(11월 30일, 12월 6~7일)는 시청률 40%를 넘나들 정도로 많은 사람의 이목을 집중시켰다(조현연, 2001: 729). 청문회를 통해 5·18의 실상을 처음 접한 시민들은 신군부의 유혈진압과 이를 방조한 미국에 크게 분노했다. 이 무렵 국회청문회의 후속효과를 극대화하기 위한 기억투쟁이 전개됐다. 대학생들은 망월동묘역 순례운동을 대대적으로 전개했고, 문화예술인들은 5·18의 역사적 배경, 학살자의 야만성, 그리고 피해자들의 슬픔과 희망을 형상화하는 작품들을 잇달아 발표했으며(강진호, 2016; 전홍남, 2015; 정명중, 2003), 영상·영화인들은 피해자들의 증언을 바탕으로 1980년 당시의 공포와 감동을 재현하는 다큐멘터리와 독립영화를 제작·상영했다(김종헌, 2003; 배주연, 2020; 정근식, 2004).

기억투쟁의 절정은 '5·18 특별법 제정운동'이었다. 그 시작은 학살책임자에 대한 고소·고발운동이었지만, 김영삼 정부의 소극적인 태도 — 대통령의 '역사심판론'과 검찰의 광주학살 관련자들에 대한 불기소 결정 — 는 시민들의 분노를 크게 증폭시켰다. 시민사회는 '5·18 학살자처벌 특별법'의 제정을 요구하는 국민서명운동과 대규모 집회로 정부를 압박했고, 김영삼 대통령은 1995년 11월 5·18 특별법 제정을 지시할 수밖에 없었다(정호기, 2015). 그 결과, 같은 해 12월 21일 '헌정질서 파괴범죄의 공소시효 등에 관한 특례법'과 '5·18민주화운동 등에 관한 특별법'이 제정됐고, 이에 따라 5·18은 '민주화운동'으로 공인되고 5월 18일은 국가기념일로 지정됐다. 2000년 5월, 신군부 쿠데타의 최대 피해자였던 김대중은 현직 대통령으로서는 처음으로 5·18기념식에 참석해 5·18이 민주항쟁이었음을 공표했다. 이로써 5·18의 기억은 '민주화운동'으로 확고하게 자리 잡은 듯했다.

하지만 기억투쟁은 계속됐다. 특히 이명박·박근혜 보수정부의 5·18에 대한 부정적인 태도는 가해자와 그 추종자들의 5·18 왜곡 활동을 부추겼다. 이러한 움직임은 5·18 기억이 불안정한 상태에 있음을 보여주는 것으로, 오월운동 단체들은 아직 밝히지 못한 진상들의 추가적 규명과 5·18 왜곡행위에 대한 처벌을 강력히 요구했다. 문재인 정부는 이에 적극적으로 호응했고, 그 결과 2018년 2월에 '5·18민주화운동 진상규명을 위한 특별법'이, 그리고 2020년 12월엔 이른바 '5·18 역사왜곡처벌법'(5·18 특별법의 일부개정)이 제정됐다.

선행연구의 두 번째 범주는 기억정치의 또 다른 축인 가해자 및 그 추종 집단들이 수행하는 5·18 왜곡 담론의 생산과 확산에 초점을 맞춘 연구들이다(곽송연, 2016). 이들 연구는 사건 발생 이후 지금껏 진행된 일련의 왜곡과 폄훼의 논리 및 전략이 전두환 신군부의 '폭동론'에 기원하고 있음을 강조한다. 즉, 폭동론은 신군부의 '광주학살'을 정당화하기 위한 것으로, 주요 전략은 지역갈등과 반공이념의 동원에 기초하고 있다. 이를 통해 신군부는 5·18을 지역감정과 남파간첩에 의해 추동된 '폭동', 즉 "외부의 적과 공모"해 "국가를 위기에 빠트린 사태"로 왜곡했다(곽송연, 2016: 19~20). 5·18 폭동론은 권위주의 국가에 의해 일사불란하게 생산·유포됐고, 그 결과 5·18은 불만분자들의 지역감정 선동이 야기한 '사태' 혹은 남파간첩과 불순분자에 의해 추동된 '폭동'으로 형상화됐다(유경남, 2012: 165~225; 한선, 2012: 115~164).

1987년 민주화를 경험하면서 '폭동론'은 다소 완화되는 모습을 보였다. 그러나 선행연구들은 민주화 이후 5·18에 대한 국가의 왜곡 논리가 더욱 치밀해졌다고 지적한다. 5·18 진상규명을 요구하는 여론이 점증하자, 신군부의 일원이었던 노태우 대통령은 정권을 보호하고 군의 명예 실추를 방지하기 위해 계엄군의 과잉진압을 일부 인정하는 대신 광주시민들의 불법·과격 행위가 사건의 악화를 초래했다는 양비·양시론적 전략으로 선회했다는 것이다. 노태우 정부는 정부 내에 '5·11연구위원회'를 비밀리에 조직해 광주시민들의 '무장난동의 실태'와 군의 '자위권 행사의 불가피성' 논리를 정비했고, 5·18 관련 군 자료들을 조작·폐기해 기존 '폭동론'이 지닌 허점들을 제거하고자 시도했다(오승용, 2012: 35~36; 한은영, 2020: 102~103).

1990년대 중반 5·18 특별법이 제정되고 전두환, 노태우가 구속·처벌되자 더 이상 정권 차원에서 5·18을 왜곡하는 것은 어려워졌다. 이에 따라 5·18에 대한 왜곡은 보수성향의 언론 및 극우 인사와 사회단체들에 의해 전개됐다. 이들은 과거 정권의 왜곡된 정보를 바탕으로 새로운 버전의 '5·18 폭동론'을 발전시켰다. 그 요체는 지역주의 담론에 반공·반북 담론을 결합시킨 '광주=용공=친북=반민족' 대 '영남=반공=반북=국가정통성'이라는 이분법적 진영 담론을 생산·유포해(오승용, 2012: 53), 5·18을 왜곡·폄훼하는 것은 물론 호남인에 대한 혐오도 부추기는 것이었다. 이들은 5·18이 북한의 사주에 의한 '폭동'에 불과한데도 국가의 공식기억이 '폭동'에서 '민주화운동'으로 바뀐 것은 종북·좌파의 영향력 때문이라고 믿었다. 이 때문에 "종북·좌파세력에 맞서 자유민주주의를 수호"하기 위해선 잘못된 5·18에 대한 기억과 평가를 바로잡아야 한다는 것이 그들의 신념이었다(최정기, 2020b: 30). 이들은 5·18을 왜곡·폄훼하는 책자들을 발간하고 온라인 활동을 통해 새로운 버전의 '북한군 개입설'을[3] 조작·유포해 희생자들을 희화화함으로써 5·18과 피해자들을 향한 사회적 혐오를 조장했다(김영기·채종훈·주정민, 2021; 김희송, 2014; 한은영, 2020). 요컨대 이들은 5·18을 지역의 불순분자와 남파간첩들이 추동한 '폭동'으로 재형상화함으로써 '민주화운동으로서의 5·18'이라는 국가 공식기억을 전복하고자 한다.

선행연구의 마지막 범주는 기억정치의 역학구도 변화에 관한 연구들

---

3   그 대표적인 사례가 지만원의 '5·18 광수설'(광주에 잠입했던 북한특수군)이다. 그는 1980년 5·18 당시 촬영된 사진들 속에 등장하는 시민군들의 얼굴과 북한 군부의 유명 인사들의 얼굴을 비교·분석한 결과 이들이 동일한 인물이었다고 주장한다. 그리고 이를 근거로 5·18은 북한군들이 광주에 잠입해 일으킨 폭동이었다고 단언한다.

이다. 이들 선행연구는 '가해자 대 피해자' 혹은 '왜곡 대 진실' 차원의 기억정치를 통합적으로 다루는 거시적 연구가 부재했음을 지적하면서, 5·18을 둘러싼 기억정치가 정치변동에 미친 영향을 탐구한다. 먼저 이용기 (1999)는 정치변동에 따른 역사서술의 변화라는 관점에서 기억정치의 동학을 분석한다. 그는 1987년 6월항쟁과 1993년 문민정부의 출범에 따른 진보와 보수 간 힘의 구도 변화가 5·18에 대한 새로운 역사서술을 촉발했다고 주장한다. 구체적으로 그는 기억정치의 변화 양상을 ① 관변·보수 학계의 기억 서술 독점과 대항기억의 제한된 출현으로 요약되는 "은폐와 은밀한 되새김"의 시기(1980~1986년), ② 5·18 기억 서술의 주도권이 보수학계에서 진보학계로 전환된 "진실공방과 변혁론적 자리 잡기"의 시기 (1987~1992년), 그리고 ③ 가해자인 신군부의 부당성과 피해자인 광주시민들의 정당성이 확인되던 "역사 바로 세우기와 역사화"의 시기(1993년 이후)로 구분했다. 또한 허윤철 외(2012)는 ≪동아일보≫ 기사와 사설에서 사용된 5·18 관련 용어들을 분석해 기억정치의 변화를 파악한다. 이들은 기억정치의 담론지형이 ① 국가에 의해 5·18을 비극적 사건으로 축소시키는 "비극적 사태"가 지배하던 시기(1980~1983년), ② 이에 맞서 대항담론이 등장하던 "진상규명"의 시기(1985~1987년), ③ 대항담론이 공세적인 양상을 띠던 "명예회복"의 시기(1988~1990년), ④ 대항담론에 대한 김영삼 정부의 유화적 대응으로 요약되는 "역사심판"의 시기(1993~1994년), ⑤ 철저한 진상규명과 책임자 처벌을 요구하는 대항담론의 재공세로 요약되는 "적극적 처벌"의 시기(1995~1996년), 마지막으로 ⑥ 5·18이 보수와 진보 진영 간 정치투쟁의 수단이 되어가는 "정치담론화"의 시기(1997~2010년)로 변화되어 왔다고 분석한다. 이에 비해 전재호(1999)는 정치변동에 따른 '정치적 기회구조'의 개념을 본격적으로 적용한다. 그의 분석에 따르면, 국가, 정치사회, 시민사회 간 역학관계의 변화에 따라 기억정치의 구도는 ① "5·18 담론의 국가독점" 시기(1980~1983년), ② "5·18 담론을 둘러싼 국가 대 민주화운동세력의 투쟁" 시기(1984~1987년), ③ "정치사회 주도의 5·18 담론의 실천" 시기(1987~1992년), ④ "국가 주도의 5·18 담론의 실천" 시기(1993~1997년) 등으로 변화했다.

정리하면, 기존 연구들은 5·18을 둘러싼 기억정치가 어떻게 전개되어 왔고 그 역학 구도가 어떻게 변화해 왔는지를 이해하는 데 크게 기여했다. 더불어 5·18 기억의 왜곡과 폄훼에 대항해 기억을 재현하고 재구성하기 위한 투쟁이 얼마나 치열하게 전개되어 왔는가를 잘 보여준다. 하지만 선행연구들은 장기간 지속된 기억투쟁이 5·18에 대한 기억의 변화를 촉발했는지, 그리고 5·18과 이를 둘러싼 기억정치가 한국 정치를 변화시켜 왔다면 기억투쟁이 한국인들의 민주적 태도와 대안적 정치지향에 어떤 영향을 주었는지에 대한 연구에 이르지는 못하고 있다. 나아가 '민주화운동'이라는 5·18에 대한 국가의 공식적인 인정이 일반 시민들 차원에서 어느 정도 합의에 이르렀는지에 관해서도 거의 알려져 있지 않다.

2) 분석의 시각

지난 40여 년의 기억투쟁을 통해 5·18에 대한 국가의 공식기억은 '폭동'에서 '민주화운동'으로 바뀌었고, 시민들의 5·18에 대한 기억도 크게 변화했을 것으로 추정된다. 전두환 정권 시기, 언론은 국가의 감시와 통제로 인해 침묵해야 했고, 광주사람들은 그날의 엄청난 국가폭력에 치를 떨면서도 혹시 있을지도 모르는 정치적 불이익을 우려해 입을 닫아야 했다. 당시 호남사람들과 민주화운동 활동가들을 제외한 대다수 사람들은 1980년 광주에서 벌어진 일들에 대해 반신반의하거나 유언비어로 치부했다. 적어도 1980년대 중반까지 많은 시민은 언론통제하에서 "5·18은 폭동이다"라는 전두환 정권의 말을 믿을 수밖에 없었다.

하지만 민주화 이후 치열하게 전개된 기억투쟁은 사람들의 기억을 빠르게 변경시켰다. 1997년 수행된 여론조사에 따르면, 국민들의 64.7%가 5·18을 '민중혁명' 혹은 '민주화운동'이라고 인식했고, '폭동'이라고 생각한 사람은 4.6%에 불과했다. 그리고 나머지 30.7%는 '자기 방어적 투쟁', '기타', 혹은 '모르겠다' 등으로 응답했다(한국사회과학자료원, 2007: 4). 그로부터 13년이 경과한 2010년에 수행된 여론조사에 따르면, 5·18을 '민중항쟁' 혹은 '민주화운동'으로 기억하는 사람은 더욱 늘어 응답자들의 90.4%에 달한 반면, '폭동'으로 기억하는 사람은 5.1%, '단순시위' 혹은 '모름'으로 대답한 사람은 4.5%로 조사됐다(한국사회과학자료원, 2012: 2).

5·18에 대한 시민들의 인식변화는 무엇보다도 치열한 기억투쟁에 기인한다. 또한 기억투쟁은 궁극적으로 한국인들의 정치적 태도와 지향에 큰 영향을 미쳤을 것으로 추정된다. 그 가운데 가장 중요한 변화는 한국인들의 민주주의에 대한 태도와 반공·반북주의 및 미국에 대한 입장일 것이다. 이러한 맥락에서 볼 때, 5·18 기억투쟁은 크게 ① 1980년 당시의 5·18이라는 비극적인 사건 자체에 근거한 '원형적' 기억투쟁과, ② 5·18이라는 사건이 지닌 역사적 의미를 사후적으로 재구성한 '해석적' 기억투쟁으로 구분될 수 있다.

먼저, 원형적 기억투쟁은 1980년 5월 국가폭력의 공포 속에서 광주

시민들이 보여주었던 민주적 대의와 희생에 바탕을 두고 있다. 당시 광주 시민들에게 가해진 국가폭력의 강도는 '군사작전'을 방불케 하는 것이었고, '인간사냥'에 비유될 정도로 잔혹한 것이었다. 이러한 역사적 사실에 근거해 원형적 기억투쟁은 1980년 당시 '광주의 비극'을 재구성하고 지속적으로 소환함으로써 우리 사회에 국가폭력에 대한 경계심을 심어주었고, 민주적 가치와 규범에 대한 담론을 지속적으로 확산시켰다(김동춘, 2001; 나간채, 2004; 서유경, 2007; 이영재, 2004).

또한 원형적 기억투쟁은 5·18을 "민주적 가치와 의식을 전 사회적으로 확대"시키는 정신적 원천으로 작용했다(최장집, 2007: 145). 기억투쟁은 1980년 5·18이 자기희생을 통해 군부 권위주의의 폭력성과 부당성을 보여준 '민주항쟁'이었음을 끊임없이 알렸고, 이는 이후 민주화를 이끄는 강력한 추동력으로 작용했다. 구체적으로 원형적 기억투쟁은 권위주의 정권에 결정적 타격을 가한 1987년 6월항쟁을 추동함으로써 민주화 이행을 이끌었고(김용복, 2010; 이성우, 2011; 최장집, 2007), 민주화 이행 이후에도 군의 정치개입 가능성을 차단함으로써 한국 민주주의의 역진을 방지했다(김용철, 2001).

한편, 해석적 기억투쟁은 우리 사회에서 당연하게 받아들여졌던 '반공·반북·친미'의 기성 세계관에 의문을 불러일으켰다. 이는 12·12, 5·17, 5·18로 이어지는 일련의 정치변동 과정에서 신군부에 대해 미국이 취한 방관 혹은 용인을 문제화한 것으로, 이를 통해 대학생들과 지식인들은 한국의 기존 지배질서에 비판적 서사와 세계관을 제기했다. 즉, 광주참사를 신군부의 정권찬탈 과정에서 돌발적으로 발생한 사건으로 보기보다는 '신식민지적' 지배질서라는 구조적 조건 아래에서 필연적으로 발생할 수밖에 없는 사건으로 인식한 것이다. 이러한 인식은 군부 권위주의가 유지되는 한 민주주의는 실현될 수 없고, 군부세력의 배후에는 미국이 존재하며, 미국은 자신의 군사적·경제적 이익을 위해 한국의 자주적 발전을 방해하고, 반공주의는 남북분단을 고착화시켜 한반도에서 미국의 영향력을 강화하는 정치적 이념에 불과하다는 역사관에 기반한다(이강로, 2004; 전상숙, 2011; Shin, 1996). 이 같은 역사적 서사는 "반미 없이 통일 없고, 통일 없이 민주화 없다"라는 선언으로 구체화됐다(정대화, 2007: 32). 이는 5·18에 새로운 의미를 부여하는 의미체계로, 전두환 정권 아래에서 재야활동가 및 운동권 학생들의 '광주 미문화원 방화사건'(1980년 12월), '부산 미문화원 방화사건'(1982년 3월), 그리고 '서울 미문화원 점거농성사건'(1985년 5월) 등 반미운동으로 표출됐다(이강로, 2004: 252).

이러한 해석적 기억투쟁이 한국사회에 미친 영향은 지대했다. 이는 미국 우선주의에 대한 경각심을 일깨워 한때 반미의 '무풍지대'였던 우리사회에 반미운동을 추동했다(조대엽, 2003: 206). 즉, 미국의 일방적인 조처로 한국의 주권을 훼손시키는 주한미군의 주둔과 이전 문제, 미군 장갑차에 의한 중학생 압사 사건(일명 '효순·미선 사건'), 한국군의 이라크파병 문제 같은 갈등 이슈가 등장할 때마다 시민사회 및 시민들은 미국에 대한 항의시위에 참여했고, 해석적 기억투쟁은 이에 대한 논리를 제공했다. 또한 해석적 기억투쟁은 시민들이 맹목적인 반공·반북주의에 대해 비판적인 안목을 갖도록 촉구했다. 즉, 광주참사와 같은 비극적인 사태의 재발 방지와 민주주의의 발전을 위해서는 남북간에 화해와 협력 분위기가 조성되어야 하고, 이를 위해 '극단적 반공주의'는 청산되어야 한다는 것이다(최영태, 2006: 139).

5·18 기억투쟁이 시민들의 정치적 태도에 미친 영향은 크게 거시적 차원과 미시적 차원에서 설명될 수 있다. 거시적 차원에서 보면, 기억정치는 피해자와 유가족, 그리고 부채의식과 책무감을 가진 기억행동가들의 기억투쟁, 망각과 왜곡을 기도하는 국가 및 사회세력의 공작, 그리고 이들 간의 상호작용을 통해 발생·성장·증폭된다. 핀네모어와 시킨크(Finnemore and Sikkink, 1998)의 분석 틀을 빌리자면, 기억투쟁은 일련의 과정 — ① 기억과 담론 및 문화상징과 의례의 생산, ② 조직과 운동을 통한 분출, ③ 공식적 수용을 통한 법제화 — 을 통해 출현·전개·확산된다. 미시적 차원에서 보면, 기억투쟁의 전개와 확산은 개인적 수준에서 생각과 태도의 변화를 불러일으킨다. 기억의 세계로 새로운 인지적 정보와 주관적 지식이 유입되면 사람들은 기존의 세계관과의 불일치를 경험하게 되고, 이 같은 불일치로 인한 불편함은 인지와 태도를 일치시키기 위한 노력으로 이어진다(Festinger, 1957). 즉, 인지와 태도를 일치시키려는 행위는 개인과 집단이 새로운 세계관과 정체성을 형성하는 데 있어 핵심적인 요소로 작용한다(Abdelal et al., 2006). 요컨대, 기억투쟁은 개인의 정치적 태도 및 정향의 변화에 영향을 줌으로써 궁극적으로 정치변화에 기여한다.

  이렇게 볼 때, 5·18을 둘러싼 기억투쟁은 일련의 과정 — 1980년대 초중반 피해자 유가족과 운동가들 그리고 지식인들과 문화예술가들에 의한 5·18 담론의 생산, 1987년 이후 민주화운동의 장에서 5·18 담론의 확산과 분출, 1998년 김대중 정부의 출범과 뒤이은 대통령들의 과거사에 대한 '사과와 기념의 정치'의 실행 — 을 통해 사람들의 생각과 태도의 변화에 영향을 준 것으로 추론할 수 있다(Olick, 2007). 구체적으로 5·18에 대한 새로운 정보와 담론을 생산·분출·공인하는 과정은 한국 정치의 기성 세계관에 균열을 발생시키고 대안적 세계관이 수용될 수 있는 공간을 창출한 것이다.

특히 5·18의 가해자가 전두환과 군부독재 세력이었다는 점에서, 기억투쟁은 반공주의적·권위주의적 세계관으로부터의 이탈을 촉진하고 대안적 세계관의 형성을 촉발하는 잠재력을 지닌다. 따라서 가설적 관점에서 '5·18을 항쟁으로 기억하는가 아니면 폭동으로 기억하는가' 하는 것은 한국인들의 반공주의·권위주의와 그리고 북한 및 미국에 대한 태도와 연관되어 있다. 달리 말하면, 5·18을 항쟁으로 인정하고 기억하면서 동시에 반공주의적·권위주의적 세계관을 유지하기는 어렵다.

이에 본 연구는 5·18 국가공인 이후의 기억정치의 양상, 즉 일반 시민들이 생각하는 '5·18 기억'에 초점을 맞춘다. 즉, 개인적 수준에서의 5·18에 대한 인식을 '항쟁', '폭동', 그리고 기억의 미형성을 의미하는 '모름'으로 분류하고, 이들 세 집단이 보유한 '5·18에 대한 기억'과 그들의 '정치적 태도'(민주주의에 대한 지지 및 반공·반북·친미에 대한 태도) 간 관계를 분석한다. 이를 바탕으로 5·18을 둘러싼 기억투쟁이 한국인들의 정치적 태도와 한국 정치에 미친 영향을 검토하고, 현재의 기억투쟁이 지닌 의미를 한국 민주주의의 관점에서 논의한다.

3. 경험적 분석

1) 데이터 수집과 개관

5·18 기억투쟁의 양상과 그것이 한국인의 정치적 태도에 미친 영향

을 분석하기 위해, 본 연구는 2020년 12월 15일부터 2021년 2월 15일까지 전국의 만 18세 이상 남녀 성인 1,806명을 대상으로 조사한 면대면 설문자료를 활용한다. 일반적으로 한국의 설문조사는 1,000~1,200명의 응답자를 조사하는데, 그러면 호남의 표본이 100여 명에 불과해 5·18 국가폭력에 노출된 사람들에 대해 대표성 있는 표본추출이 어렵고 지역민들의 특성을 파악하는 데 한계가 있다. 따라서 연구자들은 표본수를 일반적인 설문조사의 1.5배인 1,805명으로 늘리고, 호남에 604명을, 나머지 지역에 1,201명을 할당했다. 특히 5·18 국가폭력이 일어난 광주와 전남에서 응답자 수를 504명으로 대폭 확대해 조사의 신뢰성을 개선했다. 또한 지역 내 표본은 정부의 주민등록인구 현황을 기준으로 성별 및 연령 등 사회인구학적 특성을 반영해 무작위로 추출했다. 결과적으로 조사는 샘플 산출 방법에 있어서 가중치를 두되, 분석에서는 인구비율을 반영해 가중치를 통제함으로써 객관성과 엄밀성을 확보했다.

먼저, 일반 시민들의 5·18에 대한 기억유형을 측정하기 위해 네 가지 제시문 — "사회 불만세력이 지역감정을 선동해 일으킨 폭동이다", "북한에서 남파된 간첩들의 개입 및 사주에 의한 폭동이다", "전두환 신군부의 독재에 맞서 항거한 민주항쟁이다", 그리고 기억의 부재 혹은 미형성으로 간주될 수 있는 "잘 모르겠다" — 을 주고, 어느 것이 본인의 현재 기억에 가까운지를 물었다. 〈그림 4-1〉에 따르면, 전체 응답자 가운데 76%가 5·18을 민주항쟁으로 기억했다. 반면, 5·18 이후 40여 년이 지났음에도 8%는 지역감정에 추동된 폭동으로, 3%는 북한 간첩의 사주에 의한 폭동으로 기억했고, 나머지 13%는 '잘 모르겠다'고 응답했다.

40여 년을 지나면서 5·18 기억투쟁은 대항담론의 생산과 분출, 그리

그림 4-1 5·18에 대한 기억유형의 분포(단위: %)

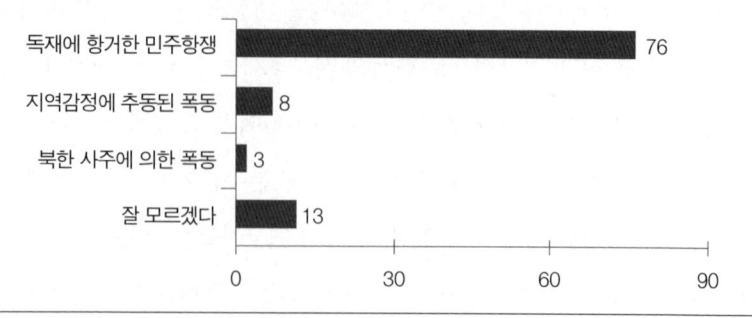

고 국가공인의 단계를 거쳐 오늘에 이르고 있다. 그렇다면 과연 기억투쟁은 5·18에 대한 기억을 변화시켰는가? 이 질문에 답하기 위해, 5·18에 대한 기억 변화의 여부를 설문했다. 〈표 4-1〉의 A에 따르면, 전체적으로 91%의 응답자는 기억의 변화를 겪지 않은 반면, 9%의 응답자는 기억의 변화를 경험했다고 답했다.[4] 이는 5·18에 대한 기억투쟁의 성과가 상당했음을 암시하는데, 〈표 4-1〉의 B는 기억의 변화가 주로 '폭동론'을 거부하고 '민주항쟁론'을 수용하는 방향으로 진행됐음을 보여준다. 이를 구체적으로 살펴보면, 과거에 5·18을 '북한 사주에 의한 폭동'으로 생각했던 사람들 중 83%가, '지역감정에 추동된 폭동'으로 인지했던 사람들 중 96%가, 그리고 '잘 모른다'던 사람들 중 65%가 '민주항쟁'으로 기억을 변경했

---

4   그간 신군부세력과 그 추종집단들에 의해 5·18 기억의 왜곡 및 조작이 끊임없이 시도되어 왔다는 점을 감안하면, 9%는 결코 작은 수치가 아니다. 특히 이들 중 다수가 '폭동'에서 '민주항쟁'으로 5·18 기억을 변경한 것으로 나타났는데, 이 비율은 현재 폭동론을 수용하고 있는 응답자(11%)의 절반에 해당한다. 즉, 과거에 5·18을 '폭동'으로 인식했던 응답자는 17%였는데, 이들 중 1/3 정도가 기억의 변화를 경험한 것으로 나타났다.

표 4-1 5·18 기억의 변화 양상

A. 기억의 변화 여부	
기억 변화 없음	91%
기억 변화 있음	9%
B. 기억 변화를 경험한 사람(9%) 중 '민주항쟁' 수용	
과거의 기억	현재의 기억
북한 사주에 의한 폭동(2%) →	민주항쟁(83%)
지역감정에 추동된 폭동(4%) →	민주항쟁(96%)
민주항쟁(1%) →	민주항쟁(0%)
잘 모름(2%) →	민주항쟁(65%)

다. 하지만 다수의 연구가 지적하듯이(Bernhard and Kubik, 2014; Olick, 2007), 흥미롭게도 5·18 기억투쟁에도 불구하고 기억 변화의 경로는 한 방향만을 보이지는 않았다. 비록 그 규모는 작지만, 과거에 5·18을 '민주항쟁'으로 여겼던 사람들 중에서 '폭동' 혹은 '모름'으로 기억을 조정한 사람들도 존재했다. 요컨대 <표 4-1>에 나타난 조사결과는 기억투쟁이 여전히 진행 중이며, 그 양상은 쌍방향적이고 역동적임을 보여준다.

이 같은 조사결과는 기억정치와 한국 정치에 관해 각각 중요한 시사점을 제시한다. 먼저 기억정치와 관련해 그간 전두환 신군부세력과 최근 우익인사들의 끊임없는 5·18 기억의 왜곡과 조작에도 불구하고 기억투쟁이 상당한 성과를 이루었음을 뜻한다. 또한 한국 정치의 관점에서 76%의 시민만 5·18을 '민주항쟁'으로 기억하고 10% 이상의 시민이 여전히 폭동론을 수용하고 있다는 것은 우리 사회가 민주화 이후 거의 40년이 지났음에도 중요한 과거사인 5·18에 대해 합의된 기억공동체로 나아가지는 못한 채 여전히 기억의 균열을 겪고 있음을 보여준다.

2) 5·18 기억투쟁과 정치적 태도

이 연구는 중대사건을 둘러싼 장기간의 기억투쟁이 사람들의 사건에 대한 인식을 변화시키는 것은 물론이고, 중대사건에 내재된 의미와 가치의 확산을 통해 사람들의 정치적 태도 또한 형성 혹은 변화시킨다는 기억연구의 이론적 가정에서 출발한다. 즉, 성공적인 기억투쟁은 사람들의 기억과 정치적 태도 간에 긴밀한 내적 관계를 형성시키기 때문에, 한국인들의 주요 정치적 태도는 5·18을 '항쟁', '폭동' 혹은 '모름' 중 어느 것으로 기억하느냐에 따라 차이를 보일 것으로 기대된다. 따라서 기억투쟁의 결과를 탐구하기 위해 5·18 기억유형에 따라 민주주의 규범과 신념, 그리고 반공 및 미국에 대한 태도가 어떤 차이를 보이는지 분석한다. 경험적 분석은 기술통계 결과를 먼저 논의하고 회귀분석 결과를 보여주는 순서로 제시된다. 기술통계분석 결과는 카이제곱 검정(<0.01 수준)을 통과했음을 미리 밝혀둔다.

(1) 민주적 규범과 민주주의 지지에 대한 태도

신생민주주의 국가들에서 흔히 나타나는 현상은 독재 후신세력과 민주화세력 간의 공존과 경쟁이다. 이 때문에 정치과정은 종종 양자 간 이해관계의 충돌 및 갈등의 양상을 보이는데, 이는 신생민주주의가 안정적으로 유지되는 것을 위태롭게 한다. 이 점에서 시민들의 민주적 규범과 태도는 독재세력의 움직임을 견제하고 민주주의의 공고화에 기여하는 것으로 알려져 있다(Shin and McDonough, 1999). 한국 민주주의 역시 마찬가지이다. 한국 민주주의가 권위주의로 역진하는 것을 방지하고 민주주의 공고화와 질적 향상의 길로 나아가기 위해선 시민들의 높은 민주적 규범과 지지가 필수적이다. 이와 관련해 많은 관찰자는 5·18을 둘러싼 기억투쟁이 한국인들에게 자유와 인권의 중요성을 깨닫게 했고 한국인들의 민주주의에 대한 신념을 높이는 계기가 됐다고 주장한다(최장집, 2007). 그렇다면 기억투쟁이 실제로 한국인들을 정치적으로 각성시키는 정치적 기제로 작동했을까? 이 연구는 거버넌스의 기제로서의 '민주적 규범'과 체제로서의 '민주주의 지지'를 분리해 분석한다.

먼저 <그림 4-2>에 따르면, 전체 응답자 가운데 약 80%가 "정권의 안위와 생존을 위해 정부는 군대를 동원해도 괜찮다"에 반대했고, 약 67%가 "사회질서가 혼란스럽더라도 정부는 사람들의 집회와 표현의 자유를 최대한 보장해야 한다"에 동의했다. 이와 같은 민주적 규범에 대한 각성의 정도는 5·18을 어떻게 기억하고 있는가에 따라 달라졌는데, 5·18을 '항쟁'으로 기억하는 집단일수록 민주적 규범에 동의하는 비율이 높았다. 구체적으로, 5·18을 '항쟁'이라고 생각한 집단은 83%가 군대의 정치적 동원에 반대했고, '폭동'과 '모름'으로 응답한 사람들은 각각 71%와 73%만이 동일한 의견을 수용했다. 집회·표현의 자유의 경우, '항쟁' 응답자 가운데 69%, '폭동' 응답자 가운데 59%, 그리고 '모름' 응답자 가운데 62%가 이에 동의했다.

두 영역의 민주주의 태도를 비교했을 때, 군대의 정치적 동원에 반대하는 비율이 집회·표현의 자유에 동의하는 비율보다 높았는데, 이는 군부

그림 4-2 5·18 기억투쟁과 민주적 규범(단위: %)

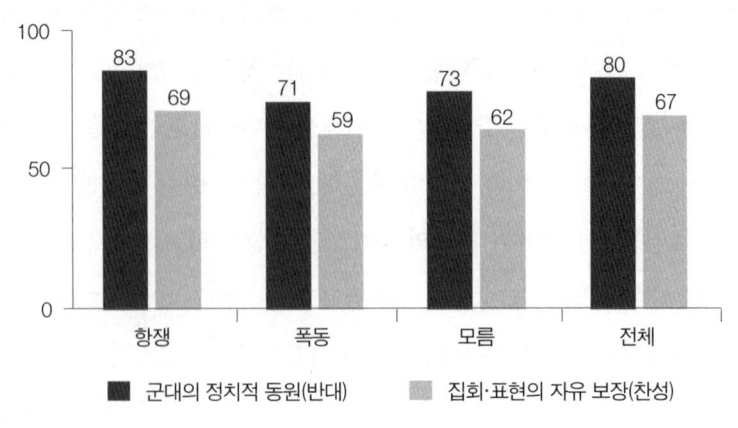

독재가 한국 정치에 남긴 부정적인 영향이 매우 컸음을 시사한다. 군대의 정치적 동원에 대한 한국인들의 높은 반감은 1990년대 군대의 탈정치화와 민주주의 공고화에 긍정적으로 작용했는데, 〈그림 4-2〉는 5·18 기억투쟁이 이에 크게 기여했다는 것을 간접적으로 보여준다. 한 가지 흥미로운 점은 군대의 정치적 동원에 반대하는 비율에 비해, 집회·표현의 자유 보장에 대해 찬성하는 비율이 높지 않다는 것이다. 이는 과거 군부 권위주의의 유산으로부터 이탈해야 한다는 시민적 의지가 매우 강한 데 비해 자유로운 사회로 나아가기 위한 시민적 지지는 상대적으로 부족하다는 것을 시사한다.

다음으로 5·18 기억투쟁이 체제로서의 민주주의에 대한 시민적 기반을 강화했는가? '민주적 지지'가 무엇이고 어떻게 측정할 것인가에 대해서는 학자들 간에 논쟁이 있지만, 다수의 연구는 시민들이 민주주의를 다른

그림 4-3 5·18 기억투쟁과 민주주의 지지(단위: %)

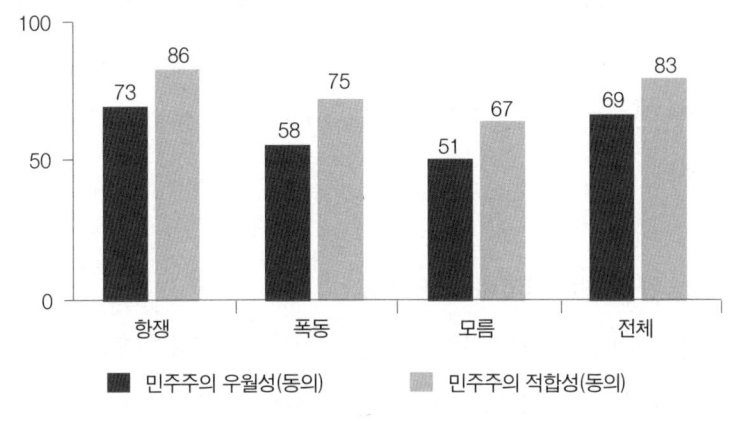

어떤 체제보다도 우월하다고 생각하고 민주주의가 자신들의 나라에 적합한 체제라고 간주하는 한 신생민주주의는 공고화될 가능성이 높다고 지적한다(Shin and McDonough, 1999).

〈그림 4-3〉은 5·18 기억투쟁이 민주주의에 대한 우월성과 적합성과 관련해 시민들의 태도에 미친 영향을 보여준다. 구체적으로 전체 응답자 가운데 69%가 "민주주의 정부가 다른 어떤 정부형태보다 더 낫다"에 동의했고, 83%가 "민주주의가 우리나라 현실에 적합한 제도이다"에 동의했다. 〈그림 4-2〉의 민주적 규범에 대한 조사결과와 달리, 민주주의 지지에 대한 조사결과는 항쟁, 폭동, 모름 응답자들 간에 선형적 차이를 보였다. 즉, '항쟁'이라고 기억하는 집단에서 민주적 지지가 가장 높았고, 그 다음으로 '폭동'과 '모름' 집단의 순서였다. 구체적으로 5·18을 '항쟁'으로 기억하는 사람들 중 73%가 민주주의의 우월성에, 그리고 86%가 민주주

의의 적합성에 동의했고, '폭동'으로 기억하는 사람들 중에서는 각각 58%와 75%가, 그리고 '모름' 응답자들은 각각 51%와 67%가 이에 동의했다. 이러한 결과는 5·18 기억투쟁이 우리 사회에 민주주의의 소중함을 깊이 각인시킴으로써 한국 민주주의를 공고화하는 데 긍정적으로 기여했음을 시사한다.

(2) 반공·북한·미국에 대한 태도

한국전쟁 이래 우리 사회에서는 반공·반북·친미가 지배적인 이념 및 질서로 자리 잡았는데, 많은 관찰자는 5·18 기억투쟁이 반공·반북·친미와 관련해 회의적인 시각과 비판적인 태도를 불러일으키는 계기 및 사회화의 기제가 됐다고 지적한다. 이는 기본적으로 원형적 기억투쟁에 기인하기보다는 해석적 기억투쟁의 결과물로 보여진다. 1980년 5월 당시, 광주 시민들은 미국에 대한 반감이나 반공주의에 대한 비판적인 태도를 보이지 않았다. 오히려 광주사람들은 미국에 대해 우호적인 태도와 기대감을 가지고 있었고, 이념적으로 '좌익' 혹은 '용공'으로 오해받지 않기 위해 "극도의 신중함과 경계심"을 지니고 있었으며, 심지어 간첩으로 의심되는 사람을 계엄 당국에 신고하기도 했다(최영태, 2006). 그럼에도 가해자인 신군부는 사건 발생 직후부터 5·18을 "북괴의 간첩과 이에 협력하는 불순분자"들이 일으킨 '무장폭동'으로 규정했다.

이러한 신군부의 행태는 곧바로 5·18을 둘러싼 해석적 기억투쟁을 불러왔다. 그 요체는 5·18 광주학살이 '신식민지적' 지배질서의 구조적 산물이라는 것이다. 미국은 남북분단 이래 동북아에서 자신의 영향력을 강화하기 위해 우리 사회에 반공·반북·친미 중심의 '신식민지적' 질서를 구

그림 4-4 5·18 기억투쟁과 반공주의(단위: %)

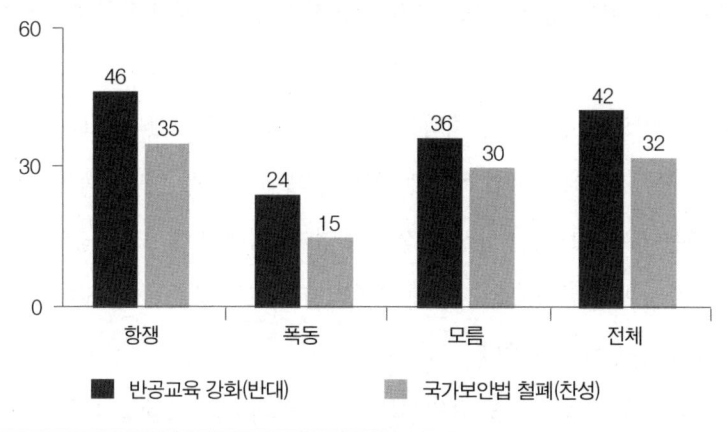

축해 왔고, 이러한 지배질서를 재생산하기 위해 미국은 1980년 당시 신군부의 광주참사를 방조 혹은 용인했다는 것이다. 과연 해석적 기억투쟁은 한국인들을 반공·반북·친미의 세계관으로부터 이탈시켰을까?

〈그림 4-4〉는 5·18 기억투쟁과 반공교육·'국가보안법'에 대한 한국인들의 태도 간의 관계를 보여준다. 이에 따르면, 전체 응답자 가운데 "청소년들에 대한 반공교육을 강화해야 한다"에 대해 동의하는 사람(58%)이 반대하는 사람(42%)에 비해 다소 많은 것으로 나타났다. 그리고 "'국가보안법'은 철폐해야 한다"에 반대하는 사람(68%)이 동의하는 사람(32%)에 비해 훨씬 많았다. 즉, 응답자들 가운데 반공교육 강화에 반대하는 사람은 절반에 조금 못 미쳤고, '국가보안법'의 철폐에 찬성하는 사람은 1/3 정도였다.

반공교육과 '국가보안법'에 대한 태도는 5·18 기억의 유형에 따라 차이를 보였는데, 가장 큰 차이는 '항쟁' 기억집단과 '폭동' 기억집단 간에 발견된다. 5·18을 '항쟁'이라고 기억하는 사람들 사이에서 반공교육 강화에 반대하는 비율은 절반에 육박한 반면, '폭동'이라고 인식하는 사람들 사이에서 반공교육 강화에 반대하는 비율은 24%에 불과했다. 그리고 '항쟁' 기억자들 가운데 35%가 '국가보안법' 철폐에 찬성한 반면, '폭동' 인식자들 가운데서는 15%만 찬성 입장을 보였다. 이에 비해 '모름' 응답자들 중에서는 36%가 반공교육 강화에 부정적인 태도를 보인 반면, 30%가 '국가보안법' 철폐에 찬성했다.

이러한 결과들은 5·18을 '항쟁'으로 인식하는 사람들이 '폭동' 혹은 '모름'으로 응답한 사람들에 비해 반공주의에 회의적인 태도를 취하고 있음을 보여준다. 이는 5·18 기억투쟁이 한국인들의 반공주의에 대한 비판적 태도 형성에 적지 않은 영향을 주었음을 시사한다. 특히 한국전쟁 이래 반공주의가 정치적 지배이념으로 별다른 의문 없이 수용되어 왔다는 점을 감안하면, 비록 반공주의에 대해 부정적인 태도를 지닌 사람이 다수는 아니지만, 이는 분명 엄청난 변화임에 틀림없다. 이 점에서 5·18을 둘러싼 해석적 기억투쟁은 적잖은 한국인에게 기존의 반공주의적 세계관에서 이탈해 나름의 대안적 세계관을 형성토록 촉구한 것으로 보인다.

한편, 5·18 기억투쟁이 반공·반북·친미의 세계관으로부터 이탈하는 데 영향을 주었다는 해석적 기억투쟁의 가설이 맞다면, 북한과 미국에 대한 태도는 기억유형에 따라 달라질 것으로 예상된다. 〈그림 4-5〉는 5·18 기억의 유형에 따라 한국인들의 북한과 미국에 대한 태도가 달라진다는 것을 보여준다. 우선 대북 태도와 관련해 전체 응답자 가운데 35%가 "북한은 적대의 대상이기보다는 협력의 대상이다"에 동의한 반면, 나머지

그림 4-5 5·18 기억투쟁과 북한 및 미국에 대한 태도(단위: %)

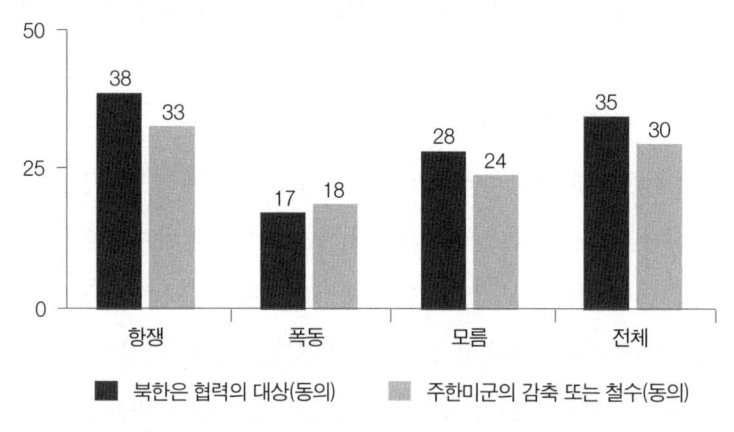

65%는 이에 반대했다. 하지만 북한에 대한 태도는 기억의 유형에 따라 차이를 보였는데, '항쟁' 집단의 경우 북한을 협력의 대상으로 보는 사람들이 38%인 데 비해, '폭동' 집단의 경우 17%만이 북한을 협력의 대상으로 보았다. 이에 비해 '모름' 집단은 '항쟁' 기억집단에 비해서는 동의 비율이 낮고 '폭동' 기억집단에 비해서는 동의 비율이 높은 양상을 보였다.

또한 분석 결과는 5·18 기억투쟁이 한국인들의 대미 태도와 관련되어 있음을 시사한다. 〈그림 4-5〉에 따르면, 전체 응답자 가운데 30%가 "주한미군은 감축 혹은 철수해야 한다"에 찬성한 반면, 나머지 70%가 이에 반대했다. 이러한 경향은 기억유형별로 차이를 보이는데, '항쟁' 유형에서는 33%가 주한미군의 존재에 대해 비판적인 태도를 보인 반면, '폭동' 유형에서는 18%만이 비판적인 태도를 보였다. 즉, 5·18을 '폭동'으로 기억하는 사람들의 대다수는 주한미군에 대해 우호적인 태도를 보인 반면,

과반에는 못 미치지만 상당수의 '항쟁' 기억자는 주한미군에 대해 부정적인 태도를 보였다. 그리고 '모름' 집단의 경우 주한미군에 대해 부정적인 태도를 보인 비율이 '항쟁' 기억집단보다는 낮고 '폭동' 기억집단보다는 높은 중간적 양상을 보였다.

　이 같은 기술적 분석(descriptive analysis)의 결과는 한국인들의 주요한 정치적 태도가 5·18을 어떻게 기억하는가에 따라 차이가 있음을 보여준다. 그러면 이러한 분석 결과는 통계적으로 뒷받침되는가? 통계학적 관점에서 5·18 기억유형이 정치적 태도에 영향을 미칠 수 있는 변수들을 통제한 상태에서도 유의미한 관계성을 보인다면, 5·18에 대한 기억과 정치적 태도 간의 연관성을 부정하기는 어려울 것이다. 이를 검증하기 위해 정치태도와 관련된 일반적인 변수들, 즉 정치이념(진보-중도-보수), 더불어민주당 및 국민의힘 호오도(11점), 연령세대(5구간), 교육수준(3구간), 성별(여성 더미), 자산규모(3구간), 소득수준(4구간), 영호남 거주 등을 통제하고, 5·18 기억유형(민주항쟁)과 주요 정치적 태도에 대한 로지스틱 분석을 수행했다.

　〈표 4-2〉는 그 분석 결과이다. 〈표 4-2〉에 따르면, 5·18을 '민주항쟁'으로 기억하는 집단이 다른 집단에 비해 군대의 정치적 동원에 반대하고, 표현의 자유를 지지하며, 민주주의에 대한 신념이 높고, 반공교육에 회의적이라는 사실이 통계적으로도 유의미한 것으로 나타났다. 또한 비록 통계적 유의성을 확보하진 못했지만, 5·18 기억유형(민주항쟁) 변수는 '국가보안법' 폐지, 대북협력 지지 및 주한미군 감축/철수와도 양의 관계성을 보였다. 이는 양자의 관계를 통계적으로 확인할 수 없다는 뜻이지, 그 가설적 관계성을 부정하는 것은 아니다. 실제로 정치적 변수인 이

표 4-2 기억유형과 정치적 태도에 대한 로지스틱 분석 결과

	군대 동원 반대	표현 자유 지지	민주주의 우월성	민주주의 적합성	반공교육 반대	국가보안법 폐지	대북협력 지지	주한미군 감축/철수
기억유형: 민주항쟁	0.446***	0.488***	0.545***	0.671***	0.441***	0.191	0.192	0.031
정치이념(진보/중도/보수)	0.051	0.064	-0.206**	-0.669***	-0.008	-0.164*	-0.125	-0.183*
더불어민주당 호오도(11점)	0.062*	-0.064**	0.085***	-0.034	0.121***	0.028	0.203***	0.114***
국민의힘 호오도(11점)	-0.071**	-0.014	-0.102***	-0.063*	-0.038	-0.124***	-0.090***	-0.136***
연령세대(5구간)	0.041	-0.057	-0.004	0.085	-0.206***	-0.017	0.042	0.005
교육수준(3구간)	-0.049	0.068	0.153	-0.085	0.156*	0.155	0.193**	0.253**
성별(여성 더미)	-0.075	-0.040	0.214**	0.029	0.150	-0.241**	-0.183*	0.017
자산규모(3구간)	-0.249***	0.077	-0.105	-0.145	-0.219***	0.060	-0.124	-0.104
소득수준(4구간)	-0.015	-0.020	0.042	0.056	-0.056	-0.021	-0.020	0.046
영남 거주	-0.017	-0.123	0.733***	0.453***	-0.115	-0.065	0.004	0.055
호남 거주	-0.051	-0.246	0.082	0.504	-0.208	1.172***	0.523***	1.194***
상수	1.512***	0.609	0.300	2.768***	-0.285	-0.580	-1.491***	-1.261***
Cox&Snell R-제곱	0.028	0.016	0.081	0.065	0.079	0.088	0.111	0.120
사례 수	1,802							

주: 통계유의도(*** p<0.01, ** p<0.05, * p<0.1)

념이나 더불어민주당 및 국민의힘 호오도를 제외할 경우, 5·18 기억유형(민주항쟁) 변수는 99% 수준에서 통계적 유의성을 보였다. 따라서 앞선 기술통계적 분석의 결과들은 로지스틱 회귀분석에서도 지지되는 것으로 보인다.

종합하면, 5·18의 원형적 및 해석적 기억투쟁이 한국인들의 정치적 태도에 중요한 영향을 미친 것이 확실하고, 이 연구의 경험적 분석 결과는

앞선 선행연구들의 지적과 일치한다. 즉, 5·18을 둘러싼 기억투쟁은 국내적으로 한국인들이 '군대의 정치적 동원 반대' 및 '표현의 자유 지지'와 같은 정치적 가치는 물론, 민주주의에 대한 지지와 신념을 강화하는 데도 기여했다. 나아가 기억투쟁은 한국인들의 반공 중심적 세계관에 균열을 만들고 대미 종속적 태도에 대한 비판적 시각을 촉발하는 기제로 작용했다.

4. 5·18 기억유형의 사회적·경제적·정치적 배경

위 분석들은 한국인들 가운데 다수가 5·18을 '항쟁'으로 기억하고 있지만, 여전히 상당수의 사람은 5·18을 '북한 간첩의 사주에 의한 폭동' 혹은 '지역감정에 추동된 폭동'으로 간주하고 있음을 보여준다. 여기에 '모름' 응답자들을 포함시킬 경우, 한국인 4명 중 1명은 '5·18 항쟁론'을 수용하지 않고 있다. 이러한 조사결과는 그간 가해자 집단과 그에 추종하는 사람들이 5·18에 대해 지속적으로 왜곡하고 폄훼한 것이 나름 성과를 내고 있고 5·18을 둘러싼 기억이 합의에 이르지 못하고 있음을 보여준다.

그렇다면 누가 5·18을 '폭동'으로 기억하며, 누가 5·18에 대한 기억이 부재하다고 응답하고 있는가? 이 질문은 과거사에 대한 집단기억과 정치사회적 균열 간의 연계 여부, 즉 5·18 기억레짐의 정치화 여부를 파악한다는 점에서 매우 중요하다. 일반적으로 체제이행을 경험한 국가들에서는 체제변화의 결정적인 사건이 기억되는 방식과 유형이 현실정치의 균열과 연계되어 있을 경우, 정치는 사회경제적 현안을 중심으로 경쟁하기보다 소모적이고 비생산적인 갈등의 양상을 보인다. 이와 같은 정치적 경쟁은 정치의 문제해결 능력을 약화시키고, 시민들의 정치적 불만을 높이며, 민주주의의 미래를 어둡게 만들기도 한다(Bernhard and Kubik, 2014).

<표 4-3>은 사회인구학적·정치적 변수에 따라 기억의 유형이 어떤 변이(variation)를 보이는지를 분석한 것이다. 먼저 성별에 따른 기억유형 간 구성비율의 차이는 대체로 없는 것으로 나타난다. 비록 여성이 '모름'이라고 응답한 비율이 남성에 비해 3%p 높았지만, 그 차이가 다른 변수들에 비해 크다고 보긴 어렵다.

둘째, 5·18에 대한 기억은 세대별로 차이를 보였다. 중년층(40~50대)의 경우 83%가 5·18을 민주항쟁으로 기억하는 반면, 노년층(60세 이상)과 청년층(18~39세)에서는 그 비율이 각각 71%와 73%로, 중년층에 비해 약 10%p 이상의 차이를 보였다. 중년층에 비해 청년층과 노년층이 5·18을 민주항쟁으로 인정하는 비율이 낮은 이유는 상이한데, 청년층의 경우 '모름' 응답이 19%로 높은 반면, 노년층 사이에서는 5·18 폭동론에 대한 수용도가 16%로 상대적으로 높은 수치를 보였다.

셋째, 5·18에 대한 기억은 재산의 정도와 교육수준에 따라 약간의 차이를 보였다. 자산의 경우, 5억 원 이상의 자산을 보유한 상위층은 5·18 민주항쟁론에 대한 수용도가 69%로, 3억 원 미만의 자산을 보유한 하위층의 수용도 77%에 비해 8%p가 낮았다. 아울러 상위층은 폭동론에 대한 수용도 또한 하위층에 비해 7%p가 높은 것으로 나타났다. 이러한 조사결과는 과거사에 대한 기억도 사회경제적 위치에 따라 변화할 수 있음을 시사한다. 또한 교육수준의 경우, 대학 재학 이상의 사람들 사이에서는 5·18을 민주항쟁으로 기억하는 비율이 78%로 가장 높았고, 폭동이라고 응답하는 비율은 9%로 가장 낮았다. 이에 비해 중졸 이하의 사람들의 경우, 민

표 4-3 5·18 기억유형별 인구사회학적·정치적 배경

		민주항쟁	폭동	모름
성별	남성	77%	12%	12%
	여성	75%	10%	15%
세대	39세 이하	73%	8%	19%
	40~59세	83%	9%	8%
	60세 이상	71%	16%	14%
자산	3억 원 미만	77%	9%	14%
	3억~5억 원	79%	9%	12%
	5억 원 이상	69%	16%	15%
교육 수준	중졸 이하	66%	13%	21%
	고졸	77%	12%	11%
	대학 재학 이상	78%	9%	13%
주관적 이념	진보	89%	5%	7%
	중도	75%	8%	17%
	보수	60%	26%	14%
정당 지지	무당파	73%	8%	19%
	더불어민주당	90%	3%	7%
	국민의힘	57%	28%	15%
	기타 정당	80%	5%	14%
지역	수도권·강원·제주	73%	12%	14%
	충청	72%	6%	21%
	호남	96%	2%	3%
	영남	74%	13%	12%
전체 평균		76%	11%	13%

주항쟁론에 대한 수용도가 66%로 가장 낮았으며, 폭동론에 대한 수용도 역시 13%로 가장 높았다. 또한 흥미로운 점은 중졸 이하의 집단에서 '모름'이라고 응답한 비율이 21%로, 고졸 집단(11%)과 대학 재학 이상의 집단(13%)에 비해 상대적으로 높았다.

넷째, 5·18에 대한 기억은 이념, 정당 지지, 그리고 거주 지역에 따라 매우 뚜렷한 차이를 보였다. 구체적으로 진보성향의 시민들 사이에서는 89%가 5·18을 민주항쟁으로 생각한 반면, 보수성향의 시민들 가운데는 60%만이 이를 수용했고 이들의 26%는 여전히 5·18을 폭동이라고 믿고 있는 것으로 나타났다. 마찬가지로 더불어민주당 지지층에서 5·18 민주항쟁론을 수용하는 사람은 90%로 높은 합의를 보이는 반면, 국민의힘 지지자들 중에서는 57%만이 5·18을 민주항쟁이라고 생각했고 28%는 폭동으로 기억하고 있었다. 또한 5·18에 대한 기억은 호남지역과 그 외의 지역에서 다르게 나타났다. 호남지역의 시민들은 96%가 5·18을 민주항쟁이라고 생각한 반면, 그 외 지역에서는 그 비율이 대체로 70% 초반대를 보였다. 즉, 5·18 광주학살이 호남에서 발생했고 기억투쟁도 이 지역에서 출발했다는 점에서 호남사람들의 현저성은 지역적 특성을 반영하는 것으로 보인다.

종합하면, 한국인 10명 가운데 7.6명이 '민주항쟁' 기억집단에, 1.1명이 '폭동' 기억집단에, 그리고 1.3명이 '기억 미형성' 집단에 속해 있는 것으로 분석된다. 이는 5·18의 역사적 중요성과 의미가 우리 사회에 널리 공유되어 있음에도 불구하고, 광주항쟁에 대한 기억은 아직 합의 상태에 도달하지 못했음을 보여준다. 즉, '민주항쟁'으로서의 5·18에 대한 기억은 일부 집단에 의해 여전히 도전받고 있으며, 그들의 도전은 나름의 성과를 내고 있는 것으로 추정된다. 구체적으로 2010년대 이후 극우 인사 및 수구 집단은 유튜브를 통해 나름의 사회적 관계망을 구축했고, 이를 바탕으로 5·18 민주항쟁 기억의 전복을 꾀해 왔다. 즉, 이들은 기억의 정치화와 논쟁화를 통해 기억공동체의 형성을 방해하고 있고 기억레짐에 균열을 발생시키고 있다. 전략적으로 이들은 보수세력의 결집 및 정체성 회복을 원하는 노년층, 그리고 5·18에 대한 지식이 부족한 청년층을 대상으로 '북한개입설'과 같은 자극적이고 선동적인 콘텐츠를 온라인 공간을 통해 전파하고 있다. 특히 이들의 유튜브 방송은 구독자의 후원금을 비롯해 동영상의 조회수 및 구독자수에 따른 광고수익 등으로 상당한 경제적 이익을 창출하고 있으며(김영기·채종훈·주정민, 2021: 7), 이 때문에 일부 청년은 경제적 수익을 목적으로 기억전복 활동에 뛰어드는 현상을 보이고 있다(최정기, 2020b: 30~31). 기억의 부재가 호기심과 상상력을 쉽게 자극할 수 있다는 점을 고려하면, 이들이 벌이는 기억전복 활동에 가장 취약한 집단은 5·18 기억이 아직 형성되지 않은 청년층일 수밖에 없다. 이는 일정한 세월이 지나면 언제든지 '항쟁' 기억이 전복될 수 있음을 시사한다.

5. 결론

한국 정치에서 5·18 기억투쟁은 크게 두 가지 차원의 의미를 지니면서 전개되어 왔다. 기억투쟁은 원형적 차원에서 볼 때 권위주의적 정치체제에 대항해 민주주의의 회복과 공고화를 추구하는 정치적 의미를 지니고 있으며, 해석적 차원에서 볼 때 냉전·반공주의 질서의 변화를 통해 남북의 화해·협력 및 평화공존을 촉구하는 새로운 역사인식의 형성과 실천의 의미를 담고 있다.

이 점에서 5·18을 어떻게 기억하느냐의 문제는 한국 정치의 과거와 현재를 어떻게 인식하며 우리 사회의 미래를 어떻게 전망하는가의 문제와 직결된다. 본 연구의 분석 결과는 5·18을 둘러싼 장기간의 기억투쟁이 두 가지 측면에서 한국 정치에 상당한 영향을 미쳤음을 시사한다. 그 하나는 5·18 기억투쟁이 한국 민주주의의 발전을 위한 시민적 토대를 확장·강화하는 데 기여해 왔다는 것이다. 분석 결과는 기억투쟁이 한국인들에게 권위주의적 태도로부터 이탈해 자유와 민주주의에 대한 지지를 강화하는 정치적 기제로 작동해 왔음을 암시한다. 다른 하나는 반공·반북·친미의 기존 지배질서를 비판적 시각으로 바라보는 역사의식을 촉발시켰다는 것이다. 이러한 연구의 결과는 기억투쟁이 적잖은 한국인에게 기존의 반공·반북·친미의 세계관을 버리고 대안적 세계관을 형성토록 촉구해 왔음을 보여준다. 달리 표현하면, 5·18은 곧바로 냉전·반공질서의 영향력을 약화시키지는 못했지만, 기억투쟁을 통해 기존 질서에 비판적인 태도를 형성토록 함으로써 일원적인 한국 정치를 다원화시킨 정치적 중대사건이었다.

5·18을 둘러싼 기억투쟁은 오늘날 어떤 의미를 지니는가? 기억투쟁의 목표는 성취됐는가? 5·18에 대한 국가의 공인은 기억투쟁의 종료를 의미하는가? 그간 기억투쟁은 신군부세력과 이에 동조하는 일부 보수집단의 폭동론에 대항해 5·18 진실규명, 책임자 처벌, 명예복복 운동을 전개해 왔으며, 더불어 '민주·인권·평화'의 보편적 가치에 기초한 5·18 대항담론을 정립·확산시켜 왔다. 그 가시적인 성과로서 5·18은 국가의 공인을

통해 '폭동'에서 '민주항쟁'으로 변화했다.

하지만 연구의 결과가 시사하듯이, 5·18을 둘러싼 기억정치는 여전히 지속되고 있는 것으로 보이며, 5·18의 기억레짐은 아직 합의 상태에 이르지 못하고 정치적 분열 상태에 있다. 즉, 제도적 차원에서 진상규명을 위한 위원회 설치 및 5·18 왜곡·망언 금지를 추진했음에도 불구하고 보수우익 인사들의 기억전복을 위한 시도와 가능성은 여전히 사라지지 않고 남아 있다.[5] 특히 청년층, 노년층, 보수층에서 5·18을 민주항쟁으로 수용하는 비율이 상대적으로 낮다는 점을 감안하면, 보수우익세력(특히 극우집단)의 기억전복 투쟁은 계속될 것이다. 더욱 중요한 문제는 과연 현실정치의 주요 행위자들이 5·18에 대한 국가의 공식기억에 대항할 것인가 하는 것인데, 이에 대한 가능성도 여전히 남아 있는 것으로 보인다. 왜냐하면 5·18에 대한 기념과 의례가 선거 때 표를 동원하기 위한 정략적인 수단으로 이용되기 때문이다.

베른하드와 쿠빅(Bernhard and Kubik, 2014)이 지적했듯이, 주요 정치세력이 과거 중대사건의 정치화를 경계하는 나라 혹은 과거 중대사건에 대해 일정 수준의 합의에 이른 나라의 경우, 정치는 사회경제적 현안에 천착해 경쟁하고 성과를 창출해 냄으로써 민주주의의 안정적인 지속과 공고화로 나아가는 반면, 과거사에 대한 기억이 분열된 나라에서는 정치세력이 현실문제와 동떨어진 이슈나 지엽적인 문제를 중심으로 소모적인

---

[5] 서구에서도 1980년대 이후 과거 파시즘에 대한 역사적 재해석과 수정주의적 시도가 시작됐고, 러시아와 동유럽에서도 스탈린 및 공산주의 시절에 대한 향수가 최근 높아지고 있다. 이와 같은 움직임은 각각 극우정치와 권위주의 세력이 부활한 것과 연결되어 있다(Bernhard and Kubik, 2014).

정치갈등에 빠져든다. 요컨대 과거를 어떻게 기억하고 기념하는가, 주요 정치세력이 이를 어떻게 다루는가의 문제는 민주적 정치발전과 긴밀히 연결되어 있다는 것이다.

이 연구의 경험적 분석 결과가 보여주듯이, 5·18과 뒤이은 장기간의 기억투쟁이 일원적 한국 정치를 다원화하고 민주주의와 자유를 회복하는 데 기여했음은 분명하다. 그러나 민주화 이후의 시대에 '정치사회와 시민사회가 5·18을 어떻게 기억하고 다룰 것인가' 하는 것은 또 다른 문제이다. 현재에도 일부 정치인과 극우 인사들은 5·18 유공자를 종북·좌파들이 만들어낸 '괴물집단'으로 선전하거나 5·18의 '북한배후설'을 주장하는 방식으로 이 문제의 정치화를 시도하고 있다. 5·18의 정치화와 갈등의 재생산은 한국 정치를 끊임없이 소모적인 정쟁의 장으로 유인함으로써 한국 정치의 민주적 발전을 저해하고 있다. 이는 기억투쟁이 지속되어야 할 중요한 이유 중의 하나이다. 기억행위가 중요한 이유는 과거 사건의 재현과 재구성을 통해 그 사건의 역사적 의미와 가치를 되새김으로써 불의한 역사가 되풀이되는 것을 방지하는 것은 물론, 한국 민주주의를 질적으로 심화시키는 기반이 되기 때문이다.

5   5·18 국가폭력과 지역주의 정당 지지

1. 서론

　2024년 4월에 치러진 제22대 총선에서 더불어민주당(민주당)은 호남지역 유권자의 76%의 지지를 받아 호남 지역구 28곳 모두에서 승리했고, 국민의힘은 영남지역 유권자의 59%의 지지를 받아 영남 지역구 65곳 가운데 59곳에서 승리했다(중앙선거관리위원회, 2024: 403, 446). 2005년 6월에 치러진 제21대 대선 결과도 이와 유사했다. 호남지역 유권자 중 84%가 민주당 이재명 후보에게 투표했고, 영남지역 유권자 중 58%가 국민의힘 김문수 후보에게 투표했다(≪경향신문≫, 2025.6.5). 비록 과거에 비해 영호남 유권자들의 결집 현상이 완화됐다고 하지만, 여전히 호남지역에서 국민의힘 후보들은 열세를 면치 못하고 있으며, 영남지역에선 민주당 후보들이 고전하고 있다. 이는 한국의 지역주의 정당구도가 건재함을 보여준다.

　　지역주의 정당구도가 지역 내 민주적 책임성과 반응성을 훼손하고 지역 유권자들의 정치적 선택을 제약한다는 점에서 한국 정치가 극복해야 할 과제임은 분명하다. 그럼에도 불구하고 왜 지역주의 정당구도는 계속되고 있을까? 2000년대 초반 삼김이 정치무대에서 퇴장하고 한국경제가 개발도상국에서 벗어나 중진국으로 발돋움하면서, 전근대적 정체성에 기초한 지역주의 정치는 자연스럽게 약화될 것이라는 전망이 등장했다(강원택, 2003). 나아가 일부 학자는 지역민 간에 정치적 태도와 감정에서 실체적 차이가 과연 존재하는가에 관해 의문을 제기하며, 지역주의 정당구도와 지역민의 정치적 태도 간 조응이 높지 않다는 경험적 결과를 제시하기도 했다(이갑윤, 2002; 최준영, 2008). 그러나 이러한 문제 제기와 전망과 달리 지역주의 정당구도와 투표행태는 여전히 지속되고 있다. 이제 학자들은 이러한 현상이 왜 지금껏 지속되는지, 언제까지 계속될 것인지, 어떻게 이를 극복할 것인지에 대해 새롭게 연구할 때가 왔다(Yoon, 2023).

　　이 장은 5·18 국가폭력이 피해자들과 호남인들의 정당 지지에 미친 장기적인 효과를 추적함으로써 한국의 지역주의 정당구도에 대한 이해의 지평을 넓히고자 한다. 이는 선행연구들이 한국의 지역주의 정치를 제대로 조명하지 못하고 있다는 문제의식에서 출발한다. 구체적으로 정치경제학적 접근은 과거 영호남 간의 경제적 수준과 기회의 격차보다 현재 수도권과 지방 간의 격차가 더 커졌는데도 "왜 영호남 지역주의 정치가 지속되고 있는가"에 대해 설명하지 못한다. 아울러 지역주의를 지역민들이 중앙정부를 상대로 집단적 이익을 도모하려는 정치적 노력으로 설명하는 합리적 선택이론은 "왜 정치적 결집이 영호남에서만 두드러지는가"에 관해 해명하지 못한다. 나아가 제도적 접근은 한국의 다수제적 선거제도와 강력한 대통령제가 양대 정당과 영호남 간 경쟁을 부추기고 유지하는 관성적 힘을 발휘하고 있다고 주장한다. 이는 영호남이 일련의 제도적 장치가 만들어낸 정치적 경쟁구도에 포획됐음을 시사한다. 그러나 제도적 접근은 같은 경쟁구도에서 "왜 호남 유권자들의 결집이 영남과 타 지역들에 비해 높은가"에 관해서는 답하지 못한다.

이 장은 5·18 국가폭력을 경험한 사람들이 40년이 훨씬 지난 현재에도 진상규명을 회피하려는 정치집단에 반감을 지니고 있고, 이러한 반감은 호남지역에서 정치적 동화과정을 통해 널리 확산되어 궁극적으로 정당 지지에 반영됐다고 주장한다. 국가폭력에 관한 최근 연구들에 따르면, 국가폭력을 당하거나 목격한 피해자들은 가해자 및 그 추종세력에 대항하는 정치적 각성을 경험한다(Walden and Zhukov, 2020). 이 같은 각성을 통한 정치활동의 발화는 일차적으로 폭력을 경험한 당사자들을 중심으로 시작되어, 주변 사람들과 사회공동체로 확산되고, 다음 세대로 전이되는 경향을 보인다(Nunn and Wantchekon, 2011; Wang, 2021).

물론 모든 국가폭력이 반드시 이 같은 사회적 반발의 확산으로 이어지는 것은 아니다. 피해자와 그 동조자들에게 정치사회적으로 결집하고 저항할 수 있는 기회가 부재할 경우, 국가폭력의 기억은 역사 속에서 희미해지거나 사라져버린다. 그렇기 때문에 극단적인 경우 국가폭력은 폭력 대상의 완전한 소거와 소멸을 목표로 한다. 이것이 불가능할 때 가해자들은 국가폭력의 트라우마를 극대화해 피해자들을 저항불능의 상태로 빠트리는 것을 목표로 삼는다. 하지만 그간의 역사가 보여주듯이 가해자들의 기획은 실패로 귀착되곤 했다. 왜냐하면 국가폭력으로부터 생존한 피해자들과 그 동조자들이 정치적 각성을 통해 결집하고 정치적 기회구조가 열릴 때마다 집단행동에 돌입하기 때문이며, 나아가 가해 집단에 대한 기억과 반감이 세대와 세대를 통해 전승되기 때문이다(Lupu and Peisakhin, 2017; Rozenas, Schutte and Zhukov, 2017). 이처럼 과거에 자행된 국가폭력은 역사·구조적 유산으로 남아 오늘의 정치에 영향을 주는데, 이는 세계 여러 나라에서 관찰되는 정치균열의 근간을 형성하고 있다.

따라서 이 장은 5·18 국가폭력이 지역주의 정당구도에 미친 장기적인 영향을 추적한다. 2020년 12월부터 2021년 2월까지 3개월 동안 실시한 면대면 전국설문자료를 분석한 결과 다음 세 가지 사실을 발견했다. 첫째, 5·18 국가폭력을 겪었거나 목격한 사람들이 국민의힘과 민주당에 대해 보이는 태도는 거주 지역(호남과 비호남)에 따라 큰 차이를 보였다. 둘째, 호남지역 거주자들 가운데 5·18을 경험한 사람들은 비경험자에 비해 국민의힘에 대한 반대와 민주당에 대한 지지가 높았다. 선행연구들이 밝혀왔듯이, 호남 유권자들은 '친민주당-반국민의힘' 태도가 타 지역에 비해 매우 강한데, 5·18 국가폭력의 피해자들 사이에서 그 정도가 더욱 높다는 점은 5·18 피해자들을 중심으로 호남지역 내 정당 지지에서 정치적 동화가 일어났음을 보여준다. 셋째, 흥미롭게도 5·18 국가폭력의 피해자들 중 비호남지역에 거주하는 사람들의 경우, 민주당에 호감을 가지고 있음에도 불구하고 민주당과 국민의힘을 동시에 지지하는 모호한 양상을 보였다.

이 같은 결과는 5·18 국가폭력이 한국 지역주의 정치에 남긴 장기적인 유산을 확인시켜 준다. 특히 5·18 국가폭력이 외부적 변인이라는 점에서 연구의 결과는 5·18이 지역주의 정당구도의 형성은 물론 지속과도 관련된 근본적인 원인 중 하나라는 점을 뒷받침한다. 즉, 1980년 광주에서 자행된 국가폭력은 피해자들은 물론이고 그 이웃과 지인, 그리고 지역공동체로까지 확산되었고, 가해 집단인 신군부와 그 후신 정당들에 반대하는 방식으로 호남인들을 동화시켜 지금까지 지역주의를 지속시키는 힘으로 작용하고 있다.

다른 한편, 민주당은 호남 내에서 5·18 국가폭력을 경험한 피해자들과 이들에 공감·동조하는 지역민들에게 '그들과 함께하는 정당'으로 인식되고 있다는 점에서, 호남사람들의 민주당 지지에는 피해자 개인들은 물론이고 집단적 수준에서도 정치적 합리성이 자리하고 있는 것으로 보인다. 그리고 호남지역 외부에 거주하는 피해자들에게서 관찰되는 정당 지지의 비일관성은 이들이 처한 환경적·실존적 압력과 정치적 곤란함, 즉 거주 지역에서 5·18 국가폭력에 대한 공감과 이해가 부족하다는 것을 반영한다. 결론적으로 연구결과는 한국의 지역주의 정당구도가 지속되는 현상의 이면에는 5·18 국가폭력과 이로부터 파생된 역사적 유산이 작동하고 있으며, 그렇기에 지역주의 정치는 선거 캠페인이나 지역개발 공약 등으로 쉽게 완화되기 어렵다는 전망을 제시한다.

2. 선행연구 검토: 지역주의 정당구도의 지속과 호남 지역주의

1987년 대선과 1988년 총선에서 본격적으로 그 모습을 드러내기 시작한 '지역주의 정치' 혹은 '지역갈등의 정치'는 1990년대 정치과정 전반을 지배하면서 한국 정치에서 가장 중요한 연구주제로 부상했다. 이에 따라 많은 학자들은 지역주의 정치의 기원과 전망에 관해 다양한 연구결과와 시사점을 제시해 왔다. 일부 학자는 지역주의 정치를 전근대적 현상으로 간주하면서 근대화된 시대에 사라져야 할 현상 혹은 사라질 현상으로 평가하기도 했다(신복룡, 1996).

하지만 근대와 전근대의 이분법적 구분에 기초한 접근과 시각은 정치균열이 근대화 과정에서 발생한 갈등과 폭력 그리고 현 정치제도와 그 양상을 반영한 결과물이라는 점에서 이론적 타당성이 부족하다(Lipset and Rokkan, 1967). 이에 따라 최근 연구들은 지역주의 정치가 지속되는 데 주목한다. 이들 연구는 "지역민들의 정당 지지에 기초한 지역주의 정치가 왜 지금까지 계속되고 있는가"에 대해 각각 권위주의적 산업화의 영향, 지역민의 합리적 선택의 결과, 정치제도의 영향 등의 관점에서 해명하는데, 이들의 설명은 독자적이기보다는 상호 보완적이다.

먼저, 정치경제적 접근은 한국의 권위주의적인 산업화 시기에 영남과 호남 간 발전의 격차, 그리고 정치 엘리트 충원에서의 호남 배제와 영남 편중이 1990년대 지역주의 정치를 공고화하는 데 기여했고, 2000년대 이후에도 여전히 지속된 지역 간 불균형 때문에 지역에 기초한 정치는 계속될 수밖에 없었다고 지적한다(김진하, 2010; 성경륭, 2013). 특히 김대중 정부 이래 진보정부는 호남 출신 엘리트를 대거 등용한 반면, 보수정부는 영남 출신 엘리트를 중용했다는 점에서 지역균열은 정치적 공급에 의해 뒷받침되어 왔다(강원택, 2010). 또한 진보정부는 권위주의 시절에 형성된 지역 간 정치경제적 불균형을 해소하려는 현상 타파적 접근을, 그리고 보수정부는 현상 유지적 정책을 추진했다는 점에서 지역주의 정치는 연이은 선거와 정권교체에도 불구하고 극복되기보다는 고착화되는 모습을 보였다. 그뿐만 아니라 지역민들 또한 정권획득을 통해 지역발전을 도모하려는 합리적 및 집단적 동기를 가진다는 점에서 한국의 지역주의 정치는 수요와 공급의 차원에서 쉽게 사라지기 힘든 구도에 놓여 있다(조기숙, 2000). 이 같은 정치구도는 수도권과 충청을 경쟁구도의 일원으로 유인·가담케 했고, 양대 정당이 영남과 호남을 분할·지배하는 양상을 지속시켰다.

지역주의 정치는 제도적 환경에 의해서도 촉진·유지된다. 한국의 선거제도는 혼합형임에도 불구하고 비례성이 약하고 다수제적 특성이 강한 까닭에 다당제의 출현을 억제하고 양당제의 지속을 촉진시키는 효과를 발휘한다(문우진, 2021). 또한 한국의 강력한 대통령제는 양대 정치세력 간 경쟁을 부추기고 강화하는 요인으로 작용하고 있다. 그 결과, 이제는 다양한 사회적 갈등 및 쟁점들 또한 양대 정당을 중심으로 수렴·양분되고 있다. 구체적으로 2000년대 이후 새롭게 등장한 이념, 세대, 젠더 등의 사회갈등은 양대 정당을 축으로 지역주의와 결합하는 경향을 보여왔는데, 이는 다수주의적 정치제도가 한국사회의 정치적 다원화를 억제함으로써 새로운 사회갈등 이슈들을 기존의 지역균열과 연계시키는 유인효과를 발휘하기 때문이다.

요컨대 선행연구들은 한국에서 지역주의 정치가 지속되는 배경에는 권위주의 시절 주조된 지역 간 정치경제적 불평등구조, 양대 정당의 엘리트 충원과 정책 공급, 그리고 지역발전을 위한 유권자들의 합리적 선택 등이 자리하고 있다고 주장한다. 그뿐만 아니라 다수제적 선거제도와 강력한 대통령제로 인해 지역주의는 줄곧 새로운 갈등들과 연계되어 있었다고 지적한다. 이 점에서 윤광일(Yoon, 2023: 77)은 한국의 지역주의는 "유일하고 완결적인 균열(the only full cleavage)" 양상을 띠면서 정치과정을 지배하고 있다고 분석한다.

이와 같은 연구들은, 지역주의 완화 및 쇠퇴 가능성을 전망했던 2000년대 중반의 연구들과 달리(강원택, 2003; 최준영·조진만, 2005), 지금껏 지역주의 정치가 유지되고 있는 이유를 설명한다는 점에서 중요한 기여를 했다. 그러나 선행연구들은 지역주의 정치가 지속되는 일반적인 양상을 설명할 뿐, 현재의 지역주의 정치가 지닌 구체적인 특성을 설명하는 데는 한계점을 보인다. 가령 정치경제적 접근과 합리적 선택이론은 현재 영남과 호남이 모두 경제적으로 수도권에 비해 열악함에도 불구하고 왜 경쟁적인 관계에 있는가에 관해 설명하지 못한다. 또한 제도적 접근이 제시한 대통령제 및 다수제적 선거제도는 "왜 호남과 영남 간 경쟁구도가 여전히 유지되고 있는가"에 대해서는 해명하지만, "왜 호남지역 유권자들의 결집이 더 강력한가"에 관해서는 답하지 못한다. 이는 지역주의 정치에 관한 새로운 접근과 시도가 필요하다는 것을 뜻한다.

이 연구는 상술한 의문점들에 대해 종합적인 해답을 제시하지는 못하지만, 5·18 국가폭력이 피해자들과 호남인들의 정당 지지에 미친 장기적인 영향을 경험적으로 추적함으로써 지역주의 정치구도가 지속되는 이유에 관해 새롭게 조명하고자 한다. 지역주의 정치가 출현하고 지속되는 데 있어서 영남 출신 신군부의 광주학살과 정부 차원에서의 진실 은폐가 중요한 원인으로 작용했다는 지적은 선행연구들에서도 이미 제기됐다. 예를 들면, 최영진(1999)은 5·18 국가폭력이 호남인들의 집단정체성 형성을 촉발함으로써 호남을 일종의 정치적 "운명공동체"로 만들었다고 주장한다. 또한 지병근(2013)은 호남 지역주의의 이면에는 "광주항쟁 이후 한국의 정치체제 변동과정에서 형성된 정치적 기억과 새누리당에 대한 반감"이 자리하고 있다고 지적한다. 하지만 이들 연구도 호남인들의 정치적 정체성과 그 지속에 대한 이론적 설명과 경험적 증거를 제시하지는 못하고 있다. 이에 주목해 본 연구는 5·18 국가폭력이 개인들의 정당 지지에 미친 장기적인 영향과 그 여파를 이론적으로 논의하고 실증적으로 분석할 것이다.

3. 이론적 가설: 5·18 국가폭력의 장기적 영향

전쟁이나 내전, 자연재해, 성폭력 등 심각한 사건을 경험하거나 목격한 사람은 흔히 불안감과 공포심 혹은 우울증과 무력감 같은 트라우마에 시달린다. 국가에 의한 학살, 고문, 정치적 낙인 등의 경우도 예외가 아니다. 트라우마는 폭력이 종료된 이후에도 쉽게 사라지지 않는다. 피해자들은 왜 국가가 폭력을 행사했는지, 왜 자신들이 폭력의 대상이 됐는지, 그리고 왜 자신들이 '폭도' 혹은 '불순분자'라는 정치적 낙인을 감수해야 했는지를 끊임없이 그리고 처절하게 궁구하게 된다. 국가폭력을 경험한 사람들은 더 이상 과거의 일상을 영위하기 어려워 폭력의 상처를 안고 살아가거나, 사건의 진실을 밝히기 위해 진상규명에 나서거나, 명예와 정의를 되찾기 위한 격렬한 투쟁에 돌입한다. 결코 잊을 수도 없고 때론 더 이상 잃을 것도 없기 때문일 것이다.

최근 비교정치 분야에서는 오래전에 발생한 국가폭력, 전쟁, 내전,

혹은 집단학살이 개인과 집단의 정치적 태도와 행동에 미치는 장기적인 영향을 실증적으로 추적하는 연구들이 붐을 이루고 있다. 이들 연구는 국가 혹은 특정 정치집단에 의해 자행된 거대폭력이 당대의 피해자 및 피해 집단은 물론이고, 현시대 일반 시민들의 정치적 태도에도 영향을 미친다고 강조한다. 나아가 이들 연구는 그간 실증적 증거수집의 어려움을 이유로 과거 사건의 영향을 간과하거나 과소평가하고 현재적 변수들에 집중해 온 학문적 경향을 비판하면서, 비교정치 연구의 "역사주의적 전환(historical turn)"을 촉구한다(Walden and Zhukov, 2020).

국가와 특정 정치세력에 의한 폭력이 장기적으로 개인과 집단의 정치적 태도에 영향을 미친다는 사실을 경험적으로 규명한 선구적인 연구는 하버드대 경제학자인 네이선 눈(Nathan Nunn)과 프린스턴대 정치학자인 레너드 완체콘(Leonard Wantchekon)에 의해 수행됐다(Nunn and Wantchekon, 2011). 이들은 범아프리카 연구 네트워크 아프로바로미터(Afrobarometer)의 2005년 설문조사 자료를 분석해 1400~1900년 사이에 노예무역과 노예사냥에 노출됐던 사하라이남 지역의 아프리카 사람들 사이에서 정치와 사회에 대한 신뢰가 낮다는 연구결과를 발표했다. 노예제가 사라진 지 100년이 훨씬 지났지만, 오래전에 자행된 노예사냥과 노예무역이 아직까지도 지역민의 정치사회적 태도에 부정적인 영향을 미치고 있다는 실증적인 결과는 매우 충격적이었다.

이후 비교정치 분야에서 과거 폭력의 현재적 유산을 분석하는 연구들은 빠르게 증가했다. 그 대표적인 사례가 로제나스와 주코프(Rozenas and Zhukov, 2019)의 연구이다. 이 연구에 따르면, 1932~1934년에 우크라이나 지역 사람들은 스탈린이 자행한 강제적 집단농장화와 수탈, 뒤이은 대기근을 경험했는데, 해당 지역주민 사이에서는 지금도 반러시아적 태도가 강하며 친러시아 정당에 대한 거부감이 높다. 또한 하드직, 칼슨, 태비츠(Hadzic, Carlson and Tavits, 2020)는 보스니아 내전 당시 학살 피해를 겪은 지역에서 인종적 결집이 높아지고 인종에 기반한 투표행태가 현저하다는 점을 근거로 폭력이 정치균열 형성에 결정적인 요소로 작용한다고 주장한다. 이 같은 현상은 남미 지역에서도 발견되는데, 과거 스페인의 식민화 과정에서 폭력과 수탈이 집중된 지역의 원주민들은 친원주민 후보 및 정당을 지지하는 집합적 투표행태를 보이는 것으로 보고되고 있다(Guardado, 2021).

관련 연구들은 한국과 동아시아에서도 시도됐다. 홍지연과 강우창(Hong and Kang, 2017)은 1950~1953년 한국전쟁 당시 민간인 학살이 발생한 지역에선 지금도 중앙정부와 군에 대한 신뢰가 낮은 반면 나머지 여타 기관에 대한 신뢰에서는 뚜렷한 차이가 없다는 경험적 결과를, 왕(Wang, 2021)은 중국 문화대혁명 당시 국가폭력의 희생자가 많았던 지역에서는 중앙정부에 대한 신뢰가 낮다는 점을 보여주었다. 나아가 중국 정부는 1989년 천안문 사태 당시 시위참가자들을 학살하고 학생운동을 폭력적으로 진압했는데, 데스포사토와 왕(Desposato and Wang, 2020)의 분석에 따르면 당시 대학 시절을 보낸 사람들은 현재까지도 반정부적·친민주적 태도를 유지하는 것으로 나타났다.

이러한 연구들 이전에도 과거에 발생한 중대사건이 미치는 장기적 영향에 주목한 선구적인 연구들이 존재했다. 예를 들면, 하르츠(Hartz, 1955), 헌팅턴(Huntington, 1983), 립셋(Lipset, 1997)의 연구가 대표적인 사례이다. 이들은 미국 독립전쟁 당시 격렬했던 투쟁과 승리의 경험이 미국인들의 자유에 대한 편집증적인 애착을 만들었고, 그것이 오늘날 미국의 자유주의 신조와 정신에 지대한 영향을 미쳤다고 평가했다. 또한 퍼트넘(Putnam, 1993)은 이탈리아 남부와 북부 간에 사회적 자본에서 차이가 나는 이유에 대해 11~12세기 노르만의 침략으로 발생한 중세 안보위기 상황에서 남과 북의 지역들이 다르게 대응했기 때문이라고 주장했다.

그럼에도 불구하고 최근의 비교정치 연구들은 선구자들의 통찰과 평가를 넘어, 과거 폭력의 현재적 영향에 대한 경험적 증거를 제시하고 이론적 메커니즘을 규명한다는 점에서 차별적이다. 이들 연구는 오래전 자행된 국가폭력이 현시대 사람들의 정치적 태도에 영향을 미치는 기제를 대체로 네 가지 차원에서 파악한다. 첫째, 개인적 차원에서 폭력에 노출된 사람들은 가해자 혹은 가해 집단에 대한 거부감과 적대적 태도를 발달시키는데, 이는 주로 트라우마에 의해 형성된다(Hong and Kang, 2017). 둘째, 폭력이 만들어낸 정치적 편견과 태도는 개인을 넘어 사회적 확산과 정치적 동화를 촉발한다(Hadzic, Carlson and Tavits, 2020). 즉, 폭력 피해자의 동료들과 이웃들, 나아가 제3자들은 주변의 얘기나 보도를 통해 사건의 진실을 접하게 되고, 그 결과 피해 당사자들의 충격과 고통을 간접적으로 경험함으로써 피해자들과 유사한 정치적 태도와 정체성을 형성한다(Lupu and Peisakhin, 2017). 셋째, 집단경험으로 승화된 국가폭력과 이에 따른 정치적 태도는 가족과 집단 내에서 대화와 사회담론을 통해 세대전이(intergenerational transmission)로 이어진다(Wayne and Zhukov, 2022; Wang, 2021). 마지막으로, 폭력에 대한 직간접적 경험은 말과 글을 통해 객관적 기억으로 보존되고, 역사적 상징물과 의례를 통해 기념되며, 교육과 정치적 과정은 이를 소환하고 재생한다. 요컨대, 올릭(Olick, 2007)이 강조했듯이, 역사적 사건에 대한 집합적 기억과 피해자 중심의 정치적 태도는 개인적 차원을 넘어 사회적 차원에서 생명력을 가진 일종의 문화로서 스스로를 재생산한다.

또한 최근 연구들은 피해자들의 정치적 태도와 행동은 전략적 양상을 보인다고 지적한다(Walden and Zhukov, 2020). 이는 만약 가해자가 여전히 권좌에 앉아 또다시 폭력을 행사할 잠재적 위협이 존재한다면, 피해자 혹은 피해 집단은 전략적으로 행동해야 한다는 점을 상기시킨다. 즉, 피해자들은 자신들에게 우호적인 정치적 기회구조가 부재할 경우 태도와 행동을 숨기는 경향을 보인다. 가해세력이 지켜보고 있을 경우 피해자들의 저항적 태도와 행동은 또다시 위험에 처할 가능성이 있고, 정치적 기회구조가 열리지 않을 경우 그 효과는 낮을 것이기 때문이다. 따라서 피해 집단의 행동은 자신들이 감수해야 할 비용을 최소화하는 한편, 투쟁의 효과를 극대화하기 위한 전략적 계산에 기초할 개연성이 높다.

이러한 피해 집단의 전략적 태도와 행동은 여러 연구에 의해 뒷받침된다. 로제나스와 주코프(Rozenas and Zhukov, 2019)가 밝혔듯이, 1930년대에 스탈린에 의해 대기근을 겪은 우크라이나 지역에서도 소련이 건재했던 시절에는 반러시아 정서가 잠재화되어 표출되지 않았던 반면, 민주화가 진행된 1990년대 이후에는 반러시아 정서가 적극적으로 표출됐다. 즉, 민주화, 소련의 해체, 우크라이나 민족국가의 건설 등 일련의 정치적 변동으로 인해 피해자들과 그 후손들이 안전하고 정상적으로 문제를 제기할 수 있는 정치적 기회구조가 만들어진 것이다. 마찬가지로 우리나라의 경우 1985년 총선 당시만 해도 호남지역에서 신군부의 민정당이 과반 의석을 차지했으나, 민주화 이후에는 민정당과 그 후신 정당들이 호남에서 고전을 면치 못했다. 이러한 현상은 전두환이 권력에서 물러나고 김대중과 평화민주당이 등장했다는 정치적 기회구조를 고려하지 않고서는 설명하기 힘들다.

미시적 관점에서 피해자들의 전략성은 자연스러운 현상으로, 독재자들의 폭력사용과 그 의도를 제한하기도 한다. 쿠란(Kuran, 1995)이 강조했듯이, 억압된 사회에서 사람들은 속내(private truths)를 숨기고 거짓된 태도와 행동(public lies)을 보이는 전략적 이중성을 유지한다. 또한 스콧(Scott, 1992)이 지적했듯이, 국가폭력과 억압이 강해질수록 진실은 그만큼 은밀한 방식으로 확산된다. 요컨대 폭력의 생존자들과 피해 집단은 끊임없이 저항의 씨앗을 퍼트리고 확산시킨다. 그렇기에 폭력을 행사한 독재자들의 기획은 근본적으로 성공하기 어렵다. 심서, 슬레이터, 위텐버그(Simpser, Slater and Wittenberg, 2018)의 표현을 빌리자면, 독재와 폭력은 끝났지만 그 유산과 기억은 사라지지 않는다("Dead but Not Gone").

지금까지 검토한 연구들을 바탕으로 5·18 국가폭력을 경험한 피해자들 및 호남인들의 정당 지지와 관련해 다음과 같은 기대가설들을 도출할 수 있다. 먼저 5·18 국가폭력을 경험하거나 목격한 사람들은 5·18 진상규명 및 책임자 처벌에 반대하거나 소극적인 태도를 보였던 권위주의 계승 정당의 일원인 국민의힘에 대해 부정적인 태도를 보일 것이다. 이와 달리 5·18 피해자들은 5·18 국가폭력에 대한 진상규명과 책임자 처벌에 적극적인 입장을 개진해 왔던 민주당에 대해 높은 지지를 보일 것이다.

또한 정치적 태도의 '사회적 전이'라는 관점에서 볼 때, 5·18 국가폭력은 오랜 기간 동안 호남지역 거주 피해자들을 중심으로 지역민들을 동화시켰을 것으로 추정된다. 특히 5·18 학살은 전두환 집권 시기 내내 금기시됐고 5·18이 민주화운동이 아닌 북한 간첩들의 사주 혹은 지역감정에 추동된 '폭동'으로 호도됐다는 점에서, 당시 5·18 희생자 유가족과 피해자들은 지역 내에서 은밀하게 진실을 호소하는 전략 외엔 다른 방도가 없었다(최정운, 1999; Kuran, 1995; Scott, 1992). 왜냐하면 호남지역은 물론이고, 호남 바깥에서도 진상규명을 위한 투쟁은 전두환 정권의 강력한 탄압에 직면했기 때문이다. 그러나 1987년 민주화 이후 광주학살 진상규명을 위한 기억투쟁은 호남지역 내에 거주하는 피해자들의 정치적 태도를 중심으로 지역민들이 동화되는 과정을 낳았다(최영진, 1999).

많은 해외 연구는 정치적 동화과정을 기본적으로 지역적 차원의 현상으로 파악한다(Hadzic, Carlson and Tavits, 2020; Rozenas and Zhukov, 2019). 이러한 통찰은, 호남지역과 달리 타 지역에서는 5·18을 추념하고 기억하는 '기념의 정치'와 5·18을 정치적으로 소환하는 정치과정이 부재했음을 감안할 때, 매우 유의미하다. 즉, 호남지역에서 관찰되는 5·18 피해자들 중심의 정치적 동화가 호남지역 외부에서는 발생하기 어렵다는 것이다. 이러한 이유로, 많은 연구에서 경험적으로 밝혔듯이(문우진, 2021; 지병근, 2013; 최영진, 1999), 호남 유권자들은 다른 지역에 비해 국민의힘에 반대하고 민주당을 지지하는 경향을 강하게 보일 수밖에 없었다. 그러나 기존 연구들이 밝히지 못한 부분은 "다른 지역 유권자들에 비해 왜 호남 유권자들의 국민의힘 반대와 민주당 지지가 좀 더 강력한가"에 대한 것인데, 이 연구는 바로 그 원인이 5·18 국가폭력의 피해자들과 이를 경험한 사람들의 정치적 태도를 중심으로 지역민들이 동화됐기 때문이라고 주장한다. 즉, 5·18 국가폭력이 호남 지역주의의 근본 원인이라고 주장한다.

이와 관련해 흥미로운 대목은 선행연구들이 제시하는 두 가지 대립 가설이다. 그 하나가 국가폭력과 트라우마에 관한 연구가설이다. 이 가설에 따르면, 직접적인 피해자들은 다른 사람들에 비해 가해 집단과 이에 동조하는 세력에 대해 높은 반감과 정서를 가질 것으로 전망된다(Hong and Kang, 2017). 다른 하나는 정체성 이론에 기초한 연구가설이다. 이 가설에 따르면, 5·18을 계기로 호남지역은 정치적 "운명공동체"라는 높은 수준의 정체성을 형성했으며(최영진, 1999), 이로 인해 광주·전남·전북 지역에서는 신군부와 권위주의 계승정당에 대한 반감이 전반적으로 높다(지병근, 2013). 이러한 관찰은 정치적 태도에 있어 5·18 피해자들과 일반 호남 지역민들 간에 거의 차이가 없는 이유는 지역공동체 내의 정치적 동화 수준이 매우 높기 때문임을 시사한다.

만약 국가폭력과 트라우마에 관한 연구가설이 옳다면, 5·18 국가폭력을 경험하거나 목격한 사람들의 정당 지지 양상과 그렇지 않은 사람들의 정당 지지 양상은 차이를 보일 것이다. 반대로 정체성 이론의 가설이 맞다면, 정치적 동화로 인해 두 집단 간의 차이는 발견하기 어려울 것이다. 이 연구는 5·18 국가폭력이 장기적으로 만들어낸 피해자들의 정당 지지는 물론, 그것이 호남지역 내에서 어느 정당에 대해 어느 정도 수준으로 동화됐는가에 대한 경험적 분석을 시도할 것이다.

다른 한편, 앞에서 살펴본 해외 연구들에 따르면, 국가폭력의 장기적인 영향은 피해지역 거주자들을 중심으로 기억이 보존되고 정치적 각성과 동화가 강하게 일어났음을 알 수 있다. 이는 피해자들이 타 지역에 거주할 경우 완전히 다른 환경적·실존적 압력에 직면해 정치적 태도와 행동에서 변화를 겪을 개연성이 높다는 것을 보여준다. 5·18의 경우, 국가폭력 희생자들을 기억하고 추념하는 의례가 발달한 호남지역에 비해 호남 외부지역은 그러한 사회적 의례가 상대적으로 결여되어 있으며, 심지어 5·18에 대한 부정적 정서가 존재하기도 한다. 이러한 차이는 비호남지역에 거주하는 5·18 피해자들이 일관된 정치적 태도를 유지하기 어려운 요인으로 작용한다. 그 결과, 비호남지역에 거주하는 피해자들은 호남지역 거주 피해자들과 달리 역(逆)동화압력에 노출되고 영향을 받으며, 이들의 정당 지지는 복합적이고 비일관적인 경향을 보일 것으로 기대된다.

요약하면, 국가폭력이 개인들의 정치적 태도에 미친 장기적인 영향에 관한 비교정치 연구들은 한국의 5·18 국가폭력과 피해자들의 정당 지지에 대해 다음과 같은 가설들을 제시한다. 첫째, 5·18 국가폭력을 목격했거나 경험한 피해자들은 국민의힘에 대한 반감과 민주당에 대한 지지를 높게 가질 것이다. 둘째, 호남지역 거주민들은 5·18 피해자들의 정당 지지를 중심으로 동화되어 피해자들과 유사한 태도를 보일 것이다. 셋째, 비호남지역에 거주하는 5·18 피해자들의 정당 지지 양상은 호남지역에 거주하는 5·18 피해자들의 정당 지지 양상과 차이를 보일 것이다.

4. 경험적 분석: 5·18과 정당 지지

이 연구는 5·18 국가폭력에 노출된 사람들의 정당 지지 및 반대에 대해 처음 시도되는 실증적 연구이다. 비록 이들의 태도를 중심으로 지역적 동화가 일어나 지역 분할적 정당구도가 형성·유지되고 있다는 주장은 과거에도 있었으나, 그 경험적 증거가 제시되지 않았다는 점에서 이 연구는 기존 연구와 차별적이다. 또한 정치적 사건이 미친 장기적인 영향이라는 관점에서 '5·18 국가폭력 피해자들의 정당 지지가 호남지역과 비호남지역에서 각각 어떤 양태를 보이는가'를 분석하는 작업은 그 자체로 매우 흥미로운 연구과제이기도 하다.

1980년 5월 18일 계엄군이 전남대 학생들에게 폭력을 행사한 것을 시작으로, 새로 증파된 공수부대의 무차별적 학살과 전시폭력은 광주시민들의 전면적인 시위와 항쟁에 불씨를 당겼고, 시민들의 저항은 광주를 넘어 화순, 나주, 목포, 해남 등 인근 지역으로 확산됐다. 현재 5·18은 '민주화운동'으로 명명됐지만, 이 사건은 광주를 넘어 전남 일대에서 지역민들이 국가에 의한 폭력과 학살로부터 자기 고장과 형제들을 지켜내기 위해 집단적 저항의 경험을 공유하는 애국·애향적 성격을 가졌다는 점에서 '민주화운동'이라는 용어는 사건의 성격을 정치적 관점으로 제한하는 측면이 있다.

5월 27일 전화와 통신이 통제된 상태에서 계엄군은 전남도청에 남아 있던 시민군에 대한 진압작전을 실행했고, 이로써 10일간에 걸친 항쟁은 마감됐다. 하지만 당시와 그 이후에도 피해자와 희생자 유족을 비롯해 폭력에 노출된 사람들은 "왜 자신들이 국가폭력의 대상이 됐는가"에 대한 풀리지 않는 의문에 시달렸고, 신군부의 왜곡과 억압은 이들에게 돌이킬 수 없는 정신적 고통을 가했다(최정운, 1999).

유가족과 피해자, 그리고 대학생들의 광주학살 진상규명을 위한 기억투쟁이 민주화운동과 결합되고 1987년 민주화 전환이 성취되면서, 그간 국가 차원에서 진행되던 5·18에 대한 왜곡은 강력한 저항에 직면했다. 1988년 TV로 생중계된 국회 광주특위 청문회는 5·18의 실상을 널리 알리는 계기가 됐고, 이에 따라 5·18에 대한 인식과 평가는 서서히 변화하기 시작했다. 피해자들을 비롯한 학생들과 시민사회의 기억투쟁은 더욱 고양됐고, 이는 마침내 1995년 전두환·노태우의 구속, 그리고 1997년 사법적 처벌이라는 성과로 이어졌다. 이로써 5·18은 국가에 의해 '민주화운동'으로 재평가됐다. 그럼에도 불구하고 민간의 보수집단과 일부 정치인은 여전히 '폭동론'을 고수하며 5·18에 대한 왜곡과 비하를 멈추지 않고 있다(김용철·최은정·박의경, 2022).

1980년 5월 광주와 전남지역에서 자행된 국가폭력을 목격하거나 경험한 사람들의 규모는 어느 정도이고, 현재 이들은 어디에 거주하고 있는가? 5·18 국가폭력의 경험자는 영호남을 분할하고 있는 양대 정당에 대해 어떤 태도를 보이는가? 호남지역에서 피해자들을 중심으로 지역 유권자들의 정당 지지는 어느 수준으로 동화됐고, 이들의 정당 지지는 타지에 거주하는 피해자들과 어떻게 다른가?

이러한 질문에 답하기 위해, 5·18 국가폭력을 겪은 사람들의 비율이 어느 정도인지 조사했다. 이를 위해 2020년 12월 15일부터 2021년 2월 15일까지 2개월 간 실시된 설문조사에서 응답자들에게 "1980년 5·18을 직접 목격하거나 경험하셨습니까?"라고 물었다. 〈표 5-1〉에 따르면, 응답자 가운데 1980년 당시 5·18을 경험한 사람은 약 4.2%로 나타났다. 이들 가운데 다수(78%)가 현재 수도권과 호남지역에 거주하고 있었다. 지역별로 보자면 그 차이가 큰데, 호남지역 거주자의 경우 약 14.4%가 5·18을 목격 혹은 경험했다고 응답한 데 비해, 충청지역은 1.6%, 영남지역은 2.2%, 수도권은 3.7%, 강원 외 지역은 5.3%로 상대적으로 낮았다. 참고로 30대 이하는 없었고, 40대 14%, 50대 35%, 60대 이상이 51%였다.

표 5-1 5·18을 직접 목격하거나 경험한 사람의 거주지별 비중

거주지	사례 수	전체 대비 비율	지역 내 비율
수도권	32	43%	3.7%
호남	26	35%	14.4%
영남	10	13%	2.2%
충청	3	4%	1.6%
강원 외	4	5%	5.3%
전체/평균	75	100%	4.2%

이와 같은 응답 결과는 얼마나 타당한가? 1980년 당시 한국의 전체인구는 3,814만 명이었고, 호남 인구는 385만 명으로 전체 인구의 약 10%에 해당했으며, 광주 인구는 73만 명이었다. 5·18 당시 계엄군과 공수부대의 폭력이 광주와 그 주변 일대에서 발생했음을 고려할 때, 현재 약 4.2%의 응답자가 5·18을 직접 경험했다는 수치는 일부 응답편향을 반영했을 가능성이 있다. 그러나 응답 결과는 세 가지 점에서 반드시 과장된 것으로 볼 수는 없다. 첫째, 1980년 이전과 이후에도 전남 일대의 많은 학생들은 광주로 유학할 정도로 광주는 교육 중심 도시였고, 자녀 교육을 매개로 광주와 전남의 인적 및 전통적 연계는 매우 깊었다. 5·18 당시 일부 학생은 도보나 버스를 이용해 집으로 피란 갔었고, 광주 주변 지역의 학부모들과 친척들은 통신이 두절되자 자식들을 찾아 광주로 넘어오기도 했다. 따라서 광주에서 벌어진 잔혹한 학살에 대한 진실은 주변 지역으로 빠르게 확산될 수밖에 없었고, 실제로 화순, 나주, 목포, 해남 등에서 동조 시위가 발생했으며, 목포에서는 5월 27일 전남도청의 시민군이 진압된 후에도

시위가 한동안 계속됐다. 심지어 진압 당일에도 전북 전주의 신흥고 학생들은 계엄철폐 시위를 벌이기도 했다.

둘째, 5·18 초기 계엄군의 폭력과 학살이 시작되면서 일부 자생적인 학생·시민모임은 유인물을 유포하기 시작했고 시민들의 저항으로 군인들이 퇴각하면서 범시민궐기대회가 개최되었는데, 이를 계기로 시민군 지도부와 주변 도시의 투쟁위원회는 관련 인쇄물들을 대규모로 발행해 5·18의 진상을 알리기 시작했다. 또한 이동하는 군인들과 경찰들을 보면서 광주와 전남 일대의 사람들은 당시 무슨 일이 일어나고 있는지를 알게 됐다.

마지막으로, 광주와 전라남북도뿐만 아니라 1980년 '서울의 봄'을 경험한 청년 학생, 진보적 식자층, 호남 출향민들은 5·18을 직접 목격하지는 못했을지라도 대화와 보도를 통해 5·18을 간접적으로 경험했다. 가령 서울에 거주하는 사람들의 친구나 가족 중 일부가 5·18 당시 폭행이나 죽음을 당했다면, 이들이 5·18 국가폭력을 경험하지 않았다고 말할 수 없는 것이다. 이들은 5·18 국가폭력에 관해 생각했을 것이고, 왜 자신의 친구나 가족 중 일부가 폭력의 피해자가 됐는지, 나아가 자신도 피해자가 될 수도 있지 않았을지를 궁구했을 것이다. 결국 이들도 5·18을 함께 경험했던 것이다. 이는 5·18 국가폭력을 좀 더 광범위하게 간주해야 함을 시사한다. 다시 말해, 5·18 국가폭력은 광주와 그 일대에서 발생한 직접적인 차원과 더불어 그것이 만들어낸 파장까지 함께 고려해야 한다는 것을 뜻한다. 따라서 5·18 국가폭력의 피해는 사법적·배상적 대상인 피해자와 유가족을 넘어 보다 광범위하게 접근해야 할 것이다(이영재, 2021). 본 연구는 이러한 관점을 수용한다.

5·18 국가폭력과 이를 경험한 사람들의 정당 지지를 분석하기 위해 이 연구는 한국인들이 민주당과 국민의힘에 대해 지닌 정치적 태도를 다각적으로 접근한다. 캠벨과 그의 동료들(Campbell et al., 1960)이 일찍이 지적했듯이, 정당일체감은 긍정적 측면과 부정적 측면을 동시에 지니기 때문에 일반 시민들의 정당 지지를 입체적으로 분석하기 위해서는 정당일체감을 두 가지 차원에서 동시에 고려해야 하고, 서로 다른 측정치들을 종합해서 고려해야 한다(Rose and Mishler, 1998). 따라서 본 연구는 양대 정당에 대해 각각 3개의 종속변수 — 긍정적 정당일체감(positive party identification), 부정적 정당일체감(negative party identification), 그리고 정당호오도(party like/dislike thermometer) — 를 분석한다. 긍정적 정당일체감과 부정적 정당일체감이 직역에 해당하기에 그 의미를 좀 더 명확히 드러내기 위해 전자를 '정당일체감'으로, 후자를 '정당거부감'으로 표현할 것이다.

'정당일체감'은 전통적으로 현재의 정당들 가운데 가깝게 느끼는 정당이 있는지, 있다면 그 정당이 무엇인지를 범주형 변수로 측정한다. 이 연구에서는 민주당과 국민의힘 지지를 더미 변수화했다. 부정적 당파심(negative partisanship)에 해당하는 '정당거부감'은 정당일체감의 반대되는 개념으로, 정당들 가운데 거부감이 드는 정당이 있는지, 있다면 그 정당이 무엇인지를 중심으로 민주당과 국민의힘 거부를 더미 변수로 설정했다. 마지막으로 '정당호오도'는 정당일체감 및 정당거부감과 함께 정당 지지를 측정하는 필수적인 변수로, 민주당과 국민의힘에 대한 호오도는 '0(매우 싫어한다)~10(매우 좋아한다)'의 11점 척도로 측정했다.

5·18 국가폭력이 발생한 지 40여 년이 지난 이후, 이를 경험한 사람

그림 5-1 5·18 경험자와 비경험자 간 정당일체감 비교(단위: %)

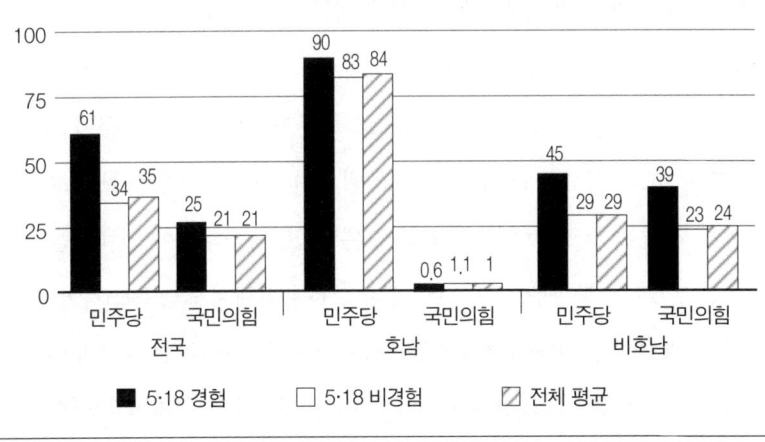

들은 현재의 정당들에 대해 어떤 정치적 태도를 보일까? 이 연구는 국가폭력의 장기적인 영향이 지역 내 거주자를 중심으로 지속된다는 이론적 관점에서(Nunn and Wantchekon, 2011; Wang, 2021), 전국적 수준과 호남 및 비호남을 비교·분석한다. 먼저 <그림 5-1>은 5·18을 경험한 사람들과 경험하지 않은 사람들의 정당일체감을 보여준다. 전국적 수준에서 민주당에 일체감을 보인 유권자는 약 35%였고, 국민의힘의 경우는 21%로 나타났다. 구체적으로, 5·18을 경험한 사람들 가운데 민주당에 일체감을 갖는 사람들의 비율은 61%로 전국 평균(35%)에 비해 26%p가 높은 반면, 5·18 비경험자의 민주당 일체감(34%)은 전국 평균보다 1%p 낮았다. 흥미로운 대목은 국민의힘에 대한 일체감인데, 전국적 수준에서 5·18 경험자(25%)는 비경험자(21%)에 비해 4%p 정도로 약간 높게 국민의힘에 일체감을 보였으며, 이 비율은 전국 평균(21%)과도 거의 차이가 나지 않았다. 요컨대 민주당에 대한 정당일체감의 경우 5·18 경험자와 비경험자의 차이가 확연한 데 비해, 국민의힘에 대한 정당일체감의 경우 5·18 경험자와 비경험자 간의 차이가 거의 없었다.

　이러한 양상은 호남과 비호남으로 구분할 경우 더욱 뚜렷이 나타난다. 먼저 호남 거주 5·18 경험자 가운데 민주당에 일체감을 보인 비율은 90%로 지역 평균 84%에 비해 6%p 높은 반면, 국민의힘에 일체감을 보인 비율은 0.6%에 불과했으며, 지역 평균 1%에 비해서도 0.4%p가 낮았다. 이에 비해 비호남지역에 거주하는 5·18 경험자는 민주당(45%)과 국민의힘(39%)을 동시에 지지하는 현상을 보였는데, 이들은 지역 평균(민주당 29%, 국민의힘 24%)에 비해 민주당에 대해 16%p, 그리고 국민의힘에 대해 15%p 정도 더 높은 정당일체감을 보였다. 요컨대 정당일체감에서 호남 거주 5·18 경험자는 일관성을 보이는 데 비해, 비호남 거주 5·18 경험자는 비일관성 및 양면성을 보였다. 더욱 흥미로운 대목은 5·18 비경험자의 정당일체감인데, 호남 거주 5·18 비경험자가 민주당에 일체감을 보인 비율은 83%로 매우 높게 나타난 반면, 국민의힘에 일체감을 보인 비율은 1.1%에 불과했다. 이에 비해 비호남 거주 5·18 비경험자의 경우, 민주당과 국민의힘에 일체감을 보인 비율이 각각 29%와 23%로 비슷한 수준을 보였다. 이러한 분석 결과는 5·18 이후 40여 년의 시간이 흐르는 동안 호남지역과 비호남지역에서 정당일체감을 형성하는 과정에 분기가 발생했음을 보여준다.

　하지만 유권자들의 정당일체감이 일관성과 비일관성을 동시에 보인다는 점에서, 정당일체감만으로는 이들의 부정적 당파심에 대한 확실한 정보를 얻을 수 없다. 따라서 선행연구들의 제안에 따라(Campbell et al.,

그림 5-2 5·18 경험자와 비경험자 간 정당거부감 비교(단위: %)

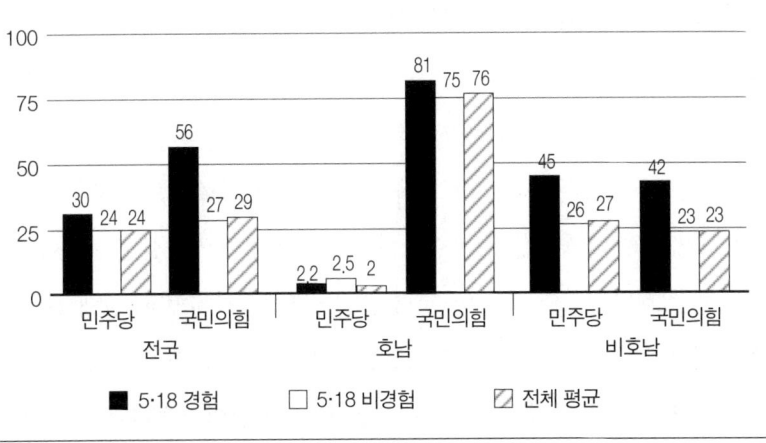

1960; Rose and Mishler, 1998), 5·18 경험자와 비경험자의 부정적 당파심, 즉 '정당거부감'을 비교했다. 〈그림 5-2〉에 따르면, 5·18을 경험한 사람과 그렇지 않은 사람의 정당거부감은 상반된 특성을 보였다. 먼저 전국적 차원에서 5·18 경험자의 정당거부감은 양당 모두에서 높았다. 즉, 5·18 경험자 가운데 민주당에 대해 거부감을 가진 사람의 비율은 30%로 전국 평균(24%)에 비해 6%p가 높았고, 국민의힘에 대해 거부감을 가진 사람은 56%로 전국 평균(29%)에 비해 27%p가 높았다. 이에 비해 5·18 비경험자의 정당거부감은 5·18 경험자에 비해 양당 모두에서 낮았다. 즉, 5·18 비경험자 중 국민의힘에 대해 거부감을 가진 사람은 27%로 전국 평균(29%)에 비해 2%p 낮았고, 민주당에 대해 거부감을 가진 사람은 24%로 전국 평균(24%)과 같은 수준이었다.

그러나 지역적 차원에서 볼 때, 앞선 정당일체감 분석 결과가 보여준

것처럼, 정당거부감 역시 호남과 비호남 간에 분기 현상이 뚜렷했다. 구체적으로 호남지역의 경우 국민의힘에 대해 거부감을 보인 비율은 5·18 경험자가 81%, 비경험자가 75%였는데, 그 차이가 6%p로 그다지 크지 않았다. 또한 민주당에 대해 거부감을 보인 비율 역시 5·18 경험자(2.2%)와 비경험자(2.5%) 간의 차이가 0.3%p에 불과했다. 요컨대, 약간의 차이는 보이지만, 호남 거주자들은 대체로 국민의힘에 대해 거부감을 보였다. 이에 비해 비호남지역의 경우 5·18 경험자는 비경험자에 비해 양대 정당에 대한 거부감이 상대적으로 높은 것으로 나타났다. 즉, 5·18 경험자 가운데 민주당에 대해 거부감을 보인 비율은 45%, 국민의힘에 대해 거부감을 보인 비율은 42%인 반면, 5·18 비경험자의 경우 민주당에 대해서는 26%가, 국민의힘에 대해서는 23%가 거부감을 나타냈다. 이러한 정당거부감에 대한 분석 결과는 정당일체감의 경우(호남지역의 일관적인 양상, 비호남지역의 비일관적인 양상)와 유사하나, 그 경향은 정당거부감에서 더욱 뚜렷했다.

그렇다면 비호남 거주 5·18 경험자가 기성 정당들에 대해 적극적인 태도를 지니면서도 양당 모두에 대해 일체감과 거부감을 동시에 높게 보이는 이유는 무엇일까? 본 연구가 이 질문에 관해 엄밀한 답을 내릴 수는 없으나, 한 가지 추정할 수 있는 근거는 무엇보다 호남지역과 비호남지역에서 5·18 경험자가 대면하는 실존적 환경의 차이이다. 호남지역은 과거 전두환 신군부 시절부터 광주학살에 대한 연민과 공감, 그리고 진상규명에 대한 열망이 높았던 반면, 비호남지역에서는 5·18에 대한 진실이 제대로 알려지지 않았던 까닭에 이에 대한 지역적 공감과 지지를 기대할 수 없었다. 물론 1990년대 이후 5·18에 대한 왜곡된 시선은 상당 부분 개선됐으나, 5·18을 기억하고 추념하는 정도와 방식에서 호남과 비호남의 차이는 여전했다(최정기, 2008; 최정운, 1999). 이와 같이 5·18에 대한 기억과 추념의례가 부재한 비호남지역에서 5·18 경험자가 양대 정당에 대해 비일관적이고 양면적인 태도를 보이는 것은 모순적이고 부자연스러운 선택이기보다, 오히려 지극히 현실적이고 전략적인 선택인 것으로 보인다. 달리 표현하면, 5·18에 대한 이해와 공감도가 낮은 지역에 거주하는 5·18 경험자의 입장에서 볼 때, 민주당을 적극 지지하고 국민의힘에 반대하는 태도를 갖는 것은 현실적으로 매우 곤혹스럽고 어려운 일이었을 것이다.

정당 지지 연구에서 주로 활용하는 정당일체감과 정당거부감은 범주형 변수로서, 유권자들의 특정 정당에 대한 선호를 측정하는 데 활용된다. 이러한 분석은 많은 정보를 제공하지만, 유권자가 정당을 어느 정도 지지하는가에 관해서는 알려주지 못한다. 이 때문에 학자들은 정당호오도를 분석한다. 그렇다면 5·18 경험자의 정당호오도는 어떤 특성을 보일까? 앞선 분석에서 5·18 경험자는 민주당에 대해 대체로 일체감을 보였지만, 호남지역에선 일관된 선호를 그리고 비호남지역에선 비일관된 선호를 보였다.

그렇다면 정당호오도는 이 같은 결과와 일치하는가? <그림 5-3>에 제시된 분석 결과는 전체적으로 앞선 분석 결과와 궤를 같이하지만, 부분적인 차이도 보인다. 먼저 전국적 차원에서 민주당 호오도는 4.8점으로 국민의힘 호오도 4.2점보다 약간 높았다. 5·18 경험 유무의 관점에서 볼 때, 5·18 경험자는 국민의힘(3.5점)보다는 민주당(6점)에 대해 더 큰 호감을 보였는데, 그 차이는 2.5점이었다. 이에 비해 5·18 비경험자의 경우 민주당(4.8점)과 국민의힘(4.2점) 간 호오도 차이는 0.6점에 불과했다.

그림 5-3 5·18 경험자와 비경험자 간 정당호오도 비교(10점 척도)

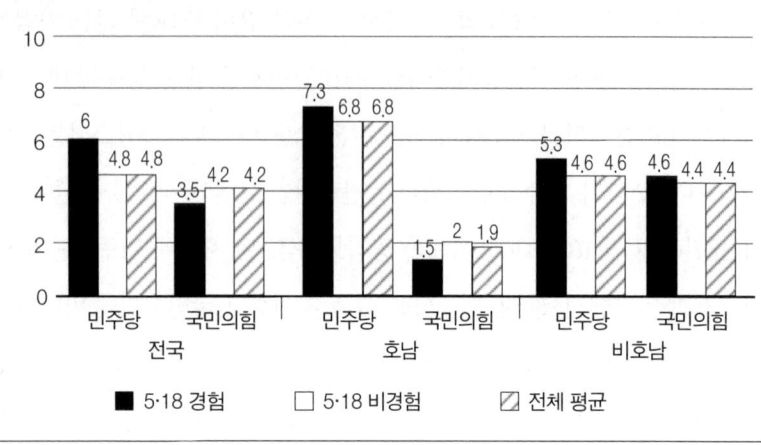

이 같은 경향은 호남지역에서 매우 강하고 뚜렷하게 나타난다. 호남 사람들의 민주당 호오도는 6.8점으로, 국민의힘(1.9점)에 비해 월등히 높았다. 나아가 5·18 경험자와 비경험자의 민주당에 대한 호오도는 각각 7.3점과 6.8점으로, 5·18 경험자가 비경험자에 비해 민주당에 대해 0.5점가량 더 높은 호감을 지닌 것으로 나타났다. 이에 비해 5·18 경험자와 비경험자의 국민의힘에 대한 호오도는 각각 1.5점과 2점으로 매우 낮았는데, 전자 집단의 반감은 후자 집단의 반감에 비해 0.5점가량 높았다. 요컨대 호남사람들의 민주당과 국민의힘에 대한 호오도를 보면, 민주당에 대해선 호감을, 그리고 국민의힘에 대해선 반감을 보이는 경향이 매우 뚜렷했고, 그 정도는 5·18 경험자 사이에서 약간 더 높았다.

이에 비해 비호남지역의 경우 5·18 경험자는 비경험자에 비해 민주당에 대한 호감이 높았으나 국민의힘에 대해서는 그렇지 않았다. 구체적으로 민주당 호오도의 경우 5·18 경험자는 5.3점, 그리고 비경험자는 4.6점으로 0.7점의 차이를 보인 반면, 국민의힘 호오도의 경우 5·18 경험자(4.6점)와 비경험자(4.4점) 간의 차이가 0.2점에 불과했다. 흥미로운 대목은 호남 거주 5·18 경험자의 민주당 호감도(7.3점)에 비해, 비호남 거주 5·18 경험자의 민주당 호감도(5.3점)는 훨씬 낮은 수준을 보였다는 점이다. 이는 호남지역에서는 5·18을 중심으로 동화의 압력이, 비호남지역에서는 역동화의 압력이 존재한다는 것을 보여준다.

비호남지역의 정당호오도를 <그림 5-1>과 <그림 5-2>에 제시된 비호남지역의 정당일체감 및 정당거부감와 비교하면, 다음과 같은 흥미로운 점이 발견된다. 즉, 정당일체감과 정당거부감의 경우 5·18 경험자와 비경험자 간 차이가 16~19%로 컸던 반면, 연속형 정당호오도의 경우 5·18 경험자와 비경험자 간 차이가 민주당에서만 뚜렷했고 국민의힘에서는 나타나지 않았다. 이는 5·18 경험자 사이에서 나타나는 국민의힘에 대한 낮은 정당일체감과 높은 정당거부감이 정당호오도에 기초하지 않을 수 있다는 점을 시사한다. 왜냐하면 5·18 경험자가 민주당에 대해 가지는 높은 정당일체감은 높은 정당호감도와 일치하는 경향을 보이는 반면, 비호남지역에서 5·18 경험자가 양대 정당에 대해 가지는 높은 거부감은 정당호오도와 일치하기 않기 때문이다. 이 같은 결과는 비호남지역에서 5·18 경험자가 정당들에 대해 갖는 태도가 복잡하면서도 비일관적이라는 것을 더욱 확실하게 보여준다. 즉, 비호남 거주 5·18 경험자는 민주당에 대해 호감을 가지고 있으나, 양대 정당에 대해선 일체감과 거부감을 동시에 지니는 양면성을 보인다.

그렇다면 5·18 경험자와 비경험자 간 정당 지지의 차이는 허위적이지 않고 진실에 가까운가? 외생적 변수인 5·18은 40여 년이 지난 현재에도 유효한 변수로서 5·18 경험자의 정당 지지에 영향을 미치고 있는가? 위 기술통계적 분석들은 그러한 경향성을 보여주지만, 그 경향성을 얼마나 신뢰할 수 있는가에 대한 정보는 제공해 주지 않는다. 따라서 다양한 통제변수를 포괄하는 다중회귀분석이 필수적이다. 정당일체감과 정당거부감은 더미 변수이기 때문에 이에 대해서는 로지스틱 회귀분석을, 정당호오도는 연속형 변수이기 때문에 이에 대해서는 선형 회귀분석을 적용했다. 그리고 정당 지지에 영향을 미친다고 알려진 주요 변수인 정치관심, 이념, 세대, 교육수준, 자산수준, 소득수준, 영남 거주, 호남 거주 등을 통제했다. 분석의 편의를 위해 여기서는 통제변수들에 대한 결과값과 설명은 제시하지 않고(통제변수에 대한 자세한 내용은 이 장 마지막의 〈부록〉 참조), 5·18 경험 변수와 정당 지지에 관해 집중적으로 논의한다. 한편 다양한 통제변수를 포함시킨 회귀분석의 결과는 선행연구들과 일치했고, 일부 차이에도 불구하고 5·18 경험이 정당 지지에 통계적으로 유의미한 영향을 미친 것으로 나타났음을 미리 밝혀둔다.

〈그림 5-4〉는 5·18 경험 여부와 정당 지지에 대한 회귀분석 결과이다. 전체적으로 5·18 경험이 정당 지지에 미치는 영향은 대상과 지역에 따라 통계적 유의성에서 차이를 보이지만, 그 경향성은 앞선 기술통계분석과 대체로 일치한다. 구체적으로 살펴보면, 5·18 경험자는 민주당에 대해 일체감이 높지만, 동시에 거부감 역시 높았다. 하지만 민주당에 대한 일체감은 통계적으로 유의미하지 않은 반면, 민주당에 대한 거부감은 비호남지역에서만 뚜렷했고 통계적으로도 유의미했다. 그리고 민주당에 대한 호감은 전국과 비호남지역에서 통계적으로 신뢰할 만한 수준에서 높

그림 5-4 5·18 경험과 정당 지지에 대한 회귀분석 결과: 계수값 비교

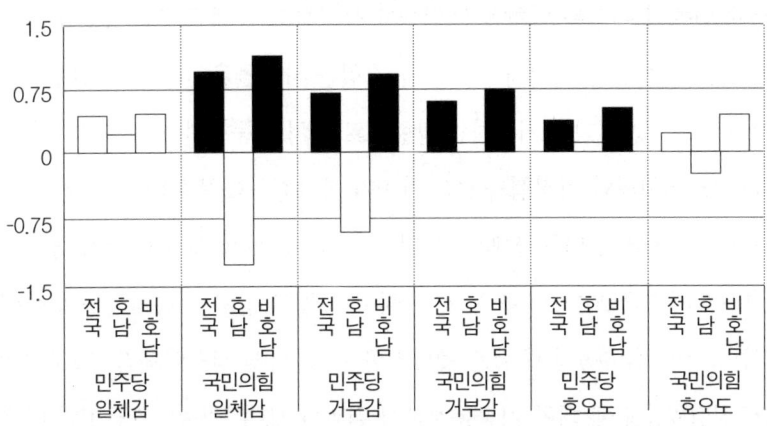

주: 검은색 막대는 90% 수준의 통계적 유의성을 확보한 계수값을, 흰색 막대는 통계적 유의성을 확보하지 못한 계수값을 의미함.

게 나타났다. 이에 비해 5·18 경험자는 국민의힘에 대해 일체감과 거부감 모두 높았는데, 이러한 현상은 특히 비호남지역에서 매우 뚜렷했다. 그리고 국민의힘에 대한 호감은 호남과 비호남이 정반대의 양상을 보였는데, 모두 통계적 유의성을 확보하지는 못했다. 요컨대 5·18 경험자는 전체적으로 민주당에 대해 호감을 지니고 있음에도 불구하고, 호남지역에서는 친민주당 및 반국민의힘 중심으로 높게 동기화된 반면, 비호남지역에서는 양당 모두를 지지 혹은 거부하는 복합적이고 모호한 양상을 보였다.

앞선 기술통계분석과 함께 〈그림 5-4〉는 5·18 국가폭력과 정당 지지에 관해 두 가지 사실을 알려준다. 첫째, 5·18을 경험한 사람들 사이에서 민주당에 대한 지지와 국민의힘에 대한 거부감이 높은 것은 사실이지만, 그 동조화 현상이 호남지역에서만 강하고 높은 수준으로 일어났다는

점이다. <그림 5-4>에서 보듯이, 5·18 경험이 호남에서 정당 지지의 모든 측면에서 예상된 방향을 보임에도 불구하고 통계적 유의성을 통과하지 못했다는 것은 지역에서 5·18을 경험한 사람들을 중심으로 민주당을 지지하고 국민의힘을 거부하는 방향으로 정치적 동화와 상승효과가 일어나 5·18 경험자와 비경험자 간의 차이가 작아졌음을 뜻한다. 이러한 결과는 호남지역에서 민주당에 대한 지지와 국민의힘에 대한 반감이 공고화됐다는 지병근(2013)의 관찰과, 이것이 일종의 정치적 정체성을 형성했다는 최영진(1999)의 주장을 뒷받침한다. 하지만 정당일체감, 정당거부감, 정당호오도에 대한 기술통계분석 결과가 보여주듯이, 호남지역 내에도 5·18을 경험한 사람과 그렇지 않은 사람 간에 차이가 존재한다는 점에서 본 연구는 호남의 지역주의를 정치적 '운명공동체'로 규정할 수 있는가에 대해서는 유보적이다. 그럼에도 5·18이 현재의 정당 지지에 미친 장기적 및 직접적인 영향은 확실하며, 반사실적 관점에서도 이는 진실에 가깝다. 만약 광주항쟁에 대한 신군부의 만행이 없었다면 애초부터 5·18 국가폭력의 경험 유무에 따른 정당 지지의 차이가 발생할 이유가 없었을 것이기 때문이다.

둘째, 비호남 거주 5·18 경험자 사이에서 발견되는 정당 지지의 비일관성은 <그림 5-4>에서도 확인된다. 이들은 5·18 비경험자에 비해 민주당에 좀 더 호감을 보이면서도 민주당과 국민의힘을 동시에 지지·거부하는 애매모호하고 양면적인 태도를 보이고 있는데, 이는 앞선 기술통계분석의 결과와 일치한다. 이에 관해서는 추가적인 연구가 필요하겠지만, 비호남 거주 5·18 경험자가 보이는 정당 지지의 비일관성은 이들이 처한 현실적인 환경과 정치적 압력의 영향에 기인한 것으로 추정된다. 즉, 호남에서는 5·18을 기억하고 추념하는 사회문화적 상징과 의례가 발달한 반면, 비호남지역에서는 이러한 사회적 기억과 추념의례가 부재하거나 미비한 현실적 상황이 반영된 것으로 보인다. 결론적으로 연구결과는 5·18과 정당 지지에 관해 호남지역에서는 5·18 경험자를 중심으로 정치적 동화가 이루어진 데 비해, 비호남지역에 거주하는 5·18 경험자는 탈동화의 압력에 반응해 왔음을 보여준다.

5. 결론

이 장은 '지역주의 정당구도가 왜 지속되고 있는가'에 관한 기존의 설명들이 오늘의 현실을 제대로 조명하지 못하고 있다는 문제의식에서 출발했다. 정치경제적 접근, 합리적 선택이론, 그리고 제도적 연구들은 왜 지역주의 정당구도가 영호남을 중심으로 지속되는지, 나아가 왜 호남의 결집이 여전히 타 지역에 비해 높은지에 관해 충분한 설명을 제시하지 못했다. 따라서 이 장은 이 현상의 이면에 5·18 국가폭력이 자리하고 있음을 경험적으로 분석했다. 기존 연구들도 5·18 국가폭력이 한국 지역주의 정치가 시작되고 지속된 원인이라는 점을 지적했으나, 그 실증적 분석은 시도하지 않았다. 이 연구는 이러한 공백을 메우고자 했다.

먼저 이론적 관점에서 이 연구는 한국 지역주의 정당구도가 지속되는 데에는 5·18 국가폭력의 역사적 유산이 작용하고 있다고 주장했다. 구체적으로 폭력의 경험이 정치적 태도에 미치는 장기적인 효과를 추적하는 최근 비교정치 연구들의 이론을 차용해(Hadzic, Carlson and Tavits,

2020; Walden and Zhukov, 2020; Wang, 2021), ① 5·18 국가폭력을 경험한 사람들은 가해자들을 옹호하고 진상규명을 회피하려는 정치집단에 대해 반감을 가지고 있는 반면, 자신들과 함께할 정치세력을 전략적으로 지지할 것이며, ② 이러한 5·18 경험자의 태도가 호남지역에서 정치적 동화를 일으켜 '친민주당-반국민의힘'의 정당 지지 태도를 형성했다고 가설화했다. 나아가 ③ 정치폭력의 장기적 영향은 피해지역 거주자들을 중심으로 확산되어 전이를 일으키는데, 이로 인해 5·18 경험자의 정당 지지 양상은 그들의 거주 지역(호남과 비호남)에 따라 차이를 보일 것으로 전망했다.

이러한 가설들에 대한 경험적 분석의 결과를 요약하면 다음과 같다. 먼저 친민주당 및 반국민의힘 정서는 호남지역 유권자들 사이에서만 일관적으로 나타나는데, 이러한 정서는 지역 내에서도 5·18 경험자에게서 상대적으로 높았다. 이는 호남지역의 정당 지지 양상이 5·18 경험자를 중심으로 높은 수준에서 거대한 동화가 일어났음을 확인해 준다. 반면 비호남지역에 거주하는 5·18 경험자는 민주당에 대해 호감을 가지고 있으나, 정당 지지에 있어서는 양대 정당에 대해 일체감과 거부감을 동시에 보이는 비일관성과 모호함을 보였다. 이는 5·18과 국가폭력을 기억하고 추념하는 정치적 동화의 압력이 호남에서는 강력한 반면, 비호남지역에서는 거의 부재하다는 것, 그리고 오히려 반대의 압력이 작용하고 있다는 것을 보여준다.

이러한 연구결과들은 한국의 지역주의 정당구도에 대해 다음과 같은 중요한 시사점을 제공한다. 먼저 현재의 정당구도에 5·18 국가폭력의 역사적 유산이 작용한다는 경험적 발견은 호남지역의 정치적 결집이 왜 타 지역에 비해 높은가에 대한 답을 제시해 주고 있으며, 이러한 정치적 결집이 단기간에 약화되지 않을 것이라는 점을 시사한다. 물론 2016년 총선에서 국민의당이 광주·전남·전북에서 승리하고 민주당에 대한 지지가 약화되는 모습을 보였지만, 이는 일시적인 현상에 불과했다.[1] 호남지역에서는 국민의힘과 그 전신 정당들에 대한 반감이 여전히 공고하며 기회구조에 따라 결집의 대상이 변화할지라도 그 양상은 지속되고 있는데, 그 이면에는 5·18 국가폭력이 깊게 자리하고 있다. 이는 선거 때마다 반복되는 지역개발에 대한 약속 및 정치캠페인으로는 지역주의를 극복하는 데 제한적일 수밖에 없으며, 정당 및 정치지도자들이 5·18 국가폭력의 진상규명과 이행기적 정의라는 좀 더 근본적인 관점에서 이 문제를 대하고 접근해야 함을 시사한다.

이 지점에서 우리는 또 다른 질문과 대면한다. 호남의 지역주의가 5·18 국가폭력과 그 역사적 유산을 반영한다면, 왜 영남에서는 지역주의적 결집이 지속되고 있는가? 과거의 사건이 현재의 정치에 미치는 영향을 추적하는 해외 연구들은 역사적 유산의 성격을 '혜택'과 '피해'라는 관점에서 분석한다(Acharya, Blackwell and Sen, 2018; Pop-Eleches and Tucker, 2017). 이러한 관점에서 볼 때, 5·18 국가폭력과 진실 왜곡에 따른 정신적 고통이라는 부정적인 유산이 현재 호남지역의 정치적 결집에 영향을 주고 있다면, 영남지역, 특히 대구·경북 지역의 정당 지지에는 과거 권위주

---

1 2016년 제20대 총선에서 민주당이 호남지역에서 패배한 것은 당시 민주당 내부 갈등으로 불거진 이른바 '반문재인 정서'에 기인한 바가 컸다. 이러한 지역정서는 호남지역 국회의원들에 의해 왜곡·증폭된 것으로, 이들은 민주당을 탈당해 국민의당으로 당적을 옮겨 출마했고, 그 결과 국민의당이 호남 지역구 28곳 중 23곳에서 승리했다(정주신, 2017). 하지만 지역 내 '반문 정서'는 이후 문재인과 민주당의 사과로 사그라들었다. 이에 따라 지역 내 국민의당 지지는 급속히 약화됐고, 민주당 지지는 다시 회복됐다.

의 시절 누렸던 혜택과 향수가 반영되고 있으며, 이 같은 유산은 권위주의 계승정당에 의해서 재생산되고 있다. 과거 권위주의 시절에 정치엘리트의 충원은 대구·경북 지역에, 경제개발의 혜택은 영남 전역에 집중됐다는 사실은 널리 알려져 있다. 반면 민주화 이후, 특히 김대중 정부 이후 이 같은 양상은 중단됐고 오히려 지역 간 역전이 시도됐다. 따라서 과거 한나라당과 새누리당은 영남 지역민의 상실감을 선거 동원 전략으로 채택해 재집권에 성공했는데, 이와 같은 집권전략은 지금도 효과를 발휘하는 것으로 보인다.

흥미로운 사실은 민주화 이후 권위주의 계승정당들이 과거의 향수를 자극해 특정 지역 및 계층의 정치적 결집과 동원을 통해 재집권하는 것이 한국만의 특수한 사례는 아니라는 점이다(Loxton and Mainwaring, 2018). 다수의 비서구권 신생민주주의 국가들에서 권위주의 계승정당들은 높은 정당인지도와 자금력, 그리고 후견주의적 네트워크를 활용하고 과거의 성과와 향수를 강조함으로써 민주화된 시대에도 권력을 유지하고 있다. 문제는 권위주의 계승정당들의 재집권 전략이 민주주의의 수용과 내부적 혁신 없이 과거의 관행을 지속시키는 방식으로 실행된다는 점이다(Miller, 2021). 한국의 경우, 국민의힘은 민주주의에 대한 수용과 과거사에 대한 규명에 소극적이고, 정당 내부를 혁신하기보다는 과거의 향수를 자극하는 전략을 채택하고 있다. 나아가 국민의힘은 윤석열 전 대통령의 12·3 계엄에 찬동하고 반민주적 동원에 의존함으로써 현재에도 한국의 자유와 민주주의를 후퇴시키는 가장 중요한 집단으로 남아 있다. 결국 과거 권위주의 시절의 역사적 유산이 영남의 지역주의적 결집에 영향을 미치고 있는데, 이는 한국의 지역주의가 왜 영남과 호남을 중심으로 지속되고 있는가를 설명해 준다.

결론적으로 이 연구는 영·호남의 지역주의적 결집이 나름의 역사적 계기와 유산에 기반하고 있는 까닭에, 시간이 지남에 따라 조금씩 약화되는 경향을 보이고는 있지만, 쉽게 해소될 수는 없음을 시사한다. 선행연구들이 지적하듯이, 지역주의 정당구도가 지속되는 데에는 지역 간 정치경제적 격차, 지역발전을 위한 집합행동, 그리고 제도적 환경 등이 작용하는 것도 사실이다. 그러나 본 연구의 결과는 현재의 정당구도가 보다 깊은 차원에서 5·18 국가폭력과 권위주의의 역사적 유산과 연계되어 있음을 보여준다. 따라서 한국 정치가 지역 수준의 갈등과 대립을 넘어 국민국가를 중심으로 경쟁하는 정치로 나아가길 진정으로 바란다면, 정치지도자들은 지역주의의 출현과 지속을 둘러싼 역사적 배경과 유산에 대한 깊은 이해와 성찰을 바탕으로 진실과 화해를 도모하는 접근을 시도해야 할 것이다.

부록 5·18 경험과 정당 지지에 대한 회귀분석 결과

	민주당 일체감			국민의힘 일체감			민주당 거부감			국민의힘 거부감			민주당 호오도			국민의힘 호오도		
	전국	호남	비호남	전국	호남	비호남	전국	호남	비호남	전국	호남	비호남	전국	호남	비호남	전국	호남	비호남
5·18 경험	0.34	0.12	0.35	0.97**	-1.28	1.07**	0.77**	-0.90	0.90**	0.57*	0.03	0.71**	0.45**	0.05	0.51*	0.16	-0.21	0.41
정치관심	0.44***	0.47	0.45***	0.58***	-0.11	0.58***	0.58***	-0.05	0.59***	0.33***	0.55*	0.32**	-0.06	0.31**	-0.08	-0.02	-0.28	0.00
이념	-1.55***	-0.63*	-1.62***	2.11***	1.14	2.12***	1.42***	-0.56	1.46***	-1.35***	-0.23	-1.47***	-1.58***	-0.56***	-1.64***	1.29***	0.81***	1.31***
세대	0.11**	0.27	0.10*	0.21***	0.91	0.20***	0.17***	0.81	0.16**	0.05	0.20	0.03	0.02	0.22*	0.01	-0.05	-0.20	-0.04
교육수준	0.16	-0.19	0.20*	-0.30***	1.44	-0.31***	0.03	0.42	0.03	0.17	-0.11	0.22*	0.02	-0.20	0.06	-0.32***	0.05	-0.38***
여성	0.15	0.42	0.13	0.25	-0.85	0.26*	0.11	-1.03	0.13	0.27*	0.55	0.24*	-0.07	-0.10	-0.06	0.02	-0.26	0.05
자산수준	-0.20***	-0.13	-0.20***	-0.06	0.19	-0.06	0.01	0.17	0.01	-0.14**	-0.27	-0.13*	-0.06	0.14	-0.08	0.20***	0.28	0.19***
소득수준	0.07	0.12	0.06	0.21***	0.18	0.21***	0.00	-0.32	0.00	0.04	0.17	0.02	0.10***	-0.05	0.11***	-0.04	-0.13	-0.03
영남 거주	-0.26*		-0.26*	0.88***		0.88***	0.90***		0.91***	-0.41***		-0.42***	-0.45***		-0.44	0.58***		0.57***
호남 거주	2.16***			-2.89***			-2.17***			1.86***			1.28***			-1.64***		
상수	0.41***	0.84	0.50	-8.26***	-13.53	-8.23***	-6.38	-5.66	-6.50**	0.05	-0.48	0.27	7.69***	6.63***	7.80***	2.35***	2.04	2.32***

주: 통계유의도(*** $p<0.01$, ** $p<0.05$, * $p<0.1$)

6 민주화 이후 이념과 민주주의 태도의 세대전이

1. 서론

　제4장과 제5장에서는 한국 민주화와 민주주의의 기원이 5·18 국가폭력에 대한 호남인들의 반응과 당시 청년대학생 세대의 정치적 각성과 투쟁에 있다는 점을 2020~2021년에 조사한 전국설문자료를 분석해 보여주었다. 즉, 민주주의가 출현하고 존속하기 위해서는 강력한 사회적 대항세력이 충분히 형성되어야 하고, 나아가 이들 대항세력이 정치사회 속으로 인입되어 기존 권위주의 독점체제에 균열을 냄으로써 정권교체를 둘러싼 경쟁적인 국면이 만들어져야 하는데(Dahl, 1971), 그 지난했던 역사적 과정의 기원이 5·18에 있음을 실증적으로 검증했다.
　미시적 관점에서 볼 때, 이러한 장기적인 체제변동과 민주주의 성장은 사회적 대항세력들 사이에서 반독재·친민주적 태도가 형성되고 이것이 세대를 통해 전이됐다는 점을 내포한다. 나아가 이것은 제도정치 혹은 정치과정 차원에서 반공·보수 일변도의 정치지형에 이념적 분화가 일어나고 진보적 이념이 세대전이를 통해 형성·발달했음을 의미한다. 권위주의 시기는 물론이고 민주화 이행 직후만 하더라도 한국은 이념적으로 분화된 정치사회가 아니었다(Shin and Jhee, 2005). 한국전쟁 이후 오랜 반공주의의 영향으로 많은 한국인에게 이념은 생소한 정치 용어였고, 보수와 진보가 무엇을 의미하는지 대답하기 어려울 정도로 보수 일변도인 단차원적 사회였다.

유권자 수준에서 본격적으로 이념 분화가 이루어지고 정치적으로 현재화된 계기는 1997년 김대중 대통령의 당선과 그로 인한 정권교체였다. 현대 대의민주주의의 제도정치에서 이념의 분화와 균열은 다원적이고 경쟁적인 정치과정의 시작을 의미한다. 물론 이념의 분화가 늘 좋은 정치적 결과로 이어지는 것은 아니다. 그것은 종종 새로운 정치적 갈등과 대립을 낳기도 한다. 따라서 정당과 제도정치권이 이념의 분화를 적극적으로 수용해 사회발전의 원동력으로 삼을 때 민주주의는 한 단계 도약한다. 즉, 이념의 분화와 경쟁적 정치구도 자체를 문제시하고 경계하는 태도는 한국 민주주의 발전의 관점에서 퇴행적인 접근임에 틀림없다.

회고적 관점에서 볼 때, 한국에서 민주화 이행과 민주주의의 지속은 반독재·친민주적 태도에 기반하고 있으며, 이는 제도정치권에서 일어난 이념의 분화, 즉 기존의 반공·보수에 대항하는 진보이념의 등장 및 성장과 직결되어 있다. '체제로서의 민주주의'와 '정치과정으로서의 민주주의' 중 어느 한 쪽이라도 충분히 성장해 있지 못하면, 민주주의의 안정적인 정착은 기대하기 어렵다. 다시 말해 시민사회의 민주화 압력이 제도정치권으로 인입되고 연계되지 못하면 민주주의는 사회 저변에 뿌리내리기 어렵다. 한국 민주주의 발전의 역사에서 5·18이 기여한 점은 바로 여기에 있다. 5·18은 시민사회에서 독재에 대항하는 사회세력들을 성장·결집시켰고, 이들이 정치사회에서 권위주의 계승정당에 대항하는 정당을 지지하도록 이끌었으며, 점차 한국 정치를 자유롭고 경쟁적인 방향으로 변화시켰다. 이것이 바로 한국 민주주의가 그간 다양한 위협 요소의 등장에도 불구하고 흔들리지 않고 꿋꿋하게 지속될 수 있었던 가장 중요한 구조적 힘이었다.

이러한 논의는 5·18 국가폭력으로 인해 변화된 호남지역 사람들과 출향민들, 그리고 당시 청년세대가 광주항쟁의 성격이 민주화운동임을 분명히 하고, 권위주의 계승정당에 반대하며, 이념적으로 진보적일 뿐 아니라 과거 독재정부가 추진한 정책들에 대해 동의하지 않는다는 것을 통해 증명된다. 앞선 제4장과 제5장은 이를 경험적으로 보여주었다. 그러나 제4장과 제5장의 분석들은 5·18 국가폭력과 민주화운동의 장기적인 영향이 현재의 성인들(민주화 세대와 호남 출신)에게 이어지고 있음을 보여주지만, 이것이 어떻게 민주화를 경험하지 못한 세대에까지 전이되는가에 관해서는 알려주지 않는다. 만약 5·18이 한국의 민주화와 민주주의에 장기적이고 지속적인 영향을 주었다면, 그 연속적이고 역동적인 메커니즘은 청소년들의 정치사회화 속에서 찾아야 할 것이다.

이 장은 2024년 2월 서강대 현대정치연구소가 서울지역 청소년들을 대상으로 정치인식을 조사한 자료를 활용해 청소년들의 이념과 민주적 태도가 어떤 양상을 보이는지, 그리고 부모의 출신지에 따라 어떻게 다른 특성을 보이는지를 검토한다. 청소년들의 민주주의에 대한 태도는 한국

민주주의의 현재를 평가하고 미래를 가늠할 수 있다는 점에서 중요하다. 나아가 만약 현재 청소년들의 이념과 민주적 태도가 부모의 출신지에 따라 달라진다면, 그것은 5·18 국가폭력과 민주화운동을 둘러싼 기억이 지역을 매개로 세대에서 세대로 전이된다는 것을 뜻한다. 왜냐하면 지역마다 독재와 현대사에 대한 경험의 정도가 다르기 때문이다. 즉, 호남지역 거주자들은 5·18 국가폭력을 직접적으로 경험하고 이를 통해 정치적 각성을 체험했으나, 비호남지역 사람들은 그러한 경험과 기회가 절대적으로 부족했다. 만약 2024년 현재 5·18의 정치문화적 유산이 절대적으로 부재한 서울에서 청소년들의 이념과 민주적 태도가 부모의 출신 지역에 따라 달리 나타난다면, 이는 5·18 국가폭력과 민주화운동의 영향이 현재에도 세대전이를 통해 지속되고 있음을 의미한다. 많은 연구들은 호남의 지역주의가 2000년대 초반 이후 본격적으로 발현되기 시작한 이념적 분화와 상당 부분 중첩되어 있다고 지적한다(문우진, 2005; 이갑윤, 2011; 장은영·엄기홍, 2017). 본 연구는 그 미시적 메커니즘들 가운데 하나가 지역 출신 부모와 자녀 간의 세대전이에 있음을 밝히고자 한다. 이러한 세대전이의 존재는 한국 민주주의가 다원화 및 경쟁화를 통해 지속된다는 점을 거시적으로 뒷받침한다.

2. 선행연구 검토: 정치사회화와 민주주의

사회화(socialization)는 사회의 재생산(social reproduction), 즉 사회가 세대를 통해 지속되고 거듭나는 과정의 핵심 메커니즘이다(Guhin,

Calarco and Miller-Idriss, 2021). 사회화는 사람들이 자신이 속한 사회공동체의 일반적인 가치와 규범을 습득하는 과정으로, 이는 가정, 학교, 동호회, 종교단체, 매스미디어 등 다양한 집단 및 매체를 통해 알게 모르게 이루어진다. 비록 급격한 사회변화가 종종 세대 간 갈등을 촉발하기도 하지만, 한 사회의 구성원이 공유하는 깊은 차원의 심성과 기억, 그리고 세계관 등의 문화 유전자와 정보는 표면적인 차이와 갈등 속에서도 세대를 이어 지속되는 특성을 보인다.

마찬가지로 정치사회화(political socialization)는 정치의 연속성과 개인의 정치적 학습을 전제한다는 점에서 거시적 및 미시적 차원을 동시에 포괄한다(Jennings, 2007; Neundorf and Smets, 2017; Niemi and Hepburn, 1995). 거시적 측면에서 보면, 정치사회화는 정치공동체의 주요 주체들이 다음 세대에 적절한 규범과 원칙, 그리고 관행과 습속을 어떻게, 얼마만큼 물려주어 정치공동체의 안정을 도모하고 보장하는가에 관한 종합적인 과정이다. 이에 비해 미시적 영역에서 보면, 정치사회화는 개인이 태어나고 자라면서 얼마만큼 정치에 관심을 보이는가, 정치적 규범과 내용을 얼마만큼 의식적으로 그리고 무의식적으로 학습하는가에 관한 것이다. 연구자들은 정치사회화의 주체와 환경이 어린이 및 청소년 개인과 어떤 방식으로 상호작용하는지, 그리고 이들의 정치에 대한 생각과 태도가 어떻게 형성되고 변화·발전하는지에 주목한다. 이렇듯 정치사회화는 정치의 과거와 미래를 연결한다는 점에서 초기 정치과정 연구의 핵심 주제가 됐다(Almond and Verba, 1963; Dennis and Jennings, 1970; Jennings and Niemi, 1968).

정치사회화는 사회과학적으로 중립적이고 분석적인 개념이지만, 정치체제와 관련해 그것이 시사하는 바는 규범적인 측면에서 매우 중요한 의미를 지닌다(Finkel and Lim, 2021; Niemi and Hepburn, 1995). 가령 민주주의 체제에서 민주시민을 육성하지 못한다면 그 미래는 어두울 수밖에 없다. 마찬가지로 왕정 체제는 충성스러운 신민(loyal subject)을, 공산주의 체제는 신뢰할 수 있는 동지(comrades)를 필요로 한다. 만약 이를 체계적으로 재생산해 내지 못한다면 그 정치체제는 안정을 구가할 수 없다. 그렇기에 서로 다른 정치체제는 교육과 관행, 그리고 언론을 통해 핵심적인 정치문화를 전수하고 일종의 집합적 세뇌화(collective indoctrination)의 환경과 시스템을 구축한다(Neundorf et al., 2024). 물론 어느 유형의 정치체제이든 이러한 시스템이 완벽한 것은 아니다. 왜냐하면 쿠란(Kuran, 1995)이 지적하듯이 정치는 일반 사람들의 일상적인 삶으로부터 멀리 떨어져 있고, 사람들은 독재정치에 대해 전략적 이중성과 애매모호한 태도를 보일 수 있기 때문이다. 즉, 공적 공간에서는 독재에 거짓으로 찬동하는 척하면서 사적 공간에서는 독재에 반대하는 진실을 보이기도 하는데(Private Truths, Public Lies), 이는 무언의 공감을 형성·확산시켜 민주화의 씨앗이 되기도 한다.

민주화와 같은 체제변동의 시기에도 정치사회화와 시민교육은 매우 중요하다. 왜냐하면 일반적으로 민주화의 체제변동을 겪는 나라는 권위주의적 정치사회화와 교육의 유산을 물려받기 때문이다. 한편 민주주의는 개인의 자유와 교육사회의 권리를 존중하기에 민주적 가치와 규범을 강제적으로 주입하기 곤란하다는 점에서 딜레마적 상황에 처한다. 즉, 민주시민을 육성하는 속도와 힘은 기존 권위주의의 유산에 의해 발휘되는 비민주적 정치사회화의 관성과 영향력에 비해 약할 수밖에 없다. 따라서 민주화 이후 단기적으로는 후자가 미치는 영향이 전자를 능가한다. 과거 권위주의의 정치적 및 교육적 유산이 지속하는 환경에서 민주정치의 발전 속도가 느리다는 사실은 자연스럽게 신생민주주의가 공고화되고 질 높은 민주주의로 발전하기가 쉽지 않음을 시사한다. 그렇기에 많은 신생민주주의 국가들은 다시 완전한 권위주의로 회귀하지도 못하고 민주주의를 발전시키지도 못하는 애매모호한 상태, 즉 민주주의의 형식과 제도를 유지하면서도 권위주의의 관행과 특성이 공존하는 혼종상태에 머물거나 권위주의적 요소가 점증하는 퇴행적 경향을 보인다(Bartels et al., 2023; Carothers, 2002; Levitsky and Way, 2020).

정치사회화와 민주주의에 대한 선구적인 연구는 1930년대 미국 시카고 대학교의 찰스 메리엄으로부터 시작된다. 당시 미국에서는 존 듀이의 진보적 자유주의 교육철학이 유행이었는데, 메리엄은 그의 저서 『시민의 탄생(Making of Citizens)』에서 프랑스, 독일, 영국, 이탈리아, 소련, 오스트리아-헝가리, 스위스, 미국 등 각 나라의 시민성과 시민교육의 내용을 비교했다(Merriam, 1931). 메리엄은 민주시민이 어떻게 탄생하는가 그리고 어떻게 재생산될 수 있는가에 주목했는데, 당시 연구의 이론적 전제는 정치행태의 상당 부분은 학습된 것이고 청소년기에 학습된 행태는 성인이 된 이후에도 지속된다는 것이었다. 그러나 제2차 세계대전의 발발과 혼란으로 관련 연구는 지속되지 못했다. 그리고 이후 시민문화와 정치사회화 연구가 다시 등장한 것은 1960년대였다(Almond and Verba, 1963; Dennis and Jennings, 1970).

1960년대 시민문화연구는 파시즘, 나치즘 등 일당독재였던 나라들이 전후 민주주의 국가로 거듭나는 과정에서 어떻게 민주시민을 육성할 것인지, 평화와 민주주의를 어떻게 확립할 것인지를 고민하는 현실정치적 동기에서 시작됐다(Almond, 1980). 즉, 민주적 시민이 대규모로 육성되지 않고서는 이식된 민주주의의 형식과 제도들이 사회적으로 깊이 뿌리내리기 어렵다는 문제의식이 반영됐던 것이다. 따라서 비교정치에서의 정치사회화와 시민문화연구는 민주화 및 민주시민 육성이라는 현실적인 문제와 밀접한 관련성을 지니고 있었다. 그러나 당시 서유럽과 북미에서는 역사적으로 민주정치가 오랜 기간 뿌리내린 반면, 비서구권의 대다수의 나라는 권위주의 체제를 벗어나지 못한 상태였다. 그렇기 때문에 비서구권을 연구하는 학자들은 정치변동보다는 정치의 연속성에 관심을 두었으며, 민주화와 민주적 정치사회화에는 주목하지 못했다(Niemi and Hepburn, 1995).

최근 정치사회화와 민주주의에 대한 연구는 비서구권의 신생민주주의와 서구 민주주의의 맥락적 차이로 인해 서로 다른 방향에서 전개됐다. 구체적으로 비서구권의 비교민주주의 연구들은 민주적 제도들이 새롭게 도입된 나라에서 '어떻게 과거 권위주의 교육과 통치의 유산을 극복하고 민주시민을 새로 육성할 것인가'라는 현실적인 과제에 초점을 두었다 (Finkel, 2003; Neundorf et al., 2024). 이에 비해 이미 민주적 제도들을 오랜 기간 실행해 온 서구 민주주의에 대한 연구들은 '정치적 이념과 정향이 얼마만큼, 어떻게, 어느 분야에서, 어떤 내용이 전이되어 재생산되는지', 그리고 '정치적 이념과 정향에 어떤 변화가 어느 분야에서, 왜, 얼마만큼 발생하고 있는지'에 대한 실증적인 연구질문에 천착해 왔다(Dinas, 2013; Jennings, Stoker and Bowers, 2009; Sears and Valentino, 1997; Tyler and Iyengar, 2023).

2000년대 이후 서구의 민주주의 국가들은 포퓰리즘과 반다원주의적 정당의 도전과 더불어 젊은 세대 사이에서 민주주의에 대한 신념이 약화되는 현상에 직면하고 있다. 이로 인해 정치사회화와 시민교육에 대한 관심도 함께 증가하고 있다(Neundorf et al., 2024). 특히 젊은 세대의 정치사회화에 대한 연구가 늘어나고 있는데, 그 이유는 청소년기와 청년기는 개인적 경험이나 정치적 사건을 통해 정치적 태도가 형성되고 발달하는 중요한 시기이기 때문이다.

    해외 연구들은 젊은 세대가 기성의 자유주의적 제도정치와 거리를 두고 있으며, 정치적 양극화가 이들의 민주적 태도와 규범에 부정적인 영향을 준다고 경고한다(Jungkunz and Weiss, 2024; Mounk, 2018). 가령 타일러와 아이엔거(Tyler and Iyengar, 2023)는 미국 정치에서 점증하는 양극화의 메커니즘으로서 가정 내 정치사회화 과정에서 부모가 싫어하는 정당에 대한 부정적 당파성이 부모가 선호하는 정당에 대한 긍정적 당파성에 비해 높게 전이·축적되어 왔다고 지적한다. 또한 다이나스(Dinas, 2013)는 서구 민주주의에서 정치사회화가 정치적 재생산의 기능을 할 뿐만 아니라 정치적 변화도 추동한다고 주장한다. 구체적으로 부모로부터 높은 정치관심과 정파성을 물려받은 자녀들은 성인이 된 후 본인의 관심에 따라 정치세계를 직접 경험하고 해석하면서 자신의 정치적 태도를 수정한다는 것이다. 특히 정치적 중대사건이나 초대결적 선거의 영향은 정치적 세대가 공유하는 일련의 경험과 기억을 주조함으로써(Corning and Schuman, 2015), 기성세대와 다른 새로운 정치적 선호와 스타일을 지닌 신세대를 출현시켜 정치변화를 추동한다는 것이다(Inglehart, 1977; Sears and Funk, 1999). 그럼에도 거시적으로 1960년대에 출생한 부모와 1990

년대에 출생해서 성인이 된 자녀들 간의 정당 지지와 이념의 상관관계는 매우 높은 것으로 나타났다(Jennings, 2007).

이와 같은 연구결과들은 세 가지 시사점을 제시한다. 먼저 1960년대 이후 형성된 정치사회화 연구에 대한 고정적인 이미지, 즉 부모와 사회로부터 학습된 행태는 일생을 통해 지속된다는 수동적 정치학습과 무변화 가설이 과장됐다는 것이다. 두 번째 시사점은 청소년기의 정치사회화 유산을 부정하지 않으면서도 자녀의 정치적 태도 변화를 정치사회화 이론에서도 설명할 수 있다는 것이다. 마지막 시사점은 서구의 선진민주주의 국가들에서도 민주주의 가치의 계승과 전이가 약화되고 있으며, 그 결과 민주주의 퇴행과 위기의 징후가 이미 청소년들 사이에서도 확인된다는 것이다.

한편 비서구권의 정치사회화 연구는 2000년대 이후 신생민주주의 국가들의 상당수가 민주주의 후퇴 및 퇴행 현상을 보임에 따라 점증하고 있지만, 여전히 제한적이다. 일부 학자가 권위주의 유산의 지속과 시민문화의 공급 부족에 대한 학문적 및 현실적 우려를 제기하고 있고(Neundorf and Smets, 2017), 정치사회화에 대한 경험적 연구를 시도하고 있지만(Finkel and Lim, 2021; Słomczyński and Shabad, 1998), 대다수 연구는 성인들을 연구의 대상으로 삼고 있다(Dinas and Northmor-Ball, 2020; Neundorf, 2010; Rose, Mishler and Haerpfer, 1998).

비서구권 신생민주주의에서 시민교육과 정치사회화에 대한 낮은 관심은 크게 두 가지 이론, 즉 근대화론(modernization theory)과 이행론(transitology theory)에 기인하고 있다. 먼저 근대화론은 경제가 발전하면 중산층을 중심으로 민주주의와 자유에 대한 요구가 증가하고, 이것이 민주주의를 견인한다고 지적한다(Acemoglu and Robinson, 2006; Boix, 2003; Lipset, 1960). 즉, 근대화론은 경제발전이 최고의 시민교육이라는 정책적 시사점을 제시한다. 이에 비해 이행론자들은 어떤 방식으로든 민주적 정치제도가 도입되면 엘리트와 시민들은 새로운 제도에 적응하며, 이것이 관행화되어 가치의 내면화를 촉진한다는 낙관적 전망을 제시한다(O'Donnell, Schmitter and Whitehead, 1986; Rustow, 1970). 그러나 비서구권에서 근대화 이론에 맞는 사례는 제한적이고(Haggard and Kaufman, 2021), 이행론자들의 전망은 최근 신생민주주의의 대규모 후퇴와 선진민주주의의 위기에 비춰볼 때 상당히 과장되었음을 보여준다(Levitsky and Ziblatt, 2018; Mounk, 2018; Norris, 2025).

한편 이행론에 기반한 제도적 학습이론(institutional learning theory)은 신생민주주의 국가의 정부들이 거버넌스 성과를 보여주고 사회문제를 해결함으로써 시민들의 민주적 지지를 확보해 나갈 수 있다고 지적한다(Rohrschneider, 1999; Rose, Mishler and Haerpfer, 1998). 그러나 신생민주주의 국가들에서 흔히 나타나는 복합적인 갈등은 민주화 이후 정부의 성과와 문제 해결에 필요한 정치적 합의를 방해한다. 따라서 높은 성과를 통해 민주적 기반을 확대한다는 선순환적 기대는 민주화 이후에도 권위주의 계승세력과 민주화세력 간의 처절한 정치갈등이 계속되는 현실정치에서 충족되기 어렵다. 결과적으로 최근 신생민주주의 국가들이 거버넌스의 어려움을 겪고 민주정치의 결손과 불안정 속에서 재권위주의화되거나 형식적 선거와 권위주의 통치가 공존하는 혼합정체(hybrid regime)의 양상을 보이는 것은 어쩌면 당연하면서도 객관적 사실에 가깝다 할 것이다(Haggard and Kaufman, 2021). 이 점에서 한국도 예외가 아니다(권혁용, 2023).

민주주의 정치발전과 정치사회화와 관련해 흥미로운 사례는 독일이다. 민주화의 제2물결에서 전후 독일은 과거 파시즘과 독재의 사회적 뿌리를 제거하고 민주주의를 확립하기 위해 학교와 정당에 대규모 시민교육을 도입했다. 그 결과 1970년대에 독일인들의 민주적 태도와 신념은 과거에 비해 크게 변화했고, 미국인들에 비해서도 높아졌다(Almond and Verba, 1980). 그러나 독일의 사례는 민주화의 제3물결을 연구하는 학자들 사이에서 거의 주목받지 못했다(Niemi and Hepburn, 1995; Eckstein et al., 1998). 그 이유는 지극히 현실적인 것으로, 신생민주주의 국가의 정치인들이 민주시민 양성을 위한 교육사회의 대개혁을 정치질서의 현상유지 혹은 경제성장의 도구적 관점에서 접근하기 때문이다. 즉, 민주시민 양성에 소요되는 경제적 비용이 막대하며, 교육사회의 대대적인 개혁은 자칫 정치갈등을 유발할 수 있다는 이유로 외면받았다.

마찬가지로 민주화 이후 한국사회 역시 민주주의 정치발전을 위한 교육개혁에 대한 문제 제기와 학문적 관심이 매우 적었다. 그간 한국 학계에서 학생들의 행태와 시민교육 커리큘럼을 연구한 사례는 있었지만(김광웅·방은령, 2001; 박수영, 2022; 최정원·이인영, 2024), 청소년들의 이념과 민주적 태도를 체계적으로 연구한 사례는 거의 없다. 즉, 한국에서 청소년들의 민주적 정치사회화 및 시민정치교육의 문제는 거의 방치되어 왔던 것이다. 따라서 어쩌면 현재 한국 민주주의의 위기와 퇴행은 민주화 이후 민주시민교육의 부재와 관심의 부족이 축적된 결과로 해석할 수 있다. 한국 청소년들의 정치이념과 민주적 태도는 어떤 양태를 보이는가? 이들의 정치적 태도는 한국의 근현대사의 경험을 반영하고 있는가? 구체적으로 5·18 국가폭력과 민주화를 직접 경험한 지역 출신의 자녀들은 다른 지역 출신의 자녀들과 정치행태에서 차이를 보이는가? 이와 같은 질문들은 한국 민주주의의 미래는 물론 한국 정치사의 관점에서도 매우 중요하다.

3. 이론적 논의와 가설의 설정

청소년들은 대체로 13~14세에 정치에 대한 관심과 생각이 싹트고, 17세부터 20세 초반에 정치에 대한 태도와 입장이 형성되는데, 이 시기를 '정치적 정체성 형성기'라고 부른다(Jennings, 2007). 일반적으로 거시적인 사건으로 인해 정치적 태도에서 큰 변화가 발생하기도 하지만, 많은 경우 생애 초반에 형성된 정치에 대한 생각과 태도는 인생을 통해 변화하기보다는 조정되고 강화되는 경향을 보인다.

그렇다면 청소년들의 정치이념과 민주주의 태도에 영향을 미치는 요인은 무엇인가? 립셋과 로칸(Lipset and Rokkan, 1967)은 1960년대 서구의 좌우균열은 역사적인 갈등과 투쟁을 반영한다고 지적했다. 이들에 따르면, 프랑스혁명 이후 19세기에 일어난 거대한 역사적 사건과 변화는 사람들의 생각과 이념을 변화시키는 정치적 균열을 낳았으며, 이는 다시 정당들의 배열에 큰 영향을 미쳤다. 구체적으로 세속적 국가건설은 중앙과 지방의 균열은 물론 종교와 세속 권력 간 갈등을 낳았고, 자본주의 산업화의 발전은 노동 계급과 유산 계급 간 분화와 조직적 대결을 주조해 냈다. 그리고 이러한 정치균열은 1920년대 좌와 우의 이념을 중심으로 연합하고 재배열되어 1960년대까지 지속됐다. 립셋과 로칸의 정치사회학적 연구는 역사적인 유산들이 정치이념으로 전환됐다는 점을 강조하는데, 여기에는 과거의 유산이 세대를 통해 전이된다는 점과 개인이 자신의 실존적 처지를 고려해 정치이념을 선택한다는 점이 내포되어 있다.

정치사회화의 관점에서 립셋과 로칸의 이론을 재해석하자면, 청소년들은 부모로부터 이념과 정치적 태도를 학습함과 동시에 주체적으로 본인의 세계와 미래를 고려해 이념을 생각한다. 사회적 학습이론(social learning theory)에 따르면(Bandura, 1977; Jennings, Stoker and Bowers, 2009), 부모는 자녀들이 정치에 대한 관심과 정향을 형성하는 데 명시적으로 혹은 은밀하게 영향을 미친다. 이는 무엇보다 자녀들은 부모와 함께하는 시간이 절대적으로 많고, 이 과정에서 부모의 행태를 자연스럽게 학습하기 때문이다. 물론 부모가 정치학습의 유일한 주체는 아니다. 왜냐하면 자녀들은 성장하면서 학교에서 친구들로부터 영향을 받고, 종교단체와 사회단체 활동을 통해서 주체적으로 세계를 해석하며, 20대 전후 투표에 직접 나서고 선거캠페인에 노출되면서 본인의 정치관을 갱신하고 조정하며 때론 변화시키기 때문이다(Dinas, 2013).

이와 같은 논의는 청소년들의 정치사회화가 1960년대에 논의되었던 것처럼 수동적인 과정이 아니라 부모와의 관계에서 상호작용적이며 주체적이라는 점을 시사한다(Hatemi and Ojeda, 2021). 물론 현재 학자들은 어떤 정치적 정향— 정치관심, 시민성, 애국심, 정치효능감, 이념, 민주주의 태도, 관용 등 — 이 얼마만큼 부모로부터 전수되는지, 자녀들이 주체적인 정치학습을 몇 살부터 시작하고 변화를 경험하는지에 관해서 실증적으로 연구하고 있다. 그럼에도 불구하고 립셋과 로칸이 주창한 정치사회균열의 세대전이 및 가정 내 사회적 학습이론은 기성의 정치균열이 가정 내로 인입되어 부모를 통해서 자녀들에게 전수됨을 시사한다.

립셋-로칸의 역사적 정치균열 이론을 한국에 적용할 경우, 한국 현대정치사에서 가장 중요한 정치균열은 지역주의이다(이갑윤, 2011). 광주항쟁과 5·18 국가폭력의 경험은 호남의 정치적 정체성의 형성과 강화로 이어져 지역균열의 한 축이 됐고, 영남에 기반을 둔 권위주의 계승정당과 엘리트 정치인들은 선거를 통한 권력유지와 집권을 목적으로 영남지역의 유권자들은 동원했다. 윤광일(Yoon, 2023)이 지적했듯이, 한국 정치에서 지역주의는 유권자들의 지지와 동원을 결집하는 정치수요 차원과 출신지역을 중심으로 정당과 관료 엘리트를 충원하는 정치공급 차원 모두에서 작동하는 유일한 정치균열이다. 이에 비해 세대와 젠더는 선거정치에서 동원을 목적으로 하지만 정치수요와 공급이 하나의 순환을 이루는 단계에 이르지 못한 상태로, 정치균열의 정의에 부합하는 수준은 아니다.

본 연구의 관점에서 호남의 지역주의는 단순한 정치적 수요와 공급의 메커니즘을 갖는 정치균열을 넘어선다. 왜냐하면 호남의 지역주의는 5·18 국가폭력의 피해자 및 지역의 명예회복을 위한 기억투쟁에서 출발했기 때문이다. 따라서 호남의 지역주의는 정치균열의 측면에서 논의하기에 앞서, 반독재와 민주화의 관점에서 이해되어야 한다. 즉, 5·18이라는 절대적 박탈과 소외의 경험에 바탕한 호남의 지역주의는 독재세력과 그 계승정당에 대항하는 진보적 이념의 형성은 물론이고 친민주적 태도의 형성도 끊임없이 촉발했다. 따라서 호남 지역주의에 내재된 반독재·민주화는 다음과 같은 구체적인 가설을 제시한다. '서울에 거주하는 학생 중 부모가 호남 출신일 경우 이념적으로 좀 더 진보적이고, 민주주의에 대한 선호와 지지가 높을 것이다.'

한편 서구의 학자들은 모든 정치적 정향이 동일하게 부모에게서 자녀에게로 전이된다고는 보지 않는다(Jennings, Stoker and Bowers, 2009). 왜냐하면 정치적 정향은 매우 다양하고 위계적이기에 보다 핵심적이고 파장력이 큰 것이 우선적으로 전수되고, 나머지는 그렇지 못하기 때문이다. 이는 정치사회화에서도 생물학적인 경제효율성의 법칙이 작동하고 있음을 의미한다. 구체적으로 학자들은 자녀들이 부모에게 가장 먼저 전수받는 것은 정치에 대한 관심과 사회에 대한 도덕적 책무감이며, 그다음의 핵심 전이요소는 이념과 애국심이라고 본다(Jennings, 2007; Neundorf and Smets, 2017). 그리고 나머지 민주적 태도, 자유주의적 관용 및 탈물질주의적 가치들은 다소 주변적 요소로 구분한다. 이와 같은 정치적 정향의 세대전이에서 나타나는 우선순위를 고려할 경우, 호남 지역주의의 영향은 부모의 출신지를 통해 이념에 영향을 주고, 이념은 다시 민주적 태도 및 규범과 연계성을 가질 가능성이 높다. 이는 부모의 출신지와 자녀의 이념 간의 순차적 상호작용이 민주적 태도에 영향을 미친다는 점을 상정하는데, 이를 가설화하면 다음과 같다. '서울에 거주하는 학생 가운데 부모가 호남 출신인 사람이 이념적으로 진보적일 경우 보다 친민주적인 태도와 규범을 보일 것이다.'

이와 같은 논의와 가설들을 도식적으로 표현하면 〈그림 6-1〉과 같다. 먼저 자녀들의 정치이념은 부모의 출신 지역에 따라 달라질 수 있다. 구체적으로 부모가 호남 출신인 학생은 부모가 다른 지역 출신인 학생에 비해 진보적 이념을 학습하고 수용할 가능성이 높고, 부모가 영남 출신인 학생은 반대의 경향을 보일 수 있다. 다음으로 민주주의 태도는 부모의 출신지에 따라 직접적인 영향을 받기도 하고 부모의 정치이념으로부터 간

그림 6-1 서울 청소년들의 지역주의, 정치이념, 민주주의 태도 간 관계에 대한 이론적 모형

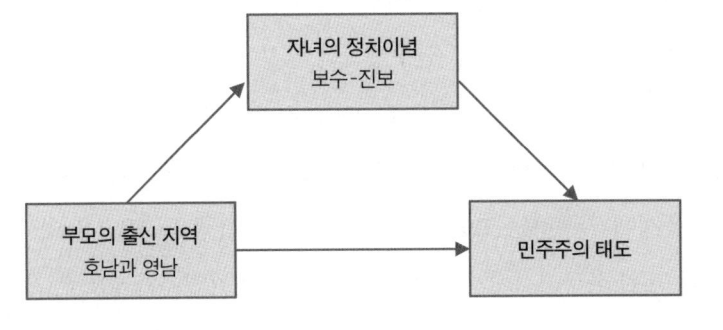

접적인 영향을 받기도 한다.

한편 본 연구는 지역주의가 한국 정치에서 가장 중요한 균열이지만 영남과 호남의 지역 결집은 비대칭적일 수 있음을 고려한다(지병근, 2013; 문우진, 2017). 만약 지역주의가 영남과 호남 간 역사적 경험을 통해 대칭된다면, 부모가 호남 출신인 자녀와 부모가 영남 출신인 자녀 간의 이념과 민주적 태도의 양상은 정반대의 경향을 보일 것이다. 하지만 영남과 호남 간 역사적 경험을 통한 정치균열의 구도가 비대칭적이라면, 전자와 후자는 다른 양상을 보일 것으로 예상된다. 본 연구의 관점에서 보면 호남의 지역주의는 선거동원적 성격을 넘어 5·18 국가폭력과 민주화운동의 영향을 반영하기 때문에, 양 지역 출신 부모가 자녀에게 미치는 영향이 다를 것으로 기대한다.

4. 연구디자인: 자료, 측정 및 통계적 방법

본 연구는 지역주의 및 민주주의의 관점에서 한국 청소년들의 정치이념과 민주적 태도를 실증적으로 규명하기 위해 서강대학교 현대정치연구소가 실시한 서울시 청소년 정치인식 조사 자료를 활용했다. 해당 조사는 서울시에 거주하는 고등학교 1학년, 2학년 학생 1,058명을 대상으로 2024년 1월 한국리서치가 수행한 것으로, 국내 가입자가 40%로 가장 많은 SKT 번호를 활용해 성별과 학군별 할당을 둔 후, 무작위 추출을 통해 샘플을 구성했다. 교육현장을 방문해서 설문조사를 하는 데 대한 학교의 협력과 조사 품질이 낮아지고 있고, 학교 유형별(특수목적고, 자사고, 일반고, 실업계고, 예체능계고 등) 표본추출에서 불가피하게 편향이 발생하며, 코로나 이후 대면조사가 어려워졌다는 점을 고려할 때, 통신사 전화번호를 활용한 웹조사는 타당한 대안으로 등장하고 있다. 실제로 데이터의 품질과 관련된 연구에 따르면, 통신사 전화번호를 활용한 웹조사는 과거 대면조사와 비교해 큰 문제가 없는 것으로 보고되고 있다(김성중 외, 2023).

서강대 설문조사는 서울시 청소년들을 대상으로 했다는 점에서 전국을 포괄하지 못하는 한계를 지니지만, 한국에서 학생들의 정치이념과 민주주의 태도를 본격적으로 다룬 첫 조사라는 점에서 높은 정보적 가치를 가진다. 나아가 서울지역의 학생들을 선정한 데에는 연구전략의 관점에서 타당한 이유가 있다. 영호남 지역주의가 1980년대 후반에 등장해 현재까지 지속되고 있기 때문에, 전국 조사에서 지역주의의 영향이 어떤 메커니즘을 통해서 세대 간 전이되는지를 정치사회화 주체별로 구분해 분석하기란 매우 어렵다. 왜냐하면 부모와 자녀들의 출신 지역이 동일해 사회화 주체들 간 간섭현상이 심하기 때문이다. 이에 비해 서울지역 청소년들의 경우 부모의 출신지가 다양하기 때문에 출신지별 차이를 부모라는 매개를 통해 검증하기에 효과적이다. 따라서 지역주의의 정치문화적 유산이 영·호남지역에 비해 적은 서울에서 부모의 출신지에 따라 청소년들이 이념과 민주적 태도에서 유의미한 차이를 보인다면, 이를 통해 호남과 영남의 지역주의적 결집의 원인과 메커니즘에 대한 논리적 시사점을 찾아낼 수 있을 것이다.

<표 6-1>은 주요 변수들과 측정방법 및 분포를 보여준다. 본 연구의 종속변수는 주관적 정치이념과 민주주의 태도이고, 핵심 독립변수는 부모의 출신지이다. 설문조사는 청소년들에게 본인의 정치이념을 0(진보)~10(보수) 중에서 선택하게 했으며, 본 연구는 이를 역산하고 세 범주로 재분류해 보수(0), 중도(1), 진보(2)의 3점 척도를 갖는 순서형 종속변수로 만들었다. 다음으로, 청소년의 민주주의 태도는 개념적 차원에서 민주주의에 대한 '이상적 지지'와 '현실적 지지'로 구분해 측정했고, 이와 더불어 실증적 차원에서 민주주의와 권위주의에 대한 상대적 선호를 통해서도 민주주의 태도를 측정했다(Mattes, 2018; 강우창, 2020). 구체적으로 민주주의에 대한 이상적 지지를 측정하기 위해 "권위주의 국가가 아닌 민주주의 국가에서 산다는 것은 얼마나 중요합니까?"라는 질문을 했고, 이에 대한 응답은 11점 척도(0~10) 중 6점 이상의 적극적 선호를 기준으로 이분화했다. 그리고 민주주의에 대한 현실적 지지는 다음 세 항목에 대한 선택으로 측정했다. ① '민주주의가 어떤 제도보다 항상 낫다', ② '민주주의나 권위주의나 별 상관없다', ③ '상황에 따라서 권위주의가 민주주의보다 낫다'. 이 가운데 첫 항목을 선택한 이들을 중심으로 이분화했다. 따라

서 민주주의에 대한 '이상적 지지'와 '현실적 지지'를 합산할 경우, 민주주의 지지는 '비민주주의'(0)에서 '완전한 민주주의 지지'(2)까지 3점 척도를 갖는 변수가 된다.

부모의 출신지는 영남과 호남을 기준으로 합산했고, 부모가 각각 양 지역 출신일 경우 중립으로 처리했다. 조사 결과, 부모의 출신 지역 중 영남과 호남을 포함하는 비율은 19%로 동일했고, 부모 모두가 영남과 호남 출신인 경우는 각각 5%였다. 영남과 호남 출신 부모의 상대적 비율이 타 지역 출신에 비해 높다는 점은 샘플 표집에서 편향이 발생했다고 의심할 수 있으나, 다음 두 가지 사실에 의해 그 가능성은 낮아진다. 첫째, 2024년 전체 인구 대비 영남의 인구는 약 24%이고 호남은 10%로 영남 인구가 호남 인구에 비해 2.4배 높지만, 이 조사에 참여한 고등학생들의 부모가 태어난 1970년대 전체를 기준으로 보면 양 지역은 각각 30%와 19%로, 그 비율은 1.6배로 낮아진다. 둘째, 1960년대 이후 수도권으로 이주한 지역민 중 호남 출신은 타 지역에 비해 높았다. 구체적으로 현재 영남과 호남이 전체 인구 대비 24%와 10%이고, 1970년대 이후 지역 이주민이 모두 수도권으로 향했다고 가정할 경우, 수도권에는 9%의 호남 출향민과 6%의 영남 출향민이 거주하고 있는 것으로 계산된다. 호남인들의 수도권 유입은 1960년대 이후 급증했는데, 실제로 이들 이주민의 수는 당시 경기도민 전체 인구보다도 컸다. 따라서 서강대 조사에서 양 지역 출신 부모의 비율이 유사하다는 것이 분석에서 편향을 발생시키지는 않을 것으로 판단된다.

마지막으로 본 연구는 통제의 목적으로 성별, 주관적 계층의식, 정치 관심, 부모의 교육수준, 그리고 학생 응답자의 학년을 포함한다. 남녀의

표 6-1 변수의 측정과 분포

변수	측정	사례 수	비율
정치이념	진보(2)	296	28%
	중도(1)	560	53%
	보수(0)	202	19%
민주주의 지지	완전한 지지(2)	482	46%
	불완전한 지지(1)	407	38%
	비민주주의(0)	169	16%
부모 출신 지역	부모 모두 비호남	859	81%
	부모 중 한 명 호남 출신	145	14%
	부모 모두 호남 출신	54	5%
	부모 모두 비영남	857	81%
	부모 중 한 명 영남 출신	145	14%
	부모 모두 영남 출신	56	5%
성별	남학생(0)	540	51%
	여학생(1)	518	49%
계층의식	상위층	148	14%
	중위층	455	43%
	하위층	455	43%
정치관심	매우 높음(4)	97	9%
	조금 높음(3)	422	40%
	별로 관심 없음(2)	338	32%
	전혀 관심 없음(1)	201	19%
부모 교육수준	모두 대졸(2)	613	58%
	한 명 대졸(1)	205	19%
	모두 대졸 미만(0)	240	23%
학년	1학년	486	46%
	2학년	572	54%
응답자 수		1,058	100%

성별은 생물학적인 차이를 넘어 최근 정체성 정치와 균열의 양상을 보이고 있다. 구체적으로 최근 성인 여성들은 이념적으로 진보적이고 친민주적인 태도를 보인다는 점에서 본 연구는 청소년들 사이에서도 같은 경향이 나타날 것으로 예상해 여학생을 더미변수로 둔다. 청소년들의 주관적 계층의식은 상위(14%), 중위(43%), 하위(43%)를 더미변수로 둔다. 아제모글루와 로빈슨(Acemoglu and Robinson, 2006)은 계급갈등 이론을 통해 개인의 부와 지위가 하층에서 상층으로 이동할수록 이념은 진보에서 보수로 변화된다고 지적하는 반면(Boix, 2003), 무어(Moore, 1966)는 정치갈등이 투쟁을 전개할 자원과 여유가 없는 하층민과 상층지배계급 간에 일어나는 것이 아니라 정치적 자원을 보유한 집단인 상위층과 차상위층 간에 일어난다고 주장한다(Ansell and Samuels, 2014). 그리고 정치관심은 '전혀 없다'(1)부터 '매우 높다'(4)까지 4점 척도로 측정했고, 부모의 교육수준은 대졸을 기준으로 합산했다.

본 연구는 영남과 호남의 지역주의 결집이 비대칭적이며, 특히 호남의 경우 5·18 국가폭력과 민주화운동의 장기적 영향이 반영되어 있다고 주장했다. 립셋-로칸의 역사적 정치균열 이론과 사회적 학습이론을 한국에 적용할 때, 한국 지역주의의 역사적 유산은 지역 출신이면서 서울에 거주하는 부모를 통해 자녀에게 정치이념과 민주적 태도로 나타날 수 있다는 가설을 제시했다. 그리고 부모의 출신지는 자녀의 정치이념과 민주적 태도에 직접적인 영향을 줄 가능성, 그리고 정치이념을 통해 간접적으로 자녀의 민주적 태도에 영향을 줄 가능성 모두를 고려해야 한다고 제시했다. 이를 검증하기 위해서는 순차적 통계모델을 고려해야 하는데, 본 연구는 세 가지 통계모델 분석을 수행한다. 먼저, 정치이념을 종속변수로 둔 선형회귀분석을 수행한다. 다음으로, 민주적 태도를 종속변수로 둔 순서형 로짓분석을 수행하는데, 여기에서는 정치이념이 독립변수에 포함된다. 마지막으로, 민주적 태도를 종속변수로 두고, 부모의 출신 지역과 정치이념 간의 상호작용 가능성을 검토한다. 이 상호작용은 부모의 출신 지역, 즉 지역주의의 정치적 유산이 정치이념을 통해 직접적으로 혹은 간접적으로 자녀들에게 전이되는가를 검증한다.

5. 분석 결과

분석의 순서는 다음과 같다. 먼저, 학생들의 정치이념과 민주주의 지지가 부모의 출신 지역에 따라 어떻게 다른지, 그리고 민주주의 지지가 정치이념에 따라 어떻게 변화하는지를 기술통계(descriptive statistics)를 통해 검토한다. 이후 추론통계(inferential statistics)인 회귀분석을 통해 부모의 출신지, 정치이념, 민주주의 태도 간 관계가 통계적 유의성을 가지는지를 검증한다.

1) 기술통계: 교차비교분석

〈그림 6-2〉는 부모의 출신지에 따른 학생들의 주관적 정치이념과 민주주의 태도의 차이를 보여준다. 먼저 〈표 6-1〉에서 나타난 정치이념과 민주주의 태도에서 진보 비율이 보수 비율보다 높고, 완전한 민주주의 지지 유형이 다른 유형에 비해 높으며, 0~2구간을 가진다는 점을 고려할

그림 6-2 부모의 출신지에 따른 학생들의 정치이념과 민주주의 태도

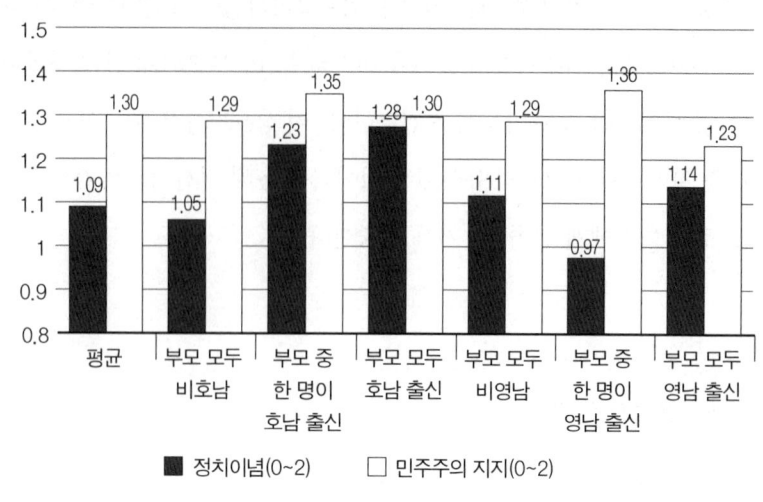

때, 두 변수의 평균은 중간값(median value)인 1보다 높은 1.09와 1.30이었다. '부모의 출신지에 따른 자녀의 정치이념과 민주주의 지지'라는 관점에서 볼 때, 부모가 호남 출신인 학생이 정치이념에서 좀 더 진보적인 특성을 보였다. 구체적으로 부모 모두 비호남일 경우에는 보수-진보 이념 지수가 1.05이지만, 부모 중 한 명이 호남일 경우에는 1.23, 부모 모두 호남일 경우에는 1.28로 상승했다. 반면 부모 모두 비영남(1.11), 부모 중 한 명이 영남 출신(0.97), 부모 모두 영남 출신(1.14)의 세 집단의 정치이념을 비교하면, '부모 중 한 명이 영남 출신' 집단은 약간 보수적이고, 나머지 집단은 유사한 수준을 보였다. 이에 비해 민주주의 지지에서는 부모의 출신지가 뚜렷한 양상을 보이지 않았다. 부모 중 한 명이 호남과 영남 출신인 경우 민주주의 지지가 나머지 집단에 비해 상대적으로 약간 높긴

하지만, 지역주의의 정치적 유산이라는 관점에 부합하는 경향을 보이지는 않았다.

한편 2000년대 초반 삼김이 정치무대에서 퇴장한 이후 지역주의는 이념정치와 상당 부분 중첩되는 현상을 보이기 시작했다(문우진, 2005; 이갑윤, 2011; 장은영·엄기홍, 2017). 즉, 호남의 유권자들은 보다 진보적인 이념성향을, 영남의 유권자들은 보다 보수적인 경향을 보임으로써 지역주의와 이념갈등이 한국의 양당 경쟁구도로 수렴되어 왔다. 이념갈등이 지역주의를 수용한 것인지, 아니면 지역주의가 이념갈등의 형태로 일부 변환된 것인지에 대한 학술적 규명은 본 연구의 목적에서 벗어나는 것이지만, 분명한 사실은 정치영역에 있어 지역주의는 이념갈등에 시간적으로 선행한다는 것이며, 지역주의와 이념갈등 둘 다 5·18 국가폭력의 유산이자 호남 지역주의와 장기적인 민주화 과정의 산물이라는 것이다. 그렇다면 한국에서 진보와 보수의 이념적 분화는 단순한 선거정치적 현상이 아닌 민주주의 발전과 연관된 주제로서, 진보적 이념이 친민주적 태도와 연관되어 있을 것으로 기대된다. 과연 과거의 지역주의 및 이념의 분화가 서울에 거주하는 청소년들의 민주적 태도에서도 나타날 것인가?

〈그림 6-3〉과 〈그림 6-4〉는 서울지역 청소년들의 정치이념에 따른 민주주의 태도의 지수와 유형별 분포를 보여준다. 먼저 정치이념 차이에 따른 민주주의 태도의 평균분석(〈그림 6-3〉)을 보면, 전체적으로 보수와 중도는 민주주의 태도 지수가 평균값인 1.30에 비해 낮았고, 진보적 학생 집단은 1.50으로 높았다. 즉, 학생들 사이에서 정치적 이념이 보수에서 진보로 이동할수록 민주주의에 대한 지지는 높아지는 것으로 나타났다. 즉, 보수와 중도 간 차이는 0.02인 데 비해, 중도와 진보 간 차이는

그림 6-3 정치이념에 따른 민주주의 태도 지수

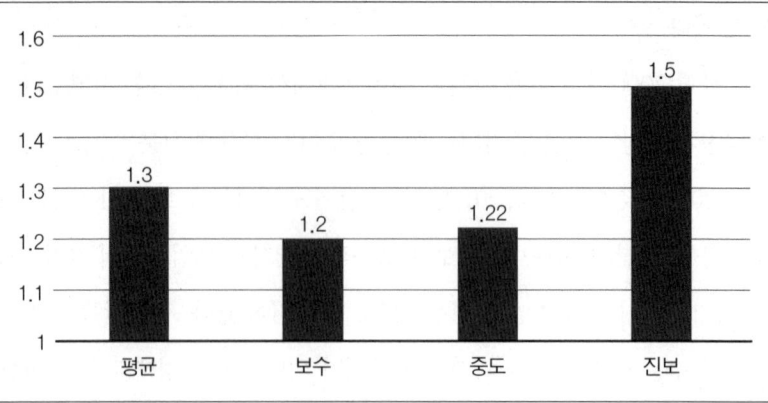

그림 6-4 정치이념에 따른 민주주의 지지 유형별 분포(단위: %)

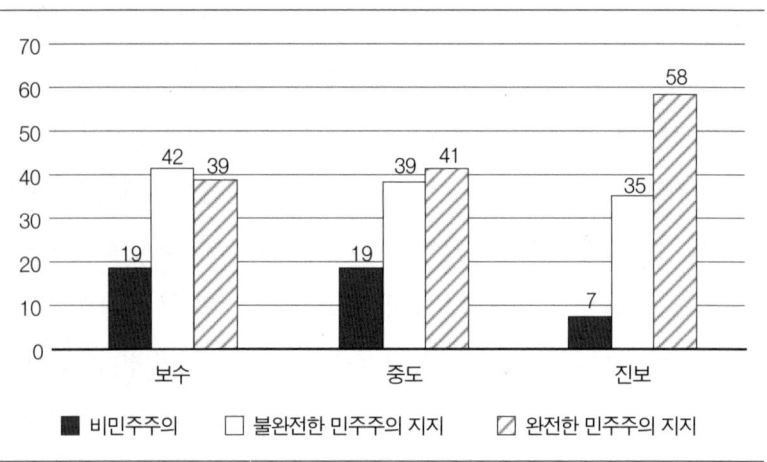

0.28로 커지는 양상을 보였다. 〈그림 6-4〉는 민주주의 지지 유형의 정치이념별 분포를 보여주는데, 진보 집단에서는 민주주의 체제를 완전히 수용하는 청소년이 58%로 과반을 넘긴 반면, 중도와 보수 집단에서는 각

각 41%와 39%로 다소 낮게 나타났다. 또한 불완전 민주주의 지지 유형과 비민주주의 유형의 경우 보수에서 진보로 이동할수록 낮아지는 경향을 보였는데, 불완전 민주주의 지지는 보수 42%, 중도 39%, 진보 35%로 나타났으며, 비민주주의는 보수 19%, 중도 19%, 진보 7%로 나타났다.

〈그림 6-2〉, 〈그림 6-3〉, 〈그림 6-4〉의 결과를 종합하면, 서울지역 청소년들 사이에서 민주주의 체제에 대한 수용과 거부가 이념갈등의 대상이 되고 있다고 추론할 수 있다. 이는 사회적 학습이론의 관점에서 볼 때 이미 기성 정치사회에서 이러한 특성이 농후하다는 것, 그리고 이를 청소년들이 학습하고 수용하고 있다는 것을 시사한다.

일반적으로 공고화된 민주주의에서는 정책과 비전을 둘러싸고 진보와 보수 혹은 좌파와 우파 간에 갈등이 발생하지만, 민주주의 체제 자체가 논란이 되지는 않는다. 반면 신생민주주의에서 나타나는 정치와 이념의 갈등은 권위주의 계승세력과 민주화세력 간 체제대결의 연장선상에 있는 경우가 많다. 물론 양 세력이 민주주의 체제와 규칙에 대해 합의를 이룬 경우 이념적 정치갈등이 체제 차원의 대결로 상승·격화하지는 않는다. 이러한 관점에서 볼 때, 2000년대에 등장하고 이후 점차 심화된 이념적 갈등과 양극화 현상은 민주주의 체제에 대한 위협 요인으로 작용해 왔고, 이러한 이념갈등은 기성세대뿐만 아니라 청소년들에게도 나타나고 있다는 점에서 한국의 민주주의는 공고화됐다기보다는 위기에 노출되어 있음을 알 수 있다. 어떻게 보면 2024년 12월 3일 윤석열 대통령이 계엄선포를 통해 친위쿠데타(self-coup 또는 autogolpe)를 시도한 것, 뒤이은 탄핵 사태를 둘러싸고 보수세력이 대통령의 권위주의적 행태를 비판하기보다는 옹호하고 편승한 것은 한국의 민주주의가 아직 불완전한 수준임을 의미하는 것이기도 하다.

2) 추론통계: 순서형 로짓 회귀분석

앞선 기술통계 교차비교분석은 청소년들의 정치이념과 민주주의 지지, 그리고 부모의 출신지 간의 관계를 종합적으로 보여주었다. 그러나 교차분석은 다른 독립변수들의 영향을 고려하지 못한다는 점에서 착시적인 관계를 오인하거나 독립변수의 효과를 과도하게 해석하게 만들 가능성이 있다. 그렇다면 어떤 변수들이 통계적으로 유의미한 영향을 미치고, 어느 변수의 영향력이 더 클까? 이 질문에 답하기 위해 이 연구는 순서형 로짓 회귀분석을 실행했다. <표 6-2>는 그 분석 결과이다. 일반적으로 회귀분석을 통해 계산된 계수값(coefficients)은 비표준화되어 있기에 변수들의 통계적 유의성은 검증할 수 있으나, 독립변수들 간 척도가 다르기 때문에 계수값을 직접적으로 비교하기는 어렵다. 따라서 <표 6-2>는 표준화된 계수값(standardized coefficients)을 보고한다. 표준화된 계수값은 독립변수가 1 표준편차만큼 변화했을 때 종속변수 변화의 크기를 보여준다.

<표 6-2>의 [모델 1]에 따르면, 부모의 출신지가 자녀들의 정치이념에 미치는 영향은 호남 출신 부모 효과와 영남 출신 부모 효과가 상반된 양상을 보였다. 즉, 호남 출신 부모의 효과는 계수값이 진보를 향하고 통계적으로 유의미했으나, 영남 출신 부모의 효과는 계수값이 보수를 향하지만 통계적으로는 유의미하지 않았다. 이는 한국의 지역주의가 부모를 매개로 해서 서울에 거주하는 자녀들의 정치이념에 미치는 영향이 호남

표 6-2 순서형 로짓 분석의 결과

		모델 1: 정치이념	모델 2: 민주주의 지지	모델 3: 민주주의 지지	모델 4: 민주주의 지지	모델 5: 민주주의 지지
독립변수						
정치이념(보수-진보)				0.230***	0.211***	0.256***
부모 출신: 호남(0~2)		0.192***	0.031	0.009	-0.072	0.007
부모 출신: 영남(0~2)		-0.039	-0.043	-0.038	-0.038	0.034
정치이념 × 호남 부모					0.098	
정치이념 × 영남 부모						-0.091
통제변수						
여학생 더미		0.253***	0.378***	0.354***	0.355***	0.356***
계층 의식	하위층(준거집단)	-	-	-	-	-
	상위층	-0.273***	0.062	0.085	0.084	0.086
	중위층	0.160**	0.105	0.090	0.089	0.093
정치관심		0.114***	0.227***	0.208***	0.209***	0.208***
부모 교육수준		0.050	0.057	0.050	0.050	0.050
2학년 더미		-0.046	0.004	0.010	0.010	0.009
사례 수		1,028	1,028	1,028	1,028	1,028
Pseudo R2		0.029	0.028	0.035	0.035	0.035

주: 표준화된 계수값 보고에서 표준오차와 cut points 생략
통계유의도(***p<0.01, **p<0.05, *p<0.1)

과 영남 간에 비대칭적이라는 것을 의미한다. 선거정치의 관점에서 호남과 영남이 유사한 동원과 결집의 구조를 갖는다면, 호남은 여기에 5·18 국가폭력과 민주화운동의 영향으로 인한 정치적 정체성의 효과가 추가된

것으로 유추된다. 이는 호남의 정치적 정체성과 지역주의가 호남지역은 물론 서울지역의 자녀들에게도 영향을 미칠 만큼 역사적으로 지속되어 왔음을 시사한다.

흥미롭게도 〈표 6-2〉의 [모델 1]에서 청소년들의 정치이념에 가장 큰 영향력을 발휘하는 변수는 부모의 출신 지역이 아니라, 주관적 계층의식과 남녀 간 성별인 것으로 나타났다. 주관적 계층의식 중 하위층과 비교해 상위층과 중위층 변수는 각각 -0.273과 0.160이고, 여학생 더미 변수는 0.253으로 다른 변수들에 비해 컸으며, 그다음으로 호남 출신 부모 효과가 0.192였다. 서울 청소년들의 정치이념에서 가장 큰 차이는 상위계층과 중위계층 간에 발생했고, 하위계층은 이 두 계층집단의 중간에 위치했다. 이는 아제모글루와 로빈슨(Acemoglu and Robinson, 2006)의 계급갈등이론보다는 무어(Moore, 1966)의 이론이 서울 청소년들에게 더 적실함을 의미한다. 앤셀과 새뮤얼스(Ansell and Samuels, 2014)가 지적했듯이, 사회의 제한된 자원에 대한 분배적 갈등은 가진 것이 별로 없는 하층계급보다는 많이 가진 계급과 조금 덜 가진 계급 간의 정치투쟁의 형식으로 나타나는데, 서울의 청소년들 사이에서도 이런 경향이 엿보인다.

다음으로 [모델 2]부터 [모델 5]까지는 민주주의 지지에 미치는 독립변수들의 효과를 종합적으로 보여준다. [모델 2]는 정치이념을 제외한 기본모형이고, [모델 3]은 정치이념을 추가한 확장된 모형이며, [모델 4]와 [모델 5]는 부모의 출신지와 정치이념 간의 상호작용을 통해 영호남 지역주의가 자녀에게 미치는 영향이 직접적인지 혹은 간접적인지를 검증하는 모형이다. [모델 2]부터 [모델 5]까지 부모의 출신지 효과는 계수값의 크기가 작고 방향이 비일관적이었을 뿐 아니라 통계적으로 유의미하지 않았다. 대신, [모델 3]부터 [모델 5]까지 정치이념의 효과는 각각 0.230, 0.211, 0.256으로 성별에 비해서는 작았고 정치관심에 비해서는 컸다. 민주주의 태도에 있어서 성별의 차이는 0.354, 0.355, 0.356으로 변수들 중 가장 컸고, 여학생들은 남학생에 비해 민주주의를 보다 강하게 지지했다. 또한 민주주의에 대한 지지는 정치관심이 높은 학생일수록 높게 나타났다. [모델 4]와 [모델 5]에서는 정치이념과 부모의 출신 지역 간 상호작용 항이 통계적으로 유의미하지 않으나, 정치이념의 독립적인 효과가 통계적으로 유의미하다는 것은 호남 출신 부모의 영향이 자녀들의 정치이념을 통해 간접적으로 민주주의 태도에 영향을 미치고 있음을 의미한다.

종합하면, 호남 지역주의의 유산은 부모를 통해 학생들의 정치이념에 직접적으로 영향을 미치고 민주주의 지지에 간접적으로 영향을 미치는 형태로 남아 있다. 이에 비해 영남 지역주의의 유산은 서울의 청소년들에게 거의 남아 있지 않은 것으로 보인다. 이는 호남의 지역주의가 서울에 거주하는 현재 청소년들의 진보적 이념 형성에 영향을 주고 있고 이는 다시 한국 민주주의의 문화적 기반을 공고히 하는 방향으로 작용하고 있음을 뜻한다.

결국, 분석 결과는 다음 세 가지 시사점을 논리적으로 뒷받침한다. 첫째, 호남의 지역주의는 단순히 선거용 동원과 결집을 넘어 한국 정치의 이념적 다변화를 촉진하고 민주주의 발전에 기여했다. 과거에 이러한 효과가 없었다면 그 효과가 현재 나타날 리가 없다는 점에서, 이것이 바로 역사적 유산의 장기적 효과라고 해석할 수 있다. 둘째, 호남 지역주의의 장기적 효과는 과거는 물론 현재에도 그리고 향후에도 계속될 것이다. 왜냐하면 청소년들은 미래의 시민들이고, 청소년 시기에 형성된 정치적 태도는 평생 지속되어 투표와 여론으로 반영될 것이기 때문이다. 셋째, 서울 지역에 거주하는 학생들 사이에서 부모 출신지로 인한 정치적 및 민주적 효과가 나타난다는 것은 5·18 국가폭력과 민주화운동의 유산이 실재하는 호남지역에서는 그 효과가 더욱 클 것임을 시사한다.

6. 결론

제4장과 제5장은 호남의 정치적 정체성과 지역주의가 5·18 국가폭력과 민주화로 인해 형성됐고 이것이 민주화 이후의 민주주의 안정과 정착에 기여했다는 것을 2020~2021년 조사된 성인시민조사의 분석을 통해 보여주었다. 이를 통해 호남의 정치적 정체성은 유권자의 동원과 결집이라는 선거정치를 넘어 한국 정치의 이념적 분화와 정당구도, 그리고 민주주의의 공고화와 연결되어 있음을 확인했다. 이념과 민주주의 태도의 세대전이에 관한 이 장의 연구는 5·18 국가폭력이 남긴 역사적 유산이 미래에도 계속될 것인가라는 문제의식에서 출발했다.

이 연구는 2024년 서울지역 청소년들을 대상으로 실시한 설문조사 자료를 분석해 호남 지역주의의 영향이 청소년들에게서도 발견된다는 점을 확인했다. 구체적으로, 부모가 호남 출신인 학생은 정치이념적으로 진보적일 가능성이 높았고, 진보적 성향의 학생은 민주주의를 다른 학생에 비해 높게 지지했다. 이는 호남 지역주의가 서울지역 청소년들의 진보이념 형성에는 직접적인 영향을, 민주적 태도에는 간접적인 영향을 미치고 있음을 의미한다. 결과적으로 청소년들은 미래의 시민이라는 점에서 호남 지역주의의 역사적 유산은 향후에도 한국 정치의 이념적 분화와 민주주의 공고화에 기여할 것으로 전망된다.

이러한 연구의 결과는 한국의 지역주의와 민주주의에 관해 중요한 시사점을 제시한다. 먼저, 역사적 유산으로서의 영남과 호남의 지역주의는 비대칭적인 양상을 보인다는 점이다(지병근, 2013). 호남의 지역주의는 부모를 통해 청소년들의 이념과 민주적 태도를 형성하는 것과 긍정적인 관련성을 지니지만, 영남의 지역주의는 아무런 관련성이 없었다. 즉, 영남의 지역주의는 서울의 청소년들 사이에서 보수적 이념이나 반민주적 태도와 연관되지 않았다. 또한 영남 출신 부모와 다른 지역(비호남 및 비영남) 출신 부모 간에는 정치이념과 민주적 태도에서 큰 차이를 보이지 않았다. 따라서 영남 출신을 특별히 보수적이거나 권위주의 친화적 혹은 비민주적으로 간주할 이유는 전혀 없다.

다음으로 한국 민주주의의 위기와 미래에 관해 우려되는 대목은 민주주의 체제에 대한 지지가 이념에 따라 큰 차이를 보인다는 점이다. 보수적 이념을 가진 청소년은 진보적 성향을 지닌 청소년에 비해 민주주의 체제에 대한 지지가 현저히 낮았다. 민주주의가 이행기와 공고화 과정을 지나고 나면 체제가 안정되기 때문에 진보와 보수 혹은 좌파와 우파가 정책과 비전을 중심으로 대결할 가능성이 높다. 하지만 한국에서 민주주의 체제에 대한 지지가 진보적 청소년과 보수적 청소년 간에 큰 차이를 보인다는 점은 한국 민주주의가 현재 위기를 겪고 있고 앞으로도 그럴 것임을 시사한다.

청소년들의 정치학습과 사회화 가운데 일부는 부모를 통해 형성되고, 나머지는 친구, 학교, 그리고 미디어와 직접적인 정치관찰을 통해 진행된다. 이러한 학습은 선택적이라는 점에서 기성 사회의 갈등이 그대로 세대에서 세대로 전이되기보다는 보다 중요한 갈등이 우선적으로 수용되고 다른 갈등들은 서서히 약화됨으로써 정치사회가 변화한다(Jennings, 2007). 그렇다면 호남의 지역주의를 형성한 원인으로서의 5·18 국가폭력과 명예회복의 문제는, 그간의 노력과 성과에도 불구하고, 지속적인 왜곡과 정치적 논쟁화로 인해 완전히 해소된 것으로 볼 수 없다. 나아가 최근 우리 사회에서는 이념적 분화를 인정하고 수용하기보다는 민주주의 전복과 체제위기를 초래하더라도 자신과 다른 이념을 지닌 상대방을 힘으로 굴복 혹은 제거해야 한다는 권위주의적 발상이 나타나고 있다(Levitsky and Ziblatt, 2018). 어쩌면 윤석열 대통령의 민주주의 전복 시도와 이후 탄핵 과정에서 나타난 일련의 현상이 지금 청소년들에게 알게 모르게 학습되고 있는지도 모른다. 정치사회화 이론은 아동과 청소년은 부모와 어른의 현재 모습을 비추는 거울이라는 점을 전제하고 있다. 이는 결국 현재 청소년들이 보고 배울 수 있는 가장 좋은 정치학습은 한국 정치가 최근의 민주주의 위기와 혼란을 수습하고 질 높은 민주주의로 나아가는 것임을 시사한다.

7　결론
요약 및 함의

> 현재가 과거를 도울 수 있는가?
> 산 자가 죽은 자를 구할 수 있는가?
>
> 과거가 현재를 도울 수 있는가?
> 죽은 자가 산 자를 구할 수 있는가?
> _한강, 2024 노벨문학상 수상연설 「빛과 실」

1. 광주항쟁과 민주화

1980년 5월 18일부터 27일까지 열흘의 기간은 한국 민주주의와 정치발전에 가장 중요한 영향을 미친 특별한 시간이었다. 광주항쟁은 자유화와 민주화라는 시대적 흐름을 거슬러 군부 권위주의의 부활을 시도하던 전두환 신군부에 정면으로 항거한 사건이었다. 광주시민들에게 가해진 국가의 폭력은 일상적인 시위진압에서 살상을 동반한 군사작전으로 그 수위가 높아졌다. 이러한 폭력 수위의 상승은 온건한 지역 계엄지휘부를 강경한 신군부 출신 계엄지휘부로 교체하고 공수부대를 증파하는 방식으로 이루어졌다. 이는 당시 신군부의 일인자인 전두환의 정치적 의도가 반영된 계획적인 정치테러였다. 그 결과, 광주와 주변 일대에서 수천

명의 민간인 피해자가 발생했고, 이에 맞서 일부는 거룩한 죽음을 선택했다. 이 같은 사건은 한국전쟁 이후 한국인들이 국가와 정치에 대해 가져왔던 상식을 송두리째 뒤흔들어 놓았다. 그것은 전두환과 신군부가 자행한 정치적 재난이었고, 장기적으로는 한국 정치에 거대한 변화를 불러온 중대사건이었다.

만약 광주시민들이 국가의 이름으로 자행된 신군부의 폭력에 저항하지 않았더라면 오늘날 5·18은 민주화운동으로 기억되지 못했을 것이고, 나아가 한국의 민주화는 최소한 수십 년은 지연됐을 것이며, 민주주의의 안정적인 정착은 기대하기 어려웠을 것이다. 왜냐하면 정치적 반대세력이 실질적으로 성장하지 못한 민주화는 독재정치를 감추고 위장하기 위한 겉치레이거나 권위주의의 변형에 불과하기 때문이다. 즉, 민주주의의 탄생과 발전은 구조적 차원에서 사회정치적 기반을 필요로 한다.

한국의 민주화와 민주주의의 여정에서 주목할 점은 광주항쟁이 5월 27일 전남도청의 최후항쟁으로 끝나지 않았다는 것이다. 광주항쟁은 희생자의 명예회복과 광주학살에 대한 사회적 성찰을 촉구하는 5·18 기억투쟁을 낳았고, 장기간에 걸쳐 진행된 격렬한 기억투쟁은 마침내 한국의 민주주의를 떠받치는 정치적 반대세력의 성장으로 이어졌다. 이 점에서 "민주적 가치와 제도가 지속적으로 발현하고 작동하기 위해서는 정치적 반대세력이 기존 정치세력과 경쟁할 수 있을 정도로 충분히 형성되고 강력해야 한다"는 달(Dahl, 1971)의 이론은 한국의 민주화를 설명하는 데 있어 매우 적실하고 의미 있는 시각을 제공한다.

본 연구는 한국의 민주화와 민주주의의 기원이 바로 전두환 신군부에 의해 자행된 국가폭력과 이에 저항한 광주시민들의 항쟁에 있다는 점을 이론화했고 그 경험적 증거를 제시했다. 구체적으로 광주항쟁과 기억투쟁에 대한 질적 차원의 역사분석을 시도했으며, 광주항쟁에서 폭력을 목격하고 경험한 사람들 및 전국의 성인들을 현재의 시점에서 설문조사해 이를 비교·분석함으로써 5·18 국가폭력이 한국 정치와 민주주의에 미친 장기적 영향을 역추적했다. 이를 통해 본 연구는 선행연구들의 서사와 담론을 실증적으로 재강화했고, 동시에 새로운 시각에서 한국 민주주의에 대한 접근과 이론화를 시도했다.

질적 분석(제2~3장)에 따르면, 광주항쟁은 독재정치의 부당성과 폭력성을 적나라하게 드러내 보임으로써 희생자의 명예회복과 반독재·민주화를 요구하는 5·18 기억투쟁으로 이어졌다. 이는 호남 전체와 대학생 집단을 반독재·민주화 투쟁의 선도집단으로 만들었고, 점차 도시 중산층과 노동자들이 대열에 합류함으로써 궁극적으로 한국의 민주화 이행을 가져왔다. 또한 기억투쟁은 민주적 규범과 가치를 시민사회와 정치사회로 확산시키고, 신군부의 폭력과 만행으로 배태된 지역균열과 이념균열을 현재화함으로써 권위주의 계승세력을 견제할 강력한 정치적 반대세력을 만들어냈다. 요컨대 5·18 국가폭력은 역설적으로 반독재 세력의 성장을 촉발해 권위주의 체제의 불안정을 가속화함으로써 마침내 1987년 민주화 이행을 낳았고, 장기적으로 한국 민주주의를 안정적으로 정착하게 만든 힘이 됐다.

민주화(democratization)란 권위주의 체제가 성숙한 민주주의로 나아가는 긴 과정이다. 이는 개념적으로 민주화 이행, 민주주의 공고화, 그리고 민주주의 심화라는 세 과정으로 구분된다. 민주화 이행(democratic transition)이 비민주적인 정치체제의 붕괴, 새로운 민주정부의 형성, 민주적 제도의 생성을 수반하는 과정이라면, 민주주의 공고화(democratic consolidation)는 신생민주주의가 절차적으로 민주적 규칙과 제도를 정착시켜 민주 헌정질서의 안정과 지속을 꾀하는 과정이며, 민주주의 심화(deepening democracy)는 공고화된 신생민주주의가 절차적 차원을 넘어 내용적이고 실질적인 측면에서 질적 수준을 심화시켜 가는 과정이다.

한국의 민주화 이행은 '타협을 통한' 민주화 유형에 해당한다. 이는 권위주의 독재세력과 민주화 대항세력 중 어느 한쪽도 힘을 통해 상대를 압도할 수 없는 상태에서 두 세력 간 타협의 결과로 권위주의 체제가 민주주의 체제로 전환되었음을 뜻한다. 그렇다면 한국에서 민주화운동을 선도했던 핵심 행위자는 누구였으며, 어떻게 이들은 권위주의 세력과 본격적인 힘의 대결을 감행할 수 있었을까?

민주화운동을 추동한 핵심 세력은 호남인, 대학생, 재야의 지식인들이었다. 광주항쟁 이후 호남사람들은 정치적 대각성(大覺醒)을 통해 군부독재에 저항하는 정치적 정체성을 형성했고, 대학생들과 재야의 지식인들은 광주참사에 대한 엄청난 부채의식과 성찰을 통해 반독재·민주화의 선도세력으로 거듭났다. 이들의 뒤에는 5·18 국가폭력의 희생자 유족들과 피해자들, 그리고 광주시민들이 있었다. 이들의 치열한 반독재·민주화 활동은 다양한 시민사회 부문을 포괄하는 민주화운동의 대중화와 조직화를 끊임없이 추동·견인했다. 그 결과, 1987년 5월 높은 수준의 시민동원 능력을 지닌 민주화 대연합체인 '국민운동본부'가 결성될 수 있었다. 더불어 5·18 국가폭력과 기억투쟁은 미국으로 하여금 한국의 민주화에 전향적이고 적극적인 태도로 임하도록 촉구했고, 전두환이 군대를 동원해 민주화운동을 진압하지 못하도록 억제했다. 요컨대 1980년 광주의 비극은 한편으로는 민주화세력의 운동역량을 크게 성장시켰고, 다른 한편으로는 미국 정부와 한국군 지휘관들에게 군 병력을 통한 시위진압을 반대하도록 촉구함으로써 6월항쟁을 평화적인 민주화 이행으로 이끌었다.

하지만 민주화 이행의 성공이 신생민주주의의 생존과 발전을 반드시 보장하는 것은 아니다. 특히 '타협을 통한' 민주화 이행의 경우, 정치의 장에서 권위주의 독재세력이 여전히 강력한 정치세력으로 남아 있으면서 기득권을 유지하고 민주화를 지연·억제하기 위해 노력한다. 만약 민주화세력이 이를 견제하지 못하거나 권위주의 계승세력이 민주화 이행을 파기할 경우 신생민주주의는 다시 권위주의로 퇴행할 수밖에 없다. 따라서 신생민주주의의 생존과 발전을 위해선 다음 세 가지로 요약되는 권위주의의 유산 및 신생민주주의의 정치적 취약성을 극복해야 한다.

첫째, 제도적 차원에서 이른바 '집정관 문제(praetorian problem)'로 표현되는 군의 탈정치화 문제이다(Huntington, 1991: 231). 이는 민주화 이행 이후에도 여전히 정치적 영향력을 지닌 군을 어떻게 탈정치화시켜 최종적으로 문민우위의 민군관계를 제도화할 것인가의 문제이다. 이 문제가 해소되지 않을 경우 신생민주주의는 언제든지 쿠데타에 직면할 수 있으며, 이로 인해 '갑작스러운 죽음'을 맞게 된다.

둘째, 태도적 차원에서 민주적 규범과 가치가 얼마나 광범하게 확산되어 있는가의 문제이다. 신생민주주의의 안정적인 지속을 위해서는 권위주의 독재를 거부하고 민주적 규칙과 절차를 수용·지지하는 사회적 태도와 규범이 정착되어야 한다. 그렇지 못할 경우 권위주의 독재세력의 움직임은 활성화되고, 신생민주주의는 자유헌정주의 질서의 축소를 경험하면서 '점진적 죽음'을 맞게 된다. 이 점에서 시민들의 태도, 즉 독재에 대한 거부와 민주주의에 대한 적극적 지지는 권위주의 세력의 움직임을 견제하고 민주주의 공고화를 촉진하는 중요한 요건이다(Shin and McDonough, 1999).

셋째, 행태적 차원에서 정치적 반대세력의 형성과 성장의 문제이다. 여전히 건재한 권위주의 세력을 견제할 대안세력이 부재할 경우, 즉 민주화 진영이 강력한 선거연합 혹은 정치세력화를 이루지 못할 경우, 자유와 공정이 결여된 선거정치가 일상화되고 권위주의 세력 중심의 패권정당이 출현해 장기집권하는 양태로 귀결되기 쉽다. 달리 표현하면, 정치경쟁의 장이 독재 계승세력에 유리한 '기울어진 운동장'으로 고착되어 정권교체를 불가능하게 만들고, 신생민주주의의 정치과정은 인치(人治)가 법치(法治)를 압도하는 비자유민주주의로 퇴행한다(Schedler, 1998). 따라서 권위주의로의 퇴행을 막고 신생민주주의의 정상적인 작동을 촉구하기 위해선 '조직화된 대안세력'의 출현과 성장이 민주화 투쟁 과정에서뿐만 아니라 민주화 이후 실시되는 선거와 정당 경쟁의 정치과정에서도 필수적이다(Dahl, 1966, 1971). 이 점에서 일부 학자는 선거를 통한 정권교체가 두 번 이상 발생하면 신생민주주의가 공고화 단계에 이른 것으로 평가하기도 한다(Huntington, 1991; Gunther, Diamandouros and Puhle, 1995: 10).

그렇다면 왜 한국의 신생민주주의는 재권위주의화되지 않고 공고화됐는가? 첫째, 군의 탈정치화 작업이 이뤄졌기 때문이다. '집정관 문제'의 측면에서 볼 때, 민주화 이행 이후에도 군부의 정치개입 가능성은 여전히 열려 있었다. 1980년 광주의 비극은 이 문제를 극복할 수 있는 원동력이 됐다. 민주화 이행 이후에도 군부 내에는 12·12 군사반란, 5·17 쿠데타, 그리고 광주학살을 지휘한 전두환, 노태우의 추종집단인 '하나회'가 여전히 건재했고, 이들의 군부 내 영향력은 "군 내부에 엄존하는 쿠데타 위협세력"으로 평가될 만큼 상당했다(김영삼, 2001: 92). 즉, 정치화된 군부세력은 아직 민주화에 동의하지 않았고, 민주주의에 유보적이었다. 이들의 정치개입은 1987년 12월 대선과정에서 이미 관찰된 바 있었다. 당시 하나회 소속 일부 장성은 "김대중이 대통령이 될 경우 불행한 일이 생길지 모른다"는 발언을 서슴없이 공표하기도 했다(고도 다까오, 1987; 김대중, 2010: 534). 이는 정치화된 장교집단이 건재하는 한 신생민주주의는 언제든지 권위주의로 회귀될 수 있음을 암시하는 대목이었다. 하지만 1993년 군부 내 '하나회' 장교들이 전격적으로 숙정됐고, 그 자리는 비하나회 출신의 장교들로 채워졌다. 하나회 숙정의 이면에는 광주항쟁의 그림자가 자리하고 있었다. 이미 '광주청문회'를 통해 광주학살은 결코 씻을 수 없는 죄악이라는 인식이 널리 퍼져 있는 상황에서, 신군부세력과의 합당(민자당)을 기반으로 성립된 김영삼 정부는 3당 합당의 태생적 족쇄에 묶여 있다는 국민적 비판을 받고 있었다. 김영삼 대통령에게 하나회 숙정은 신군부세력의 동조자라는 이미지를 일거에 지워버릴 수 있는 최고의 승부처였던 것이다.

군의 탈정치화 작업은 이에 그치지 않았다. 기억투쟁은 김영삼 대통령의 '역사심판론'을 '사법적 처벌론'으로 바꿔놓았다. 그 결과, 1995년 12월 '헌정질서 파괴범죄의 공소시효 등에 관한 특례법'과 '5·18민주화운동 등에 관한 특별법'이 제정됐다. 이 특례법과 특별법을 근거로 12·12 군사반란과 5·18 광주학살 관련자들이 처벌됐다. 이는 "성공한 쿠데타도 처벌할 수 있다"는 선례를 만들어냄으로써 신군부세력에 의한 군사쿠데타의 가능성을 완전히 차단했고, 이로써 한국의 신생민주주의는 '갑작스러운 죽음'에 직면할 위험에서 벗어나게 됐다.

둘째, 민주화 이행 이후 더욱 치열하게 전개된 기억투쟁은 민주적 규범과 가치의 소중함을 빠르게 확산시켰기 때문이다. 학생과 재야단체들은 매년 대대적인 망월동묘역 순례운동을 전개했고, 영상·영화인들은 1980년 5월의 공포와 감동을 재현하는 다큐멘터리와 독립영화를 연달아 제작·상영했으며, 문화예술인들은 가해자의 야만성과 희생자 유가족들의 슬픔과 소망을 그린 문학·예술 작품을 줄지어 발표했다. 이들의 활동은 광주의 비극을 재소환해 권위주의 독재의 폭력성과 부당성을 끊임없이 알렸으며, 더불어 우리 사회가 앞으로 나아가기 위해서는 더 많은 민주주의가 필요하다는 대항담론을 널리 확산시켰다. 이는 반공과 성장, 그리고 권위주의에 익숙했던 한국인들에게 광범위한 정치적 성찰과 각성을 불러일으켰다. 이와 같은 기억투쟁과 정치적 성찰은 "더 이상 독재는 안 된다. 이제는 민주화가 되어야 한다"는 절박한 심정을 사회 저변으로 확산시켰다. 한국의 민주주의가 안정적으로 정착할 것인가가 여전히 불투명했던 1990년대에 실시된 세계가치관조사를 비롯한 다수의 설문조사는 공통적으로 한국인들의 독재에 대한 거부감과 민주주의에 대한 신념과 지지가 매우 높아졌음을 보여준다(Shin and McDonough, 1999). 권위주의 독재 세력이 설 자리가 거의 없어진 것이다. 이는 분명히 독재의 부활을 생각하는 이들에게 강력한 경고가 됐고, 한국의 민주주의가 한 번 더 도약할 수 있는 기반이 됐다.

셋째, 광주항쟁과 5·18 국가폭력은 우리 사회에 지역균열과 이념균열을 촉발·발현시켜 한국인의 투표선택과 정당배열에 지대한 영향력을 발휘함으로써 궁극적으로 전국적 기반을 지닌 정치적 대안세력을 형성하는 데 기여했기 때문이다. 지역균열은 1987년 민주화 이행 직후 표출되기 시작해 오늘날까지도 한국인의 투표행태에 강력한 영향을 미치고 있다. 구체적으로 대구·부산·경상남북도에 거주하는 영남인들은 권위주의 계승정당을 지지하는 한편, 광주와 전라남북도에 거주하는 호남인들은 1987년 김대중이 만든 평화민주당과 그 계승정당을 지지해 왔다. 이념균열 역시 광주항쟁에 의해 배태되고 기억투쟁에 의해 현재화됐다. 신군부는 처음부터 광주항쟁을 남파간첩의 선동에 추동된 '폭동'으로 규정했고, 신군부의 유혈진압은 미국의 '묵인' 혹은 '동의'하에 진행됐다. 이에 따라 기억투쟁은 명예회복과 민주화를 촉구하는 차원에만 머물지 않고 냉전·반공주의 세계관을 대체하는 탈냉전·탈반공주의 세계관의 형성과 실천의 차원으로 자연스럽게 확장됐고, 호남 지역주의의 이념적 기반을 강화했다. 그리고 마침내 2000년대 초 이념균열은 유권자 차원에서 본격적으로 발현되기 시작했다. 그 결과, 평화민주당 계승정당은 재야인사들을 꾸준히 영입해 외연을 확대함으로써 전국 정당으로 발돋움할 수 있었고, 궁극적으로 권위주의 계승정당을 견제하는 강력한 대안세력으로 성장할 수 있었다.

　제4~6장의 양적 분석은 제2~3장의 질적 분석결과를 뒷받침하는 것으로 나타났다. 즉, 광주항쟁과 국가폭력은 한국 민주주의의 안정적인 정착에 지대한 영향을 미치는 과정에서 다음과 같은 특징을 보였다. 첫째, 5·18 기억투쟁은 한국인들에게 탈군부 정치와 집회·표현의 자유의 소중함을 일깨웠다. 분석에 따르면, 전체 응답자들 가운데 약 80%가 "정권의 안위와 생존을 위해 정부는 군대를 동원해도 괜찮다"에 반대했고, 약 67%가 "사회질서가 혼란스럽더라도 정부는 사람들의 집회와 표현의 자유를 최대한 보장해야 한다"에 동의했다. 하지만 민주적 규범에 대한 각성의 정도는 5·18을 어떻게 기억하고 있는가에 따라 달리 나타났는데, '항쟁'으로 기억하는 집단이 여타 기억집단보다 민주적 규범에 동의하는 비율이 높았다. 구체적으로 5·18을 '항쟁'이라고 인식하는 집단은 83%가 군대의 정치적 동원에 반대한 데 비해, '폭동'과 '모름'으로 응답한 사람들은 각각 71%와 73%만이 군대 동원에 반대했다. 그리고 집회·표현의 자유에 동의한 비율은 '항쟁' 응답자의 69%, '폭동' 응답자의 59%, 그리고 '모름' 응답자의 62%였다. 이러한 분석 결과는 광주항쟁과 장기간의 기억투쟁이 일반 시민들의 민주적 규범 형성에 기여했고, 이것이 현재에도 유효하다는 점을 시사한다.

둘째, 5·18 기억투쟁은 한국인들에게 민주주의의 우월성과 적합성에 대한 신념을 내면화시켰다. 분석에 따르면, 전체 응답자들 가운데 69%가 "민주주의 정부가 다른 어떤 정부형태보다 더 낫다"(민주주의 우월성)에 동의했고, 83%가 "민주주의가 우리나라 현실에 적합한 제도이다"(민주주의 적합성)에 동의했다. 이를 광주항쟁에 대한 기억의 유형(항쟁, 폭동, 모름)이라는 관점에서 분석하면, 5·18을 '항쟁'으로 기억하는 사람들 중 민주주의 우월성에 동의하는 사람은 73%, 민주주의 적합성에 동의하는 사람은 86%였다. '폭동'으로 기억하는 사람들 중에는 여기에 동의하는 이 비율이 각각 58%와 75%였고, '모름' 응답자들에서는 이 비율이 각각 51%와 67%였다. 이러한 분석 결과는 광주항쟁과 기억투쟁이 우리 사회에 민주주의의 소중함을 깊이 각인시킴으로써 한국 신생민주주의의 안정적인 공고화에 기여했음을 보여준다.

셋째, 기억투쟁은 장기적으로 전두환 독재와 이를 계승한 정당이 추구한 정치적 방향에 대해 반대하는 태도를 형성시켰다. 분석에 따르면, 전체 응답자 중 "청소년들에 대한 반공교육을 강화해야 한다"에 대해 동의하는 사람(58%)이 반대하는 사람(42%)에 비해 다소 많은 것으로 나타났다. 그리고 "북한은 적대의 대상이기보다는 협력의 대상이다"에 반대하는 사람(65%)이 동의하는 사람(35%)에 비해 훨씬 많았다. 즉, 응답자들 가운데 절반에 조금 못 미치는 사람이 반공교육의 강화에 반대했고, 약 1/3에 해당하는 사람만 북한을 협력의 대상이라는 데 동의했다. 하지만 반공교육과 북한에 대한 태도는 5·18 기억의 유형에 따라 차이를 보였는데, 가장 큰 차이를 보인 집단은 '항쟁' 기억집단과 '폭동' 기억집단이었다. 5·18을 '항쟁'으로 기억하는 집단에서는 반공교육 강화에 반대하는 비율이 46%인 반면, '폭동'이라고 인식하는 집단에서는 반공교육 강화에 동의하는 비율이 76%에 달했다. 그리고 '항쟁' 기억자들 중에서는 38%가 북한을 협력의 대상으로 보는 반면, '폭동' 인식자들 중에서는 17%만이 이에 동의했다. 이러한 변화는 대미 태도에서도 나타났다. 전체 응답자들 가운데 30%가 "주한미군은 감축 혹은 철수해야 한다"에 찬성한 반면, 나머지 70%가 이에 반대했다. 하지만 주한미군에 대한 태도는 기억유형별로 차이를 보이는데, '항쟁' 유형에서는 33%가 주한미군의 존재에 대해 비판적인 태도를 보인 반면, '폭동' 유형에서는 18%만이 비판적인 태도를 보였다. 이러한 분석 결과는 기억투쟁이 1980년대 이전까지 한국인들의 지배적인 정치관이었던 반공·반북·친미에 대해 비판적인 태도를 촉발했음을 보여준다. 이는 5·18과 기억투쟁을 통해 한국이 하나의 세계관을 가진 사회에서 2개 이상의 세계관이 경쟁하고 공존하는 정치사회로 이행했음을 보여준다. 달리 표현하면, 로버트 달이 말한 민주주의의 최소 조건인 2개 이상의 경쟁적 정치사회세력이 5·18을 계기로 시작됐음을 시사한다.

넷째, 그럼에도 불구하고 한국인들의 5·18에 대한 기억은 합의 상태에 이르지 못하고 있다. 베른하드와 쿠빅(Bernhard and Kubik, 2014)에 따르면 민주화 이후 과거사에 대한 기억투쟁은 다양한 방식으로 일어나고, 그 결과로 기억공동체는 분열과 합의의 양극단 사이 어딘가에 위치한다. 5·18 국가폭력의 피해자들과 관련자들은 5·18이 북한이 개입하고 지역의 불만을 선동한 집단이 일으킨 폭동이라는 전두환 정권의 왜곡과 공작에 맞서 그야말로 처절하게 기억투쟁을 전개했다. 민주화 이후에도 권위주의 계승세력인 노태우와 김영삼 정부는 광주학살에 대한 진상규명을 거부하거나 지연함으로써 5·18에 대한 왜곡이 지속될 수 있는 환경을 제공했다. 그 결과, 5·18이 민주화운동이자 전두환 신군부가 자행한 국가폭력이라는 국가 차원의 공식적인 사실 확인에도 불구하고, 우리 사회 일각에서는 5·18이 북한이 개입하고 지역의 불만을 선동한 집단이 일으킨 폭동이라는 전두환 정권 시절의 왜곡과 이에 대한 믿음이 여전히 존재하고 있다. 문제는 이와 같은 왜곡과 반(反)진실이 현재에도 권위주의 계승정당 및 보수세력 사이에서 재가공되고 있다는 점이다. 분석 결과, 5·18에 대한 왜곡은 광주항쟁을 직간접적으로 경험한 사람들 사이에서 완전히 거부됐고, 호남 지역민과 출향민 그리고 1980~1990년대에 대학을 다닌 현재의 4050세대 사이에서 높게 거부됐다. 반면 5·18이 민주화운동이라는 진실은 호남과 4050세대에서 80~90%로 높게 수용되었으나, 전두환과 신군부의 여론공작에 노출된 노년 세대와 5·18을 잘 모르는 젊은 세대 사이에서는 70% 정도로 다소 낮게 수용됐고, 보수집단과 국민의힘 지지자들 사이에서는 60% 정도로 수용도가 더욱 낮았다. 이는 한국인들의 5·18에 대한 기억이 분열되어 있음을 의미한다.

다섯째, 5·18 국가폭력과 이에 대한 저항은 현재 한국의 정치균열과 양당 경쟁의 기원이 됐다. 분석 결과, 5·18 국가폭력을 겪었거나 목격한 사람들이 국민의힘과 민주당에 대해 보이는 태도는 그들의 거주 지역(호남과 비호남)에 따라 큰 차이를 보였다. 구체적으로 호남지역 거주자들 가운데 5·18을 경험한 사람은 5·18 비경험자에 비해 '친민주당-반국민의힘' 태도가 상대적으로 강했는데, 이는 호남지역에서 5·18 경험자를 중심으로 정당 지지를 둘러싸고 거대한 동화가 일어났음을 보여준다. 특히 4050세대가 현재 민주당의 중요한 지지집단이라는 점을 함께 고려할 경우, 5·18이 한국 정치의 실질적인 다원화와 경쟁적인 구도에 기여했음은 분명하다.

여섯째, 호남의 정치적 정체성은 지역 결집을 넘어 5·18 국가폭력이라는 보다 구체적인 역사적 사건을 반영하기 때문에 호남지역을 대표하는 정치인들의 유무와 관계없이 호남 지역주의는 지속되는 경향을 보이고 있다. 2024년 서울지역 청소년 조사 자료의 분석 결과에 따르면, 지역주의가 지역을 넘어 다음 세대로 전이되고 있었다. 구체적으로, 부모가 호남 출신인 고등학생은 보다 진보적인 이념을 지니고 있었고, 민주주의에 대한 선호 역시 뚜렷하게 높았다. 호남에서 일어난 거대한 정치적 사건이 지역의 정치적 정체성을 형성했고, 이것이 지역을 넘어 출향민의 자녀에게까지 전파·전이된다는 발견은 두 가지 점을 시사한다. 먼저 논리적으로 추론하자면 호남지역 내 세대전이는 더욱 강할 것이라는 것이고, 다음으로 정치적 정체성은 쉽게 사라지지 않는다는 것이다.

종합하면, 광주항쟁과 5·18 국가폭력은 민주화운동의 저변을 확대하는 데 기여함으로써 6월항쟁을 '무혈혁명'으로 이끄는 추동력이 됐다. 민주화 이행 이후, 광주항쟁과 5·18 국가폭력은 '집정관 문제'를 해소하고 문민우위의 원칙을 확립했으며, 기억투쟁을 통해 민주적 규범과 가치를 널리 확산시켰고, 보수·진보의 이념균열과 영·호남 지역균열이라는 중첩된 정치균열을 생성·작동시킴으로써 기존 반공·보수 중심의 단차원적 정치공간을 다양한 정치세력(반공보수, 중도자유, 진보세력 등)이 경쟁하는 다차원적 정치공간으로 전환시켰다. 그 결과, 민주화 이행 이후 한국의 신생민주주의는 재권위주의화 현상을 방지할 수 있었으며, 선거를 통한 네 차례의 평화로운 정권교체를 경험하면서 오늘에 이르고 있다.

이러한 연구결과들은 본 연구가 한국 민주화와 민주주의에 대한 기존 이론들과 차별적임을 보여준다. 대체로 기존 이론들은 광주항쟁과 5·18 국가폭력, 이로 인해 촉발된 기억투쟁, 그리고 5·18에 대한 부채의식과 추념을 중심으로 형성된 민주화운동 세력들의 연대에 대한 정당한 관심과 이론화가 부족했다. 경제발전이 중산층을 중심으로 권위주의에 대한 도전압력을 발생시켰다는 근대화론(김성수, 2003), 지속적인 경제성장을 위한 대학교육 확대와 산업단지 조성이 노동자들과 학생들의 저항이라는 정치적 부메랑을 초래했다는 신근대화론(Cho, 2024), 군부와 재벌 중심의 지배세력에 대항해 소외된 노동 및 사회집단들이 민주대연합을 통해 민주화를 견인했다는 구조주의적 조건론(최장집, 2002), 1987년 민주화 이행에 학생 및 시민운동이 기여했다는 시민사회운동론(윤성이, 1999; 정철희, 1995; Kim, 2000), 군부와 민주화세력 간 분열·갈등·타협에 주목하는 엘리트 전략선택론(임혁백, 1990), 권위주의 독재세력이 강한 힘을 바탕으로 민주화를 오히려 주도하고 안정화시켰다는 '권위주의 주도의 민주화' 이론(Riedl et al., 2020) 등은 한국 정치가 어떻게 민주화됐는가에 대한 본

질적인 답을 제시하지 못했다.

　민주화가 구속과 투옥이라는 위험을 무릅쓰고 독재에 저항하며 민주주의를 요구하는 정치적 각오를 지닌 이들과 이에 동조하는 사람들에 의해 추동된다고 한다면, 선행이론들은 한국 민주화의 동기와 각오가 어떻게 형성됐고 확산됐는가에 대한 이론화가 부재했다. 근대화론과 구조주의에서 말하는 사회적 및 실존적 처지는 어떠한 정치적 위험과 희생도 감수하겠다는 투쟁의 각오를 만들어내지 못한다. 정치적 각오와 결단에는 거대한 정치적 사건이 필수적이다. 반독재·민주화 투쟁의 각오는 사회경제적 처지와 실존적 차원을 넘어선다. 왜냐하면 독재세력 또한 기득권을 지키기 위해 그만한 각오를 가지고 민주화 및 반대세력에 대한 탄압에 나서기 때문이다. 민주화의 체제변동이 평화적으로 종료되든 아니든 간에 독재자의 관점에서 민주화를 저지하는 것은 생사를 건 게임이 될 수밖에 없다. 따라서 민주화와 민주주의의 성공 여부가 민주화세력의 성장과 독재세력 간의 힘의 대결에서 결정된다는 점을 고려할 때, 한국 민주화에서 반독재·민주세력을 성장시킨 직접적인 사건은 바로 5·18 광주항쟁이다.

2. 한국 민주주의의 과제

　한국은 지난한 과정을 거쳐 마침내 민주화에 성공했고 민주주의를 안착시켰다. 그렇다고 민주주의의 안착이 향후 민주주의의 지속적인 발전을 보장하는 것은 아니다. 민주주의는 제도적으로 구비되었다 해서 스스로 성장·발전하는 그런 체제가 아니다. 민주정치는 시민들의 비판적 관심과 애정이 있을 때 좋아지고 그렇지 못할 때 나빠지는 법이다. 시민들의 덕성과 관심이 항상 좋은 상태로 유지되는 것도 아니고, 민주적으로 선출된 정치인들이 늘 국민을 위해 일하는 것도 아니다. 이 때문에 민주주의의 지속과 발전을 위해서는 끊임없는 관심과 법·제도적 개선이 요구된다.

그러면 한국 민주주의는 앞으로도 지속과 발전을 도모할 수 있을까? 이 질문에 답하기 위해 한국 민주주의의 변화 추이를 살펴볼 필요가 있다. 〈그림 7-1〉은 스웨덴의 민주주의 다양성 연구소(Variety of Democracy Institute)의 자유민주주의 지수와 미국 프리덤하우스(Freedom House)의 민주주의 지수를 이용해 한국 민주주의의 변화 추이를 나타낸 것이다.[1]

양 기관이 측정한 한국 민주주의의 변화 추이는 두 가지 흥미로운 점을 보여준다. 첫째, 한국의 민주화 이행은 과거 1960년과 1979~1980년 국면에서는 실패했으나, 1987년 국면에 들어 비로소 성공했다. 한국의 민주주의는 이승만의 일인독재로 저발전을 면치 못했고, 5·16쿠데타 이

---

[1] 두 기관은 모두 자유민주주의의 하위 측면들, 즉 민주주의의 부분체제가 얼마나 자유주의적이고 민주적 특성을 보이는가를 기준으로 전문가들에게 평가를 의뢰하고 그 결과를 자체적으로 보정해 매년 발표한다. 프리덤하우스는 1972년부터 로버트 달(Robert Dahl, 1971)의 다원주의적 민주주의(pluralist democracy) 개념에 바탕해 시민적 자유(civic liberty)의 차원(정치적 반대세력을 포함한 정당과 정치인들이 선거경쟁에 얼마나 자유롭게 참여할 수 있는가)과 정치적 권리(political right)의 차원(일반 유권자들의 선거 및 정치 참여가 얼마나 자유롭게 보장되는가)에서 각각 7점 척도(총 14점 척도)로 민주주의 수준을 측정한다. 한국의 민주주의 지수는 프리덤하우스가 제공한 데이터 파일 'Country and Territory Ratings and Statuses, 1973-2024'와 'FIW 2013-2025 Raw Data'의 점수를 변환한 것이다. 한편, 스웨덴 민주주의 다양성 연구소는 2014년 설립되어 1789년 프랑스혁명 이후 거의 모든 나라의 민주주의와 정부의 질(democratic qualities and government qualities)을 측정해 시계열 자료로 집적하고 학계에 공개한다. 스웨덴 연구소의 자유민주주의 지수(0~1)는 민주주의의 선거적 차원(보통선거, 공직자의 선출, 깨끗한 선거, 표현과 결사의 자유)과 자유주의적 차원(법 앞에 평등, 개인의 권리, 행정부에 대한 사법적 및 입법적 제약)으로 구성되며, 한국의 경우 1948년 정부 수립 이후부터 측정치를 제공한다.

그림 7-1 한국 민주주의의 역사적 변화 추이

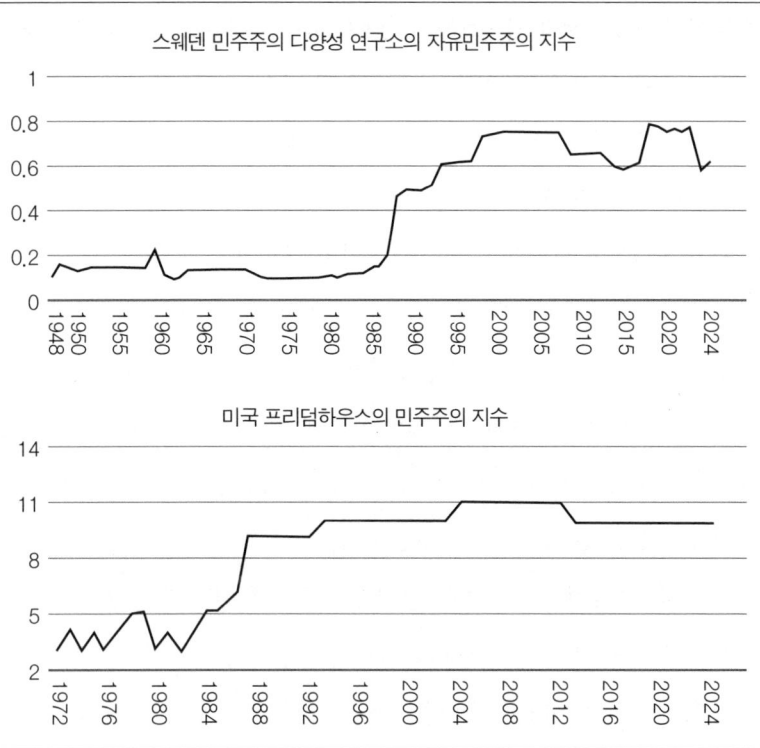

후 박정희 소장이 국가재건최고회의를 통해 삼부의 권한을 독점하면서 완전한 권위주의로 후퇴했다. 1963년 선거가 재개되어 자유화와 민주화가 일부 복원됐으나, 1972년 박정희에 의해 유신이 선포됨으로써 민주주의는 공식적으로 사망했다. 이후 전두환은 정치적 자유화를 일부 허용했지만 기본적으로 박정희의 독재체제를 계승·유지했다. 이는 스웨덴 민주주의 다양성 연구소의 지수와 미국 프리덤하우스의 지수 모두에서 확인된다.

둘째, 한국의 민주주의는 1987년에 민주화 이행에 성공해 1990년대에 들어서면서 빠르게 발전했으나, 2000년대 말 이후로는 정체 현상을 보인다. 스웨덴의 민주주의 다양성 연구소의 지수는 이명박·박근혜 정부에서 민주주의가 다소 하락했고 문재인 정부에서 다소 복원됐으나 윤석열 정부에서 다시 하락하는 변화를 보여준다. 이에 비해 미국 프리덤하우스의 지수는 이명박 정부 말기에 약간 하락한 이후 변화가 없는 것으로 나타난다. 두 기관의 측정치에 약간의 차이가 있음에도 불구하고, 한국 민주주의는 1990년대 말 수준에서 정체되어 더 이상 향상될 기미를 보이지 않고 있다. 요컨대 두 기관의 보고서에 따르면, 한국 민주주의는 1987년 민주화 이행에 성공한 이후 1990년대에 빠르게 향상됐으나 2000년대 말 이후 정체를 겪고 있다(Hur and Yeo, 2024).

이러한 역사적 변화 추이는 한국 민주주의에 대해 크게 두 가지 시사점을 제시한다. 그 하나가 한국의 절차적 민주주의는 권위주의로 퇴행하지 않고 지속될 것이라는 점이다. 1987년 민주화 이후 1990년대 말 한국의 민주주의가 공고화되는 과정에서 가장 크게 기여한 것은 당시 대학생들과 청년세대, 그리고 호남이었다. 더불어 경제발전과 민주화의 결과로 빠르게 성장한 시민사회와 노동이 정치에 참여하고 세력화한 것은 한국이 더 이상 권위주의로 돌아갈 수 없게 만들었다. 요컨대 한국에서 절차적 민주주의가 안착하게 된 주요 원인은 독재에 반대한 호남과 당시 민주화세대가 대항세력으로 성장해 권위주의 계승세력이 민주주의를 수용할 수밖에 없는 정치적 환경을 조성함으로써 정치의 장에서 민주화세력이 권위주의 계승세력에 맞서 경쟁할 수 있게 됐기 때문이다. 여기에 인지적 무당파(cognitive apartisans)의 특성을 보이는 중도성향 시민집단의 출현으로(가상준, 2022; Choi, Kim and Roh, 2017), 한국 정치에서 권위주의 계승세력이든 민주화 계승세력이든 간에 하나의 정파가 장기적인 독재화를 기도하는 것이 현실적으로 매우 어렵게 됐다. 이것이 현재 한국의 정치와 민주주의가 기반하고 있는 기본 조건이다.

다른 하나는 한국 민주주의가 정체 상태에서 벗어나 민주주의의 질적 발전을 꾀하기 위해서는 더 많은 노력과 개선이 필요하다는 점이다. 이와 관련해 2024년 12월에 발생한 '12·3 계엄사태'와 그로 인한 대통령의 파면(2025년 4월 4일)은 한국 민주주의의 문제점과 미래를 진단하고 가늠해 볼 수 있는 특별한 사례이다. 왜냐하면 최근의 계엄·탄핵 정국은 한국 민주주의의 회복력과 취약점을 집약적으로 보여준 사례이기 때문이다.

2024년 12월 3일 밤 10시 20분쯤 윤석열 대통령은 긴급 담화를 통해 야당(민주당)이 "입법독재를 통해 국가의 사법·행정 시스템을 마비시키고, 자유민주주의의 체제전복을 기도하고 있다"면서 "자유 헌정질서를 지키기 위해 비상계엄을 선포한다"라고 밝혔다(유새슬·박순봉, 2024. 12. 4). 그리고 40분 후 계엄사령부는 "일체의 정치활동" 금지 등 6개 항으로 구성된 계엄포고령 제1호를 발표했다.[2] 갑작스러운 비상계엄 선포 소식을 들

---

2 계엄사령부 포고령 제1호의 내용은 다음과 같다. (1) 국회와 지방의회, 정당의 활동과 정치적 결사, 집회, 시위 등 일체의 정치활동을 금한다. (2) 자유민주주의 체제를 부정하거나 전복을 기도하는 일체의 행위를 금하고, 가짜뉴스, 여론조작, 허위선동을 금한다. (3) 모든 언론과 출판은 계엄사의 통제를 받는다. (4) 사회혼란을 조장하는 파업, 태업, 집회 행위를 금한다. (5) 전공의를 비롯해 파업 중이거나 의료현장을 이탈한 모든 의료인은 48시간 내 본업에 복귀해 충실히 근무하고 위반 시는 계엄법에 의해 처단한다. (6) 반국가세력 등 체제전복세력을 제외한 선량한 일반 국민들은 일상생활에 불편을 최소화할 수 있도록 조치한다. 이상의 포고령 위반자에 대해서는 대한민국 '계엄법' 제9조(계엄사령관 특별조치권)에 의해 영장 없이 체포, 구금, 압수수색을 할 수 있으며, '계엄법' 제14조(벌칙)에 의해 처단한다.

고 분노한 시민들이 국회 앞으로 몰려들었다. 경찰에 의해 국회의 출입이 통제되고 군 헬기와 병력이 국회에 진입하는 장면이 TV를 통해 실시간으로 중계되는 가운데, 국회 밖에서는 시민들이 군 차량을 막아섰고 국회 안에서는 직원과 의원보좌진들이 바리케이드를 쌓아 계엄군의 의사당 진입을 막았다. 그러는 사이 일부 여야 의원이 국회 담장을 넘어 본회의장에 속속 도착했다. 12월 4일 새벽 1시 1분, 비상계엄 해제 요구안이 국회의원 190명의 찬성으로 가결됐고, 다른 대안적 선택지가 없는 정치적 궁지에 몰린 대통령은 국회에 투입한 계엄군을 철수시킨 후 새벽 4시 27분에 계엄해제를 선언했다.

대통령의 계엄선포는 헌법 제77조 1항 — 대통령은 전시·사변 또는 이에 준하는 국가비상사태에 있어서 병력으로써 군사상의 필요에 응하거나 공공의 안녕질서를 유지할 필요가 있을 때에는 법률이 정하는 바에 의해 계엄을 선포할 수 있다 — 을 명백하게 위반한 것이었다. 12월 14일, 국회는 대통령 탄핵소추안을 의결해 대통령의 직무를 정지시켰다. 그로부터 약 4개월 후인 2025년 4월 4일, 헌법재판소는 재판관 전원일치로 대통령 윤석열을 파면했다. 이로써 한국 민주주의는 별다른 유혈사태 없이 빠르게 회복됐다.

한국 민주주의의 회복은 헌법적 가치와 민주주의 규범을 체화한 시민들이 있었기에 가능했다. 특히 국회의 신속한 비상계엄 해제 요구결의가 가능했던 이유는 12월 3일 밤 "시민들의 저항과 군경의 소극적인 임무수행 덕분이었다."[3] 비상계엄 선포 소식을 듣고 국회 앞으로 몰려간 시민

---

3   헌법재판소, "2024헌나8 대통령(윤석열)탄핵 선고요지". https://ccourt.go.kr/site/kor/ex/bbs/View.do?cbIdx=1128&bcIdx=4242291 (검색일: 2025. 4. 10)

들은 계엄군의 차량을 에워싸고 '계엄 철폐'를 외쳤고, 45년 전의 광주항쟁을 떠올리며 「애국가」와 「임을 위한 행진곡」을 불렀다(≪경향신문≫, 2024.12.4). 그 시각 45년 전 광주학살을 경험했던 광주시민들은 5·18 민주광장에 모여 "윤석열 탄핵"을 외쳤다.

한편, 그날 밤 국회에 투입됐던 일선 지휘관들 가운데 상당수는 대통령과 국방부장관의 지시에 소극적인 태도로 임했다. 일부 고위직 군·경의 우려스러운 개입에도, 현장의 군·경 지휘부는 대통령의 명령에 의문을 제기하거나 지시대로 행동하기를 거부했다. 예컨대 수도방위사령부 제1경비단장은 "국회 본청 내부로 진입해 국회의원을 외부로 끌어내라"는 사령관의 명령을 거부했고, 국회로 출발하는 후속 부대에 "서강대교를 넘지 말고 기다리라"라고 지시했다(이창준, 2025.2.24). 또한 1공수 대대장은 "(국회 앞) 시민들의 저항을 물리력으로 제압하라", 그리고 "(국회) 담을 넘어 본청에 가서 의원을 끌어내라"라는 1공수 여단장의 지시를 받았으나, "시민은 우리가 지켜야 할 대상"이고 "국회의사당의 주인은 의원"이라는 생각에 여단장의 지시를 수행하지 않았다(김나연, 2025.4.15). 그뿐만 아니라 방첩사령부 소속 법무장교들은 사령관의 선관위 서버 확보에 반대 의견을 개진했고(강희경, 2024.12.11), 선관위로 출동 명령을 받은 일선 지휘관들은 불법적 지시를 이행할 수 없다고 판단해 출동 후 의왕휴게소에서 시간을 끌다가 차를 돌려 부대로 복귀했다(강윤주, 2024.12.29). 이러한 현장 지휘관들의 소극적인 행동은 과거 12·12 군사반란과 5·18 광주항쟁에 대한 연이은 단죄가 군인들을 각성시킨 결과였다.

12월 4일, 시민사회단체와 노동계·종교계, 그리고 대학가에서는 윤 대통령 퇴진을 촉구하는 시국 성명이 줄지어 발표됐다. 12월 4일 진행된 여론조사에 따르면, 응답자의 73.6%가 대통령 탄핵에 찬성했다(이유진, 2024. 12. 5). 이후 대통령이 파면될 때까지 대통령 탄핵을 외치는 집회가 매일 개최됐다. 이를 두고 한 야당 의원은 "죽음을 각오하고 계엄군과 맞섰던 광주시민들의 용기가, 그들이 지키려 했던 민주주의가 우리를 움직이는 원동력이었다"라고 평가했다(김형준, 2024. 12. 14).

하지만 '12·3 계엄사태'의 발생부터 대통령 파면에 이르기까지의 과정은 한국 민주주의의 취약점을 집약적으로 드러낸 것이기도 했다. 먼저 대통령은 거대 야당의 전횡과 그로 인한 국정마비를 이유로 군을 동원해 정국을 타개하려 했고, 헌법이 보장한 국회의 계엄 해제 요구안 표결을 막으려고 국회 봉쇄를 시도했으며, 나아가 국회의장과 여야 대표, 전직 대법원장·대법관 등을 체포하려 했다. 여당은 야당을 '입법독재' 집단으로 비난하며 대통령의 위헌·위법적 조치를 적극적으로 비호했고, 급기야 극우 시위대를 선동해 대통령에 대해 체포영장을 발부한 서울서부지방법원을 공격하는 폭력 사태를 유발했다. 이에 맞서 야당은 여당을 '내란정당'으로 규정하고 대통령 탄핵집회를 연일 개최했다. 서로를 '반국가세력'으로 비난하고 악마화한 결과는 대중적 차원의 양극화였다. 광장의 적대와 증오는 시간이 흐를수록 커졌고, 정치는 실종되어 갔다. 요컨대 비상계엄과 탄핵 정국은 한국사회의 민주적 회복능력을 보여주기도 했지만, 동시에 그간 일궈온 한국 민주주의의 문제점을 여실히 드러내기도 했다.

최근의 계엄·탄핵 정국은 사람들로 하여금 대통령을 잘못 뽑는 대가가 얼마나 심각한지를 깨닫게 하는 계기가 되었다. 하지만 '망상'에 사로잡힌 대통령을 탄핵한다고 해서 한국 민주주의 발전이 보장되진 않는다. 다행히 좋은 품성을 지닌 사람이 대통령에 선출된다 하더라도 그것만으로 한국 민주주의가 질적으로 향상되는 것도 아니다. 민주주의가 제대로 작동하려면 민주주의를 구성하는 부분체제의 개선, 민주주의 부분체제들의 작동을 뒷받침하는 민주적 규범의 확보, 그리고 정치과정에 영향을 미치는 사회경제적 불평등의 완화가 중요하다. 이를 위해서는 다음과 같은 과제를 해결해야 한다.

첫째, '제왕적 대통령제'라고 불리는 5년 단임의 대통령 중심제를 해체해야 한다. 현재의 권력구조는 민주화 이행 과정에서 민주화 엘리트와 권위주의 엘리트 간에 이루어진 타협의 산물이다. 비록 1987년 당시에는 5년 단임의 강한 대통령제가 원활한 민주화 전환을 위해 불가피한 선택이었을지 모르나, 지금은 민주주의 공고화의 깊숙한 단계에 이르렀다. 즉, 1987년의 헌정질서는 그간의 정치적·경제적·사회적 변화를 수용하기엔 제도적 적실성 및 유효성이 현저하게 떨어진다. 5년 단임의 대통령제는 유권자들이 선거를 통해 정부의 정치적 책임을 추궁할 기회(수직적 책임성)를 명시적으로 부정하는 결과를 초래했다. 이로써 선거를 통해 모든 권력을 위임받았다는 '위임주의적 대통령직'의 사고와 행태를 조장해 왔다. 그리고 '대통령의 강력한 권한'은 정당 내 민주주의의 취약성과 결합되면서 대통령에 대한 국회의 견제력(수평적 책임성)을 약화 혹은 무력화하는 정치적 환경을 조성하는 데 일조해 왔다. 현재 개헌에 대한 논의는 내각제나 이원정부제 혹은 중임 대통령제를 선택하기에 앞서 무엇보다 국가지도자의 수직적 책임성, 국가기관들 간 수평적 책임성, 그리고 정부의 민주적 반응성을 강화·제고하는 방향에서 접근해야 한다. 나아가 사회적 논의가 부재한 상태에서 개헌을 추진하는 것은 정치인들이 개헌과정과 제도를 악용할 우려가 있으므로 시민사회가 적극적으로 참여하고 공론을 확산하는 것이 중요하다.

둘째, 다수제 중심의 국회의원 선거제도를 비례성이 높은 선거제도로 개혁해야 한다. 시민사회의 다양한 선호를 집약하고 표출하고 대표하는 정치사회의 기능은 기본적으로 어떤 선거제도를 채택하느냐에 의해 크게 좌우된다(Bühlmann and Kriesi, 2013: 52; Horowitz, 1990: 79; Powell, 2000). 단순다수제는 애초 지리적으로 분산되고 사회경제적으로 미분화된 전근대적 농업사회 시대에 지역의 대표자를 의회에 보내기 위해 만들어진 제도이다. 따라서 이는 집단적 경제활동과 도시화 그리고 사회적 분화와 다원화를 특징으로 하는 근대적 사회에는 부적합한 정치제도이다. 그렇기에 산업화와 근대화가 진행되던 19세기 말 유럽의 여러 국가는 다양한 형태의 비례대표제를 고안·실행했다. 한편 영국과 미국은 여러 이유로 참정권을 확대하고 기존 단순다수제를 일부 개혁하는 선에서 존속했는데, 그 결과 이들 국가는 높은 민주주의 수준과 전통에도 불구하고 선거제도와 선거과정이 후진적인 특성을 보이고 있다(Norris, 2017). 즉, 사회적 다양성을 반영하지 못하는 단순다수제는 영국과 미국의 민주적 대표성과 반응성을 제약하고 약화시킬 뿐만 아니라, 민주주의 자체의 퇴행을 가속하는 요인이 되고 있다(Bartels, 2008).

한국의 다수제 중심의 선거제도는 '단순다수'의 대표자를 의회에 진출시켜 '가장 큰 소수집단'의 선호만을 대표하는 시스템이다. 비록 약 16%의 의석을 비례대표에 할당해 사회의 다양한 이익을 대표하는 듯한 모양새를 취하고 있으나, 비례대표의 선정과 역할이 실질적인 대표기능을 하기보다는 정당의 정파적 고려를 우선시해 왔다는 점에서 위선적이다. 그뿐만 아니라 다수제적 선거제도는 농업사회에서 도시와 산업 중심의 다원화된 사회로 완전히 변화한 한국사회엔 더 이상 적합하지 않은 제도이기도 하다. 즉, 다수제적 선거제도의 지속으로 두 거대 정당은 제도적으로 보호되는 반면, 사회의 다양한 소수집단의 선호를 정치적으로 대변할 정치세력은 제도적으로 배제되고 있다. 그 결과, 한국의 정당과 의회는 다양한 이해 갈등을 제도적으로 흡수·해소하는 데 미흡했고 또한 소홀했다. 사실 1987년 민주화 이후 한국의 시민사회는 빠르게 활성화되고 다원화되는 모습을 보여왔다. 하지만 양당제를 유인하는 다수제 중심의 선거제도로 인해 다양한 사회집단 및 계층의 선호가 효과적으로 집약·표출·대표되지는 못했다. 이에 비해, 비례대표제 중심의 선거제도는 다양한 사회집단의 선호를 대표하는 정당들의 의회 진출을 촉진시켜 정치적으로 '유의미한' 다정당 대표체제의 출현과 작동을 가능하게 한다. 또한 정당정치와 의회정치를 통해 사회경제적으로 분화되고 다원화된 이해관계를 정책과정에서 조정하고 정부정책에 반영한다. 따라서 현재의 다수제 중심의 선거제도를 비례성이 높은 선거제도로 개혁해 다양한 사회적 선호를 정당정치와 의회정치에 공정하게 반영해야 한다. 이와 같은 개혁은 선순환적 정치과정을 견인해 사회적 변화와 불만이 정치 앞에서 좌절되는 것이 아니라 제도정치권의 대표자를 통해 표출되고 논의되어 정책적 변화를 이끌도록 유인·촉구할 것이다.

셋째, 정치에 대한 긍정적 태도 및 상호관용과 존중의 규범을 만들어 가야 한다. 그간 한국의 정당들은 대통령이나 강력한 대권 후보에 포획되어 독립적인 정치행위자로서의 면모보다는 정치지도자의 통치수단으로서의 모습을 보여왔다. 대통령이 여당을 사당화하고 야당을 적대시하는 상황이 되풀이되면서, 한국의 여당과 야당은 협력적 경쟁보다는 적대적 경쟁에 몰두했다. 엘리트 수준의 정파적 양극화가 심각해지면서 대통령에 대한 국회의 수평적 견제는 제대로 작동하지 못했고, 특히 정파적 양극화가 여소야대의 분점정부 상황과 결합되면서 국회와 대통령 간의 극단적인 대립이 반복적으로 연출됐다. 이러한 현상은 윤석열 정부 들어서면서 눈에 띄게 일상화되는 경향을 보였는데, 이는 '여야 합의의 실패－거대 야당의 단독 처리－대통령의 재의요구권(거부권) 행사'라는 악순환의 연속으로 이어졌고, 급기야 대통령의 '계엄선포'로 이어졌다. 이러한 현상은 민주화 이후 한국 민주주의가 처한 최대의 역설이다. 국가의 최고 지도자인 대통령이 정치를 회피하고 비정치적 수단과 극우 집단에 의존하는 현상은 한국 민주주의의 지속과 발전을 가로막는 심각한 저해 요소임에 틀림없다. 더욱 우려스러운 점은 권위주의 계승정당과 민주화 계승정당이 싸움을 통해 서로 닮아가고 있다는 것이다. 정치인들과 정당은 상호관용과 공화주의적 가치에 기반한 규범을 만들어가야 한다(Levitsky and Ziblatt, 2018). 이 같은 규범은 하루아침에 생기는 것이 아니다. 한국이 압축적 성장과 근대화에 성공했다고 해서 정치발전 또한 그렇게 될 것으로 생각하는 것은 오산이다. 규범 만들기는 민주화만큼이나 긴 시간과 노력이 소요되겠지만 그러한 노력은 우리 사회와 정치를 좀 더 인간적으로 만들 것이다. 이 같은 생각의 전환은 정치인들은 물론이고 우리 모두에게도 꼭 필요하다. 왜냐하면 민주주의란 일단 설치되기만 하면 저절로 작동하는 단순한 기계적 장치가 아니기 때문이다. 민주주의는 우리 마음속 깊숙이 자리하고 있는 공존과 협력, 그리고 공감의 정향과 조응할 때 안정적으로 작동하고 질적으로 심화될 수 있기 때문이다(Inglehart and Welzel, 2005).

나아가 한국 정치를 주도하는 양대 정치·사회세력은 비헌법적 및 비정치적 방식으로 상대방을 통제하거나 억누르는 것이 현실적으로 거의 불가능해졌음을 인식해야 한다. 본 연구결과와 지난 12·3 계엄사태는 한국의 민주주의가 이미 그런 수준을 넘어섰다는 것을 보여주었다. 이제 한국 정치의 주요 세력은 상호 절제와 관용이라는 민주적 규범을 정치경쟁의 기본 조건으로 수용하고 이에 적응해야 한다. 즉, 한국의 민주주의가 구조적 관점에서 붕괴될 가능성은 낮지만 민주적 규범을 실천하지 않고서는 질적 발전을 꾀하기 어렵다. 민주적 규범을 실천하지 않는다면 민주주의는 절차적으로만 존재할 뿐 실질적 내용은 공허해질 수밖에 없으며, 국민들이 걱정하고 고통 받는 문제들은 정치적 논의와 정책적 대응에서 주변화될 것이다.

넷째, 사회경제적 민주화가 필요하다. 정치적 평등은 민주주의의 핵심 원칙이다. 하지만 현실은 이와 다른 경우가 허다하다. 부자가 빈자보다 정치적 영향력이 크고, 고학력자가 저학력자보다 국가정책에 더 큰 영향을 미친다. 이는 정치적 대표성과 영향력이 무작위로 배분되는 것이 아니라 사회경제적 지위에 따라 편향적으로 배분되기 때문이다(Lijphart, 1997). 따라서 사회경제적 불평등은 '정치적 불평등'을 생성하는 주요 요인으로 작용하며, 더불어 '정치적 불평등'은 다시 사회경제적 불평등을 지속시키는 주요 요인이 된다(Dubrow, 2007: 4). 달리 표현하면, 개인의 사회경제적 지위에 따른 차등화가 심할수록 사회경제적으로 낮은 지위의 사람들이 정치과정에서 소외되고 배제되는 현상이 두드러질 수밖에 없다. 이 경우 선거, 법치, 권력통제와 견제, 정당경쟁 등 민주주의를 구성하는 하위체제의 절차와 제도는 기득권층의 선호와 이해를 정당화하는 수단으로 전락하기 쉽다.

    우리 사회의 경우, 1997년 경제위기 이래 사회경제적 불평등이 크게 증가한 후 더 이상 감소될 기미를 보이지 않고 있다. 이는 교육과 상속을 통한 불평등의 재생산으로 이어지고 있으며, 사회경제적 신분상승 기회의 위축으로 나타나고 있다. 바로 이 대목이 한국 민주주의가 안고 있는 또 다른 취약점이며, 한국 민주주의의 질적 향상을 어렵게 하는 지점이다. 실제로 스웨덴의 민주주의 다양성 연구가 조사한 자료에 의하면, 사회경제적 지위에 따른 정치적 영향력의 차등화 수준은 민주화 이전 수준에 비해 전혀 나아지지 않은 것으로 나타났다(김용철, 2020). 풍부한 경제력에 바탕한 기득권 집단들의 '특권 지키기' 현상이 심화되고 이와 더불어 사회경제적 불평등에 따른 정치적 영향력이 심각하게 불균등해지면 민주적 제도들이 정상적으로 작동하기 어려워지고, 이는 다시 관료들의 무책임성, 낮은 투명성, 정부 불신 등을 유발해 민주주의 질적 저하 현상을 초래한다. 이는 한국 민주주의가 더 이상 질적으로 향상되지 못하고 정체 상태에 빠진 근본적인 이유 가운데 하나이다. 따라서 한국 민주주의의 질적 향상을 위해서는 제도개선과 함께 사회경제적 불평등의 완화가 반드시 이뤄져야 한다.

    2024년 노벨문학상 수상자인 소설가 한강은 스웨덴 한림원에서 진행된 '빛과 실'이라는 제목의 강연에서 2014년 봄에 출간된 『소년이 온다』의 화두가 "과거가 현재를 도울 수 있는가? 죽은 자가 산 자를 구할 수 있는가?"였다고 밝혔다.[4] 2024년 말, 친위쿠데타의 충격 속에서도 우리 사회가 민주적 회복력을 발휘할 수 있었던 것 역시 1980년 광주항쟁과 장기간에 걸친 기억투쟁이 알게 모르게 우리에게 심어준 독재의 부당성에 대한 인식과 민주주의에 대한 믿음 때문이었을 것이다. 돌아보면 5·18 국가폭력으로 인해 희생되고 부상하고 투옥된 분들이 없었다면 우리의 논의는 불가능했을 것이다. 국가폭력에 맞선 분들의 투쟁과 노력이 없었다면 한국은 어쩌면 강력한 반공국가와 독재가 여전히 지속되어 자유와 인권은 그저 담론의 수준에서 이야기할 수밖에 없는 그저 그런 나라로 남아 있었을지도 모른다. 오늘의 한국 민주주의는 광주항쟁과 국가폭력의 희생자들에게 커다란 빚을 지고 있다. 이들의 희생이 현재 한국의 민주주의와 정치발전에 크게 기여했다는 것은 자명한 진실이다.

---

4 "한강의 노벨문학상 수상 강연". https://www.nobelprize.org/prizes/literature/2024/han/225027-nobel-lecture-korean/ (검색일: 2025. 4. 21)

참고문헌

가상준. 2022. 「투표참여를 통해 본 한국 무당파 유권자의 특징」. ≪현대정치연구≫, 15(3), 65~96쪽.
강신철. 1988. 『80년대 학생운동사』. 형성사.
강우창. 2020. 「[한국인의 정체성] 한국인의 정치세계」. ≪EAI 워킹페이퍼≫, 1~21쪽.
강원택. 2003. 『한국의 선거정치: 이념, 지역, 세대와 미디어』. 푸른길.
_____. 2010. 「폐쇄적 지역 정당 구조와 정치개혁: 지방정치를 중심으로」. ≪한국정치연구≫, 19(1), 1~20쪽.
_____. 2018. 「한국 정당정치 70년: 한국 민주주의 발전과 정당정치의 전개」. ≪한국정당학회보≫, 17(2), 5~31쪽.
_____. 2024. 『제5공화국』. 역사공간.
강윤주. 2024.12.29. "김용현 '개념 없는 몸, 쟤 빼!' 합참의장 질타 … 현장 병력은 컵라면 먹으며 시간 끌어". ≪한국일보≫. https://www.hankookilbo.com/News/Read/A2024120908380004789(검색일: 2025.5.21)
강인철. 2020. 「한국 개신교와 보수적 시민운동: 개신교 우파의 극우·혐오정치를 중심으로」. ≪인문학연구≫(33), 3~30쪽.
강진호. 2016. 「5·18과 현대소설」. ≪현대소설연구≫(64), 5~33쪽.
강현석·권기정·김정훈. 2019.2.13. "전국으로 번지는 망언 3인방 퇴출". ≪경향신문≫, 3면.
강현석·박용근·임아영. 2015.10.13. "광주·전북교육청, 독자적인 역사교재 개발". ≪경향신문≫, 6면.
강희경. 2024.12.11. "정의로운 군인들을 기억하자 … 계엄군 선관위 난입에 반대한 법무관들에게 경의". ≪한국일보≫. https://www.hankookilbo.com/News/Read/A2024121117140003786(검색일: 2025.5.21)
고도 다까오(五島隆夫). 1987. 『제5공화국, 그 군부인맥』. 지양사.
고승우. 2021.11.24. "전두환의 80년 언론학살, 헌정사상 악의 언론탄압". ≪한국기자협회보≫. https://journalist.or.kr/m/m_article.html?no=50524(검색일: 2025.5.12)
공보처. 1997. 『변화와 개혁: 김영삼정부 국정5년 자료집 1』. 정부간행물제작소.
곽송연. 2016. 「정치적 학살의 정당화 담론 연구」. ≪민주주의와 인권≫, 16(2), 5~32쪽.
광주광역시 5·18기념문화센터 사료편찬위원회. 2011. 『5·18 민주화운동』.
광주광역시 5·18사료편찬위원회. 1997a. 『5·18 광주민중항쟁』. 고령.
_____. 1997b. 『5·18 광주민주화운동자료총서 제2권』. 고령.
_____. 1997c. 『5·18 광주민주화운동자료총서 제9권』. 고령.

국방부 과거사진상규명위원회. 2007. 『국방부 과거사진상규명위원회 종합보고서 제2권: 8개 사건 조사결과 보고서(상)』.
권귀숙. 2006. 『기억의 정치』. 문학과 지성사.
권혁용. 2023. 「한국의 민주주의 퇴행」. ≪한국정치학회보≫, 57(1), 33~58쪽.
권혁철·이정애. 2009. 12. 2. "'임을 위한 행진곡' 퇴출 당하나". ≪한겨레≫. https://www.bigkinds.or.kr/v2/news/newsDetailView.do?newsId=01101001.20091202100037132(검색일: 2024. 10. 22)
권형택·김성환·임경석. 2019. 『청년들, 1980년대에 맞서다』. 푸른역사.
글라이스틴, 윌리엄(William Gleysteen). 2014. 『알려지지 않은 역사』. 황정일 옮김. 알에이치코리아.
기미야 타다시(木宮正史). 1997. 「비교적 시각에서 본 5·18: 민주주의로의 이행과 심화」. ≪5·18 학술심포지움≫.
김광웅·방은령. 2001. 『한국 청소년의 정치의식과 형성요인』. 집문당.
김규남. 2013. 5. 16. "종편 잇단 '5·18 북한 개입' 보도는 전두환 주장 되풀이". ≪한겨레≫. https://www.bigkinds.or.kr/v2/news/newsDetailView.do?newsId=01101001.2013051610011095238(검색일: 2024. 10. 22)
김나연. 2025. 4. 15. "비상계엄 당시 '상관 지시 거부'한 군 지휘관". ≪경향신문≫, 3면.
김대중. 2010. 『김대중 자서전1』. 삼인.
김동춘. 2001. 「5·18, 6월항쟁 그리고 정치적 민주화」. 광주광역시 5·18사료편찬위원회 엮음. 『5·18민중항쟁사』. 고령.
김명희. 2020. 「5·18 자살의 계보학: 치유되지 않은 5월」. ≪경제와 사회≫(126), 78~115쪽.
김민경. 2013. 5. 7. "광주 초중고 5·18 계기교육 의무화". ≪전남일보≫, 4면.
김상집. 2021. 『윤상원 평전』. 동녘.
김성수. 2003. 「민주화 이행 과정에서 한국 중산층의 역할: 민주화 운동 참여 동기에 대한 분석」. ≪국제정치논총≫, 43(1), 135~162쪽.
김성익. 1992a. "전두환, 역사를 위한 육성증언: 6·29 전야의 고백". ≪월간조선≫, 291~396면.
_____. 1992b. 『전두환 육성증언』. 조선일보사.
김성중 외. 2023. 「웹/모바일 설문조사의 효과성 평가」. ≪조사연구≫, 24(2), 17~40쪽.
김세중. 1995. 「10월 유신과 민주회복운동: 운동의 한계에 대한 엘리트 이론적 접근」. 한국정치학회 엮음. 『한국현대정치사』. 법문사.
김영기·채종훈·주정민. 2021. 「5·18 민주화운동에 대한 유튜브 왜곡영상 네트워크 분석」. ≪민주주의와 인권≫, 12(1), 5~40쪽.
김영명. 1992. 『한국 현대정치사』. 을유문화사.
_____. 2006. 『한국의 정치변동』. 을유문화사.
김영삼. 2001. 『김영삼 대통령 회고록(상)』. 조선일보사.

김영택. 2010. 『5월 18일, 광주: 광주민중항쟁, 그 원인과 전개과정』. 역사공간.
김용복. 2010. 「5·18과 민주화 그리고 한국 민주주의의 위기」. ≪동북아연구≫(15), 153~182쪽.
김용성. 1995. 10. 18. "'진상규명 필요' 76%". ≪한겨레≫, 1면.
김용철. 1996. 「한국의 민주화 이행과 시민사회의 역동」. 한홍수 엮음. 『한국정치동태론』. 오름.
_____. 2001. 「광주항쟁과 한국정치의 민주화」. ≪민주주의와 인권≫, 1(7), 211~254쪽.
_____. 2017. 『한국의 노동정치: 변화와 동학』. 마인드탭.
_____. 2020. 「사회경제적 불평등과 한국 민주주의: '좋은' 민주주의인가?」. ≪기억과 전망≫(42), 58~97쪽.
_____. 2021. 「현대평화이론의 관점에서 본 김대중의 평화관」. ≪현대정치연구≫, 14(2), 101~136쪽.
김용철·문정인. 1996. 「한국의 경제발전과 민주화 경험: 정치경제의 역설적 순환」. ≪사회과학논집≫(26), 117~149쪽.
김용철·최은정·박의경. 2022. 「신문 사설에 나타난 5·18 담론의 변화 양상과 동학」. ≪문화와 정치≫, 9(3), 299~337쪽.
김용호. 2020. 『민주공화당 18년, 1962-1980년: 패권정당운동 실패의 원인과 결과』. 아카넷.
김이택. 1994. 11. 20. "'12·12 기소' 김 대통령 결단 촉구". ≪한겨레≫, 1면.
김재홍. 1993. 『문민시대의 군부와 권력』. 나남.
김정대. 2019. 2. 18. "5·18 망언, 국민으로서 두고 볼 수 없어 나왔다". ≪전남일보≫, 4면.
김정원. 1985. 『분단한국사』. 동녘.
김정인 외. 2019. 『너와 나의 5. 18』. 오월의봄.
김종헌. 2003. 「기억과 재현의 영상 이미지: 5·18 영화를 중심으로」. ≪민주주의와 인권≫, 3(2), 147~168쪽.
김지을. 2002. 8. 17. "'5·18 망발' 분노 확산". ≪광주일보≫. https://www.bigkinds.or.kr/v2/news/newsDetailView.do?newsId=01600301.20020817163933119(검색일: 2024. 10. 22)
_____. 2015. 10. 13. "장휘국 교육감, 인정 교과서 발행". ≪광주일보≫, 1면.
김진하. 2010. 「한국 지역주의의 변화: 투표행태와 정당을 중심으로」. ≪현대정치연구≫, 3(2), 89~114쪽.
김철. 1985. 5. 20. "요구와 거부의 팽팽한 대결". ≪동아일보≫, 3면.
김하나. 2020. 「묘지에서 몸으로 만드는 민주주의: 군사독재와 싸우는 광주항쟁의 제사 액티비즘」. 전남대 5·18연구소 엮음. 『5·18과 이후: 발생, 감응, 확장』. 전남대학교출판문화원.
김형준. 2024. 12. 14. "박찬대, 5월 광주가 2024년 12월 구해". ≪노컷뉴스≫. https://www.nocutnews.co.kr/news/6261584?page=6&c1=182(검색일: 2025. 5. 21)

김형준·김도종. 2000. 「남북관계와 국내정치의 갈등구조: 통일담론을 중심으로」. ≪국제정치논총≫, 40(4), 311~330쪽.
김형중·이광호. 2020. 『무한 텍스트로서의 5·18』. 문학과지성사.
김희송. 2014. 「5·18역사 왜곡에 대한 고찰」. ≪민주주의와 인권≫, 14(3), 5~35쪽.
나간채. 1997. 「광주지역 5월운동 조직의 형성과 발전: 5·18 당사자 조직을 중심으로」. 나간채 엮음. 『광주민중항쟁과 5월운동 연구』. 전남대학교 5·18연구소.
_____. 2004. 「인권운동의 측면에서 본 5·18항쟁」. ≪지역사회연구≫, 12(1), 1~21쪽.
_____. 2012. 『한국의 5월 운동』. 한울.
나의갑. 2001. 「5·18의 전개과정」. 광주광역시 5·18사료편찬위원회 엮음. 『5·18민중항쟁사』. 고령.
남찬순. 1988.4.1. "정부발표 광주사태 치유책, 화합만 강조 … 핵심문제 해결 미흡". ≪동아일보≫, 3면.
노동은. 2004. 「5·18과 음악운동」. 나간채·정근식·강창일 외 엮음. 『기억투쟁과 문화운동의 전개』. 역사비평사.
노영기. 2020. 『그들의 5·18』. 푸른역사.
노태우. 2011. 『노태우 회고록(상)』. 조선뉴스프레스.
대통령비서실. 2004. 『노무현 대통령 연설문집 제1권』.
_____. 2018. 『문재인 대통령 연설문집: 제1권 상』.
대한민국재향군인회. 1997. 『An Authentic Record: 12·12, 5·18 실록』. 향우산업.
동아일보사. 1990. 『선언으로 본 80년대 민족·민주운동』.
마인섭. 1993. 「자본주의적 발전과 민주화」. ≪한국정치학회보≫, 26(2), 241~267쪽.
문우진. 2005. 「지역본위투표와 합리적 선택 이론: 공간모형 분석」. ≪한국과 국제정치≫, 21(3), 151~186쪽.
_____. 2017. 「지역주의 투표의 특성과 변화: 이론적 쟁점과 경험분석」. ≪의정연구≫, 23(1), 82~111쪽.
_____. 2021. 『누가 누구를 대표할 것인가: 국민주권 실현을 위한 정치제도 설계』. 후마니타스.
민주화운동기념사업회 연구소. 2009. 『한국민주화운동사 2: 유신체제기』. 돌베개.
민주화운동기념사업회 한국민주주의연구소. 2010. 『한국민주화운동사 3: 서울의 봄부터 문민정부 수립까지』. 돌베개.
박명림. 2008. 「박정희 시대의 민중운동과 민주주의: 재야의 기원, 제도관계, 이념을 중심으로」. ≪한국과 국제정치≫, 24(2), 231~263쪽.
박병수. 1994.11.12. "12·12 불기소는 검찰권 남용". ≪한겨레≫, 15면.
박수영. 2022. 「청소년의 정치교육 경험 요인이 정치의식에 미치는 영향」. ≪청소년학연구≫, 29(9), 161~182쪽.
박원곤. 2011. 「5·18 광주 민주화 항쟁과 미국의 대응」. ≪한국정치학회보≫, 45(5), 125~145

쪽.

박찬수. 1991. 12. 1. "'갈라진 재야' 마침내 하나로 부활". ≪한겨레≫, 3면.

박찬표. 2015. 「민주당 계승정당 60년에 대한 하나의 해석」. 코리아컨센서스연구원·전남대 5·18연구소 엮음. 『민주당 계승정당 연구』. 전남대학교 출판부.

박태우. 2019. 2. 18. "대구·경북 시민단체 '5·18 망언 의원 제명, 한국당 해산' 촉구". ≪경향신문≫. https://www.bigkinds.or.kr/v2/news/newsDetailView.do?newsId=01100101.20190218171114002(검색일: 2024. 11. 2)

박현철·유신재. 2013. 5. 21. "극우 찬양 '일베' 일탈, 도 넘었다". ≪한겨레≫. https://www.bigkinds.or.kr/v2/news/newsDetailView.do?newsId=01101001.2013052110011130880(검색일: 2024. 10. 22)

박호재·임낙평. 2007. 『윤상원 평전』. 풀빛.

박화강 외. 1990. 5. 19. "금남로 10만 인파 추모집회". ≪한겨레≫, 1면.

방인혁. 2009. 『한국의 변혁운동과 사상논쟁: 마르크시즘, 주체사상, NL, PD 그리고 뉴라이트까지』. 소나무.

배주연. 2020. 「5·18 민주화운동의 영화적 재현: 광주비디오를 넘어 다시 광주로」. ≪문학들≫ (59), 41~58쪽.

서명원. 1990. 7. 22. "보상금 몇푼으론 광주 한 못썼어". ≪한겨레≫, 12면.

서유경. 2007. 「5·18 민주항쟁과 글로벌 민주주의」. 5·18기념재단 엮음. 『5·18민중항쟁과 정치·사회·역사 1』. 심미안.

서중석. 2011. 『6월항쟁: 1987년 민중운동의 장엄한 파노라마』. 돌베개.

선명수. 2019. 2. 19. "시민사회 '5·18 망언' 의원 퇴출하고 역사왜곡처벌법 제정해야". ≪경향신문≫. https://www.khan.co.kr/article/201902191438001(검색일: 2024. 11. 2)

_____. 2019. 2. 23. "'5·18 망언' 자유한국당 의원 퇴출하라…서울 도심서 대규모 집회". ≪경향신문≫. https://www.bigkinds.or.kr/v2/news/newsDetailView.do?newsId=01100101.20190223173313001(검색일: 2024. 11. 2)

성경륭. 2013. 「지역불평등의 정치동학과 지역정책 분석: 노무현 정부와 이명박 정부의 비교」. ≪지역사회학≫, 14(2), 5~45쪽.

성한용. 1994. 10. 30. "검찰, 법을 버렸다". ≪한겨레≫, 1면.

_____. 1998. 8. 27. "망월동은 어제 맑았을까". ≪한겨레≫, 4면.

_____. 2000. 5. 19. "5·18 희생자 유공자예우 묘역 국립묘지로 승격". ≪한겨레≫. https://www.bigkinds.or.kr/v2/news/newsDetailView.do?newsId=01101001.20000519000000103(검색일: 2024. 10. 22)

시미즈 도시유키(淸水敏行). 2013. 『한국정치와 시민사회: 김대중·노무현의 10년』. 백계문 옮김. 한울.

신복룡. 1996. 「한국의 지역감정의 역사적 배경」. 한국정치학회 엮음. 『현대 한국정치의 재성찰: 전근대성, 근대성, 탈근대성』. 한울.

신일섭. 2006. 「광주민주화운동 보상법의 정치·사회적 의미」. 5·18기념재단 엮음. 『5·18민중항쟁과 법학』. 심미안.
심지연. 2009. 『한국정당정치사』. 백산서당.
안관옥. 1994. 11. 6. "광주시민단체들 12·12, 5·18 대응책 강구". 《한겨레》, 14면.
＿＿＿. 1998. 5. 19. "항쟁정신 계승 서둘러 개혁". 《한겨레》, 23면.
＿＿＿. 1999. 5. 18. "5·18 '국가유공' 인정 받으려나". 《한겨레》, 29면.
＿＿＿. 2008. 6. 4. "5·18단체 3곳, 인터넷에 5·18 왜곡한 20여명 명예훼손 혐의로 고소". 《한겨레》. https://www.bigkinds.or.kr/v2/news/newsDetailView.do?newsId=01101001.20080604100000519(검색일: 2024. 10. 22)
안관옥·이수범. 1995. 7. 19. "'학살 비호정권' 분노하는 광주". 《한겨레》, 23면.
앤더슨, 테리(Terry Anderson). 1997. 「날아오는 총알을 피하며」. 한국기자협회 엮음. 『5·18 특파원 리포트: 17년 만에 공개된 내외신 기자들의 광주5월민중항쟁 취재수첩』. 풀빛.
양동원. 1997. 4. 18. "전·노 사면저지 '1980인 선언'". 《전남일보》. https://www.bigkinds.or.kr/v2/news/newsDetailView.do?newsId=01600801.19970418101004207(검색일: 2024. 8. 22)
양영태. 2006. 「5·18 판결, 그 미완의 과제」. 5·18기념재판 엮음. 『5·18 민중항쟁과 법학』. 심미안.
오승용. 2012. 「오늘의 5·18: 쟁점과 진실」. 오승용·한선·유경남 엮음. 『5·18 왜곡의 기원과 진실』. 심미안.
오태규. 1988. 5. 17. "광주 망월동묘역 순례 동승기". 《한겨레》, 7면.
오퍼도퍼, 돈(Don Oberdorfer). 2002. 『두 개의 한국』. 이종길 옮김. 길산.
유경남. 2012. 「5·18항쟁 당시의 유언비어의 실제」. 오승용·한선·유경남 엮음. 『5·18 왜곡의 기원과 진실』. 심미안.
＿＿＿. 2020. 「1980년 이후 '1980년 총학' 구성원들의 삶」. 최정기 외 엮음. 『1980년 전남대 총학생회와 박관현』. 선인.
유새슬·박순봉. 2024. 12. 4. "윤 대통령 비상계엄 선포 157분 만에 … 국회 '해제요구안' 가결". 《경향신문》, 호외 1면.
유연재. 2013. 1. 12. "5·18 왜곡 지만원, 대법서 징역 2년 확정". 《광주일보》, 6면.
윤성이. 1999. 「사회운동론의 관점에서 본 한국 권위주의체제 변동: 정치기회구조 개념을 중심으로」. 《한국정치학회보》, 32(4), 111~128쪽.
이갑윤. 2002. 「지역주의의 정치적 정향과 태도」. 《한국과 국제정치》, 18(2), 155~178쪽.
＿＿＿. 2011. 『한국인의 투표행태』. 후마니타스.
이갑윤·문용직. 1995. 「한국의 민주화: 전개과정과 성격」. 《한국정치학회보》, 29(2), 217~232쪽.
이강로. 2004. 「한국내 반미주의의 성장과정 분석」. 《국제정치논총》, 44(4), 239~261쪽.
이건상. 2005. 3. 10. "광주는 야만의 도시". 《전남일보》. 빅카인즈 검색(https://www.big

kinds.or.kr/) (검색일: 2024.10.22)

이기수. 1997.4.18. "광주-82.5% 서울-67.5% 대구-31.5%". ≪전남일보≫. https://www.big kinds.or.kr/v2/news/newsDetailView.do?newsId=01600801.19970418101004201 (검색일: 2024.8.22)

____. 2009.12.8. "5·18 기록, 유네스코 세계유산 추진위 발족". ≪전남일보≫, 3면.

이남희. 2007. 『민중 만들기』. 후마니타스.

이성우. 2011. 「국가폭력에 대한 기억투쟁: 5·18과 4·3 비교연구」. ≪오토피아≫, 26(1), 63~86쪽.

이수범. 1993.2.16. "'5·18 문제 해결' 광주 단일안 의미". ≪한겨레≫, 3면.

이영석. 1981. 『야당 30년』. 인간.

이영재. 2004. 「과거청산과 민주주의: 5·18 사법적 처리의 의의를 중심으로」. ≪민주주의와 인권≫, 4(2), 241~270쪽.

____. 2021. 「5·18 민주화운동과 이행기 정의: 전두환 노태우 정권의 포섭과 배제 전략 비판을 중심으로」. ≪현대정치연구≫, 14(3), 207~237쪽.

이용기. 1999. 「5·18에 대한 역사서술의 변천」. 학술단체협의회 엮음. 『5.18은 끝났는가』. 푸른숲.

이용환. 2007.8.4. "5·18 왜곡하는 전두환 팬클럽, 영화 '화려한 휴가' 비난 댓글 난무". ≪전남일보≫, 4면.

이유진. 2024.12.5. "시민 73.6%, 대통령 탄핵 찬성". ≪경향신문≫, 4면.

이은석. 1997.12.20. "전·노씨 사면 건의". ≪전남일보≫. https://www.bigkinds.or.kr/v2/news/newsDetailView.do?newsId=01600801.19971220101448186(검색일: 2024. 8.22)

이주헌. 1990.5.7. "5월 광주' 그뒤 10년 역사 형상화". ≪한겨레≫, 7면.

이창언. 2011. 「민주주의민족통일전국연합과 정치조직 논쟁」. ≪기억과 전망≫(24), 6~52쪽.

이창준. 2025.2.24. "장군들은 몰랐다는 내란, 현장에선 알고 거부했다". ≪경향신문≫, 1면.

이태호. 1988.5.20. "광주시민들이 보는 5·18 어제와 오늘". ≪한겨레≫, 1면.

____. 1988.5.24. "광주항쟁, 비극 속의 역사성(7)". ≪한겨레≫, 6면.

이태호·김호중. 2004. 「5월의 기억과 미술」. 나간채 외 엮음. 『기억투쟁과 문화운동의 전개』. 역사비평사.

임채청. 1988.8.27. "광주는 위대하다". ≪동아일보≫, 4면.

임혁백. 1990. 「한국에서의 민주화 과정 분석: 전략적 선택이론을 중심으로」. ≪한국정치학회보≫, 24(1), 51~77쪽.

____. 1994. 『시장 국가 민주주의』. 나남.

____. 2014. 『비동시성의 동시성: 한국 근대정치의 다중적 시간』. 고려대학교 출판부.

장우석. 2013.5.22. "'임을 위한 …' 5·18 기념곡 지정". ≪전남일보≫, 2면.

장윤환. 1988.5.17. "광주항쟁, 비극 속의 역사성(1)". ≪한겨레≫, 1면.

장은영·엄기홍. 2017. 「한국 지역주의 투표행태에 대한 경험적 분석: 민주화 이후 대통령 선거를 중심으로」. ≪21세기정치학회보≫, 27(1), 1~20쪽.

전남대학교 5·18연구소. 2021. 5·18기념사업 마스터플랜 수립 용역 보고서.

전상숙. 2011. 「친미와 반미의 이념갈등: 반미를 통해 본 이념갈등의 역사적 기원과 구조」. ≪한국동양정치사상연구≫, 10(1), 147~171쪽.

전재호. 1999. 「5·18담론의 변화와 정치변동」. 학술단체협의회 엮음. 『5·18은 끝났는가』. 푸른숲.

전흥남. 2015. 「5·18광주민주화운동과 기억의 방식: 문순태의 5·18 관련 소설을 중심으로」. ≪현대소설연구≫(58), 73~104쪽.

정근식. 2004. 「항쟁의 기억과 영상적 재현: 5·18 다큐멘터리의 전개과정」. 나간채 외 엮음. 『기억투쟁과 문화운동의 전개』. 역사비평사.

_____. 2007. 「청산과 복원으로서의 5월운동」. 5·18기념재단 엮음. 『5·18민중항쟁과 정치·사회·역사 4』. 심미안.

정기영. 2013. 「재야의 정치세력화와 민주화 투쟁」. 류상영·김삼웅·심지연 엮음. 『김대중과 한국 야당사』. 연세대학교 대학출판문화원.

정대하. 2013.5.18. "둘로 나뉜 5월 광주, '반쪽'난 5·18 기념식". ≪한겨레≫. https://www.bigkinds.or.kr/v2/news/newsDetailView.do?newsId=01101001.20130518100111 04347(검색일: 2024.10.22)

_____. 2015.10.23. "5·18 사진 속 '광수'로 왜곡된 시민군 찾습니다". ≪한겨레≫. https://www.bigkinds.or.kr/v2/news/newsDetailView.do?newsId=01101001.20160107 213459628(검색일: 2024.10.30)

_____. 2016.5.17. "우릴 간첩으로 몰아야 쓰냔 말여?" ≪한겨레≫. https://www.bigkinds.or.kr/v2/news/newsDetailView.do?newsId=01101001.20160517213209001(검색일: 2024.10.30)

정대화. 1995. 「한국의 정치변동, 1987~1992: 국가-정치사회-시민사회의 관계 중심으로」. 서울대학교 대학원 박사학위 논문.

_____. 2007. 「광주항쟁과 1980년대 민주화 운동」. 5·18기념재단 엮음. 『5·18민중항쟁과 정치·사회·역사 5』. 심미안.

정명중. 2003. 「5월항쟁의 문학적 재현 양상」. ≪민주주의와 인권≫, 3(2), 169~195쪽.

정상용 외. 1990. 『광주민중항쟁: 다큐멘터리 1980』. 돌베개.

정승화. 1987. 『12·12사건: 정승화는 말한다』. 까치.

정유하. 2004. 「5·18의 음악적 형상화와 표현양식」. 나간채 외 엮음. 『기억투쟁과 문화운동의 전개』. 역사비평사.

정주신. 2017. 「한국 정당의 공천파동에 따른 선거결과 함의」. ≪한국과 국제사회≫, 1(1), 31~69쪽.

정철희. 1995. 「한국 민주화 운동의 사회적 기원: 미시동원맥락과 프레임의 형성」. ≪한국사회학≫, 29(가을호), 501~532쪽.
정해구. 2011. 『전두환과 80년대 민주화운동』. 역사비평사.
정호기. 2015. 「5월 문제의 해결과 가해자의 사법처리: 특별법 제정운동을 중심으로」. ≪민주주의와 인권≫, 15(3), 41~78쪽.
_____. 2020. 「5·18 사적지 지정 22년, 기억문화의 지형변화」. 5·18 사적지 보존과 활용을 위한 1차 전문가 토론회 발표 논문.
조기숙. 2000. 『지역주의 선거와 합리적 유권자』. 나남.
조대엽. 2003. 「광주항쟁과 80년대의 사회운동문화: 이념 및 가치를 중심으로」. ≪민주주의와 인권≫, 3(1), 175~210쪽.
조선일보사. 1999. 『총구와 권력: 5·18 수사기록 14만 페이지의 증언』. ≪월간조선≫, 1999년 1월호 별책부록.
조현연. 2001. 「5·18진상규명 투쟁과 광주청문회」. 광주광역시 5·18사료편찬위원회 엮음. 『5·18민중항쟁사』. 고령.
_____. 2009. 『한국 진보정당 운동사』. 후마니타스.
조홍복. 2006.3.22. "늦었지만 당연한 결정, 5·18단체 '전두환·노태우' 서훈취소 환영". ≪전남일보≫, 6면.
중앙선거관리위원회. 1973. 『대한민국선거사 제1집』.
_____. 1980. 『대한민국선거사 제3집』.
_____. 1988. 『제13대 대통령선거총람』.
_____. 1993. 『제14대 대통령선거총람』.
_____. 2009. 『대한민국선거사 제4집』.
_____. 2024. 『제22대 국회의원선거총람』.
지만원. 2006.12.20. "5.18 학살은 북한군이 저지른 것!". ≪뉴스타운≫. https://www.newstown.co.kr/news/articleView.html?idxno=38931 (검색일: 2024.10.22)
지병근. 2013. 「호남지역에서 나타난 정당후보득표율의 지역편향: 제18대 대선 사례 분석」. ≪한국정당학회보≫, 12(1), 141~173쪽.
진실·화해를 위한 과거사정리위원회. 2010. 『진실화해위원회 종합보고서 I』.
채희종. 2003.9.1. "호남인과 한 공간서 살기 싫다". ≪광주일보≫. https://www.bigkinds.or.kr/v2/news/newsDetailView.do?newsId=01600301.20030901160044134 (검색일: 2024.10.22)
천금성. 1981. 『황강에서 북악까지: 인간 전두환, 창조와 초극의 길』. 동서문화사.
최연구. 1990. 「80년대 학생운동의 이념적·조직적 발전과정」. 조희연 엮음. 『한국사회운동사』. 죽산.
최영진. 1999. 「한국지역주의 논의의 재검토」. ≪한국정치학회보≫, 33(2), 135~155쪽.
_____. 2001. 「제16대 총선과 한국 지역주의 성격」. ≪한국정치학회보≫, 35(1), 149~165쪽.
최영태. 2006. 「극우 반공주의와 5·18광주항쟁」. ≪역사학연구≫(26), 113~146쪽.

최장집. 1989. 『한국현대정치의 구조와 변화』. 까치.
_____. 1993. 『한국민주주의의 이론』. 한길사.
_____. 1996. 『한국 민주주의의 조건과 전망』. 나남.
_____. 2002. 『민주화 이후의 민주주의』. 후마니타스.
_____. 2007. 「한국 민주주의와 광주항쟁의 세 가지 의미」. ≪아세아연구≫(128), 144~171쪽.
최정기. 2008. 「5·18기념공간과 사회적 갈등: 기념공간 관련 논쟁 및 갈등을 중심으로」. ≪민주주의와 인권≫, 8(1), 51~78쪽.
_____. 2020a. 「5·18 국가폭력과 민중항쟁 및 전남대생들의 대응」. 최정기 외 엮음. 『1980년 전남대 총학생회와 박관현』. 선인.
_____. 2020b. 「5·18국가폭력 및 민중항쟁과 기억전쟁」. ≪민주주의와 인권≫, 20(4), 5~39쪽.
최정운. 1999. 『오월의 사회과학』. 풀빛.
최정원·이인영. 2024. 「시민적 가치 규범에 대한 청소년의 태도 분석」. ≪교육사회학연구≫, 34(1), 163~196쪽.
최준영. 2008. 「지역감정은 존재하는가?:지역감정에 대한 간접측정 기법을 중심으로」. ≪현대정치연구≫, 1(1), 199~222쪽.
최준영·조진만. 2005. 「지역균열의 변화 가능성에 대한 경험적 고찰: 제17대 국회의원선거에서 나타난 이념과 세대 균열의 효과를 중심으로」. ≪한국정치학회보≫, 39(3), 375~394쪽.
편집부. 1988. "광주진압 계엄군의 작전일지". ≪월간 말≫, 8월호(통권 26호), 13면.
_____. 1997. "호남지역민 60만 함성, 6월항쟁 대미 장식". ≪월간 말≫, 6월호, 114~123면.
하상복. 2012. 「이명박 정부와 8·15 기념일의 해석」. ≪현대정치연구≫, 5(2), 109~132쪽.
한강. 2024. "빛과 실". https://www.nobelprize.org/uploads/2024/12/han-lecture-korean.pdf. (검색일: 2025.5.6)
한국사회과학자료원. 2007. 『한국종합사회조사, 2005 코드북』. https://kossda.snu.ac.kr/handle/20.500.12236/11979#files(검색일: 2025.6.1)
_____. 2012. 『5.18 민주화운동에 대한 여론조사 CODE BOOK』. https://kossda.snu.ac.kr/handle/20.500.12236/14273#files(검색일: 2025.6.1)
한국은행. 1995. 『한국은행의 통계: 어제와 오늘』.
한국현대사사료연구소. 1990. 『광주오월민중항쟁사료전집』. 풀빛.
한선. 2012. 「1980년 당시 언론의 5·18항쟁 왜곡」. 오승용·한선·유경남 엮음. 『5·18 왜곡의 기원과 진실』. 심미안.
한승주. 1983. 『제2공화국과 한국의 민주주의』. 종로서적.
한은영. 2020. 「5·18 역사왜곡의 극단주의적 특성」. ≪민주주의와 인권≫, 20(1), 87~135쪽.
한홍구. 2014. 『유신: 오직 한 사람을 위한 시대』. 한겨레출판.
허남설·강현석. 2019.2.9. "5·18 유공자란 괴물집단이 세금 축내". ≪경향신문≫, 1면.
허석재. 2015. 「세대연구의 경향과 쟁점」. ≪미래정치연구≫, 5(1), 21~47쪽.
허윤철·강승화·박효주·채백. 2012. 「한국 언론과 5·18 광주민주화운동 담론: 동아일보의 보도

기사와 사설을 중심으로」.《한국언론정보학》, 58(2), 130~153쪽.
홍성장. 2014. 5. 8. "국민 60%, '임을 위한 행진곡' 기념곡으로".《전남일보》, 7면.
홍성태. 2010.「4월혁명 기억의 제도화와 사회적 결과」.《기억과 전망》(22), 176~212쪽.
황석영·이재의·전용호. 2017.『죽음을 넘어 시대의 어둠을 넘어』. 창비.

《경향신문》. 1979. 11. 10. "새 대통령, 1월 26일 전 선출". 1면.
_____. 1980. 8. 16. "최 대통령 하야". 1면.
_____. 1987. 5. 18. "곳곳 파출소 유리창 박살, 시청 승용차 불태우기도". 11면.
_____. 1988. 2. 23. "민화위 최종건의서 요지". 4면.
_____. 1993. 5. 14. "김대통령 광주민주화운동 대국민담화 전문". 2면.
_____. 1997. 4. 18. "12·12 및 5·18 사건 전·노씨 상고심 판결문 요지". 4~5면.
_____. 2024. 12. 4. "민주주의 지켜낸 시민들의 용감한 저항". 31면.
_____. 2025. 6. 5. "21대 대통령선거 지역별 후보자 득표현황". 12면.
《동아일보》. 1975. 5. 21. "박 대통령·김영삼 총재 요담". 1면.
_____. 1979. 12. 6. "최규하 10대 대통령 선출". 1면.
_____. 1979. 12. 13. "민주화 저해면 한미관계 차질". 1면.
_____. 1980. 1. 1. "인권·자유 신장 가장 중요". 1면.
_____. 1980. 11. 15. "정치규제 24명 2차 공고". 1면.
_____. 1980. 5. 22. "이 계엄사령관 광주사태에 담화, 이성회복 질서유지를". 1면.
_____. 1980. 5. 23. "광주사태, 평화적 해결을". 1면.
_____. 1980. 5. 31. "계엄사발표 광주사태". 3면.
_____. 1980. 7. 4. "계엄사발표 김대중 내란음모사건 수사결과 전문". 3면.
_____. 1980. 7. 31. "주·월간지 등 172개 등록취소". 1면.
_____. 1985. 5. 23. "민주발전 청사진 제시하라". 1면.
_____. 1988. 11. 26. "노대통령 시국담화 요지". 4면.
《무등일보》. 1990. 5. 1. "광주항쟁 민주화에 절대 기여". https://www.bigkinds.or.kr/v2/news/newsDetailView.do?newsId=01600501.19900501173818102 (검색일: 2024. 10. 20)
《전남일보》. 1998. 8. 27. "국민적 합의 얻어 5·18 마무리". https://www.bigkinds.or.kr/v2/news/newsDetailView.do?newsId=01600801.19980827214109101 (검색일: 2024. 10. 20)
《조선일보》. 1980. 5. 20. "위컴, 18일 귀임". 1면.
_____. 1990. 1. 1. "만신창이 증언, 7차례 정회 아까운 시간 낭비". 4~5면.
《한겨레》. 1988. 11. 20. "전씨 처벌 국민 손으로". 1면.
_____. 1988. 11. 24a. "전두환씨 구속 요구, 대학생들 격렬 시위". 11면.
_____. 1988. 11. 24b. "전두환씨 사과·해명 담화 전문". 5면.

_____. 1988. 5. 19. "광주항쟁 8돌 … 99곳서 추모제·궐기대회". 7면.
_____. 1988. 12. 1. "광주항쟁 비디오 공개방영 요청". 3면.
_____. 1988. 12. 2. "광주 비디오 상영을". 11면.
_____. 1989. 2. 19. "'국민투쟁' 대학로 첫 집회 못 열려". 11면.
_____. 1989. 2. 23. "'어머니의 노래' 86% 시청률". 12면.
_____. 1989. 2. 25. "'노정권 규탄대회' 강행". 11면.
_____. 1989. 3. 10. "전국 시청률 70% 기록". 6면.
_____. 1989. 3. 25. "5공 주도세력 모두 사법처리 해야". 1면.
_____. 1989. 5. 19. "광주 9돌 … 전국 추모집회". 1면.
_____. 1989. 6. 21. "미국 '광주' 관련 답변서 요지". 3~4면.
_____. 1990. 4. 22. "범민주세력 결집 국민연합 출범". 11면.
_____. 1990. 5. 10. "서울 미문화원 일부 불타". 1면.
_____. 1990. 5. 17. "'광주집결차단' 역·터미널 검문강화". 11면.
_____. 1991. 5. 19. "금남로 7만명 시민대회, 망월동 묘역 2만여명 추모행렬". 15면.
_____. 1992. 5. 17. "5·18순례단 광주서 첫밤". 15면.
_____. 1992. 5. 19. "전국서 5월영령 추모". 15면.
_____. 1992. 12. 12. "김대중·정주영 후보 비방선전물, 민자당 1천만부 제작". 1면.
_____. 1993. 5. 14. "12·12는 쿠데타적 사건". 1면.
_____. 1993. 5. 18. "5월 그날이 다시 온 광주, 학살진상 요구 대규모 집회". 15면.
_____. 1993. 6. 16. "12·12쿠데타 전·노씨 처벌 예비역 장성 50여명 서명". 1면.
_____. 1994. 5. 14. "전두환·노태우 전대통령 등 광주진압 책임자 35명 고발". 2면.
_____. 1994. 5. 18. "'광주' 진상규명 촉구 열기". 19면.
_____. 1995. 7. 25. "5·18 기소촉구 걸어서라도". 21면.
5·18기념재단. 2017. "2017년 일반국민 5·18인식조사 결과보고서". https://www.518.org/template/file/06040806_2.pdf (검색일: 2025. 5. 21)
_____. 2020. 『5·18 열흘간의 항쟁』.
_____. 2024. 『5·18기념재단 30년사』.
5·18민주화운동진상규명조사위원회. 2024a. 『종합보고서 1』.
_____. 2024b. 『5·18민주화운동 당시 계엄군 등에 의한 성폭력사건(직가의2-5)』.
_____. 2024c. 『5·18민주화운동 당시 사망 사건(직가의2)』.
_____. 2024d. 『5·18민주화운동 당시 공권력에 의한 민간인 상해 사건(직가의8)』.
_____. 2024e. 『5·18민주화운동 당시 계엄군에 의한 민간인 집단학살 사건(직가의4-3)』.
_____. 2024f. 『국가권력 등에 의한 피해자에 대한 탄압 사건(직가의5-20)』.
6월민주항쟁 10주년사업 범국민추진위원회. 1997. 『6월항쟁 10주년 기념자료집』. 사계절.

Abdelal, Rawi et al. 2006. "Identity as a Variable." *Perspectives on Politics*, 4(4), pp. 695~711.

Acemoglu, Daron and James A. Robinson. 2006. *Economic Origins of Dictatorship and Democracy*. New York, NY: Cambridge University Press.

Acharya, Avidit, Matthew Blackwell and Maya Sen. 2018. *Deep Roots: How Slavery Still Shapes Southern Politics*. Princeton, NJ: Princeton University Press.

Adesnik, David and SunHyuk Kim. 2013. "South Korea: The Puzzle of Two Transitions." in Kathryn Stoner and Michael McFaul(eds.). *Transitions to Democracy*. Baltimore, MD: Johns hopkins University Press.

Ahmed, Ali T. and David Stasavage. 2020. "Origins of Early Democracy." *American Political Science Review*, 114(2), pp. 502~518.

Albertus, Michael and Victor Menaldo. 2018. *Authoritarianism and the Elite Origins of Democracy*. New York, NY: Cambridge University Press.

Almond, Gabriel A. and Sidney Verba. 1963. *The Civic Culture: Political Attitudes and Democracy in Five Nations*. Princeton, NJ: Princeton University Press.

_____(eds.). 1980. *The Civic Culture Revisited*. Newbury Park, CA: Sage Publications.

Ansell, Ben W. and David J. Samuels. 2014. *Inequality and Democratization*. New York, NY: Cambridge University Press.

Balcells, Laia. 2012. "The Consequences of Victimization on Political Identities: Evidence from Spain." *Politics & Society*, 40(3), pp. 311~347.

Bandura, Albert. 1977. *Social Learning Theory*. Englewood Cliffs, NJ: Prentice-Hall.

Bartels, Larry M. 2008. *Unequal Democracy: The Political Economy of the New Gilded Age*. Princeton, NJ: Princeton University Press.

Bartels, Larry M. et al. 2023. "The Forum: Global Challenges to Democracy? Perspectives on Democratic Backsliding." *International Studies Review*, 25(2), viad019. https://doi.org/10.1093/isr/viad019

Bellows, John and Edward Miguel. 2009. "War and Local Collective Action in Sierra Leone." *Journal of Public Economics*, 93(11-12), pp. 1144~1157.

Berman, Sheri. 2006. *The Primacy of Politics: Social Democracy and the Making of Europe's Twentieth Century*. New York, NY: Cambridge University Press.

Bernhard, Michael and Jan Kubik. 2014. *Twenty Years After Communism*. New York, NY: Oxford University Press.

Blattman, Christopher. 2009. "From Violence to Voting: War and Political Participation in Uganda." *American Political Science Review*, 103(2), pp. 231~247.

Boix, Carles. 2003. *Democracy and Redistribution*. New York, NY: Cambridge University Press.

Brownlee, Jason. 2007. *Authoritarianism in an Age of Democratization*. New York, NY:

Cambridge University Press.
Bühlmann, Marc and Hanspeter Kriesi. 2013. "Models for Democracy." in Sandra Lavenex et al. (eds.). *Democracy in the Age of Globalization and Mediatization*. Houndmills, UK: Palgrave Macmillan.
Campbell, Angus et al. 1960. *The American Voter*. Chicago, IL: University of Chicago Press.
Carothers, Thomas. 2002. "The End of the Transition Paradigm." *Journal of Democracy*, 13(1), pp. 5~21.
Cheng, T. J. and Teh-fu Huang. 2018. "Authoritarian Successor Parties in South Korea and Taiwan: Authoritarian Inheritance, Organizational Adaptation, and Issue Management." in James Loxton and Scott Mainwaring(eds.). *Life after Dictatorship*. New York, NY: Cambridge University Press.
Cho, Joan. 2024. *Seeds of Mobilization: The Authoritarian Roots of South Korea's Democracy*. Ann Arbor, MI: University of Michigan Press.
Choi, Jun Young, Jiyoon Kim and Jungho Roh. 2017. "Cognitive and Partisan Mobilization in New Democracies: The Case of South Korea." *Party Politics*, 23(6), pp. 680~691.
Collier, Ruth Berins. 1999. *Paths toward Democracy*. New York, NY: Cambridge University Press.
Confino, Alon. 1997. "Collective Memory and Cultural History: Problems of Method." *American Historical Review*, 102(5), pp. 1386~1403.
Corning, Amy and Howard Schuman. 2015. *Generations and Collective Memory*. Chicago, IL: University of Chicago Press.
Croissant, Aurel and Philip Völkel. 2012. "Party System Types and Party System Institutionalization: Comparing New Democracies in East and Southeast Asia." *Party Politics*, 18(2), pp. 235~265.
Dahl, Robert A. 1966. *Political Oppositions in Western Democracies*. New Haven, CT: Yale University Press.
_____. 1971. *Polyarchy: Participation and Opposition*. New Haven, CT: Yale University Press.
_____. 1989. *Democracy and Its Critics*. New Haven, CT: Yale University Press.
Davenport, Christian. 2007. "State Repression and Political Order." *Annual Review of Political Science*, 10(1), pp. 1~23.
Dennis, Jack and M. Kent Jennings. 1970. *Comparative Political Socialization*. Beverly Hills, CA: Sage Publications.
Desposato, Scott and Gang Wang. 2020. "The Long-Term Impact of Social Movements

and Repression on Democratic Attitudes." *Journal of East Asian Studies*, 20(3), pp. 317~351.

Diamond, Larry. 1992. "Economic Development and Democracy Reconsidered." in Gary Marks and Larry Diamond(eds.). *Reexamining Democracy: Essays in Honor of Seymour Martin Lipset*. Thousand Oaks, CA: Sage Publications.

Diamond, Larry and Byung-Kook Kim. 2000. *Consolidating Democracy in South Korea*. Boulder, CO: Lynne Rienner.

Dinas, Elias 2013. "Opening 'Openness to Change': Political Events and the Increased Sensitivity of Young Adults." *Political Research Quarterly*, 66(4), pp. 868~882.

Dinas, Elias and Ksenia Northmore-Ball. 2020. "The Ideological Shadow of Authoritarianism." *Comparative Political Studies*, 53(12), pp. 1957~1991.

Dolinger, David Lee and Matt Vanvolkenburg. 2022. *Called by Another Name: A Memoir of the Gwangju Uprising*. Goggas.

Dubrow, Joshua Kjerulf. 2007. "Guest Editor's Introduction: Defining Political Inequality within a Cross-National Perspective." *International Journal of Sociology*, 37(4), pp. 3-9.

Eckstein, Harry et al. 1998. *Can Democracy Take Root in Post-Soviet Russia?*. Lanham, MD: Rowman & Littlefield Publishers.

Festinger, Leon. 1957. *A Theory of Cognitive Dissonance*. Stanford, CA: Stanford University Press.

Finkel, Steven E. 2003. "Can Democracy be Taught?." *Journal of Democracy*, 14(4), pp. 137~151.

Finkel, Steven E. and Junghyun Lim. 2021. "The Supply and Demand Model of Civic Education." *Democratization*, 28(5), pp. 970~991.

Finnemore, Martha and Kathryn Sikkink. 1998. "International Norm Dynamics and Political Change." *International Organization*, 52(4), pp. 887~917.

Fowler, James. 1999. "The United States and South Korean Democratization." *Political Science Quarterly*, 114(2), pp. 265~288.

Fukuyama, Francis. 2011. *The Origins of Political Order: From Prehuman Times to the French Revolution*. New York, NY: Farrar, Straus and Giroux.

Geddes, Barbara. 1999. "What Do We Know About Democratization After Twenty Years?." *Annual Review of Political Science*, 2(1), pp. 115~144.

_____. 2010. *Paradigms and Sand Castles: Theory Building and Research Design in Comparative Politics*. Ann Arbor, MI: University of Michigan Press.

Greitens, Sheena Chestnut. 2016. *Dictators and Their Secret Police: Coercive Institutions and State Violence*. New York, NY: Cambridge University Press.

Guardado, Jenny. 2018. "Office-Selling, Corruption, and Long-Term Development in Peru." *American Political Science Review*, 112(4), pp. 971~995.

_____. 2021. "Historical Legacies Shaping the 2021 Peruvian Presidential Election." *Column for VoxEU & CEPR.* https://cepr.org/voxeu/columns/historical-legacies-shaping-2021-peruvian-presidential-election(검색일: 2025.5.14)

Guhin, Jeffrey, Jessica McCrory Calarco and Cynthia Miller-Idriss. 2021. "Whatever Happened to Socialization?." *Annual Review of Sociology*, 47(1), pp. 109~129.

Gunther, Richard, P. Nikiforos Diamandouros and Hans-Jürgen Puhle(eds.). 1995. *The Politics of Democratic Consolidation: Southern Europe in Comparative Perspective.* Baltmore, MD: Johns Hopkins University Press.

Hadenius, Axel and Jan Teorell. 2007. "Pathways from Authoritarianism." *Journal of Democracy*, 18(1), pp. 143~156.

Hadzic, Dino, David Carlson and Margit Tavits. 2020. "How Exposure to Violence Affects Ethnic Voting." *British Journal of Political Science*, 50(1), pp. 345~362.

Haggard, Stephan and Robert R. Kaufman. 1995. *The Political Economy of Democratic Transitions.* Princeton, NJ: Princeton University Press.

_____. 2016. *Dictators and Democrats: Masses, Elites, and Regime Change.* Princeton, NJ: Princeton University Press.

_____. 2021. *Backsliding: Democratic Regress in the Contemporary World.* New York, NY: Cambridge University Press.

Halbwachs, Maurice. 1980. *The Collective Memory.* New York, NY: Harper Colophon Books.

Hartz, Louis. 1955. *The Liberal Tradition in America.* New York, NY: Harcourt Brace and Co..

Hatemi, Peter K. and Christopher Ojeda. 2021. "The Role of Child Perception and Motivation in Political Socialization." *British Journal of Political Science*, 51(3), pp. 1097~1118.

Hellmann, Olli. 2014. "Party System Institutionalization Without Parties: Evidence from Korea." *Journal of East Asian Studies*, 14(1), pp. 53~84.

_____. 2018. "High Capacity, Low Resilience: The 'Developmental' State and Military-bureaucratic Authoritarianism in South Korea." *International Political Science Review*, 39(1), pp. 67~82.

Hersh, Eitan D. 2013. "Long-term effect of September 11 on the political behavior of victims' families and neighbors." *Proceedings of the National Academy of Sciences*, 110(52), pp. 20959~20963.

Hicken, Allen and Erik Martinez Kuhonta(eds.). 2015. *Party System Institutionalization* in Asia: Democracies, Autocracies, and the Shadows of the Past. New York, NY: Cambridge University Press.

Hong, JiYeon and Sunkyoung Park. 2016. "Factories for Votes? How Authoritarian Leaders Gain Popular Support Using Targeted Industrial Policy." *British Journal of Political Science*, 46(3), pp. 501~527.

Hong, JiYeon and WooChang Kang. 2017. "Trauma and Stigma: The long-term Effects of Wartime Violence on Political Attitudes." *Conflict Management and Peace Science*, 34(3), pp. 264~286.

Hong, JiYeon, Sunkyoung Park and Hyunjoo Yang. 2023. "In Strongman We Trust: The Political Legacy of the New Village Movement in South Korea." *American Journal of Political Science*, 67(4), pp. 850~866.

Horowitz, Donald L. 1990. "Presidents vs. Parliaments: Comparing Democratic Systems." *Journal of Democracy*, 1(4), pp. 73~79.

Huntington, Samuel P. 1983. *American Politics: The Promise of Disharmony*. Cambridge, MA: Harvard University Press.

_____. 1991. *The Third Wave: Democratization in the Late Twentieth Century*. Norman, OK: University of Oklahoma Press.

Hur, Aram and Andrew Yeo. 2024. "Democratic Ceilings: The Long Shadow of Nationalist Polarization in East Asia." *Comparative Political Studies*, 57(4), pp. 584~612.

Inglehart, Ronald. 1977. *The Silent Revolution: Changing Values and Political Styles among Western Publics*. Princeton, NJ: Princeton University Press.

Inglehart, Ronald and Christian Welzel. 2005. *Modernization, Cultural Change, and Democracy*. New York, NY: Cambridge University Press.

Jennings, M. Kent. 2007. "Political Socialization." in Russell Dalton and Hans Klingemann(eds.). *Oxford Handbook of Political Behavior*. New York, NY: Oxford University Press.

Jennings, M. Kent and Richard G. Niemi. 1968. "The Transmission of Political Values from Parent to Child." *American Political Science Review*, 62(1), pp. 169~184.

Jennings, M. Kent, Laura Stoker and Jake Bowers. 2009. "Politics across Generations." *Journal of Politics*, 71(3), pp. 782~799.

Jhee, Byong-Kuen. 2008. "Economic Origins of Electoral Support for Authoritarian Successors: A Cross-National Analysis of Economic Voting in New Democracies." *Comparative Political Studies*, 41(3), pp. 362~388.

Jungkunz, Sebastian and Julia Weiss. 2024. "Populist Attitudes among Teenagers: How Negative Relationships with Socialization Agents Are Linked to Populist

Attitudes." *Perspectives on Politics*, 22(4), pp. 1140~1156.
Kim, C. I. Eugene. 1972. "The Meaning of the 1971 Korean Elections: A Pattern of Political Development." *Asian Suvey*, 12(3), pp. 213~224.
Kim, HeeMin. 1997. "Rational Choice Theory and Third World Politics." *Comparative Politics*, 30(1), pp. 83~100.
Kim, SunHyuk. 2000. *The Politics of Democratization in Korea: The Role of Civil Society*. Pittsburgh, PA: University of Pittsburgh.
Knutsen, Carl Henrik, Jørgen Møller and Svend-Erik Skaaning. 2016. "Going historical Measuring Democraticness before the Age of Mass Democracy." *International Political Science Review*, 37(5), pp. 679~689.
Koo, Hagen. 1991. "Middle Classes, Democratization, and Class Formation: The Case of South Korea." *Theory and Society*, 20(4), pp. 485~509.
Kuran, Timur. 1995. *Private Truths, Public Lies*. Cambridge, MA: Harvard University Press.
Lee, Yoonkyung. 2022. *Between the Streets and the Assembly: Social Movements, Political Parties, and Democracy in Korea*. Honolulu, HI: University of Hawaii Press.
Levitsky, Steven and Daniel Ziblatt. 2018. *How Democracies Die*. Danvers, MA: Crown.
Levitsky, Steven and Lucan A. Way. 2010. *Competitive Authoritarianism: Hybrid Regimes after the Cold War*. New York, NY: Cambridge University Press.
_____. 2020. "The New Competitive Authoritarianism." *Journal of Democracy*, 31(1), pp. 51~65.
Lijphart, Arend. 1997. "Unequal Participation: Democracy's Unresolved Dilemma Presidential Address, American Political Science Association, 1996." *American Political Science Review*, 91(1), pp. 1~14.
Lilley, James R. 2004. *China Hands: Nine Decades of Adventure, Espionage, and Diplomacy in Asia*. New York, NY: Public Affairs.
Linz, Juan J. and Alfred Stepan. 1996. *Problems of Democratic Transition and Consolidation: Southern Europe, South America, and Post-Communist Europe*. Baltimore, MD: Johns Hopkins University Press.
Lipset, Seymour Martin. 1960. *Political Man: The Social Bases of Politics*. Garden City, NY: Doubleday.
_____. 1997. *American Exceptionalism*. New York, NY: Norton and Company.
Lipset, Seymour Martin and Stein Rokkan(eds.). 1967. *Party Systems and Voter Alignments: Cross-national Perspectives*. New York, NY: The Free Press.

Liu, James H., Chris G. Sibley and Li-Li Huang. 2014. "History Matters: Effects of Culture-specific Symbols on Political Attitudes and Intergroup Relations." *Political Psychology*, 35(1), pp. 57~79.

Loxton, James and Scott Mainwaring. 2018. *Life after Dictatorship: Authoritarian Successor Parties Worldwide*. New York, NY: Cambridge University Press.

Lupu, Noam and Leonid Peisakhin. 2017. "The Legacy of Political Violence across Generations." *American Journal of Political Science*, 61(4), pp. 836~851.

Mattes, Robert. 2018. "Support for Democracy." in William Thompson(ed.). *Oxford Research Encyclopedia in Politics*. New York, NY: Oxford University Press.

Maurantonio, Nicole. 2014. "The Politics of Memory." in Kate Kenski and Kathleen Jameson(eds.). *Oxford Handbook of Political Communication*. New York, NY: Oxford University Press.

Merriam, Charles Edward. 1931. *The Making of Citizens*. Chicago, IL: University of Chicago Press.

Miller, Michael K. 2021. *Shock to the System: Coups, Elections, and War on the Road to Democratization*. Princeton, NJ: Princeton University Press.

Møller, Jørgen. 2015. "The Medieval Roots of Democracy." *Journal of Democracy*, 26(3), pp. 110~123.

Moore, Barrington, Jr. 1966. *Social Origins of Dictatorship and Democracy*. New York, NY: Beacon Press.

Mosler, Hannes B. 2020. "The Contested Political Remembrance of the Kwangju Uprising and Presidential Speeches in South Korea." *S/N Korean Humanities*, 6(1), pp. 47~92.

Mounk, Yascha. 2018. *People Vs. Democracy: Why Our Freedom is in Danger and How to Save it*. Cambridge, MA: Harvard University Press.

Narizny, Kevin. 2012. "Anglo-American Primacy and the Global Spread of Democracy: An International Genealogy." *World Politics*, 64(2), pp. 341~373.

Neundorf, Anja. 2010. "Democracy in Transition: A Micro perspective on System Change in Post-Socialist Societies." *Journal of Politics*, 72(4), pp. 1096~1108.

Neundorf, Anja and Kaat Smets. 2017. "Political Socialization and the Making of Citizens." in Robert Goodin(ed.). *Oxford Handbooks Online in Political Science*. New York, NY: Oxford University Press.

Neundorf, Anja et al. 2024. "Varieties of Indoctrination: The Politicization of Education and the Media around the World." *Perspectives on Politics*, 22(3), pp. 771~798.

Niemi, Richard G. and Mary A. Hepburn. 1995. "The Rebirth of Political Socialization." *Perspectives on Political Science*, 24(1), pp. 7~16.

Norris, Pippa. 2017. *Strengthening Electoral Integrity*. New York, NY: Cambridge University Press.
_____. 2025. *The Cultural Roots of Democratic Backsliding*. New York, NY: Oxford University Press.
Nunn, Nathan and Leonard Wantchekon. 2011. "The Slave Trade and the Origins of Mistrust in Africa." *American Economic Review*, 101(7), pp. 3221~3252.
O'Donnell, Guillermo A., Philippe C. Schmitter and Laurence Whitehead. 1986. *Transitions from Authoritarian Rule: Tentative Conclusions about Uncertain Democracies*. Baltimore, MD: Johns Hopkins University Press.
Oberdorfer, Don and Robert Carlin. 2014. *The Two Koreas: A Contemporary History*. New York, NY: Basic Books.
Olick, Jeffrey K. 2007. *The Politics of Regret: On Collective Memory and Historical Responsibility*. Roca Raton, FL: Routledge.
Pop-Eleches, Grigore and Joshua A. Tucker. 2017. *Communism's Shadow: Historical Legacies and Contemporary Political Attitudes*. Princeton, NJ: Princeton University Press.
Powell, G. Bingham. 2000. *Elections as Instruments of Democracy: Majoritarian and Proportional Visions*. New Haven, CT: Yale University Press.
Przeworski, Adam and Fernando Limongi. 1997. "Modernization: Theories and Facts." *World Politics*, 49(2), pp. 155~183.
Putnam, Robert. D. 1993. *Making Democracy Work: Civic Traditions in Modern Italy*. Princeton, NJ: Princeton University Press.
Riedl, Rachel Beatty et al. 2020. "Authoritarian-Led Democratization." *Annual Review of Political Science*, 23(1), pp. 315~332.
Rohrschneider, Robert. 1999. *Learning Democracy: Democratic and Economic Values in Unified Germany*. New York, NY: Oxford University Press.
Rose, Richard and William Mishler. 1998. "Negative and Positive Party Identification in post-Communist Countries." *Electoral Studies*, 17(2), pp. 217~234.
Rose, Richard, William Mishler and Christian Haerpfer. 1998. *Democracy and Its Alternatives*. Baltimore, MD: Johns Hopkins University Press.
Rozenas, Arturas and Yuri M. Zhukov. 2019. "Mass Repression and Political Loyalty: Evidence from Stalin's 'Terror by Hunger'." *American Political Science Review*, 113(2), pp. 569~583.
Rozenas, Arturas, Sebastian Schutte and Yuri M. Zhukov. 2017. "The Political Legacy of Violence: The Long-Term Impact of Stalin's Repression in Ukraine." *Journal of Politics*, 79(4), pp. 1147~1161.

Rueschemeyer, Dietrich, Evelyne Huber Stephens and John D. Stephens. 1992. *Capitalist Development and Democracy.* Chicago, IL: University of Chicago Press.

Rustow, Dankwart A. 1970. "Transitions to Democracy: Toward a Dynamic Model." *Comparative Politics,* 2(3), pp. 337~363.

Schedler, Andreas. 1998. "What is Democratic Consolidation?." *Journal of Democracy,* 9(2), pp. 91~107.

_____. 2006. *Electoral Authoritarianism.* Boulder, CO: Lynne Rienner.

Scott, James C. 1992. *Domination and the Arts of Resistance: Hidden Transcripts.* New Haven, CT: Yale University Press.

Sears, David O. and Carolyn L. Funk. 1999. "Evidence of the Long-term Persistence of Adults' Political Predispositions." *Journal of Politics,* 61(1), pp. 1~28.

Sears, David O. and Nicholas A. Valentino. 1997. "Politics Matters: Political Events as Catalysts for Preadult Socialization." *American Political Science Review,* 91(1), pp. 45~65.

Shin, Doh Chull and Byong-Kuen Jhee. 2005. "How Does Democratic Regime Change Affect Mass Political Ideology? A Case Study of South Korea in Comparative Perspective." *International Political Science Review,* 26(4), pp. 381~396.

Shin, Doh Chull and Peter McDonough. 1999. "The Dynamics of Popular Reactions to Democratization in Korea." *Journal of Public Policy,* 19(1), pp. 1~32.

Shin, Gi-Wook. 1996. "South Korean Anti-Americanism: A Comparative Perspective." *Asian Survey,* 36(8), pp. 787~803.

Shin, Gi-Wook and Paul Y. Chang(eds.). 2011. *South Korean Social Movements: From Democracy to Civil Society.* London, UK: Routledge.

Simpser, Alberto, Dan Slater and Jason Wittenberg. 2018. "Dead But Not Gone: Contemporary Legacies of Communism, Imperialism, and Authoritarianism." *Annual Review of Political Science,* 21(1), pp. 419~439.

Slater, Dan. 2012. "Strong-state Democratization in Malaysia and Singapore." *Journal of Democracy,* 23(2), pp. 19~33.

Slater, Dan and Joseph Wong. 2018. "Game for Democracy: Authoritarian Successor Parties in Developmental Asia." in James Loxton and Scott Mainwaring(eds). *Life after Dictatorship.* New York, NY: Cambridge University Press.

Słomczyński, Kazimierz M. and Goldie Shabad. 1998. "Can Support for Democracy and the Market be Learned in School?." *Political Psychology,* 19(4), pp. 749~779.

Stasavage, David. 2016. "Representation and Consent: Why They Arose in Europe and Not Elsewhere." *Annual Review of Political Science,* 19(1), pp. 145~162.

_____. 2020. "Democracy, Autocracy, and Emergency Threats: Lessons for COVID-19 From the Last Thousand Years." *International Organization*, 74(S1), pp. E1~E17.

Svolik, Milan W. 2012. *The Politics of Authoritarian Rule*. New York, NY: Cambridge University Press.

Teorell, Jan. 2012. *Determinants of Democratization: Explaining Regime Change in the World, 1972-2006*. New York, NY: Cambridge University Press.

Tilly, Charles. 2007. *Democracy*. Cambridge, MA: Wiley-Blackwell.

Treisman, Daniel. 2020. "Democracy by Mistake: How the Errors of Autocrats Trigger Transitions to Freer Government." *American Political Science Review*, 114(3), pp. 792~810.

Tyler, Matthew and Shanto Iyengar. 2023. "Learning to Dislike Your Opponents: Political Socialization in the Era of Polarization." *American Political Science Review*, 117(1), pp. 347~354.

Walden, Jacob and Yuri M. Zhukov. 2020. "Historical Legacies of Political Violence." *Oxford Research Encyclopedia of Politics*. New York, NY: Oxford University Press. https://doi.org/10.1093/acrefore/9780190228637.013.1788(검색일: 2025. 5. 14)

Wang, Yuhua. 2021. "The Political Legacy of Violence During China's Cultural Revolution." *British Journal of Political Science*, 51(2), pp. 463~487.

Wayne, Carly and Yuri M. Zhukov. 2022. "Never Again: The Holocaust and Political Legacies of Genocide." *World Politics*, 74(3), pp. 367~404.

Wickham, John A. 1999. *Korea on the Brink: From the 12/12 Incident to the Kwangju Uprising, 1979-1980*. Washington, D.C.: National Defense University Press.

Wood, Elisabeth Jean. 2000. *Forging Democracy from Below Insurgent Transitions in South Africa and El Salvador*. New York, NY: Cambridge University Press.

Yoon, Kwang-Il. 2023. "Regional and Social Division." in JeongHun Han, Ramon Pacheco Pardo and Youngho Cho(eds.). *Oxford Handbook of South Korean Politics*. New York, NY: Oxford University Press.

Ziblatt, Daniel. 2017. *Conservative Parties and the Birth of Democracy*. New York, NY: Cambridge University Press.

지은이

김용철

미국 오하이오 주립대학교에서 정치학 박사학위를 받았고, 전남대학교 정치외교학과 교수로 재직했다. 현재는 전남대학교 명예교수이다. 주요 관심 분야는 한국정치, 민주화와 민주주의, 노동정치이다.
대표 저서로 『전자민주주의』(공저), 『민주당 계승정당 연구』(공저), 『한국의 노동정치』, 『현대 한국정치의 이해』(공저) 등이 있다. 주요 논문으로 "Industrial Reform and Labor backlash in South Korea", "The Shadow of the Gwangju Uprising in the Democratization of Korean Politics", "Political Leadership and Civilian Supremacy in Third Wave Democracies"(공저), "South Korean Democracy in the Digital Age", "Cultural Foundations of Contentious Democracy in South Korea"(공저), 「한국 민주주의의 품질」, 「사회경제적 불평등과 한국 민주주의」, 「현대 평화이론의 관점에서 본 김대중의 평화관」, 「언론사의 성향과 5·18 담론의 변화」(공저) 등이 있다.

조영호

미국 미주리 주립대학교에서 정치학 박사학위를 받았고, 서강대학교 정치외교학과 교수로 재직하고 있다. 주요 관심 분야는 한국정치, 민주주의, 정치문화이다. 대표 저서로 *Oxford Handbook of South Korean Politics*(공저), 『한국정치와 정부』(공저)가 있다. 주요 논문으로 "When Do Agents Deliver the Vote?"(공저), "Who Defends Democracy and Why?"(공저), "Cultural Foundations of Contentious Democracy in South Korea"(공저), "How Well are Global Citizenries Informed about Democracy?", "Procedural Justice and Perceived Electoral Integrity", 「한국인들의 민주주의 규범 지지와 변화」(공저), 「코로나 19사태와 정부신뢰」(공저) 등이 있다.

한울아카데미 2610
5·18 국가폭력과 한국 민주주의
ⓒ 김용철·조영호

지은이 김용철·조영호
펴낸이 김종수
펴낸곳 한울엠플러스(주)
편집 신순남

초판 1쇄 인쇄 2025년 9월 10일
초판 1쇄 발행 2025년 9월 30일

주소 10881 경기도 파주시 광인사길 153 한울시소빌딩 3층
전화 031-955-0655
팩스 031-955-0656
홈페이지 www.hanulmplus.kr
등록번호 제406-2015-000143호

Printed in Korea.
ISBN 978-89-460-7610-5 93300

※ 책값은 겉표지에 표시되어 있습니다.
※ 이 논문(저서)은 2024년 대한민국 교육부와 한국연구재단의 지원을 받아 수행된 연구임(NRF-과제번호)(NRF-2024S1A5C2A02046265)